Case Study on Civil Law and Law of Civil Procedure

民事法
案例研究

實體法與**程序法**之交錯運用

增訂
第四版

林洲富 著　　　五南圖書出版公司 印行

四版序

　　筆者從事民事審判職務與民事訴訟教學近30年，期間陸續在國立清華大學科技法律研究所、中國文化大學法律系講授民事訴訟法之理論與實務課程，基於本職專業與教學之需求，對於研究民事實體法與程序法之理論及實務，深感興趣並戮力探討，故為求本書內容能兼具實用性與學術性，茲於本書4版之際，除更新法條、改正前版之繆誤與重新排版，以利讀者閱讀外，特增刪實務見解與學說理論，俾有助於實體法與程序法之交錯運用及相互印證。拙著民事法案例研究—實體法與程序法之交錯運用、實用非訟事件法、實用強制執行精義、民事訴訟法理論與實務、民事訴訟法，均屬民事程序法之系列叢書，五本專論形成非訟事件、訴訟事件及執行事件之完整民事程序架構。有鑑學能拙劣，敬祈法界先進宏達，不吝斧正與賜教。

　　　　　　　　　　　　　　　　　　謹識　2024年8月8日

　　　　　　　　　　于中國文化大學法律系專任教授研究室

三版序

　　筆者從事民事審判職務近20年，期間有幸在國立清華大學科技法律研究所講授民事訴訟法之理論與實務課程，基於本職專業與教學之需求，對於研究民事實體法與程序法之理論及實務，深感興趣並戮力探討，故為求本書內容能兼具實用性與學術性，茲於本書3版之際，除改正前版之繆誤與重新排版，以利讀者閱讀外，特增刪實務見解與學說理論，俾有助於實體法與程序法之交錯運用及相互印證。本書「民事法案例研究—實體法與程序法之交錯運用」與拙著「實用非訟事件法」、「實用強制執行精義」，暨即將於今年9月間出版之「民事訴訟法案例式」，均屬民事程序法之系列叢書，四本專論形成非訟事件、訴訟事件及執行事件之完整民事程序架構。有鑑學能拙劣，敬祈法界先進宏達，不吝斧正與賜教。

　　　　　　　　　　　　　　　　林洲富　謹識　2015年6月7日
　　　　　　　　　　　　　　　　　　　　　　于智慧財產法院

二版序

　　筆者經年從事民事審判職務，並有幸在研究所講授民事訴訟法專題研究，故基於本職專業之需求，對於研究民事實體法與程序法之理論及實務深感興趣，爲求本書內容能兼具實用性與學術性，茲於再版之際，除改正前版之繆誤外，特增刪實務見解與學說理論，俾使實體法與程序法之交錯運用及相互印證。因作者學能拙劣，敬祈法界先進宏達，不吝斧正與賜教。

林洲富　謹識　2011年12月25日

于智慧財產法院

自序

　　民事法分爲實體法與程序法，實體法規範私法之權利義務關係，程序法則將實體法具體化，兩者相輔爲用，而民法與民事訴訟法於民事法體系占有極爲重要之地位。有鑒於司法實務工作在於認定事實與適用法律，故結合運用實體法與程序法，成爲法律人必備之課題。因民事事件內容浩繁，涵蓋範圍甚廣，是如何掌握法律規範之重點，正確解釋及適用法律，將實體法理論應用於實際之訴訟程序，誠屬重要。筆者從事民事審判多年，本於教學及實務之工作經驗，分析與歸納常見之民事訴訟事件，試以案例之方式，説明及分析法律之原則，使實體法與程序法相互印證，將法律理論轉化成實用之學，俾於有志研習者易於瞭解，期能增進學習之效果。職是，茲將拙著定名爲「民事案例研究——實體法與程序法之交錯運用」，因筆者學識不足，所論自有疏誤之處，敬祈賢達法碩，不吝賜教，至爲感幸。

　　　　　　　　　　　　　　林洲富　謹識　　2010年5月1日

　　　　　　　　　　　　　　　　　　　　于臺灣高等法院

目　次

第三章　契約事件　67

第八章 特別民事事件 267

總則事件

第一節　審判權事件

案例 ❶ 確認營業事業負責人不存在之訴

　　原告雖向普通法院起訴，主張其非A營利事業之負責人，營利事業登記並非原告本人辦理登記，申請書亦非原告所親簽，是原告非營利事業之負責人，被告財政部中區國稅局臺中分局（下稱國稅局）不應向原告追繳稅款。原告請求確認原告非A營利事業之負責人及系爭稅款不存在云云。然被告國稅局抗辯稱積欠稅款與營利事業負責人登記，均屬公法之法律關係，應循行政訴訟爭程序救濟，不得向普通法院提起民事訴訟等語。

關鍵詞　審判權、確認之訴、法律關係、訴訟要件、行政處分

壹、探討議題

　　被告國稅局以原告為營業事業負責人，向原告追繳稅款，原告為此向普通法院提起確認原告非營業事業負責人與稅款不存在之民事訴訟，被告抗辯法院無管轄權[1]。職是，本實例探討重點，在於普通院與行政法院之審判權劃分、公法與私法關係之區分、提起民事確認之訴之要件、訴訟要件之審查、普通法院無管轄之處理。

貳、理由分析

一、整理與協議簡化爭點

　　受命法官為闡明訴訟關係，得整理並協議簡化爭點（民事訴訟法第270條之1第1項第3款）。法院於言詞辯論期日，依據兩造主張之事實與證據，經簡化爭點協議，作為本件訴訟中攻擊與防禦之範圍。兩造不爭執之事實如後：（一）

1　民事訴訟之類型可分給付之訴、確認之訴及形成之訴。

被告以原告積欠稅款而未繳納爲事由，移送行政院法務部行政執行處強制執行分署（下稱行政執行分署）；（二）A營利事業設籍課稅之負責人，在被告處係登記原告爲負責人；（三）原告因營利事業登記負責人之事由，向檢察官提起告訴，告訴第三人僞造文書之罪嫌，經不起訴處分確定在案；（四）確認被告非營業事業負責人屬非因財產權而起訴，應徵收裁判費新臺幣3,000元（民事訴訟法第77條之14第1項）；而確認稅款不存在爲財產權之請求，是本件裁判費應分別徵收之（第2項）。該等不爭執之事項，將成爲法院判決之基礎。再者，兩造爭執之事實，在於積欠稅款之爭議與營利事業負責人變更登記，屬私法或公法之法律關係？應由普通法院或行政法院管轄。

二、審判權之歸屬

　　國家對於民事訴訟與行政訴訟設有不同之裁判系統，普通法院與行政法院，各具權限，不得逾越，其相互間應尊重彼此職權及其裁判效力。倘訴訟事件爲公法之爭議，即屬於行政法院之權限，僅行政法院有裁判之權。準此，原告主張之訴訟標的，係公法之法律關係，普通法院無審判之權限。訴訟事件是否屬民事訴訟之範疇，應以原告起訴主張爲訴訟標的之法律關係爲斷，而非以法院調查之結果爲依歸。倘法院調查之結果，認原告請求者不符法律規定之要件時，則屬其訴有無理由之問題，自與法院有否審判權無涉[2]。例如，政府就檢舉賄選發放獎金之宣示，具有自治規則之性質，而對外發生公法之法律關係，檢舉人主張依自治規則之法律關係請求給付獎金，即非民事訴訟之法律關係[3]。反之，檢舉人主張懸賞廣告之法律關係，請求給付報酬，雖屬私法之法律關係（民法第164條第1項）。然依據其所訴之事實，則爲法律上顯無理由，普通法院得不經言詞辯論，逕以判決駁回之（民事訴訟法第249條第2項第2款）。兩造爭執之重點，在於系爭稅款與A營利事業負責人登記，屬公法之法律關係，抑是私法之法律關係？職是，普通法院首應審究原告主張之法律關係之性質爲何。

（一）原告為A營利事業設籍課稅之負責人

　　原告主張其就A營利事業設籍課稅之負責人，在被告處係登記原告爲負責

2　最高法院88年度台抗字第168號民事裁定。

3　最高法院96年度台上字第2637號民事判決：政府就董監事選舉結果應否爲核備及就選舉會議紀錄與當選人名冊應否爲備查之處分，係基於寺廟主管機關之立場，對於寺廟行政事務所爲監督之行政處分，其與私法行爲之事前允許或事後承認者有別，核非私權之爭議，非屬普通法院之權限。

人之情事，此向檢察官提起僞造文書告訴，經檢察官不起訴處分確定在案。而被告以原告積欠系爭稅款而未繳納爲事由，將原告移送至行政執行分署強制執行等事實，業據其提出地檢署刑事傳票、行政執行分署通知、行政執行分署積欠金額查詢、A營利事業變更登記等件爲證。復爲被告所不爭執。經普通法院調閱行政執行處營業稅法執行案件卷宗與地檢署僞造文書偵查卷宗，查明屬實。

（二）稅法爲公法之關係

稅捐係國家或地方公共團體，基於課稅權，爲獲得其財政收入之目的，對於具備法定課稅要件之人，所課徵之金錢給付。故稅法之法律關係，係國家或地方公共團體以公權力主體之特殊資格地位，享受稅法上之權利，被課稅者負有給付稅捐之稅法義務。是規範稅捐之法規範，其性質爲公法，法規之主要目的在於維護公共利益，而非保護私人利益。準此，原告是否負有給付稅款之稅法義務，其爲公法之法律關係。

（三）稅捐稽徵爲行政程序

稅捐稽徵程序，係指實施課稅之行政程序，其程序包含稽徵機關對外生效之行爲，故對稅捐核定之法律要件進行審查，進而核定稅捐，最後移送強制執行，均屬稅捐稽徵程序。準此，被告依據A營利事業負責人變更登記，核定原告負有給付系爭稅款之義務，嗣後因原告積欠系爭稅款，將原告移送至行政執行處強制執行等程序，均屬稅捐稽徵程序之範圍，應適用稅法之規範，原告對該等稅捐稽徵程序有所爭議，自應提起稅徵行政爭訟，作爲救濟方式，其非屬普通法院審理之權限。再者，稅捐事件爲大量與反覆之行政業務，稽徵機關爲謀求稽徵效率，其認事用法難免有誤，依據專業性之考量，由行政救濟程序加以糾正，以符合依法課稅之原則，並維護納稅人之權利，普通法院並無權限審理稅捐稽徵之爭議。

三、提起民事確認之訴之要件

確認之訴，以請求或其他法律關係爲標的，通常須爲私法上之法律關係，倘公法上之法律關係，則必有特別規定，始得爲其標的（民事訴訟法第247條第1項）[4]。法院認其無審判權者，應依職權以裁定將訴訟移送至有審判權之管轄

4　最高法院45年台上字第1787號、52年台上字第1922號、70年台上字第1042號、85年度台上字第1704號民事判決。

法院。但其他法律另有規定者，不在此限（法院組織法第7條之3第1項）。當事人就法院之審判權有爭執者，法院應先為裁定（第3項）。法院為第1項及前項裁定前，應先徵詢當事人之意見。第1項及第3項裁定，得為抗告（第4項）。職是，被告依據營利事業設籍課稅登記，認定原告為A營利事業之負責人，進而對原告核定應課徵之系爭稅款，其係依據稅法所發生之稅捐債權而加以具體化，兩造均應受該課稅處分之拘束，而課稅處分得為強制執行之依據。因營利事業設籍課稅登記與課稅處分，論其性質，均屬稅捐機關於稅捐稽徵程序中所為之行政處分，係公法上之法律關係。原告對被告所為之營利事業設籍課稅登記與課稅處分，倘有爭議時，應循稅捐行政救濟為之，向行政法院提起撤銷訴訟或確認訴訟，不得向普通法院提起民事確認之訴（行政訴訟法第4條、第6條），實無法提出本件確認之訴。反之，營利事業為合夥組織，國稅局認定原告為合夥人而向其催繳稅款，原告否認為合夥人時，即可提起確認合夥關係不存在之民事訴訟（民法第667條）。

參、結論

對於稅捐客體之歸屬與稅款發生爭議，其屬公法上之法律關係，應循行政訟爭方式救濟之，非普通法院審理之範圍，向民事法院起訴，不符訴訟要件。職是，本件確認營業事業負責人不存事件，雖不屬普通法院審判之權限，普通法院應移送至有受理訴訟權限之管轄高等行政法院（法院組織法第7條之3第1項本文）[5]。

肆、相關案例

原告將屬行政訟爭事件向普通法院民事庭起訴，經法院審理後，確認係屬行政訟爭事件，認無受理權限，經向當事人闡明及徵詢其意見後，當事人對屬行政訟爭事件並不爭執，並請求受普通法院審理之意願。然普通法院認其無受理訴訟權限者，應依職權裁定將訴訟移送至有受理訴訟權限之管轄法院。普通法院為裁定前應先徵詢當事人之意見，雖屬尊重當事人程序主體權之規定，然不能解釋為當事人對審理權之分配亦有處分權，是普通法院遇有不屬權限之事件，應有義務為移送，不受當事人意見拘束，即使當事人為反對移送意見之表示，法院仍應移送行政法院（法院組織法第7條之3）[6]。申言之，人民固有訴

5　林洲富，民事訴訟法理論與案例，元照出版有限公司，2024年2月，7版1刷，頁2。
6　臺灣高等法院暨所屬法院99年法律座談會彙編，2011年1月，頁112至114。

訟之基本權利，惟訴訟應由如何之法院受理及進行，則爲國家司法權行使之結果，自應由立法機關依職權權衡訴訟事件之性質，訴訟制度之功能及公益之考量，以法律決定訴訟事件審判權之歸屬或紛爭解決程序等設計，此法律即有拘束全國機關及人民之效力[7]。

第二節　管轄權事件

案例 2　國家賠償

　　原告雖主張其因食用薑母鴨後駕駛自小客車，酒精濃度超過標準違規，遭警依法舉發，依道路交通管理處罰條例第35條第1項第1款規定裁處罰鍰與吊扣駕駛執照1年。原告至被告機關辦理吊扣駕照事宜，詎被告所屬監理站竟違法吊扣原告之職業駕駛執照，致以駕駛爲職業之原告，無法駕駛聯結車而造成工作權受損害。被告未遵守法律及相關法院裁判，其違法吊扣原告之職業駕駛執照，導致原告受有損害，自屬有故意或過失，原告依據國家賠償法第2條第2項前段規定，除請求被告賠償工作損失外，被告亦侵害原告之工作權，爰依據民法第195條第1項規定之其他人格法益，請求慰撫金云云。然被告抗辯稱原告違反道路交通安全規則第114條第2款與道路交通管理處罰條例第35條第1項第1款規定，遭警依法舉發，被告所屬監理站裁罰吊扣職業駕駛執照1年。原告向地方行政法院提出訴訟，經地方行政法院判決駁回，因原告未上訴而確定。被告依據確定之判決執行裁罰，自屬無過失。縱使法院認爲被告有過失，因原告違規駕駛爲主因，再放棄上訴爲次因，被告主張有過失相抵之適用等語。

關鍵詞 協議、行政處分、聲明異議、自由心證、平等原則

壹、探討議題

　　原告因酒精濃度超過標準違規駕車，經被告所屬監理站吊扣原告之職業駕駛執照，導致以駕駛爲職業之原告無法駕駛聯結車，原告依據國家賠償法第2條第2項前段與民法第195條第1項規定，請求被告賠償工作損失與侵害工作權之慰撫金。職是，本實例探討之重點，在於請求國家賠償之程序、國家賠償責任之

7　大法官釋字第540號、第448號解釋。

成立及瑕疵行政處分之認定。

貳、理由分析

一、程序事項

　　依國家賠償法請求損害賠償時，應先以書面向賠償義務機關請求之；賠償義務機關拒絕賠償，或自提出請求之日起逾30日不開始協議，或自開始協議之日起逾60日協議不成立時，請求權人得提起損害賠償之訴；原告之訴，起訴不合程序或不備其他要件，法院應以裁定駁回之（國家賠償法第10條第1項、第11條第1項前段、民事訴訟法第249條第1項第6款）。原告依據國家賠償法起訴請求被告負損害賠償責任，法院自應審究原告起訴是否合法？原告前已提出國家賠償請求書向被告請求，被告以拒絕賠償理由書拒絕原告之請求等事實，有原告提出之被告函與拒絕賠償理由書等件為證。職是，原告提起本件國家賠償事件訴訟，應予准許。

二、實體事項

（一）酒精濃度逾標準違規駕駛車輛

　　汽車駕駛人飲用酒類或其他類似物後其吐氣所含酒精濃度超過每公升0.15毫克或血液中酒精濃度超過0.03%以上，不得駕車。機車駕駛人處新臺幣（下同）1萬5,000元以上9萬元以下罰鍰，汽車駕駛人處3萬元以上12萬元以下罰鍰，並均當場移置保管該汽機車及吊扣其駕駛執照1年至2年；附載未滿12歲兒童或因而肇事致人受傷者，並吊扣其駕駛執照2年至4年；致人重傷或死亡者，吊銷其駕駛執照，並不得再考領（道路交通安全規則第114條第2款、道路交通管理處罰條例第35條第1項第1款）。原告主張其因酒精濃度逾標準違規駕駛自小客車，遭警依法舉發，被告所屬監理站依據道路交通安全規則第114條第2款與道路交通管理處罰條例第35條第1項第1款規定，裁處原告罰鍰與吊扣系爭職業駕駛執照1年，原告不服行政處分，向地方行政法院起訴，經判決駁回確定在案等事實。業據原告提出監理站駕駛執照吊扣執行單與地方行政法院判決等件為證。復為被告所不爭執，堪信為真實。職是，原告因酒精濃度逾標準違規駕駛自小客車，經被告所屬監理站裁處吊扣原告之職業駕駛執照1年，原告不服行政處分，向地方法院行政訴訟庭起訴，經法院裁定判決駁回確定。

（二）國家賠償責任之成立

　　公務員於執行職務行使公權力時，因故意或過失侵害人民自由或權利者，國家應負賠償責任，公務員怠於執行職務，致人民自由或權利遭受損害者亦同（國家賠償法第2條第2項）。是國家應負損害賠償責任，應具備之要件有：1.行為人須為公務員；2.須為執行職務行使公權力之行為；3.須係不法行為；4.須行為人有故意或過失；5.須侵害人民之自由或權利；6.須不法行為與損害之發生有相當因果關係。故國家賠償責任之成立要件，應以公務員之執行職務具有故意或過失之行為，致人民之自由或權利受有損害，且該損害之發生與有責任原因之事實間具有相當因果關係為必要[8]。職是，兩造之主要爭執，在於被告裁罰吊扣原告之職業駕駛執照，被告有無違法？有無故意或過失？

1. 吊扣駕照之行政處分

　　酒醉駕車行為係製造法所不容許之風險，以風險製造之立場而言，雖不因駕駛車輛種類之不同，而有所差別。然自風險實現之觀點以觀，酒醉駕駛車類之不同，其對於交通安全衍生之實害結果亦有所差異，如駕駛人駕駛低一級之車類違反本條例之規定時，不論其所造成之實害結果，而一律吊扣駕駛人所持有之各類駕照，亦有違相同事件相同處理，不同事件不同處理之平等原則[9]。觀諸道路交通管理處罰條例第68條之修正過程與理由，行為人有道路交通管理處罰條例第35條第1項第1款所規定之違規行為，應吊扣駕駛執照時，其僅能吊扣行為人違法或違規當時駕駛車輛所憑之駕駛執照，不得再吊扣行為人所持有而與駕駛違規車輛無關之其他各級車類駕駛執照[10]。原告因食用薑母鴨後駕駛自小客車，酒精濃度超過標準違規，遭警依法舉發，依道路交通管理處罰條例第35條第1項第1款規定裁處罰鍰與吊扣駕駛執照1年，被告所屬監理站僅能吊扣自小客車之駕駛執照，不得吊扣原告之職業駕駛執照。職是，被告所屬監理站裁罰吊扣職業駕駛執照1年，原告向地方行政法院提出撤銷訴訟（行政訴訟法第237條之1）。地方行政法院判決雖駁回起訴，然本文認交通裁決事件之行政處分與法院判決，均有違平等原則。

2. 被告無故意或過失

　　受處分人不服主管機關所為之處罰，得於接到裁決書之翌日起30日內，向

8　最高法院75年度台上字第525號、90年度台上字第371號、99年度台上字第836號民事判決。

9　臺灣高等法院暨所屬法院97年法律座談會刑事類提案第40號討論暨審查意見。

10　臺灣高等法院98年度交抗字第2138號刑事裁定。

管轄地方行政法院提起撤銷訴訟，不符法院判決得為上訴（行政訴訟法第237條之3第1項、第2項、第237條之9第2項）。有關交通違規處罰之救濟程序應循行政訴訟程序為之，受處分人因交通違規事件，不服主管機關所為之處分，得向管轄地方行政法院行政訴訟庭提起訴訟；不服地方行政法院所為之判決，再循上訴途徑救濟。地方行政法院以判決駁回原告之訴，不論原告未上訴之原因為何，致判決確定在案，自應受其拘束，不得於事後任意指摘該法院判決違法或不適當。準此，被告所屬監理站所為吊扣原告之職業駕駛駕照之行政處分，業經由司法審查該行政處分之適法性，被告所屬監理站之處分內容與地方行政法院判決意旨相同，足見被告應無故意或過失情形可言。

（三）非財產之損害賠償責任

　　不法侵害他人之身體、健康、名譽、自由、信用、隱私、貞操，或不法侵害其他人格法益而情節重大者，被害人雖非財產上之損害，亦得請求賠償相當之金額（民法第195條第1項）。因公務員執行職務行使公權力時，不法侵害人民自由或權利而生之國家賠償責任，適用國家代位責任，應以公務員依法應負損害賠償責任為前提[11]。職是，人民請求國家賠償其非財產之損害，仍以受有不法之侵害為要件，倘公務員所為之行政處分依法不負賠償責任，則國家即無代位賠償可言。被告所屬監理站所裁罰吊扣原告之職業駕駛執照之行政處分，並無故意或過失可言，被告所屬監理站無不法侵害原告之工作權。再者，人格權者，係指關乎人之存在與尊嚴之權利，其為構成人格不可或缺之權利。而工作權為人民在社會得選擇適合之工作，以維持其生存之權利，本質並非人格權，是工作權受侵害非屬人格法益受侵害。故原告主張被告所屬監理站不法侵害原告之工作權，係侵害其人格法益云云，顯無理由。

參、結論

　　原告因酒精濃度逾標準而違規駕駛自小客車，經警依法舉發，被告所屬監理站依據道路交通安全規則第114條第2款及道路交通管理處罰條例第35條第1項第1款規定，裁罰吊扣原告職業駕駛執照1年，被告所屬公務員執行職務行使公權力時，並無故意或過失侵害原告自由或權利之情事。準此，原告依據國家賠償法第2條第2項前段與民法第195條第1項規定，請求被告賠償工作損失與工作權受侵害之慰撫金云云，應予駁回。

11　最高法院81年度台上字第274號、86年度台上字第977號民事判決。

肆、相關案例

一、法律問題

　　甲廠商參與丁政府機關採購案之投標，因丁政府機關發現甲廠商與其他投標廠商乙、丙之押標金，均由相同銀行匯入丁政府機關指定帳戶，且通匯序號連號，丁政府機關遂認本件有政府採購法第50條第1項第5款規定之不同投標廠商間之投標文件內容有重大異常關聯之情形。乃依投標須知規定，認甲、乙、丙等廠商有影響採購作業公正之違反法令行為情形，而沒收其押標金各新臺幣10萬元，並取消其次低標之決標保留權，甲與乙、丙等廠商就沒收其押標金部分均不服，分別循序提出異議、申訴，遞遭駁回，遂提起行政訴訟。試問行政法院有無審判權[12]？

二、政府採購法

　　有不同投標廠商間之投標文件內容有重大異常關聯者，經機關於開標前發現者，其所投之標應不予開標；嗣於開標後發現者，應不決標予該廠商（政府採購法第50條第1項第5款）。機關對於廠商所繳納之押標金，應於決標後無息發還未得標之廠商。廢標時，亦同（政府採購法第50條第1項）。機關得於招標文件中規定，廠商有下列情形之一者，其所繳納之押標金，不予發還，其已發還者，並予追繳：（一）以偽造、變造之文件投標；（二）投標廠商另行借用他人名義或證件投標；（三）冒用他人名義或證件投標；（四）在報價有效期間內撤回其報價；（五）開標後應得標者不接受決標或拒不簽約；（六）得標後未於規定期限內，繳足保證金或提供擔保；（七）押標金轉換為保證金；（八）其他經主管機關認定有影響採購公正之違反法令行為者（第2項）。政府廠商與機關間關於招標、審標、決標之爭議，得依本章規定提出異議及申訴（政府採購法第74條）。採購申訴審議委員會對申訴所作之審議判斷，視同訴願決定（政府採購法第83條）。

三、雙階理論

　　政府採購法其就採購爭議之性質，適用雙階理論。即將政府採購契約締結前採購決定程序之相關爭議定位為公法性質。而政府採購契約之履約、驗收或保固爭議，則定位為私法之爭議，應循民事爭訟途徑解決[13]。準此，立法者已

12　林洲富，行政法案例式，五南圖書出版股份有限公司，2022年5月，6版1刷，頁61。
13　江嘉琪，政府採購法與爭訟實務，100年培訓高等行政法院暨地方法院行政訴訟庭法

就政府採購法中廠商與機關間關於招標、審標、決標之爭議，規定屬於公法上
爭議，其訴訟事件自應由行政法院審判。機關依政府採購法第50條第1項第5款
取消廠商之次低標決標保留權，同時依據投標須知，以不同投標廠商間之投標
文件內容有重大異常關聯情形，認廠商有同法第31條第2項第8款所定有影響採
購公正之違反法令行為情形，不予發還其押標金。倘廠商對不予發還押標金行
為有爭議，即為關於決標之爭議，屬公法之爭議。廠商雖僅對機關不予發還押
標金行為不服，而未對取消其次低標之決標保留權行為不服，惟此乃廠商對機
關所作數不利於己之行為一部不服，並不影響該不予發還押標金行為之爭議，
為關於決標之爭議之判斷。準此，廠商不服機關不予發還押標金行為，經異議
及申訴程序後，提起行政訴訟，行政法院自有審判權[14]。至於有關採購契約履
約問題而不予發還押標金所生之爭議，屬私權爭執，非公法之爭議，行政法院
自無審判權，而本件係廠商與機關間關於決標之爭議，屬公法之爭議有間[15]。
故政府機關依政府採購法所為招標、審標、決標行為，為執行公權力之行為，
有國家賠償法之適用[16]。

官理論課程，司法院司法人員研習所，2011年3月14日，41頁。最高行政法院95年度判
　　字第1996號判決。
14　最高行政法院97年5月份第1次庭長法官聯席會議（二）決議。
15　最高行政法院2004年2月份庭長法官聯席會議決。
16　臺灣高等法院暨所屬法院95年法律座談會彙編，2007年1月，頁57至73。

債總事件

第一節 財產上之侵權事件

案例 3 詐欺取財之共同侵權

　　原告主張被告擔任A公司之名義負責人，被告竟基於幫助詐欺取財之故意，以A公司之名義向B商業銀行申請支票帳戶，並將聲請之支票本與印章，交付詐欺集團成員使用。甲以新臺幣（下同）1萬之代價，向詐騙集團購買A公司之支票，並經其背書，向原告借款100萬元，原告為此交付100萬元予甲，嗣因系爭支票經原告提示未獲兌現，原告依據侵權行為之法律關係，起訴請求被告應給付損害賠償120萬元，訴訟繫屬中減縮為100萬元等語。被告抗辯其未經手該筆金錢，不應負損害賠償之責任云云。

關鍵詞 自認、訴之變更、訴之追加、共同侵權、行為關連

壹、探討議題

　　被告基於幫助詐欺取財之故意，將支票本與印章，交付他人使用。他人持之向原告借款，被害人依據共同侵權行為之法律關係，請求被告負損害賠償責任。準此，本實例探討重點，在於被告將其所有之A公司支票本與印章，交由第三人使用，甲向第三人購買A公司之支票，並持之向原告詐騙100萬元，被告應否負共同侵權行為人之責任。

貳、理由分析

一、程序事項

（一）共同訴訟之特別管轄權

　　共同訴訟之被告數人，其住所不在一法院管轄區域內者，各該住所地之法院俱有管轄權。但依第4條至前條規定有共同管轄法院者，由該法院管轄（民事

訴訟法第20條）。因侵權行為涉訟者，得由行為地之法院管轄（民事訴訟法第15條第1項）。足見共同訴訟之普通審判籍，僅於無民事訴訟法第20條但書規定之共同特別審判籍時，始有其適用。職是，原告本於侵權行為損害賠償涉訟，應由被告共同特別管轄即侵權行為地之法院管轄，非被告之住所地法院管轄。

（二）減縮應受判決事項聲明

　　訴狀送達後，原告不得將原訴變更或追加他訴。但擴張或減縮應受判決事項之聲明者，不在此限（民事訴訟法第255條第1項第3款）。當事人、訴訟標的及訴之聲明，為訴之要素（民事訴訟法第244條第1項）。原告於訴訟，將訴之要素變更其一或追加其一，即為訴之變更或訴之追加。原則上訴訟送達被告後，為防止訴訟延滯與保護被告之利益，原告不得將原訴變更或追加他訴[1]。例外情形，有民事訴訟法第255條第1項第1款至第7款與第2項所列事由，則可為訴之變更或訴之追加。職是，原告起訴時請求被告給付120萬元及其法定遲延利息。嗣於法院言詞辯論期日進行中，變更其請求為被告應給付原告100萬元及自法定遲延利息，其屬減縮應受判決事項之聲明，應予准許。

二、實體事項

（一）被告將A公司支票本與印章交付第三人使用

　　原告主張被告擔任A公司之名義負責人，其以A公司名義，向商業銀行申請支票帳戶，並將聲請之支票本與印章，交付予第三人使用等事實，被告於言詞辯論不爭執，視同自認（民事訴訟法第280條第1項本文）[2]。經原告聲明調查證據（民事訴訟法第194條、第285條），法院為此調閱詐欺案件刑事卷宗，該刑事卷宗內附有B商業銀行、市政府營業事業登記證、有限公司登記表、A公司章程、開戶申請書、支票存款開戶申請與往來約定書、支票存款約定書補充條款、支票、退票理由單及支票存款明細分類帳等件為證（民事訴訟法第286條）。經法院當庭提示與被告，被告對該等證物為其所有之事實，均無意見。故法院採為裁判基礎之證據，已使當事人就該證據及其調查之結果為言詞辯

1　姚瑞光，民事訴訟法論，自版，2004年2月，頁384至385。

2　最高法院95年度台上字第2093號民事判決：民事訴訟法第279條第1項所規定之自認，必須當事人對於他造主張不利於己之事實，在訴訟上承認其為真實或積極而明確的表示不爭執始足稱之，此與同法第280條第1項所規定之視同自認，係指當事人對於他造主張之事實，於言詞辯論時，消極的不表示意見或不陳述真否意見之不爭執，法律擬制其為自認，該當事人得因他項陳述而可認為爭執之情形未盡相同。最高法院94年度台上字第685號判決：當事人對於他造主張之事實，於言詞辯論時不爭執者，固應視同自認，惟倘其於言詞辯論終結前，已追復為爭執之陳述，即不生視同自認之問題。

論，自得盡其攻擊防禦之能事（民事訴訟法第297條第1項）[3]。足見被告將其所有之A公司支票本與印章交付第三人使用，自堪認定。

（二）被告有幫助詐欺之行為

被告基於幫助之故意，將A公司之支票本與印章，交付第三人使用。甲持A公司之支票之向原告詐騙100萬元之事實，為被告所不爭執。經法院調閱另案詐欺案件刑事卷宗以觀，依據準備程序期日記載內容可知，被告除承認檢察官起訴其提供支票幫助第三人詐欺原告100萬元外，亦自承第三人欲與其合夥，並發薪水與被告之事實。參諸卷附之刑事判決可知，被告因幫助詐欺之行為與第三人因詐欺行為，分別遭法院判處有期徒刑確定之事實。職是，被告與第三人確有共同侵害原告100萬元所有權之事實。

（三）支票本與其印章不得任意交付予第三人使用

衡諸社會之通念，金融機構所核發之支票本與存查之印章，係商業交易與個人理財之重要工具，其關係個人財產與交易信用之表徵，倘交予不相關之第三人使用，有被供作財產犯罪用途之可能，支票本與其印鑑章，則成為幫助犯罪之工具，此應為被告得預見自明。被告提供A公司之支票本與印章與第三人，第三人持之向原告詐騙100萬元。被告提供支票之行為顯為幫助第三人詐騙原告100萬元之行為，渠等共同侵害原告100萬元之所有權甚明。

參、結論

（一）共同侵權行為之責任

因故意或過失，不法侵害他人之權利者，負損害賠償責任。數人共同不法侵害他人之權利者，連帶負損害賠償責任。幫助人視為共同行為人（民法第184條第1項前段、第185條第1項前段、第2項）。被告幫助第三人詐騙原告100萬元，共同侵害原告100萬元之所有權，被告為本件損害賠償事件共同侵權行為人，故原告依據侵權行為之法律關係，得請求被告給付100萬元，並自起訴狀繕本送達翌日起至清償日止，按年息5%計算之法定遲延利息（民法第203條、第229條第2項）。因被告敗訴，被告應負擔訴訟費用（民事訴訟法第78條）。

---

3 最高法院41年台上字第748號、99年度台上字第1056號民事判決：為判決基礎之資料，係引用當事人或證人在他案之陳述或證詞，而成為主要論斷之依據，並足以影響判決之結果者，不得僅將借調卷宗作包裹式之提示，而應將該陳述或證詞具體提示予兩造為適當完全之辯論後，始得本於辯論之結果加以斟酌，以保障當事人之程序權，避免造成裁判上之突襲。

（二）行為關連共同說

被告雖抗辯稱其未收受原告所交付之100萬元，故不應負損害賠償責任云云。然被告是否有親自收受該100萬元，其與有無共同侵害原告100萬元之所有權無涉。因民事共同侵權之行為人間，不以有意思聯絡為必要，倘各行為人之故意或過失行為，均為其所生損害共同原因，此為行為關連共同說，自應成立共同侵權行為，各故意或過失行為人對於被害人應負全部損害之連帶賠償責任[4]。準此，被告雖未經手100萬元，然無礙本件侵權行為之成立。

肆、相關案例

一、法律問題

甲與乙住所地在臺中市、丙住所地在嘉義市，乙、丙間有僱傭關係。丙於某日在坐落臺南市之乙所承攬之工程工地，因執行職務行為，致甲受傷並受有損害，甲遂於臺灣臺中地方法院對乙、丙提起侵權行為損害賠償之共同訴訟。乙經通知到庭後逕為言詞辯論，丙則抗辯臺灣臺中地方法院無管轄權而拒絕辯論，試問法院就該訴訟應如何處理？

二、移送至共同管轄法院

共同訴訟之普通審判籍，僅於無民事訴訟法第20條但書規定之共同特別審判籍時始有其適用。反之，符合民事訴訟法第20條但書者，原告應向共同特別審判籍所在地之法院起訴。原告甲係本於侵權行為損害賠償涉訟，應由被告乙、丙共同特別管轄即侵權行為地之法院管轄（民事訴訟法第15條第1項）。被告乙雖未抗辯管轄權，惟丙抗辯臺灣臺中地方法院無管轄權，應認臺灣臺中地方法院就本事件無管轄權。準此，甲遂向乙住所地之臺灣臺中地方法院起訴，該法院並無管轄權，應依民事訴訟法第28條第1項規定，以職權裁定將全案移送共同特別管轄籍之臺灣臺南地方法院管轄[5]。

4　最高法院67年台上字第1737號民事判決、106年度台抗字第211號民事裁定。
5　臺灣高等法院暨所屬法院97年法律座談會彙編，2008年12月，頁130至136。

案例❹ 失火之損害賠償

　　原告主張被告為A房屋之所有人及實際使用人，因過失未對A房屋之電線為必要之更換或維護，致電器設備造成電線短路，發生火災，延燒至原告所有B房屋，被告之過失行為，經法院以公共危險罪案件判決有期徒刑確定在案。原告依民法第184條第1項前段與第196條規定，請求被告賠償因火災燒燬系爭房屋之損害，並以火災前之建築成本價格為賠償金額，而原告於訴訟繫屬期間，減縮應受判決事項聲明等語。被告抗辯稱兩造因失火燒燬之A、B房屋，均為逾15年之建築物，原告因火災所受損害，應以火災時之房屋課稅現值為準，且原告所受損害應扣除保險金給付部分云云。被告於本件訴訟之最後言詞辯論期日，經合法通知，無正當理由而未到場。

關鍵詞　侵權行為、一造辯論、相當因果關係、損益相抵、損害賠償

壹、探討議題

　　被告所有A房屋因電線短路，導致失火燒燬原告所有B房屋，原告依據侵權行為之法律關係，請求被告賠償B房屋燒燬之損害。因房屋課稅現值為稅捐機關課徵房屋稅之依據，其並非房屋發生火災之實際價值，不得以房屋課稅現值，最作為房屋遭燒燬之損害依據。職是，本實例探討重點，在於減縮應受判決事項之聲明、一造辯論判決之要件、侵權行為之成立、燒燬建築物之損害計算、損益相抵之要件及法院依職權酌定損害數額之要件。

貳、理由分析

一、程序事項

　　訴狀送達後，原告不得將原訴變更或追加他訴。但擴張或減縮應受判決事項之聲明者，不在此限（民事訴訟法第255條第1項第3款）。原告起訴請求被告給付新臺幣（下同）140萬元（計算式：動產損害30萬元＋精神慰撫金10萬元＋不動產損害100萬元），並自火災發生之翌日至清償日止，按年息5%計算之利息。原告嗣於法院言詞辯論期日捨棄請求精神慰撫金、動產損害及減縮請求不動產損害，變更其請求為被告應給付原告68萬元及自起訴狀繕本送達翌日起至清償日止，按年息5%計算之利息，其屬減縮應受判決事項之聲明。再者，被告受合法通知，未於最後言詞辯論期日到場，核無民事訴訟法第386條各款所列情

形，爰依原告之聲請，由其一造辯論而判決。

二、實體事項

（一）整理與協議簡化爭點

　　受命法官為闡明訴訟關係，得整理並協議簡化爭點（民事訴訟法第270條之1第1項第3款）。法院於於言詞辯論期日，依據兩造主張之事實與證據，經簡化爭點協議，作為本件訴訟中攻擊與防禦之範圍。兩造不爭執之事實有二：1.被告A房屋之所有人，因過失未對電線為必要之更換或維護，因電線短路而引發火勢，導致燒燬原告之系爭房屋，被告之失火行為，經法院以公共危險罪案件判決有期徒刑確定在案；2.原告所有B房屋因失火所造成之損害，應以火災時之房屋價值即建物成本價格為基準。此等不爭執之事實，將成為判決之基礎。

（二）侵權行為之成立

　　因故意或過失，不法侵害他人之權利者，負損害賠償責任（民法第184條第1項前段）。原告主張因被告之行為，致原告所有B房屋遭燒燬，故被告應負侵權行為之損害賠償責任等語。職是，法院自應審究被告行為是否符合侵權行為之成立要件。詳言之：1.被告為A房屋之所有人，因其過失未對該房屋配置電線為必要之更換或維護，因電線短路而引發火災，致燒燬原告之房屋，而被告之失火行為，經法院以公共危險罪刑事案件，判決有期徒刑確定在案等事實。業具原告提出法院刑事判決書、建物所有權狀、照片及火災保險單等件為證。被告就上開事實並未爭執。經法院調閱兩造財產資料、被告之前案記錄、法院刑事案件卷宗，審核屬實；2.因被告疏於對其所有房屋所配置電線為必要之更換或維護，導致電線短路失火而燒燬原告所有房屋。是被告之不法過失行為確已侵害原告房屋之所有權，且房屋遭燒燬之損害與被告之失火行為，兩者間有相當因果關係。職是，原告依據侵權行為之法律關係，請求被告賠償因其失火行為，致原告房屋燒燬之損害，依法有據。

（三）物之毀損賠償方法

　　不法毀損他人之物者，被害人得請求賠償其物因毀損所減少之價額（民法第196條）。原告主張因被告之行為燒燬其房屋，被告應賠償其損害等語。準此，法院自應探討因被告之失火行為，致原告房屋遭燒燬，原告得請求被告賠償金額為何。申言之，法院認定原告所有房屋遭燒燬所減少之價額，應以原告所主張之火災前之建物成本價格為基準。原告所稱火災前之建物成本價格，應以火災時之房屋價值為準，並非重建成本。經送不動產估價師聯合事務所之鑑

定（民事訴訟法第326條），認為原告房屋之屋齡為16年，其經濟耐用年數為45年，提列之折舊率為32%、每年之折舊率為2%，其成本價格率為68%，故火災前之建物成本價格68萬元（計算式：建物面積20坪、重置成本單價為每坪5萬元，建物成本價格＝20坪×5萬元×68%），此有不動產估價報告書附卷可稽（民事訴訟法第335條）。職是，被告應賠償原告所有房屋之損害金額為68萬元。

（四）保險給付與損害賠償不生損益相抵

保險制度在於保護被保險人，非為減輕損害事故加害人之責任。保險給付請求權之發生，係以定有支付保險費之保險契約為基礎，其與因侵權行為所生之損害賠償請求權，並非出於同一原因。後者之損害賠償請求權，不因受領前者之保險給付而喪失，兩者除有保險法第53條關於代位行使之關係外，並不生損益相抵問題[6]，原告前就其房屋與其屋內動產，向產物保險股份有限公司投保住宅火災保險，因本次火災固有受領保險給付20萬元，此有原告提出之代位求償同意書在卷可稽。然原告依據侵權行為之法律關係對被告之損害賠償請求權，不因受領保險給付而喪失。

（五）法院依職權酌定損害數額之要件

當事人已證明受有損害而不能證明其數額或證明顯有重大困難者，法院應審酌一切情況，依所得心證定其數額（民事訴訟法第222條第2項）。適用本項規定，由法院酌定損害賠償數額，必須當事人已盡舉證之能事，仍無法舉證以實其說，法院始審酌一切情況，斟酌全辯論意旨及調查證據之結果，依所得心證定其數額，俾使當事人之損害賠償請求權得以實現，減輕損害證明之舉證責任[7]。法院有囑託鑑價股份有限公司鑑定原告遭本件火災燒燬之動產價值，該鑑價公司亦願意接受法院囑託鑑定，此有鑑價公司函附卷可稽。參諸原告所列之動產損害明細，內容為家具與家電用品，其為有形資產，具有一定之市場價值，故欲計算其損害數額，並非難事。準此，法院囑託鑑價公司進行損害賠償之鑑定後，倘專業鑑定機構無法計算出損害賠償數額時，始有當事人已證明受有損害而不能證明其數額或證明顯有重大困難之情事。因原告不願支出鑑定費用，並同意捨棄動產損害之求償，是法院自無庸依據民事訴訟法第222條第2項之規定，酌定賠償動產損害之金額。

6　最高法院68年台上字第42號、103年度台上字第1121號民事判決。
7　最高法院101年度台上字第158號民事判決。

參、結論

原告依據侵權行為之法律關係，請求被告賠償遭火災燒燬之B房屋損害68萬元及自起訴狀繕本送達翌日起至清償日止，按年息5%計算之利息，核屬有據，應予准許。再者，兩造均陳明願供擔保聲請宣告假執行及免為假執行，經核無不合，爰分別酌定相當擔保金額准許之（民事訴訟法第390條第2項、第392條第2項）。

肆、相關案例

訴訟由被告住所地之法院管轄（民事訴訟法第1條第1項），此為普通審判籍。因侵權行為涉訟者，得由行為地之法院管轄（民事訴訟法第15條第1項），稱為特別審判籍。職是，侵權法律關係之民事訴訟事件，當事人就普通審判籍與特別審判籍，有選擇其一法院起訴之權利。故原告得選擇被告住所地或侵權行為地之地方法院起訴（民事訴訟法第22條）[8]。

第二節　財產與非財產之侵權事件

案例 5　車禍傷害之損害賠償

原告於刑事附帶民事訴訟程序中主張被告駕駛自用小客車，因疏於注意，撞擊原告騎乘之重機車，導致原告受有頭部外傷、頸部、胸部、右大腿挫傷及肢體多處擦傷等傷害，其提起過失傷害之刑事告訴。而原告因本件車禍事故受有醫療費用、減少勞動能力之損失、增加生活之需要、機車毀損及罹患重度憂鬱症等財產之損害與非財產之損害，依據侵權行為之法律關係請求損害賠償等語。被告抗辯稱原告所受之傷害輕微，不需長期休養，故請求休養期間之薪資損失不合理。而原告之受損機車修理完畢後，自無以計程車代步之必要性。至於本件車禍結果與原告罹患憂鬱症無關。縱使被告應賠償原告損害，原告駕駛重機車亦有過失等語。本件刑事訴訟程序提起附帶民事訴訟，經法院刑事庭裁定移送同院民事庭。

關鍵詞　與有過失、附帶民事訴訟、減少勞動能力、相當因果關係、非財產上之損害賠償

8　最高法院63年台上字第1863號民事判決、111年度台抗字第326號民事裁定。

壹、探討議題

被告駕駛自用小客車與原告騎乘之重機車發生撞擊，致原告受有多處傷害，兩造就車禍之發生均有過失。原告依據侵權行為之法律關係請求醫療費用、減少勞動能力之損失、增加生活之需要、機車毀損及罹患重度憂鬱症等財產之損害與非財產之損害。職是，本實例探討重點，在於刑事附帶民事訴訟程序、在於侵權行為之成立要件、物之毀損之賠償方法、認定增加生活之需要、認定減少勞動能力之損失、酌定非財產之損害賠償及與有過失。

貳、理由分析

一、程序事項

（一）刑事訴訟程序提起附帶民事訴訟

訴狀送達後，原告不得將原訴變更或追加他訴。但擴張或減縮應受判決事項之聲明者，不在此限（民事訴訟法第255條第1項第3款）。原告於過失傷害刑事案件之刑事訴訟程序提起附帶民事訴訟（刑事訴訟法第487條），請求被告給付新臺幣（下同）60萬元及自起訴狀繕本送達翌日起至清償日止，按年息5%計算之利息。經法院刑事庭合議裁定移送法院民事庭（刑事訴訟法第504條第1項）。原告嗣於民事訴訟期間變更請求為被告應給付原告95萬元及自起訴狀繕本送達翌日起至清償日止，按年息5%計算之利息。本件刑事訴訟程序提起附帶民事訴訟，經法院刑事庭裁定移送法院民事庭（刑事訴訟法第504條第1項）。職是，本件應由法院民事庭審理。

（二）擴張應受判決事項之聲明

訴狀送達後，原告不得將原訴變更或追加他訴。但擴張或減縮應受判決事項之聲明者，不在此限（民事訴訟法第255條第1項第3款）。原告嗣於民事訴訟期間變更請求為被告應給付原告95萬元及自起訴狀繕本送達翌日起至清償日止，按年息5%計算之利息。其僅屬擴張應受判決事項之聲明，應予准許。附帶民事訴訟移送案件，雖免裁判費（刑事訴訟法第504條第2項）。然移送於民庭後，應適用民事訴訟法（刑事訴訟法第490條但書）。準此，原告擴張35萬元應受判決事項之聲明，法院應命原告繳納裁判費（民事訴訟法第77條之13）。

二、實體事項

(一) 整理與協議簡化爭點

　　受命法官為闡明訴訟關係，得整理並協議簡化爭點（民事訴訟法第270條之1第1項第3款）。法院於言詞辯論期日，依據兩造主張之事實與證據，經簡化爭點協議，作為本件訴訟中攻擊與防禦之範圍。不爭執之事實有四：1.侵權事實依據過失傷害案件刑事判決所認定之事實；2.原告支出醫療費用2萬元與機車毀毀損害1萬元；3.兩造各自陳述本身有關之職業、收入、學歷、家庭及財產等事項；4.車輛行車事故鑑定委員會，鑑定意見結果認被告為本件車禍之肇事主因，原告為肇事次因。此等不爭執之事實，將成為法院判決之基礎。兩造爭執之事項有三：1.原告主張必要支出之計程車資6萬元；被告抗辯稱原告機車修理完畢日後，自無支出計程車資之必要；2.原告主張其因本件車禍須休養1年，其工作損失36萬元，被告否認原告有該工作損失；3.原告主張其因本件車禍造成憂鬱症，被告否認有相當因果關係。

(二) 侵權行為之成立

　　汽車、機車或其他非依軌道行駛之動力車輛，在使用中加損害於他人者，駕駛人應賠償因此所生之損害。但於防止損害之發生，已盡相當之注意者，不在此限（民法第191條之2）。原告主張被告駕駛自用小客車，因被告之過失，而與原告騎乘之重機車發生碰撞，導致原告受有頭部外傷、頸部、胸部、右大腿挫傷及肢體多處擦傷之傷害等事實。被告並不爭執，是原告主張之事實，堪信為真正。原告過失駕駛自用小客車與被告騎乘之重機車發生撞擊，被告因而受傷，故被告之加害行為，致原告受有損害，兩者間有相當因果關係存在。準此，原告得依據侵權行為之法律關係，對於應負侵權行為責任之被告，請求損害賠償，而發生損害賠償之債。

(三) 物之毀損之賠償方法

　　不法毀損他人之物者，被害人得請求賠償其物因毀損所減少之價額（民法第196條）。原告主張因被告之侵權行為，導致其有機車與眼鏡之毀損，而各支出1萬元之事實，業據其提出之機車行照、機車修復估價單及寶島眼鏡公司收據等件為證。被告於言詞辯論期日就機車毀損之修理費用，同意賠償1萬元。而本件原告騎乘機車發生車禍，其眼鏡因車禍而毀損，實屬平常之事，被告亦未爭執，故原告請求該項費用，即屬正當。準此，原告就物之毀損部分，請求被告給付2萬元（計算式：1萬元＋1萬元），於法有據。

（四）增加生活上之需要或減少勞動能力

　　不法侵害他人之身體或健康者，對於被害人因此喪失或減少勞動能力或增加生活之需要時，應負損害賠償責任（民法第193條第1項）。所謂增加生活之需要，係指被害人於被害前，並無此需求，因受有侵害後，始有支出此費用之需要者而言。原告以被告之侵權行為，致其減少勞動能力與增加生活之需要為事由，依據本條項規定，請求被告給付原告已支付之醫療費用2萬元、頸圈套1萬元、計程車費用6萬元、1年無法工作之減少勞動能力損失36萬元。職是，法院先審究原告請求增加生活之需要費用，繼而探討原告請求減少勞動能力之損失，是否有正當。

1. 增加生活之需要費用

　　原告請求被告給付醫療費用2萬元之事實，業具其提出提出醫院收據、診斷證明書附卷可證。職是，自原告提出之證物，可知原告確有支出2萬元之醫療費用，而被告於言詞辯論期日同意賠償醫療費用2萬元。是原告請求增加生活之需要費用，即屬合理。再者，原告因車禍導致頸部受傷，此有刑事判決、醫院診斷證明書為證。是原告購買頸圈套以保護受傷之頸部，使受傷早日康復，其為必要之支出，原告為此支出1萬元，此有原告提出之統一發票為證。故原告得請求該費用。

2. 必要之計程車費用

　　原告雖主張受傷期間無法騎車，需坐計程車代步，計支出6萬元云云。並提出計程車車資證明為憑。惟參諸原告受有頭部外傷、頸部、胸部、右大腿挫傷及肢體多處擦傷等傷害，倘無機車代步，以目前原告居住所在區域之大眾運輸交通工具現狀以觀，其就醫實有必要以計程車接送。準此，本院認為自原告於受傷日起至受損機車修理完畢止，原告自有搭乘計程車送醫之必要性，核原告於期間支出計程車費用計1萬元，此有計程車車資證明可稽。審究原告前擔任市議員服務處之主任，月薪3萬元，名下並無任何不動產之事實，有在職證明與稅務電子閘門查詢表可憑。故以原告之身分、地位及經濟狀況而言，在受損機車修理完畢後，實無以計程車代步之必要。是原告請求1萬元計程車之車資，屬增加生活之需要費用，洵屬正當，逾此範圍者，並無理由。

3. 減少勞動能力損失

　　原告雖主張其因本件車禍，致其1年期間無法工作，其每月薪資3萬元，故有減少勞動能力損失36萬元云云。並提出診斷證明書、在職證明書及求職登記證明等件為憑。原告前擔任市議員服務處之主任，月薪3萬元，有在職證明書

可證。衡諸社會經濟之狀況，其薪資與服務處之主任工作應屬相當，故可認該在職證明書即爲眞正[9]。原告固提出之診斷書，固有記載多休息或繼續休養等文字，惟該等文字，其爲醫師開立診斷書時，囑託病患之通常用語，實無法證明原告已喪失1年勞動能力之證明。依據原告提出之醫院診斷書記載，原告於車禍當日上午入院，翌日下午出院。是原告受傷之住院醫療日數未逾2日，其非屬重大之傷害至明，自無須在家休息長達1年。參諸原告前擔任市議員服務處主任，其應負責接待來訪民眾與處理請託事件，以原告所受傷勢，至少應休息至機車修復日止，原告始有交通工具代步，俾於上下班通勤與處理外出之業務。原告自受傷日起至受損機車修理完畢日止，期間爲10日，以每月薪資3萬元計算，其所失之薪資1萬元（計算式：3萬元×10日／30日）。職是，原告請求1萬元之減少勞動力之損失，洵屬正當，逾此範圍者，並無理由。

（五）非財產上之損害賠償

不法侵害他人之身體、健康、名譽、自由、信用、隱私、貞操，或不法侵害其他人格法益而情節重大者，被害人雖非財產上之損害，亦得請求賠償相當之金額（民法第195條第1項）。慰藉金之賠償須以人格權遭遇侵害，使精神受有痛苦爲必要，其核給標準與財產損害之計算不同，得斟酌兩造之身分資力與加害程度，暨其他各種情形核定相當之數額[10]。原告雖主張其因本件車禍造成憂鬱症，精神異常痛苦，故請求50萬元之非財產損害云云。惟被告抗辯稱原告縱有因車禍而使其身體或健康受侵害，而原告罹患憂鬱症與本件車禍無因果關係等語。職是，法院自應審究原告因本件車禍受有何種程度之傷害，以決定被告應賠償之精神慰撫金之數額。

1.憂鬱症與車禍之傷害間無相當因果關係

原告受有頭部外傷、頸部、胸部、右大腿挫傷及肢體多處擦傷等傷害。是足認原告之身體或健康受有損害。至於原告主張其因車禍之故，導致罹患憂鬱症云云，雖提出醫院診斷證明書與藥包等件爲憑。本院審視該診斷書與藥包之結果，雖知悉原告有憂鬱症與有服用藥物等情事，惟該診斷書或藥包上均未陳述原告罹患憂鬱症之原因爲何。故其至多僅得說明原告罹患憂鬱症之事實，顯無法證明原告罹患憂鬱症與本件車禍之傷害間，兩者具有相當果關係。蓋引發憂鬱症之原因甚多，不得僅憑車禍之傷害，遽認兩者有必然之關係。

9　原告爲家庭主婦或無業者得以最低工資作爲計算減少勞動能力之基準。
10　最高法院51年台上字第223號、97年度台上字第1291號、104年度台上字第2004號民事判決。

2. 兩造身分與資歷

原告曾任職人壽公司之業務經理，每月薪資4萬元，嗣後至陽信銀行工作，每月薪資3萬元。本件車禍前在市議員服務處擔任主任，至本件車禍發生爲止，每月薪資3萬元，車禍發生後迄今均無工作。原告係私立大學保險系畢業，其未婚，而父親已過世，母親現年68歲，其有重大疾病，領有殘障手冊，原告有撫養母親義務。而原告有6位兄弟姐妹，均已有婚姻關係。原告無不動產，僅有市價10萬元之股票等情。反觀，被告大專畢業，職業爲房屋仲介，採無底薪制，每月平均收入2萬元，名下無財產或從事其他投資，被告未婚，有撫養父母之義務等情。

3. 法院酌定精神慰撫金

參諸原告提出之國稅局財產歸屬資料清單、勞工保險被保險人投保資料表，並調閱稅務電子閘門查詢兩造財產與所得，核與內容，大致與兩造陳述之財產與收入狀況相符，而原告自產物保險公司請領強制汽車險2萬元，此有原告提出之保險公司之電匯付款明細，附卷可稽。準此，原告請求非財產上之損害，法院審酌原告之受害情形、被告之加害行爲及兩造之身分、地位、經濟狀況情形，認爲原告請求數額以20萬元爲適當，逾此範圍，不應准許。

（六）與有過失

損害之發生或擴大，被害人與有過失者，法院得減輕賠償金額，或免除之（民法第217條第1項）。此項規定之目的，在謀求加害人與被害人間之公平，故在裁判上法院得以依聲請或職權減輕或免除之[11]。本件車禍發生之責任有主因與次因，被告駕駛自用小客車於交叉路口左轉時，未讓對向直行車先行，係肇事主因。而原告駕駛重機車行經閃黃號誌路口，疏未減速慢行，其爲肇事次因等事實。此有車輛行車事故鑑定委員函附卷可稽，經法院調閱過失傷害刑事卷宗，審核卷附之道路交通事故談話表與交通事故照片，其結果與該鑑定書相符。而兩造就鑑定結果，均不爭執。準此，足認原告就本件車禍之發生，固負有過失責任，然被告亦有過失，是本院依據過失相抵之法則，認爲原告與被告應各負80%、20%之責任。

11　最高法院85年台上字第1756號、105年度台上字第2115號民事判決。

參、結論

一、被告應負遲延責任

　　給付無確定期限者，債務人於債權人得請求給付時，經其催告而未爲給付，自受催告時起，負遲延責任。其經債權人起訴而送達訴狀，其與催告有同一之效力。而遲延之債務，以支付金錢爲標的者，債權人得請求依法定利率計算之遲延利息。應付利息之債務，其利率未經約定，亦無法律可據者年息爲5%（民法第229條第2項、第233條第1項本文、第203條）。原告對被告之損害賠償債權，核屬無確定期限之給付，既經原告起訴而送達訴狀，被告迄未給付，當應負遲延責任。

二、部分勝訴與敗訴

　　原告依據侵權行爲之法律關係得向被告請求物之毀損損害2萬元、增加生活上之需要費用4萬元、減少勞動力之損失1萬元及精神慰撫金20萬元，合計爲27萬元，法院依據過失相抵之法則，扣除原告應負之20%過失責任，被告應給付原告21萬6,000元及自起訴狀繕本送達翌日起至清償日止，按年息5%算之利息，核屬有據。然逾此部分之請求，即屬無據。再者，兩造均陳明願供擔保聲請宣告假執行及免爲假執行，就原告勝訴部分，命被告給付之金額未逾50萬元，應依職權宣告假執行（民事訴訟法第389條第1項第5款）。故僅酌定命被告提供相當擔保金額准許免爲假執，至原告敗訴部分，假執行之聲請失所附麗，應予併駁回。

肆、相關案例

一、法律問題

　　甲駕車肇事撞傷乙，致乙成爲植物人無法自理生活，其未受監護宣告，乙之父丙以乙之名義對甲提起侵權行爲損害賠償訴訟，丙同時依民事訴訟法第51條第2項規定聲請受訴法院選任特別代理人，嗣後受訴法院尙未及選任特別代理人前，乙因車禍傷重死亡，此時乙之繼承人聲明承受訴訟，試問法院如何處理？

二、法定代理權之追認

　　乙因傷成爲植物人，顯不能獨立以法律行爲負義務，並無訴訟能力，乙起訴應由法定代理人合法代理，乙於起訴時既無訴訟能力，亦無法定代理人存

在，起訴時雖難謂已符合訴訟成立要件。惟能力、法定代理權或為訴訟所必要之允許有欠缺而可以補正者，審判長應定期間命其補正；倘恐久延致當事人受損害時，得許其暫為訴訟行為（民事訴訟法第49條）。乙之父丙於起訴同時，即以親屬之身分聲請受訴法院選任特別代理人，此聲請亦為法定代理權有欠缺而可以補正者，未補正前，恐久延致當事人受損害時，亦得暫許為訴訟行為，事件尚未經受訴法院命補正、或未補正裁判駁回之訴前。訴訟仍繫屬中，而當事人既已死亡，乙之繼承人聲明承受訴訟，應可准許；至於原應命補正之事項，則無庸再命補正。至於能力、法定代理權或為訴訟所必要之允許有欠缺之人所為之訴訟行為，經取得能力之本人、取得法定代理權或允許之人、法定代理人或有允許權人之承認，溯及於行為時發生效力（民事訴訟法第48條）。職是，乙起訴關於法定代理之欠缺，亦得於聲明承受訴訟後，由該聲明人之承認訴訟行為，溯及於行為時發生效力[12]。

案例 6 共同侵害配偶權

　　原告主張被告甲男、乙女均明知對方有配偶，被告竟於某日相約至高雄地區遊玩，當晚投宿高雄市之某大飯店，並於翌日凌晨零時30分許，發生性行為。因被告間之性行為，足以破壞原告婚姻生活，並使原告與被告甲共同生活之美滿，安全及幸福均難以保持，導致原告精神受有極大之痛苦。爰依民法第184條、第185條及第195條規定，請求精神之損害賠償新臺幣（下同）60萬元等語。被告抗辯稱渠等不知對方已有配偶，縱使被告間有發生性關係，然原告請求被告連帶給付慰撫金請求過高云云。

關鍵詞 假執行、撫慰金、善良風俗、身分法益、非財產之損害賠償

壹、探討議題

　　被告甲男、乙女均為有配偶之人而發生性行為，原告為被告甲男之配偶，原告就被告侵害配偶關係之身分法益請求精神慰撫金。職是，本實例探討之重點，在於侵害配偶關係之身分法益之非財產損害賠償、法院酌定慰撫金之因素、宣告假執行及免為假執行。

12　臺灣高等法院暨所屬法院99年法律座談會民事類提案第26號，臺灣高等法院暨所屬法院99年法律座談會彙編，2011年1月，頁125至127。

貳、理由分析

一、程序事項

　　共同訴訟中，一人之行為或他造對於共同訴訟人中一人之行為及關於其一人所生之事項，除別有規定外，其利害不及於他共同訴訟人（民事訴訟法第55條）。民事訴訟法之證據共通原則，係指當事人聲明之證據，依其提出之證據資料，得據以為有利於他造或共同訴訟人事實之認定，該證據於兩造間或共同訴訟人間，法院均得共同採酌，作為判決資料之基礎。此項原則側重於法院援用當事人提出之證據資料時，不受是否對該當事人有利及他造曾否引用該證據之限制，並得斟酌全辯論意旨及調查證據之結果，在不違背論理及經驗法則前提下，依自由心證判斷事實之真偽（民事訴訟法第222條第1項、第3項）[13]。

二、實體事項

　　原告主張被告甲男、乙女均明知對方有配偶，竟發生性行為，被告為原告之配偶，故被告應負共同侵權行為之損害賠償責任等語。被告抗辯稱因不知對方已有配偶，所以始發生性關係。職是，兩造爭點在於被告應否負侵權行為之損害賠償責任，損害賠償金額應如何計算。

（一）被告均知悉對方有配偶

　　被告經友人介紹，認識逾3個月，並相約至高雄旅遊，均知悉對方有配偶等情。因被告經友人介紹結識，相約至高雄地區旅遊，並投宿同室，可見被告間交情匪淺，顯非普通朋友。被告為成年人，均屬思慮周詳之成年人，其具有相當辨識事理之能力。衡諸常情，自應知悉對方之家庭背景，並具有配偶身分。否則豈能任意與不熟識之人，遠至高雄市共度良宵。職是，被告事後臨訟否認，事發前未知悉對方為有配偶之人云云，顯有違常理，即不足為憑。

（二）共同侵權行為
1. 背於善良風俗之方法加害他人

　　民法第184條第1項前段規定，以權利之侵害為侵權行為要件之一，非侵害既存法律體系所明認之權利，不構成侵權行為。而同法條後段規定，故意以背於善良風俗之方法加害於他人者，亦同。故侵權行為者，係指違法及不當加損害於他人之行為而言。至於侵害係何權利，要非所問。所謂違法及不當，不

13　最高法院98年度台上字第1218號民事判決。

僅限於侵害法律明定之權利，亦包含違反保護個人法益之法規與廣泛悖反規律社會生活之根本原理的公序良俗者。通姦行為足以破壞夫妻間之共同生活，其非法律之所許。自公序良俗之觀點，不問所侵害係何權利，對於配偶之他方應構成共同侵權行為。蓋婚姻係以夫妻之共同生活為其目的，配偶應互相協力保持其共同生活之圓滿安全及幸福。夫妻間互守誠實與忠貞之義務，係確保其共同生活之圓滿安全及幸福之必要條件。準此，配偶因婚姻契約而互負誠實之義務，倘配偶之一方行為不誠實，破壞共同生活之圓滿安全及幸福者，即為違反因婚姻契約之義務而侵害他方之權利[14]。

2. 配偶關係之身分法益

婚姻係男女雙方以終身共同生活為目的而締結之身分契約，夫妻之一方對於婚姻關係之完整享有人格利益，故於婚姻關係中，當事人間互負有貞操、互守誠信及維持圓滿之權利與義務，此種利益即民法第195條第3項所稱基於配偶關係之身分法益。是通姦及相姦行為使被害人對完整圓滿之婚姻生活無法期待，婚姻關係之身分契約所賴以維繫之基礎受到重大破壞，被害人之社會評價，亦因而受到損害，精神上陷於嚴重痛苦之狀態，自可認定相姦及通姦為干擾他人婚姻關係情節重大之行為。

3. 非財產上之損害賠償

因故意或過失，不法侵害他人之權利者，負損害賠償責任，故意以背於善良風俗之方法，加損害於他人者亦同。數人共同不法侵害他人之權利者，連帶負損害賠償責任。不法侵害他人之身體、健康、名譽、自由、信用、隱私、貞操，或不法侵害其他人格法益而情節重大者，被害人雖非財產之損害，亦得請求賠償相當之金額。於不法侵害他人基於父、母、子、女或配偶關係之身分法益而情節重大者，準用前述規定（民法第184條第1項、第185條第1項前段、第195條第1項、第3項）。職是，被告間發生性行為，致原告基於配偶關係之身分法益受到侵害，為不法侵害他人基於配偶關係之身分法益而情節重大者，被害人雖非財產之損害，亦得請求賠償相當之金額。因通姦或相姦行為，均足以破壞夫妻間之共同生活而非法規範所准許。自我國社會之公序良俗觀點以觀，可認定係侵害他人基於配偶關係之身分法益而情節重大之情形，通姦之雙方對於配偶之他方應構成共同侵權行為。原告本於配偶關係之身分法益，依據民法第185條第1項前段、第184條第1項後段及第195條第1項、第3項請求被告應共同連

14　最高法院55年台上字第2053號、95年度台上字第909號民事判決。

帶負侵權行為之損害賠償責任，賠償其所受之非財產之損害，洵屬正當。

4. 法院酌定慰撫金

　　不法侵害他人之人格權，被害人受有非財產損害，請求加害人賠償相當金額之慰撫金時，法院對於慰撫金之量定，應斟酌實際加害情形、所造成之影響、被害人痛苦之程度、兩造之身分地位經濟情形及其他各種狀況，以核定相當之數額[15]。原告主張被告間之通姦行為，侵害其本於配偶關係之身分法益，請求被告應共同連帶負侵權行為之損害賠償責任，賠償其所受之非財產之損害，法院自應審究本件通姦事件之加害情形、所造成之影響、原告痛苦之程度、兩造之身分地位經濟情形及其他各種狀況，以核定相當之數額。查原告係大學畢業，目前擔任政府機關清潔隊員工作，年收入40萬元，名下有不動產2筆。因被告間之通姦行為，導致判決離婚，使原告與其未成年子女，須另組單親家庭。對於原告日後生活產生重大之影響。反觀，被告甲為大學肄業，目前擔任政府機關稽查員，年度收入40萬元，名下並無任何財產。被告乙女係國中畢業，現於小吃店工作，年度收入20萬元，名下有輛1995年出廠之車輛。此有建物登記謄本附卷可憑，並經法院查詢兩造稅務電子閘門屬實。

參、結論

　　給付無確定期限者，債務人於債權人得請求給付時，經其催告而未為給付，自受催告時起，負遲延責任。其經債權人起訴而送達訴狀，其與催告有同一之效力（民法第229條第2項）。原告依侵權行為法律關係，雖請求被告連帶賠償60萬元及自起訴狀繕本送達之翌日起至清償日止，按年息5%計算之利息，然法院僅准許20萬元部分，逾此部分之請求為無理由，應予駁回。因兩造均陳明願供擔保聲請宣告假執行及免為假執行，原告勝訴部分係所命給付金額未逾50萬元之判決，應依職權宣告假執行，故僅酌定命被告提供相當擔保金額准許免為假執行（民事訴訟法第389條第1項第5款、第392條第2項）。至於原告敗訴部分，假執行之聲請失所附麗，應予併駁回。

肆、相關案例

　　民法之損害賠償制度，係以填補損害為目的，所為財產上或非財產上之損害賠償，均係損害填補性質之賠償，非屬制裁或懲罰，故而有無損害，即無賠

15　最高法院47年台上字第1221號、51年台上字第223號、97年度台上字第400號民事判決。

償原則之適用。準此，慰藉金或相當金額之賠償，係供賠償人格權遭受侵害之非財產上損害，且以被害人精神受有痛苦爲必要[16]。

案例 7　侵害生命權

　　原告甲、乙因其子遭被告殺害，而於刑事訴訟程序中附帶提起民事訴訟後，由法院刑事庭依刑事訴訟法第504條第1項規定，裁定移送民事庭。原告甲、乙於該附帶民事訴訟程序中，主張被告持水果刀故意殺害原告之子致死，被告成立侵權行爲。職是，原告依據民法第184條第1項前段、第192條第1項、第2項及第194條規定，請求被告負損害賠償。原告甲請求扶養費與慰撫金，而原告乙請求扶養費、慰撫金及殯葬費等語。被告抗辯稱原告請求慰撫金與喪葬費過高，而原告之子死亡後，在其成年前，原告不必繼續支出其生活費與學校註冊費用，此部分自應予以扣除。況死者就本件事故之發生，其與有過失，應減輕被告賠償金額云云。

關鍵詞　故意、扶養費、慰撫金、遲延責任、同一原因事實

壹、探討議題

　　被告殺害原告獨子，原告依據侵權行爲之法律關係，請求被告賠償扶養費、慰撫金及殯葬費。職是，本實例探討之重點，在於認定侵權行爲之成立與主觀責任要件、侵害生命之請求權主體與損害賠償、撫養義務期間與扶養費用之計算、合理喪葬費用之範圍、酌定慰撫金之因素、損益相抵原則之適用及與有過失之適用。

貳、理由分析

一、侵權行為之責任

　　因故意或過失不法侵害他人之權利者，負損害賠償責任（民法第184條第1項前段）。原告主張被告持水果刀殺害原告之子致死等事實，業具原告提出檢察官起訴書與戶口名簿等件爲證。經法院依職權調閱附民請求損害賠償刑事卷宗、殺人案件刑事卷宗、檢察署偵查卷宗、相驗卷宗、被告前案記錄，查明被

16　最高法院108年度台上大字第2680號民事裁定。

告因殺害原告之子，經法院刑事判決以殺人罪判處有期徒刑在案。被告就其持水果刀刺擊原告之子致死，復未爭執，是原告主張堪信爲眞實。被告雖辯稱其固持水果刀刺擊原告之子背部而致死，惟並無殺人之故意云云。

（一）故意之認定

故意侵害他人權利者，係指行爲人對於構成侵權行爲之事實，明知並有意使其發生，或預見其發生，而其發生不違背其本意。被告於事發時，已爲成年人，並就讀大學，依據其心智成熟程度與教育水準以觀，被告著手實施殺人行爲時，應有識別能力，足以知悉持刀刺擊人身，將有致人於死之可能性，是被告持水果刀刺擊原告之子，導致原告之子死亡，其有殺人之故意甚明。參諸被告持水果刀朝原告之子之左背部由後往前、由下往上猛刺，其深度達16公分，當場切斷原告之子之心包囊內主動脈，造成心臟與主動脈因銳器傷害而大量出血。可知被告用力持刀刺擊原告之子，益徵其有致原告之子於死。

（二）相當因果關係

損害賠償之債，以有損害之發生及有責任原因之事實，並兩者間有相當因果關係爲成立要件[17]。被告爲有識別能力之成年人，其基於殺人之故意，持水果刀刺擊原告之子，被告之不法殺害行爲，侵害原告之子之生命權，並致原告之子發生死亡結果。依據社會之通念與經驗法則，原告之子死亡結果發生與被告持刀殺害原告之子之故意行爲間，兩者有相當因果關係，是被告成立故意侵權行爲，足堪認定。職是，原告爲被害人之父母，原告依據侵權行爲之法律關係，可請求被告負損害賠償之責任。

二、侵害生命之損害賠償

不法侵害他人致死者，對於支出殯葬費之人，應負損害賠償責任。被害人對於第三人負有法定扶養義務者，加害人對於第三人亦應負損害賠償責任。不法侵害他人致死者，被害人之父、母，雖非財產上之損害，得請求賠償相當

17　最高法院48年台上字第481號、101年度台上字第443號、105年度台上字第443號民事判決：侵權行爲之債，固以有侵權之行爲及損害之發生，並兩者間有相當因果關係爲其成立要件。爲相當因果關係乃由條件關係及相當性所構成，應先肯定條件關係後，再判斷該條件之相當性，始得謂有相當因果關係，相當性之審認，必以行爲人之行爲所造成之客觀存在事實，爲觀察之基礎，並就此客觀存在事實，依吾人之智識經驗判斷，通常均有發生同樣損害結果之可能者，始足稱之；倘侵權之行爲與損害之發生間，僅止於條件關係或事實上因果關係，而不具相當性者，難謂行爲有責任成立之相當因果關係，或爲被害人所生損害之共同原因。

之金額（民法第192條第1項、第2項、第194條）。是被告殺害原告之子，原告為被害人父母，原告可請求被告賠償扶養費、殯葬費及慰撫金。因兩造就被告應賠償之金額有所爭執，法院自應審究原告請求扶養費、殯葬費及慰撫金之金額，是否有理？茲分項探討如後：

（一）扶養費

直系血親相互間，互負扶養之義務。直系血親卑親屬為第一順位之扶養義務人；同係直系卑親屬者，以親等近者為先；負扶養義務者有數人而其親等同一時，應各依其經濟能力，分擔義務。夫妻互負扶養之義務，其負扶養義務之順序與直系血親卑親屬同，其受扶養權利之順序與直系血親尊親屬同。受扶養權利者，以不能維持生活而無謀生能力者為限；無謀生能力之限制，於直系血親尊親屬，不適用之。因負擔扶養義務而不能維持自己生活者，免除其義務。但受扶養權利者為直系血親尊親屬或配偶時，減輕其義務（民法第1114條第1款、第1115條第1項第1款、第2項、第3項、第1116條之1、第1117條、第1118條）。職是，直系血親尊親屬或配偶受扶養權利，不以無謀生能力或無工作能力為要件。子女扶養父母之義務，不以已成年或服完兵役為限，僅要子女有工作能力，自應盡扶養義務。扶養義務人負扶養義務者有數人而為同一順位者，應各依其經濟能力，分擔扶養義務。因兩造有爭執者，係原告得受被害人扶養之權利期間，是法院自應審究被告應賠償原告扶養費用之範圍為何？經查：

1. 原告甲之扶養費

假設原告之子未死亡而滿20歲，衡諸常理，其具有工作能力，足堪盡扶養父母之義務。原告之子滿20歲時為民國100年6月13日，原告甲達適滿48歲，依臺閩地區簡易生命表之男性計算，尚有平均餘命30.43年。原告與其子均設籍於臺中市，依臺中市平均每戶家庭收支表記載可知，平均每戶家庭支出為新臺幣（下同）97萬6,632元（計算式：非消費支出19萬1,765元＋加上消費支出78萬4,867元），平均每戶以人數3.36人計算，平均每人每年之支出為29萬664元（計算式：9萬7,632元÷3.36人，元以下四捨五入），此有原告提出之戶口名簿、臺閩地區簡易生命表及臺中市平均每戶家庭收支表等件為證。準此，原告甲除有被害人1子外，尚有2女及配偶即原告乙，均為同一順位之扶養義務人。原告甲之所需扶養費，經霍夫曼計算方式扣除中間利息後，原告甲之扶養費計546萬6,448元，其計算式：（29萬664元×18.629315）＋（29萬664元×0.4×0.43）。故原告甲之子應負擔1/4之扶養義務，被告應賠償原告甲扶養費136萬6,216元

（計算式：546萬6,448元÷4）。

2. 原告乙之扶養費

　　假設原告之子未死亡而滿20歲，原告乙適滿48歲，依照臺閩地區簡易生命表之女性計算，尚有平均餘命35.17年。依據臺中市平均每戶家庭收支表計算，平均每人每年之支出為29萬664元。原告乙除有被害人1子外，亦有2女及配偶即原告甲。是原告之子應負擔1/4之扶養義務。經霍夫曼計算方式扣除中間利息，是原告乙所需扶養費為599萬2,224元，其計算式：（29萬664元×20.553815）＋（29萬664元×0.363636×0.17）。被告應賠償原告乙扶養費14萬9,806元（計算式：599萬2,224元÷4）。

3. 受扶養之要件

　　原告為被害人原告之子之父母，受原告之子扶養之權利，不以無謀生能力或無工作能力為要件，是縱使原告均未屆65歲之勞工強制退休年齡，其子原告之子亦應負扶養義務。再者，被害人生前為高級中學附設進修學校之學生。其上課期間為夜間，日間自得就業謀生，已有工作能力，可盡扶養其父母即原告之義務至明。準此，被告雖抗辯稱原告於60歲退休年齡前，不得請求原告之子撫養，且原告之子自服完兵役後，始應負扶養義務，該等期間之扶養費用應扣除云云，實不足為憑。

（二）喪葬費用

　　被繼承人之喪葬費用，以100萬元計算，應自遺產總額中扣除，免徵遺產稅（遺產及贈與稅法第17條第1項第10款）。職是，就不法侵害他人致死者，對於支出殯葬費之人，應負損害賠償之金額，法院得斟酌遺產稅得扣除喪葬費用100萬元之範圍，以認定支出殯葬費是否合理。因兩造就原告支出之殯葬費數額有所爭執，法院首應審究原告支出喪葬費用數額為何？繼而認定原告支出喪葬費用是否合理？

1. 原告乙支出殯葬費80萬元

　　原告乙主張其委託禮儀公司辦理其子喪禮，計支出殯葬費80萬元之事實。業具原告提出禮儀公司出具之殯葬費明細、免用統一發票收據及出殯照片等件為證。經證人即禮儀公司之禮儀師到庭結證稱：原告所提之殯葬費收據，係禮儀公司所開立，收據記載之購買名目，除有代付款項外，其餘部分均為禮儀公司供應，供應給喪家之物品，有先與喪家議價，經同意後始得能收款。依據規劃服務執行單所載之禮儀階段有如後程序：病逝處、守靈期間、作七、入殮、

壇城布置、佛事功德、家祭、告別奠禮、出殯陣頭、火化、安靈及進塔。其均符合民間喪事禮儀階段，故支出相關費用計40萬元，應屬合理。再者，代付款明細所載費用有：醫院費用、法師費用、解剖費用、殯儀館之固定牌位、塔位、殯儀館費用、紙路用品費、陣頭費用、祭拜品與伙食費。均屬喪事禮儀進行所需事項，是該等費用計40萬元，亦屬合理支出。

2. 符合民間喪事禮儀屬合理支出

原告乙為其子支出殯葬費計80萬元，符合民間喪事禮儀，屬合理之支出費用，且本件喪事禮儀事項，均無違反善良風俗之情事。況該殯葬費金額，亦低於遺產稅之喪葬費用100萬元上限，是原告之子緯之喪事並無鋪張或浮華之情事。被告指摘原告所支出之殯葬費不合理，其僅憑片面臆測合理費用，並未舉反證推翻原告之舉證事實。準此，原告乙請求被告給付殯葬費80萬元，洵屬正當。

（三）慰撫金

不法侵害他人致死者，被害人之父、母受有非財產上之損害，請求加害人賠償相當金額之慰撫金時，法院對於慰撫金之量定，應斟酌加害人、被害人暨其父、母之身分、地位及經濟狀況等關係定之[18]。因兩造就被告應賠償之慰撫金，有所爭執。法院自應參酌被告之加害行為、被害人所受之損害、原告所受之痛苦，暨兩造與被害人之身分、地位及經濟狀況等情事，判定原告可請求被告賠償之合理相當慰撫金數額為何？

1. 原告之資歷

原告主張其獨子遭被告故意殺害，原告身心遭受重大打擊，原告乙為此罹患嚴重之憂鬱症，必須定期回診治療。原告甲經營小吃店，除因獨子遭人殺害而痛苦不堪外，必須全日陪伴原告乙之身邊，身心負荷甚重，進而導致心絞痛而必須開刀。原告均為國中畢業，擁有不動產與車輛。經營之小吃店，月營業額約有30萬元，利潤約為60%，每月有18萬元之收入等事實。業據原告提出診斷證明書、土地登記第一類謄本、建物登記第一類謄本、醫療費用收據、房屋租賃契約書、手術治療同意書及存摺等件為證。經法院稅務電子閘門資料查詢兩造之財產總歸戶資料與最新2年所得稅申報資料，得知原告確有不動產與存款等財產，復為被告所不爭執。準此，原告身心遭受重大打擊，原告乙為此罹患嚴重之憂鬱症，原告甲亦因身心負荷甚重，導致心絞痛必須進行手術治療。

18　最高法院76年度台上字第1908號、104年度台上字第1434號民事判決。

2. 被告之資歷

被告前為大學生，繼承其父土地等事實。經法院稅務電子閘門資料查詢兩造之財產總歸戶資料與最新2年所得稅申報資料，被告除有不動產之外，亦有存款與薪資所得。並為原告所不爭執。準此，被告具有大學之學歷，並繼承先父遺留之土地，具有相當之資力，被告現年值24歲，年輕力壯，距65歲之強制退休日，自有相當長期之工作能力。

3. 酌定慰撫金

原告之子生前為職業學校之夜校生，正值年少青春，被告故意殺害原告之未成年獨子，使原告因喪子之意外，導致身心遭受重創，其痛苦與傷害實難以平復。而兩造之財產與收入，均具有相當之資歷。職是，本院參諸被告之殺人行為、被害人發生死亡結果、原告所受喪子之人倫悲痛，暨兩造與被害人從事之行業與身分等情事，法院認為原告各請求被告賠償100萬元之精神慰撫金，為合理之相當數額，洵為正當，逾此部分之請求，即無理由。

三、損益相抵原則

基於同一原因事實受有損害並受有利益者，其請求之賠償金額，應扣除所受之利益（民法第216條之1）。因損害賠償係以填補債權人所受損害與所失利益為限，故損害賠償之債權人，基於與受損害之同一原因事實，受有利益，自應於所受之損害內，扣除所受之利益，以為實際之賠償額。此損益相抵之原則，於損害與利益，係基於同一原因事實而生者，始可適用[19]。職是，損益相抵原則之適用，必須於損害與利益，係本於同一原因事實者，始得適用之。

（一）撫養義務之要件

依據民法第1114條與第1117條第1項之規定，父母對子女之扶養請求權與子女對父母之扶養請求權，兩者係各自獨立，父母請求子女扶養，非以其曾扶養子女或子女曾扶養父母為前提，亦不以父母已屆退休年齡或子女有工作為限。職是，被告固抗辯原告退休前不得請求撫養，而被害人有工作前，亦無扶養義務云云。顯然與民法規定之扶養義務有違，即不足為憑。

（二）同一原因事實之認定

損益相抵原則，其本旨在於避免債權人受不當之利益。而子女遭不法侵害致死，其父母因而得免支出扶養費或教育費用，依社會通常之觀念不能認為父

19　最高法院85年台上字第1127號、112年度台上字第2737號民事判決。

母受有利益，故子女之死亡與子女是否盡扶養義務，非屬同一原因事實所生。故父母請求加害人賠償損害時，自無須扣除其對於被害人至有謀生能力時止，所需支出之扶養費與教育費用。準此，原告之子遭被告殺害，原告雖得免支出其子之扶養費與教育費用，不能認為原告因而受有利益。至於原告是否有謀生能力，亦非原告受扶養之要件。被告抗辯原告請求之扶養費用，應扣除原告退休前與被害人有工作前之部分云云，其於法不合。

四、與有過失

損害之發生或擴大，被害人與有過失者，法院得減輕賠償金額，或免除之（民法第217條第1項）。此項規定之目的在謀求加害人與被害人間之公平，倘受害人於事故之發生亦有過失時，由加害人負全部賠償責任，未免過酷，是賦與法院得依職權減輕或免除賠償金額。換言之，基於過失相抵之責任減輕或免除，非僅為抗辯之一種，亦可使請求權全部或一部為之消滅，是被害人與有過失，僅須其行為係損害之共同原因，且其過失行為並有助成損害之發生或擴大者，即屬相當，不問賠償義務人應負故意、過失或無過失責任，均適用之[20]。職是，所謂被害人與有過失，必須其行為與加害人之行為，為損害之共同原因，而其過失行為並為有助成損害之發生或擴大之行為者，始屬相當。

（一）損害之共同原因

不法侵害他人致死者，加害人對間接被害人應負損害賠償責任，係間接被害人得請求賠償之特例。此項請求權雖為固有權利，然其權利係基於侵權行為之規定而發生，倘直接被害人於損害之發生或擴大與有過失時，依公平之原則，應有過失相抵之適用。本件事故發生之緣由，在於被告因有人在其住處後方，騎乘機車製造噪音，造成被告與原告之子發生爭執，因原告之子抱住被告，使其無法脫身，故被告基於殺人之故意持刀殺害原告之子致死。準此，被告與被害人發生爭執，被告為防止自己之權利受損，對於原告之子限制其行動自由之侵權行為，持刀刺擊原告之子，係雙方互為侵權行為，各有侵權責任之原因發生，此與雙方行為發生損害之共同原因者有別，自無民法第217條之過失相抵原則適用。

（二）被害人無助成損害發生或擴大之行為

被告以斷絕被害人生命，作為脫離被害人限制其行動自由之方式，被告之

---

20 最高法院86年台上字第1178號、113年度台上字第667號民事判決。

行為顯屬不當，而原告之子遭被告殺害後，亦無遲延就醫之情事，不論係原告或其子均無有助成死亡之發生或擴大之行為發生。原告或其子對於死亡之發生與擴大，並無相當因果關係，職是，被告抗辯稱原告就原告之子之行為，應有與有過失之適用云云，容有誤會。

五、遲延責任

給付有確定期限者，債務人自期限屆滿時起，負遲延責任。給付無確定期限者，債務人於債權人得請求給付時，經其催告而未為給付，自受催告時起，負遲延責任。其經債權人起訴而送達訴狀，或依督促程式送達支付命令，或為其他相類之行為者，與催告有同一之效力。遲延之債務，以支付金錢為標的者，債權人得請求依法定利率計算之遲延利息。但約定利率較高者，仍從其約定利率。應付利息之債務，其利率未經約定，亦無法律可據者，年息為5%（民法第229條第1項、第2項、第233條第1項、第203條）。本件原告對被告之損害賠償債權，核屬無確定期限之給付，既經原告起訴而送達訴狀，被告迄未給付，當應負遲延責任。

參、結論

被告殺害原告之子致死，被告成立侵權行為，原告依據侵權行為之法律關係，原告甲請求被告給付236萬6,216元（計算式：扶養費136萬6,216元＋慰撫金100萬元），原告乙請求被告給付331萬5,056元（計算式：扶養費149萬8,056元＋殯葬費81萬7,000元＋慰撫金100萬元），暨均自刑事附帶民事起訴狀繕本送達之翌日起至清償日止，按年息5%計算之利息，即屬正當，應予准許，逾此部分之請求為無理由，應予駁回。再者，原告提起刑事附帶民事訴訟，而由法院刑事庭依刑事訴訟法第504條第1項規定，裁定移送民事庭，依同條第2項規定免繳納裁判費，其於法院審理期間，亦未滋生其他訴訟必要費用，並無訴訟費用負擔問題。

肆、相關案例

因犯罪而受損害之人，於刑事訴訟程序得附帶提起民事訴訟，對於被告及依民法負賠償責任之人，請求回復其損害（刑事訴訟法第487條第1項）。所謂請求回復其損害者，除以被訴犯罪事實所生之損害為範圍外，其附帶民事訴訟之對象，亦不以刑事訴訟之被告為限，即依民法負賠償責任之人，亦包括在

內。而民法第28條規定法人對於其董事或其他有代表權之人因執行職務所加於他人之損害，應與該行為人連帶負賠償之責任，此係就法人侵權行為責任所作之特別規定。本項所稱法人董事或其他有代表權之人，包括未經登記為董事，而實際為法人之負責人即有權代表法人之實質董事在內[21]。再者，刑事法院依刑事訴訟法第504條第1項規定將附帶民事訴訟以裁定移送該法院之民事庭，其移送是否合法，以裁定時為準。職是，刑事法院判處被告為有罪後，以裁定將附帶民事訴訟移送同院民事庭。雖被告嗣經刑事法院改判公訴不受理，然本件刑事附帶民事訴訟仍為合法[22]。

案例 8 侵害名譽權

　　原告主張其為公立小學教師，身為校長之被告於親師協調會，竟對原告拍桌咆哮，並以豬頭辱罵原告，不法侵害原告之名譽權，致使原告受有非財產上之損害，原告爰依民法第184條第1項前段、第195條第1項規定，請求被告給付精神慰撫金20萬元等語。被告抗辯稱因其處理學校事務，無法獲得圓滿結果，雖致情緒較為激動，然在親師協調會未辱罵原告，豬頭係屬自責之意思云云。

關鍵詞 名譽、結證、勘驗、慰撫金、名譽權

壹、探討議題

　　被告校長為處理原告教師與家長間之教學糾紛，而召開親師協調會，被告於會議期間當眾指謫原告為豬頭，原告主張被告於親師協調會中，竟對原告拍桌咆哮，並以豬頭辱罵原告，原告認為侵害其名譽權，為此請求被告給付精神慰撫金等語。職是，本實例探討重點，在於侵害名譽之成立要件、酌定慰撫金之因素。

貳、理由分析

一、侵害名譽之成立要件

　　當事人主張有利於己之事實者，就其事實有舉證之責任。故意或過失，不

21　最高法院101年度台抗第861號民事裁定。
22　最高法院102年度台上字第302號民事裁定。

法侵害他人之權利者，負損害賠償責任。而不法侵害他人之名譽者，被害人雖非財產上之損害，亦得請求賠償相當之金額，其名譽被侵害者，並得請求回復名譽之適當處分（民法第184條第1項前段、第195條第1項；民事訴訟法第277條第1項本文）。民法名譽權之侵害非與刑法之誹謗罪相同，名譽有無受損害，應以社會上對個人評價是否貶損作為判斷之依據，倘其行為足以使他人在社會上之評價受到貶損，不論其為故意或過失，均可構成侵權行為，其行為不以廣布於社會為必要，僅使第三人知悉其事，即足當之。準此，將足以毀損他人名譽之事表白於特定人，其人之社會評價，不免因而受有貶損，縱使未至公然侮辱之程度，亦無散布之意圖，應認為有侵害名譽[23]。因兩造之爭執在於被告處理該親師協調會，有無以豬頭字言辱罵原告？原告是否因被告之辱罵行為，致名譽被侵害？原告主張被告有辱罵原告之行為，造成其名譽受損，依侵權行為之法律關係請求被告賠償精神慰撫金，原告就此有利於己之事實，應舉證以實其說。職是，法院首應審究召開親師協調會之原因為何？繼而探討被告是否在會議以豬頭言語指責原告？最後判斷被告之行為有無成立侵權，以認定被告對原告是否應負損害賠償責任。

（一）召開親師協調會之事因

　　審判長應命證人就訊問事項之始末，連續陳述。證人之陳述，不得朗讀文件或用筆記代之。但經審判長許可者，不在此限（民事訴訟法第277條第1項本文、第318條）。故法院採用證言，應命證人到場以言詞陳述所知事實或並須於訊問前，命其具結，始能就所為證言斟酌是否採用，倘證人僅提出書面並未經法院訊問者，自不得採為合法之憑證[24]。證人即學生家長到庭結證稱：原告曾擔任其子之低年級自然科老師，其子因獲得市長模範生獎而請公假領獎，因不知公假期間有自然課作業，致未按時繳交作業。原告為此對其子有所誤解，使學生感覺受有委屈。證人身為學生家長基於愛子之心，希望化解師生誤解，在學生聯絡簿反應此事，並至學校與原告溝通，渠等雖有會面，然未獲成效。故希望使其子生活步入正軌，乃要求校方於其子高年級時，另行安排其他自然課老師等語。準此，學校召開親師協調會之事因，肇因於原告於擔任證人之子之自然科老師期間，因作業繳交之情事而衍生師生間之不良溝通，學校為處理系爭師生溝通不良情事，乃召開親師協調會處理師生間之爭議。

23　最高法院86年度台上字第305號、90年台上字第646號、103年度台上字第1975號民事判決。

24　最高法院86年度台上字第1871號民事判決。

（二）被告在會議以豬頭言語指責原告

證人即學校輔導主任到庭結證稱：被告於會中之情緒較爲激動，以豬頭指摘與會者與協調者，有不雅與貶損之言詞等語。準此，學校召開親師協調會之目的，雖在於處理原告與學生間之不良溝通。然被告有豬頭之言語，顯非言論自由保障之範圍，其對原告之名譽構成明顯且立即之危險。縱使未至公然侮辱之程度，亦無散布於眾之意圖。惟原告身爲被投訴之對象，並在場參與會議，足使原告在參與會議之眾人前，其所得社會評價受有貶損，自屬侵害原告名譽之行爲。

（三）成立侵害名譽之行為

證人即學校總務主任到庭結證稱：各處室主任均應參與親師協調會開會，被告於開會時提及豬頭，被告當時情緒有激動，聲音比較大聲等語。證人即家長會會長亦到庭結證稱：被告爲會議之主持人，被告提及豬頭等語。自證人之證言可知，家長會會長與學校各處室主任均應參與會議，被告於眾人前情緒激動，音量高於平常，並說出豬頭之語言，而原告爲師生爭議之當事人，是被告之言行，將使參與會議之眾人，自然聯想與原告有關，難謂係指摘參與會議者之意思，故被告言行，對原告名譽自有不當貶損。被告身爲校長，不應於親師協調會以貶損之用語，公開指責參與會議者。故不論被告是否有自我調侃之意思，無礙成立侵害原告名譽之行爲。再者，法院當庭勘驗原告提出之光碟，其勘驗結果內容：係身爲家長會會長之證人先說豬頭，被告繼而稱豬頭、豬頭，爲你解套，爲大家解套等語（民事訴訟法第364條、第213條第1項第4款）。自勘驗結果可知，被告確於親師協調會，以豬頭之用語，形容原告處理紛爭之態度，益徵被告以不當文字指責原告。準此，被告爲處理原告與學生間之紛爭，而於親師協調會，當原告、家長會長及學校各處室主任等眾人前，公開說出豬頭之不雅與令人難堪言語，原告身爲被投訴之對象，被告之行爲，足使原告所得社會評價受有貶損，已侵害原告名譽，被告之加害行爲與原告之損害間有相當因果關係存在，被告侵害原告名譽權，應對原告負非財產之損害賠償責任。

二、酌定慰撫金

（一）侵害人格權之撫慰金賠償

慰撫金之賠償須以人格權遭遇侵害，使精神受有痛苦爲必要，其核給之標準與財產損害之計算不同，得審酌雙方身分、資力與加害程度，暨其他各種情

形核定相當之數額[25]。被告於親師協調會之公開場合，在與會者前以豬頭之語言指責原告，該行為侵害原告名譽。原告主張被告侵害其名譽權，請求被告負非財產之損害賠償責任。職是，法院除自應核定相當數額之慰撫金。

（二）審酌撫慰金之因素

原告為小學教師，被告為小學校長，學歷為博士，兩造均受高等教育之人，被告於公開場合，以不雅與令人難堪之語言指責身為教師之原告，使原告受有羞愧，導致其名譽受損，被告之侵權行為，足堪認定。因學校召開親師協調會之事因，肇因於原告因作業繳交之情事而衍生師生間之不良溝通，學校為處理此事，乃召開親師協調會處理師生間之爭議。職是，被告係因處理公務而生損害原告之名譽，並非因私怨而滋生爭執，被告於事後亦未對被告作出不利之行政處分。準此，法院斟酌雙方身分、加害程度、事件爭議之緣由及事後發展，認為原告請求精神慰撫金10萬元，應為適當，逾此部分，即無理由。

參、結論

被告於公開場合，以不當語言指責原告，侵害原告名譽，原告應負非財產之損害賠償責任。職是，原告依據侵權行為法律關係，請求被告賠償10萬元及自起訴狀繕本送達之翌日起至清償日止，按年息5%計算之利息，即屬正當，應予准許，逾此部分之請求為無理由，應予駁回。

肆、相關案例

言論自由為人民之基本權利，有實現個人自我、促進民主發展、展現多元意見、維護人性尊嚴等多重功能，保證言論自由乃促進多元社會正常發展，實現民主社會應有價值，不可或缺之手段。至於名譽權旨在維護個人主體性及人格之完整性，為實現人性尊嚴所必要，兩者之重要性固難分軒輊，應力求其兩者保障之平衡。故侵害名譽權而應負侵權行為損害賠償責任者，須以行為人意圖散布於眾，故意或過失詆毀他人名譽為必要，始有使他人之名譽在社會之評價受到貶損之虞。在單獨談話期間，應賦予個人較大之對話空間，倘行為人基於確信之事實，申論其個人意見，自不構成侵權行為，以免個人之言論受到過度之箝制，動輒得咎，背離民主社會之本質[26]。

25　最高法院51年台上字第223號、86年度台上字第3706號、104年度台上字第2004號民事判決。

26　最高法院99年度台上字第1664號民事判決。

第三節 債之效力事件

案例 9 債權人之撤銷權

　　原告銀行主張被告甲向原告銀行請領信用卡使用，詎未依約繳納，而積欠信用卡消費款。而系爭不動產為被告甲之唯一不動產，詎被告甲為逃避銀行強制執行其所有不動產，竟將不動產所有權，無償移轉登記予被告乙，被告甲移轉不動產所有權予被告乙時，被告甲有積欠原告信用卡消費款債權新臺幣（下同）20萬元。故被告間有無償移轉不動產之脫產行為，有害於原告對被告甲之系爭債權，原告依據民法第244條第1項與第4項規定，訴請撤銷贈與不動產之債權行為與移轉所有權之物權行為，並命被告乙回復原狀。因本件不動產未辦理限制登記，為避免於本件訴訟繫屬中，被告就該不動產為移轉或設定之行為，請求裁定許可為訴訟繫屬事實之登記等語。被告抗辯稱被告甲前向銀行貸款，並提供不動產設定抵押權。因被告乙按每月代被告甲繳交不動產之貸款本息，故被告甲以贈與之方式，將不動產所有權移轉予被告乙云云。

關鍵詞 撤銷、無償行為、債權讓與、除斥期間、訴訟繫屬事實

壹、探討議題

　　被告甲積欠原告銀行信用卡消費款未清償，而將其唯一所有不動產贈與予其子被告乙，並移轉所有權登記完畢。債權銀行嗣後將該信用卡消費款債權讓與予原告資產管理公司，原告以被告間之無償法律行為有害債權，向法院訴請撤銷贈與系爭不動產之債權行為與移轉所有權之物權行為，並將不動產所有權回復登記予被告甲之名下。本件訴訟程序繫屬中，被告甲擔任被告乙之訴訟代理人，而原告向法院聲請以裁定許可為訴訟繫屬事實之登記。職是，本實例探討之重點，在於向法院聲請以裁定許可為訴訟繫屬事實之登記、合法訴訟代理之調查、債權讓與之程序、債權人撤銷債務人無償行為之要件及撤銷權之除斥期間。

貳、理由分析

一、程序事項

（一）裁定許可為訴訟繫屬事實之登記

　　訴訟標的基於物權關係，且其權利或標的物之取得、設定、喪失或變更，依法應登記者，於事實審言詞辯論終結前，原告得聲請受訴法院以裁定許可為訴訟繫屬事實之登記（民事訴訟法第254條第5項）。前項聲請，應釋明本案請求（第6項前段）。其立法意旨在藉由將訴訟繫屬事實予以登記之公示方法，使第三人知悉訟爭情事，俾阻其因信賴登記而善意取得，暨避免確定判決效力所及之第三人受不測之損害。為避免原告濫行聲請，過度影響被告及第三人之權益，原告除應釋明其起訴合法外，其主張並須符合一貫性審查[27]。原告主張因不動產未辦理限制登記，為避免於本件訴訟繫屬中，被告就不動產為移轉或設定之行為，聲請法院以裁定許可為訴訟繫屬事實之登記。職是，法院自應審究於本件訴訟繫屬中，是否有裁定許可為訴訟繫屬事實登記之必要性。

1. 被告間無償移轉系爭不動產所有權

　　原告主張被告甲、乙間無償移轉系爭不動產所有權之債權行為與物權行為，其有害原告之系爭債權等事實，業據其提出信用卡申請書、信用卡約定條款、債權讓與證明書、異動索引電子謄本、土地登記謄本、建物登記謄本及消費歷史帳單等件為證。法院審酌原告提出之上開證物，可認定被告甲積欠原告系爭債權，被告甲無償將不動產所有權移轉予被告乙。

2. 登記生效要件主義

　　不動產物權，依法律行為而取得、設定、喪失及變更者，非經登記，不生效力（民法第758條第1項）。故系爭不動產之取得、設定、喪失或變更者，均應依法登記，否則不生效力。原告依據民法第244條第1項與第4項規定，行使債權人之撤銷權，訴請撤銷被告間就系爭不動產所為之債權行為與物權行為，並塗銷被告乙以贈與為登記原因所為之所有權移轉登記。參諸不動產未辦理查封登記，為避免被告於本件訴訟繫屬中，就不動產為得喪變更之法律行為，致影響原告債權受清償之權利，原告自有依民事訴訟法第254條第5項規定，聲請法院以裁定許可為訴訟繫屬事實之登記。其目的在於欲受讓該權利之第三人有知悉該訴訟繫屬之機會，將可避免其遭受不利益，此具有公示作用[28]。法院為此

27　最高法院113年度台抗字第318號民事裁定。
28　內政部2000年5月15日台（89）內中地字第8978892號函。

核發起訴證明書予原告，並已送達原告收執，此有起訴證明書與送達證書等件附卷可稽。

（二）訴訟代理人

依法律之規定，有使用文字之必要者，得不由本人自寫，但必須親自簽名。如有用印章代簽名者，其蓋章與簽名生同等之效力。訴訟代理人，應於最初為訴訟行為時，提出委任書（民法第3條第1項、第2項；民事訴訟法第69條第1項）。委任人必須於訴訟委任書上簽名或蓋章，始生訴訟代理之效力。被告甲雖於法院言詞辯論期日當庭提出被告乙之民事委任狀，惟法院審酌其文字與筆跡，均出自被告甲之書寫。因合法之訴訟代理，為有效訴訟行為之要件，當事人於訴訟有無經合法代理，不問訴訟程度如何，法院應隨時依職權調查之（民事訴訟法第249條第1項第5款）[29]。職是，法院自應審究被告乙有無合法委任被告甲為本件訴訟代理人。查證人即被告乙之父證稱：被告乙有委任被告甲為訴訟代理人，證人與被告同住一處等語。證人與被告甲、乙間各為夫妻、父子等至親關係，故足認其證言為真正。經法院通知被告應於委任狀補正被告乙之簽名或蓋章，被告遵照法院所命而持被告乙之印章蓋用於民事委任狀（民事訴訟法第75條）。此有民事委任狀附卷可稽。職是，被告乙於委任狀蓋章，而出具委任書，委任被告甲為訴訟代理人，故訴訟已合法提出委任書在案。故被告甲於本件訴訟程序所為之行為，其效力及於被告乙（民事訴訟法第70條）。

二、實體事項

（一）撤銷贈與行為

所謂贈與者，係指當事人約定，一方以自己之財產無償給與他方，他方允受之契約。債務人所為之無償行為，有害及債權者，債權人得聲請法院撤銷之。債權人依前開規定聲請法院撤銷時，得並聲請命受益人回復原狀（民法第406條、第244條第1項、第4項）。民法第244條之撤銷權之客體，包含債務人之債權行為與物權行為，債權人行使此撤銷權時，除得同時訴請撤銷債務人之債權行為與物權行為外，並可請求塗銷其所有權移轉登記[30]。債權人撤銷債務人所為之無償行為者，須具備下列之條件：1.為債務人所為之法律行為；2.其法律行為有害於債權人；3.其法律行為係以財產權為目的。原告主張系爭不動產為

29　最高法院71年度台上字第4547號、106年度台抗字第645號民事裁定。

30　最高法院42年台上字第323號、48年台上字第1750號、56年台上字第347號、95年度台上字第2543號民事判決。

被告甲之唯一不動產，被告甲將不動產之所有權，無償移轉登記予被告乙，被告間無償移轉不動產之行為，有害於原告對被告甲之債權等語。職是，法院首應審究被告間是否有贈與行為與移轉系爭所有權之行為；繼而探討是否有害於原告之系爭債權。

1. 移轉不動產所有權為無償法律行為

　　被告間就不動產為贈與行為，被告甲將不動產所有權移轉予被告乙，並經地政事務所以贈與為登記原因而登記在案等事實。業據原告提出異動索引電子謄本、土地登記謄本及建物登記謄本等件為證。並為被告所不爭執。經法院函地政事務所查明被告間就系爭不動產辦理所有權移轉之資料，經地政事務所函覆屬實，並檢附土地登記聲請書、土地增值稅繳款書、契稅繳款書、土地建築改良物贈與所有權移轉契約書、被告甲印鑑證明、戶口名簿及贈與稅免稅證明書等件為憑。

2. 移轉系爭不動產所有權有害債權

　　債務人之財產為債權人債權之擔保，債務人無償處分其財產，倘其資力不足清償債務時，勢必影響債務人清償能力，導致債權無法滿足，此為有害債權之行為。查不動產為被告甲之唯一不動產，其年度之所得僅有10萬元，此有法院調閱稅務電子閘門資料查詢表附卷可稽。被告甲亦自承其工作不穩定，並無其他財產等語。準此，就被告甲之資力而言，被告間就不動產所為之贈與行為與所有權移轉行為，顯不利被告甲清償高達20萬元之債權，足堪認定被告間就不動產所為之贈與行為與所有權移轉行為，使被告甲陷於無資力，致原告向被告甲求償無著，自屬有害於原告系爭債權之行為。

3. 利益衡量

　　參酌民法第244條第1項與第2項規定，前者謂債務人所為之無償行為，有害及債權者，債權人得聲請法院撤銷之。後者則稱債務人所為之有償行為，其於行為時明知有損害於債權人之權利者，以受益人於受益時，亦知其情事者為限，債權人得聲請法院撤銷之。比較兩者之文義與立法意旨，本文認為在無償行為之場合，由於第三人之受益，並非付出代價而致，雖剝奪其取得之財產權，然僅喪失無償所得之利益，未發生積極損害。在贈與之情形，衡諸債權人與受益人之權益，債權將受危害之債權人，有優先保護之必要。職是，原告所有債權與被告乙取得不動產所有權相比，前者較應優先保護之。

4. 撤銷無償行為之要件

　　被告雖抗辯稱因被告乙按每月代被告甲繳交不動產之貸款本息，故被告甲

以贈與之方式，將不動產所有權移轉予被告乙云云。然比較無償行為與有償行為之債權人撤銷權要件，債權人對於無償行為之撤銷權要件較為寬鬆，僅須具備客觀要件。換言之，行為在客觀有害及債權之事實即可，而不問債務人與受益人之於行為時或受益時之主觀意思。準此，被告甲移轉不動產予被告乙之行為，其性質為無償贈與行為，且有害於原告之系爭債權，在客觀符合民法第244條第1項規定之撤銷要件，被告甲主觀上究係基於何種動機而移轉不動產，自不影響其因無償贈與之行為，而有害原告債權之認定。

（二）撤銷權之除斥期間

債權人之撤銷權，自債權人知有撤銷原因時起，1年間不行使，或自行為時起，經過10年而消滅（民法第245條）。民法第244條第1項之撤銷訴權，依同法第245條規定，自債權人知有撤銷原因時起，1年間不行使而消滅。該項法定期間為除斥期間，因時間之經過，權利即告消滅。此項除斥期間有無經過，縱未經當事人主張或抗辯，法院仍應先為調查認定，以為判斷之依據[31]，因被告間就不動產所為之債權行為與物權行為，至原告提起本件訴訟時，其已逾1年，是法院應依職權調查原告行使撤銷權之除斥期間，是否未消滅。查原告到庭陳述其於申請不動產登記謄本時，始知悉被告間無償移轉系爭不動產等語。衡諸常理，兩造間並無親友或同事關係，故原告主張被告間就不動產之贈與行為與移轉不動產所有權移轉之行為，原告於向地政事務所申請系爭不動產登記謄本，始知悉有該等法律行為，堪稱合理。法院審查不動產登記謄本之列印時間其與本件起訴日間，期間未逾1年之法定除斥期間，可認定原告之撤銷權有效存在。

參、結論

原告依據民法第244條第1項之規定，請求撤銷被告就不動產所為之贈與之債權契約及所有權移轉登記之物權行為，並依民法第244條第4項規定，併請求被告乙應將不動產所有權移轉登記予以塗銷等，洵屬有據。

肆、相關案例

基於債務人之全部財產為全體債權人之總擔保，債權人應於債權之共同擔保減少，致害及全體債權人之利益時，使得行使撤銷權（民法第244條第3項）。是撤銷權在於保障全體債權人之利益為目的，故債權人違反給付特定物

31　最高法院85年台上字第1941號、93年台上字第2593號民事判決。

爲標的債權或特定債權之履行，而得轉換爲損害賠償之債時，倘債務人之資力已不足賠償損害，或其所爲之無償行爲，將引致不足賠償損害而有害及債權者，自屬債權之共同擔保減少而害及全體債權人之利益，特定債權之債權人得行使民法第244條之撤銷權，並不以債務人陷於無資力爲要件。再者，債權人之撤銷權，自債權人之有撤銷原因時起，1年間不行使，或自行爲時起經過10年而消滅（民法第245條）。債權人之撤銷權，係自行爲時經過10年始行消滅。而1年之期間，須自債權人之有撤銷原因，始能起算。所謂撤銷原因，係指構成行使撤銷權要件之各事由而言。在無償行爲，應自債權人知有害及債權之事實時起算；在有償行爲，債權人除須知有害及債權之事實外，並須知債務人及受益人亦知其情事時起算。職是，債權人僅知悉債務人爲有爲無償行爲之事實，不知無償行爲係有害及債權；或者債權人僅知悉債務人爲有償行爲，債務人與受益人不知有害侵權情事，債權人之撤銷權，均不因1年間不行使而消滅[32]。

案例⑩ 債權讓與

　　原告雖主張第三人甲向其借款新臺幣（下同）100萬元，並交付被告所簽發之本票作爲清償，詎本票屆期提示未獲兌現。原告與甲嗣後簽訂債權讓渡書，甲將其對於被告之香煙貨款債權讓與原告，原告並以存證信函通知被告債權轉讓之事實，故原告有權請求被告清償債務。甲已將其對被告之債權讓與予原告，故被告與甲簽訂之債務部分清償確認書，對於原告不生效力云云。惟被告抗辯稱兩造間並無借貸關係，原告基於票款請求權起訴，因本票已罹於時效。被告向甲購買貨品，計積欠貨款100萬元，被告有陸續清償，並簽訂債務部分清償確認書，甲將本票交還被告。因甲對被告之貨款請求權因2年間不行使而消滅，被告拒絕給付貨款債權於原告等語。被告於本案訴訟繫屬期間，委任法律事務所非律師之法務職員爲訴訟代理人，並提出民事委任狀爲憑。

關鍵詞 承認、訴訟代理、消滅時效、時效完成、債權讓與

壹、探討議題

　　被告積欠甲香煙貨款，並簽發本票作爲支付貨款之用，第三人甲嗣後積欠

32　最高法院101年度台上字第1753號民事判決。

原告借款，故將貨款債權讓與原告，並交付被告所簽發之本票作爲清償，原告爲此請求被告清償貨款與票款。被告抗辯稱系爭本票與貨款請求權，均已罹於時效，並於本案訴訟繫屬期間，委任無律師資格者爲訴訟代理人。職是，本實例探討之重點，在於委任非律師爲訴訟代理人之許可、貨款債權之消滅時效期間、對本票發票人之請求權時效、時效完成之抗辯及契約承認債務之效力。

貳、理由分析

一、程序事項

訴訟代理人應委任律師爲之。但經審判長許可者，亦得委任非律師爲訴訟代理人。委任非律師爲訴訟代理人之許可準則由司法院定之。經釋明堪任該事件之訴訟代理人者，審判長得許可其爲訴訟代理人（民事訴訟法第68條第1項、第3項、民事事件委任非律師爲訴訟代理人許可準則第2條第5款）。被告委任法律事務所職員爲訴訟代理人，並提出民事委任狀爲憑。因該職員非律師，其擔任訴訟代理人應經法院許可，是法院自應審究是否許可該職員爲被告之訴訟代理人。查該職員爲法律事務所之職員，從事法務工作，並與被告就本件訴訟進行討論，該法律事務所爲被告之法律顧問。該職員雖不備律師資格，惟有相當程度之法學素養。準此，爲保障被告之權益，該職員受任爲被告之訴訟代理人，並無不宜處。

二、實體事項

（一）整理與協議簡化爭點

1. 不爭執事項

受命法官爲闡明訴訟關係，得整理並協議簡化爭點（民事訴訟法第270條之1第1項第3款）。法院於日言詞辯論期日，依據兩造主張之事實與證據，經簡化爭點協議，作爲本件訴訟之攻擊與防禦之範圍。兩造不爭執之事項有二：(1)原告與甲簽訂債權讓渡書，甲將其對被告之貨款100萬元讓與予原告，甲並將被告簽發之系爭本票交付予原告，原告以存證信函通知被告債權讓與之事實，此有原告提出之讓渡書、存證信函及郵件收件回執爲證；(2)甲與被告簽訂債務部分清償確認書，此有被告提出債務部分清償確認書爲證。此等不爭執之事實，將成爲法院判決之基礎。

2. 爭執事項

兩造爭執之事項：(1)甲將其對被告之貨款債權轉讓予原告，是否罹於時

效？原貨款債權之時效為2年或15年？(2)被告以債務部分清償確認書，承認其對於甲之貨款債權，其效力為何？職是，法院依據兩造之爭執，首應審究甲對於被告貨款債權之時效期間為何？繼而探討貨款債權有無罹於時效？最後判斷被告簽訂債務部分清償確認書，是否承認原告之債權？此為被告得否行使時效完成抗辯權之要件。

（二）2年短期消滅時效期間

　　商人、製造人、手工業人所供給之商品及產物之代價，其請求權因2年間不行使而消滅（民法第127條第1項第8款）。所謂商人、製造人、手工業人所供給之商品及產物之代價，係指商人就其所供給之商品及製造人、手工業人就其所供給之產物之代價而言，該時效期間為2年之請求權，具有速履行或應速履行之性質[33]。是法院自應審究系爭債權之性質為何？以認定其請求權之時效期間。查證人即債權讓與人甲到庭結證稱：其經營公司從事買賣香煙之營業，被告積欠甲100萬元之香煙貨款，被告為此簽發本票支付貨款，甲因積欠原告借款，故將本票交付予原告等語。足認甲與原告間有簽訂債權讓渡書，甲將債權讓與予原告。兩造就甲將債權讓與予原告之事實，均不爭執，此有卷附之系爭本票與讓渡書等件為證。準此，甲經營公司以買賣香煙為其營業項目，其出賣香煙予被告之買賣價金請求權，係民法第127條第1項第8款所列之請求權，是債權應適用2年短期消滅時效期間。而債權之讓與僅變更債權之主體，債權之性質，不因此有所變更，故因債權之性質所定之短期消滅時效，在債權之受讓人亦應適用之。甲將債權讓與予原告，原告為債權之受讓人，故兩造間就系爭債權之消滅時效期間應為2年，自不因原告與甲間有借款債權，致債權之消滅時效期間，適用民法第125條規定之15年消滅時效期間。

（三）本票之消滅時效

　　票據之權利，對本票發票人，自到期日起算，3年間不行使，因時效而消滅。消滅時效，自請求權可行使時起算（票據法第22條第1項；民法第128條前段）。請求權定有清償期者，自期限屆滿時起即可行使，其消滅時效應自期限屆滿時起算（民法第128條）。職是，法院自應探討本票與貸款債權之請求權，有無罹於時效？

33　最高法院51年台上字第294號、100年度台上字第1832號民事判決。

1. 本票票款請求權時效

法院審視原告向法院聲請對被告核發支付命令,經法院支付命令事件受理在案,原告向法院聲請對被告核發支付命令日,距本票之到期日已逾3年,故原告縱使為本票之權利人屬實,然其對本票發票人即被告之票據之權利,已時效消滅。況本票現由被告持有,原告並非票據執票人,亦無從經由提示之方式,依據票據之法律關係向被告請求本票之票款自明。

2. 貨款請求權時效

證人即債權讓與人甲到庭結證稱:因被告積欠其貨款100萬元,故簽發本票等語。準此,被告簽發系爭本票,作為支付積欠甲貨款之方法,故清償香煙貨款之期日應與本票之到期日相同,是原告向法院聲請對被告核發支付命令日,距本票之最後到期日,顯已逾2年。是原告縱使自甲受讓債權,惟債權之請求權已罹於2年短期消滅時效。故本票與債權之請求權,均已罹於時效。

(四)時效完成之抗辯

1. 債權讓與之要件

時效完成後,債務人得拒絕給付。債權之讓與,非經讓與人或受讓人通知債務人,對於債務人不生效力。債務人於受通知時,所得對抗讓與人之事由,均得以之對抗受讓人(民法第144條第1項、第297條本文、第299條第1項)。債權之讓與,非經讓與人或受讓人通知債務人不生效力,此項通知為觀念通知,使債務人知有債權移轉之事實,避免誤向原債權人清償,並非債權讓與契約之生效要件。因債權讓與係以移轉債權為標的之契約,債權讓與契約生效時,債權即同時移轉,是讓與人即原債權人脫離債之關係,失去債權人之地位,不復對債務人有債權存在,而由受讓人即新債權人承繼讓與人之地位取得同一債權[34]。準此,請求權之消滅時效完成後,債務人有拒絕給付之抗辯權。而債權讓與契約,係以債權之讓與為標的之契約,故債權讓與契約發生效力時,債權即行移轉於受讓人,不以通知債務人為要件,即發生債權主體變更之效果。倘債權讓與前,其請求權已罹於時效,債務人自得對抗受讓人而拒絕給付。職是,法院自應探討被告以本票債權與債權之請求權,均罹於時效為事由,拒絕給付100萬元與其利息,是否依法有據。

---

34 最高法院39年台上字第448號、94年度台上字第575號民事判決。

（五）契約承認債務之效力
1. 債務人不得拒絕給付

請求權已經時效消滅，債務人以契約承認該債務，仍爲履行之給付者，不得以不知時效爲理由，請求返還（民法第144條第1項）。債務人於時效完成後所爲之承認，固無中斷時效可言，然明知時效完成之事實而仍爲承認行爲，自屬拋棄時效利益之默示意思表示，且時效完成之利益，業經拋棄者，即恢復時效完成前狀態，債務人不得再以時效業經完成拒絕給付。故以契約承認債務，具有時效利益拋棄之性質，係因時效而受利益之債務人，其於時效完成後，向因時效而受不利益之人表示其不欲享受時效利益之意思之行爲。而債務人承認債權人之權利者，時效重新起算。職是，本院自應審究被告以債務部分清償確認書，承認其對於甲之貨款債權，是否視爲承認被告對原告之債務。

2. 被告未以契約承認對原告之債務

證人即債權讓與人甲到庭結證稱：原告非債務部分清償證明書之當事人，被告僅承認其對甲之債務等語。故被告以契約方式爲承認債務之意思表示，其相對人爲甲，原告並非接受承認債務意思表示之相對人，故被告未以契約承認其對原告之債務。再者，原告與甲簽訂債權讓渡書，渠等於簽訂時，即發生債權移轉之效力，甲已非債權之債權人。是被告以契約方式，對甲爲承認債務之意思表示，自無債務承認之效力可言。準此，被告以債務部分清償確認書，承認其對於甲之貨款債權，不生債務承認之效力，被告亦未以契約方式對原告爲債務承認意思表示，或者對原告爲民法第129條第1項第2款規定之承認觀念表示，是被告未承認。

參、結論

貸款債權爲甲供給香煙商品之代價，其請求權之消滅時效期間爲2年，原告受讓本票與系爭債權前，該等債權之請求權，均已罹於時效。被告與甲簽訂債務部分清償確認書，對原告不生債務承認之效力。職是，原告依據本票票據與債權讓渡書等法律關係，請求被告給付100萬元，暨自起訴狀送達翌日起至清償日止，按年息5%計算之利息云云，顯無理由。

肆、相關案例

將商人供給商品之代價，規定適用2年之短期時效（民法第127條第8款），主要在於該項商品或產物代價債權，多發生於日常頻繁之交易，即平日具慣常

性之行為，故賦與較短之時效期間以促從速確定。準此，債權人為依其營業登記項目所供給商品之販賣，自可推定屬其日常頻繁之交易行為，因而賦與較短時效；反之，債權人所供給販賣者非其營業登記項目之商品時，並非日常頻繁之交易行為，自不具有平日慣常性，不適用2年短期時效之規定。再者，民法第127條第8款規定之商人雖不必具有一定之條件，惟必須係從事商品販賣實業之人，即以販賣為業務之人，使得謂為商人[35]。

案例⑪ 給付不能與締約過失

　　原告雖主張其依據被告之投標須知規定，參與被告社區管理服務業務之投標，被告有投票表決，原告以新臺幣（下同）60萬元得標，原告依約將押標金轉成為履約保證金，並向被告提出系爭服務契約，詎被告拒不簽約，而與第三人就同一標的另訂服務契約，是被告有不履行契約，致有給付不能之情事，原告依民法第226條第1項、第248條、第249條及第245條之1規定請求被告賠償損害云云。然被告抗辯稱原告僅通過審查得標，兩造間並未簽訂服務契約。況原告投標時，除未提出有效期間之公司執照，亦未交付押標金，原告無投標資格，原告事後交付本票充作押標金，其為無效之本票。縱認招標契約已成立，因兩造事後並未簽訂系爭服務契約，原告不得依據服務契約關係請求。原告交付之本票為無效票據，自無履約保證金之問題。而原告可另與他人簽訂相同契約，自可獲取利潤，並無因信賴服務契約能成立而受有損害之情事等語。

關鍵詞 投標、給付不能、締約過失、當事人能力、解釋意思表示

壹、探討議題

　　原告公司參與被告社區管理服務業務之投標，而被告社區未與原告簽訂服務契約，原告認被告拒不簽約，被告應負給付不能與締約過失之賠償責任。職是，本實例探討之重點，在於公寓大廈管理委員會之性質、投標須知之性質、解釋意思表示之原則、認定有效投標之要件、公開投標之性質、定金之性質、給付不能之要件、締約過失之要件。

35　最高法院102年度台上字第524號民事判決。

貳、理由分析

一、程序事項

公寓大廈爲行管理維護之行爲，應成立管理委員會或推選管理負責人。管理委員會，係指爲執行區分所有權人會議決議事項及公寓大廈管理維護工作，由區分所有權人選任住戶若干人爲管理委員所設立之組織。管理委員會有當事人能力，管理委員會爲原告或被告時，應將訴訟事件要旨速告區分所有權人（公寓大廈管理條例第29條第1項、第3條第9款、第38條；民事訴訟法第40條）。故管理委員會有一定名稱、目的、地址，且以主任委員爲代表人，對內執行公寓大廈管理事務，於其職務範圍內並得以自己名義代公寓大廈住戶爲各項交易，其有形式上之當事人能力，具有訴訟法上之當事人能力。法院函區公所檢送社區管理委員核備資料，經該區公所函覆之，自該函覆可知被告前向區公所陳報成立管理委員會，經核准報備在案與函送公寓大樓管理組織報備證明書予被告，故被告爲合法成立之管理委員會。準此，本件原告對被告起訴，被告爲社區管理委員會，自有本件訴訟之被告當事人能力。

二、實體事項

（一）投標須知之性質

公寓大廈之管理委員會爲管理維護社區，就社區保全管理或服務管理以公開招標，由不特定之多數社區管理服務公司參與投標，並將投標資格、投標登記、標單到達期限及投標審查等程序事宜，詳列於投標須知，使多數具有投標資格之社區管理公司，能於投標之期限內，檢具相關文件參與開標，是公開招標人就其與投標公司間之權利義務關係，對參與投標公司即表明願受已公示之投標須知規定所拘束；倘有違反投標須知規定，參加投標之公司，在開標時即可提出程序異議[36]。原告主張其依被告提出之須知規定，參與被告社區管理服務業務之投標之事實，業據原告提出系爭投標須知爲證。復爲被告所不爭執者，故原告有參予被告公開招標之社區管理服務業務之投標，堪信爲眞實。被告抗辯稱縱使認兩造間已成立招標契約，被告仍有權決定是否簽訂服務契。職是，法院自應審究原告得否依據招標須知，請求被告簽訂服務契約。參諸投標須知之規定，被告就社區管理服務公司之招標訂有底價，被告於最適合社區利益之情形，具有決標權，投標者不得異議。原告同意投標須知，並參與投標，

36　最高法院89年度台上字第1499號民事判決。

係對被告社區管理保全服務預約所爲之承諾，故兩造是否簽訂社區管理保全服務之本約，自應受投標須知之規範。準此，縱認原告符合得標之資格，被告有權決定是否與原告簽訂系爭服務契約，故是否簽訂本約，其爲被告之權利，並非被告之義務。

（二）解釋意思表示之原則

解釋意思表示之原則，應探求當事人之眞意，不得拘泥於所用之辭句（民法第98條）。故法院解釋系爭投標須知之內容，自應通觀系爭投標須知之全文，並斟酌訂立該投標須知當時及過去之事實暨招標之交易上習慣，依誠信原則，從招標之主要目的及經濟價值等作全般之觀察。職是，兩造就本件事件之主要爭執，在於被告依據系爭投標須知，是否有義務與原告簽訂服務契約？因兩造就系爭投標須知之內容規定，於本件事件中各自爲有利於己之解讀，是有必要闡明系爭投標須知之內容，其所爲之意思表示，以確定當事人之眞意及內容。法院首應審究原告有無參予投標之資格？原告是否已得標？繼而認定被告是否有義務與原告簽訂服務契約；最後依序判斷本件有無給付不能之損害賠償、被告應否退還系爭本票面額2倍之定金、被告有無締約過失責任及被告有無違背誠信原則等爭議。

（三）有效投標之要件

認定投標是否有效時，依照投標書各項記載之外觀，係整體與綜合之考量，並依其投標能否確保投標之秘密性及正確性，爲客觀認定之。因當事人就原告有無參予投標之資格有所爭執。職是，法院茲就同一性、秘密性及立即決斷性等投標之基本原則，依序論斷原告之投標行爲，是否符合投標須知之有效標要件。

1. 同一性與秘密性

就投標之同一性而言，係指原告投標之意思表示，其投標參予之業務與系爭投標須知所載之公開招標業務，兩者具有同一性者。原告參予被告公開招標之社區管理保全業務之招標，兩造就該事實並不爭執，是原告投標具有同一性。再者，就投標之秘密性而言，係指投標書之記載及寄送程序應秘密行之，以避免圍標及減少投機之發生。原告依據投標須知第2項規定，先至被告處領取投標須知，並辦理登記。嗣後依據投標須知第3項規定，將投標文件於期限前掛號寄送予被告，此爲兩造所不爭執。職是，原告之投標單於被告開標前，無法使外界知悉，其投標具有秘密性。

2. 立即決斷性

　　就立即決斷性而言，係指公開招標於開標時，應由招標人依據投標書與所附文件當場決定是否得標，其有立即判斷之必要性，不得任意事後補正，否則易造成投機者，視投標結果是否對其有利，以決定是否補正，其將使投標過程充滿不確定性與公平性。查投標須知規定：投標者依據保全業法規定，應具備保全公司與公寓大廈管理公司執照。所有執照與證件資料應在有效期限範圍內，逾期則無效。原告依據投標須知規定，其必須於期限前掛號寄送投標文件，足見原告於投標時未檢附有效期限之公司執照，為符合投標之公正性，被告不得命原告補正有效期限之公司執照。再者，本票應記載發票年、月、日，未記載者，其為無效本票（票據法第120條第1項第6款、第11條第1項本文）。經法院審視本票之記載，未記載發票日，原告亦未授權被告填寫票載發票日之權利，其為無效票據。依據系爭投標須知規定，參予投標公司應提出1個月服務費之本票，作為押標金。原告提出之本票為無效票據，視同原告於投標時未提出押標金，原告於被告開標前未繳納押標金，原告之投標行為應屬無效。

3. 原告未遵守投標須知

　　原告參與系爭服務契約之投標，兩造應受系爭投標須知之規範。系爭投標須知已明確規範，原告投標應檢附有效期限之公司執照與押標金，投標須知已有明文規範，自無須別事探求。原告未遵守該等投標須知在前，而投標行為應符合立即決斷性要件，是原告不得僅憑己意而捨棄文字之記載，而事後任意翻異與曲解之，認被告有義務通知原告補正有瑕疵之投標行為云云。準此，原告投標行為無效，被告自無義務與其簽訂服務契約。

（四）公開投標之性質

1. 以招標人之意思為準

　　公寓大廈之管理委員會為管理維護社區，就社區保全管理或服務管理以公開招標，公開招標之表示，究為要約引誘抑為要約，法律無明文規定，自應以招標人之意思定之。招標人原則有最後決定由何人得標之權利，招標之意思應解為要約引誘。故招標人開標後，不與全體投標人訂約，或與出價較劣之投標人訂約，均無不可。公開招標明示與最底價或最有利標之投標人訂約者，除別有保留外，應視為要約，招標人即對最底價或最有利標之投標為承諾意思表示，契約因而成立。因兩造就被告是否有最後簽約之決定權，有所爭執。法院自應就系爭投標須知之內容，判斷被告所為之招標意思表示，係要約引誘或屬要約之性質。

2. 要約引誘

依據投標須知規定，被告就社區管理服務公司之招標訂有底價，被告於最適合社區利益之情形，具有決標權，投標者不得異議。法院參諸該款內容，認為被告基於社區之最大利益，有權決定由符合投標資格者得標之權利，是招標之意思為要約引誘，並非要約。原告不符合投標資格，其投標行為無效。因本件招標之意思為要約引誘，係引誘他人向被告為要約，僅為準備行為，其本身尚不發生法律之效果。原告就被告所為投標之要約引誘，向其為要約，被告再就要約為承諾表示，兩造始成立契約關係。況投標須知未決定契約必要之點者，兩造自無從為要約與承諾之合致，益徵本件招標之意思為要約引誘。職是，被告所為管理服務公司招標之意思表示為要約引誘，並非要約，被告不負簽訂服務契約之義務。況兩造就服務契約應服務之內容，並未加以約定，故對契約之必要之點，意思表示未達一致，服務契約未合法有效成立。

（五）給付不能之賠償責任

因可歸責於債務人之事由，致給付不能者，債權人得請求損害賠償。而損害賠償，除法律另有規定或契約另有訂定外，應以填補債權人所受損害及所失利益為限。依通常情形或依已定之計畫、設備或其他特別情事，可得預期之利益視為所失利益（民法第226條第1項、第216條）。所謂給付不能，係指債務人不能依債務本旨而為給付，是債權人依據債之關係，請求債務人負給付不能之債務不履行之損害賠償責任，必須當事人間有債權債務之法律關係存在為要件。因被告無簽訂服務契約之義務，兩造間亦無服務契約之關係。準此，被告無履行服務契約之義務，自無可歸責於己，致給付不能之事由，原告無權請求被告負債務不履行之損害賠償責任。是被告得重新招標，依據投標須知與得標者簽訂服務契約。

（六）定金之性質
1. 推定契約成立

訂約當事人之一方，由他方受有定金時，推定其契約成立。定金除當事人另有訂定外，契約因可歸責於受定金當事人之事由，致不能履行時，該當事人應加倍返還其所受之定金（民法第248條、第249條第3款）。所謂定金者，係指契約當事人之一方，為確保契約之履行，交付於他方之金錢或其他代替物。定金契約以主契約之成立為前提，其為從契約，並以交付為成立要件，其屬要物契約。職是，法院自應判斷原告交付之本票是否為服務契約之定金。

2.定金契約為從契約與要物契約

　　投標須知僅規定押標金於雙方簽訂服務契約後轉為履約保證金，並無規定押標金可轉換成定金。本票之性質為擔保原告履行服務契約之保證金，並非證約定金或定約定金，原告解為定金性質，顯有誤會。退步言，原告所交付之本票，為無效票據，縱使押標金或履約保證金可定性為定金之性質，仍因本票為無效票據，視同未交付定金，被告至多負有退還本票予原告之義務，並無退還定金之適用。況定金契約為從契約與要物契約，故以主契約之成立為前提，並以交付為成立要件。參諸兩造間未成立服務契約，原告亦未交付有效本票予被告，是兩造間未存有定金關係。

（七）締約過失之賠償責任

　　契約未成立時，當事人為準備或商議訂立契約而有其他顯然違反誠實及信用方法者，對於非因過失而信契約能成立致受損害之他方當事人，負賠償責任（民法第245條之1第1項）。原告投標時除未提出有效期限之公寓大廈管理維護公司登記證外，亦未交付有效本票作為押標金，致其不符合投標資格，此非可歸責於被告之事由，原告就系爭服務契約無法成立，其有故意或過失之責任甚明，豈能反稱原告非因過失而信契約能成立，致受有損害。職是，兩造未成立服務契約，原告非服務契約之當事人，亦未取得任何利益，原告無任何既有權利受侵害，原告不得主張其依締約過失之規定請求被告賠償。況原告縱使未與被告簽訂服務契約，原告亦可與他人簽訂相同之契約，另行取得應有之服務利潤。

（八）公寓大廈成立管理委員會之性質

　　公寓大廈成立管理委員會時，團體是否具備實體法之權利能力，公寓大廈管理條例並未特別規定，自應回歸民法之規定予以探究。依民法第6條與第26條規定，自然人、法人均為實體法享有權利與負擔義務之主體。自然人之權利能力始於出生，終於死亡。而法人係由法律創設之團體，需依民法第30條規定向主管機關登記成立後，始得享有權利能力，終至解散清算完結或破產終結止。公寓大廈管理委員會非自然人，雖依公寓大廈管理條例施行細則第8條及內政部公寓大廈管理組織申請報備處理原則需檢齊第3點規定應備文件報請直轄市、縣（市）政府備查，惟備查僅屬行政之管制行為，其與民法之法人登記有間，故公寓大廈管理委員會於成立，未具備登記之要件而非民法之法人，即無權利能力。準此，公寓大廈管理委員會未具有實體法之享受權利，負擔義務之能力，不具有履行債務義務之權利能力，不可為債務不履行之損害賠償義務人。

參、結論

　　被告為服務契約之招標者，原告投標時未提出有效期間之公寓大廈管理維護公司登記證與未交付有效本票作為押標金，不符合投標資格，此為可歸責於原告之事由，而被告決定由符合投標資格者得標之權利，是被告未與原告簽訂系爭服務契約，洵屬正當。準此，原告依民法第226條第1項、第248條、第249條及第245條等規定請求被告賠償損害，為無理由，應予駁回。原告之訴既經駁回，其假執行之聲請亦失所附麗，併予駁回。

肆、相關案例

　　管理委員會為原告或被告時，應將訴訟事件要旨速告區分所有權人（公寓大廈管理條例第38條第2項）。其與民事訴訟法第65條訴訟告知之規定旨趣相當，而受訴法院亦得依同法第67條之1規定，依職權通知各區分所有權人，賦與各區分所有權人參與訴訟程序之機會，將來確定判決之既判力，依同法第401條第2項規定及於各區分所有權人，即具正當化之基礎。對於未受告知或通知之區分所有權人，因係非可歸責於己之事由而未獲參與訴訟程序機會，即未獲事前之程序保障，倘認有不能提出足以影響判決結果之攻擊或防禦方法，致對其不利之情事，自得依同法第507條之1以下有關事後程序保障規定之第三人撤銷訴訟程序行使權利，其應有之權益亦獲保護[37]。

37　最高法院98年度台上字第790號民事判決。

案例⑫ 酌減違約金

　　原告主張兩造簽訂買賣契約，約定原告向被告購買不動產，買賣價金爲新臺幣（下同）2,000萬元，原告依約繳納定金200萬元。銀行因金融風暴而無法承作本件貸款，使原告無法給付後續應付之買賣價金，此屬不可歸責於原告之事由，原告寄存證信函通知無法履約之原因，並向被告請求返還定金200萬元。況買賣契約乃乘原告對於不動產買賣無經驗所爲給付之約定，當時情況對於原告顯失公平。準此，原告依民法第74條第1項規定，撤銷系爭買賣契約，並依民法第179條規定，請求返還200萬元定金。況原告於簽約當時，倘知銀行無法承作本件貸款，原告即不可能爲系爭買賣之意思表示，故依民法第88條之規定，撤銷買賣之意思表示，並依民法第179條請求被告返還定金。且被告已以2,000萬元之價金將不動產出賣予第三人，顯見被告受有損害，是被告沒收定金200萬元，實屬過高等語。被告抗辯稱原告爲高知識分子，對於不動產交易等基本常識，不得諉爲不知，買賣契約並無不公平之情事，被告亦無乘原告急迫、輕率或無經驗使原告訂約之事。原告自行委託銀行評估貸款，貸款額度及准貸與否，自與被告無涉。況系爭買賣契約未約定貸款成數爲買賣要素，原告於購屋前，應審慎評估自己之付款能力，而銀行事後不予承作本件貸款，是原告負債比過高，屬於可歸責於原告之事由。原告違約不繼續給付價款，被告依據契約解除契約，並沒收原告所交定金，並非不當得利。而不動產標的總價爲2,000萬元，沒收之定金爲200萬元，僅占10%，符合一般社會交易常規，並無顯失公平之情事。被告依法解除契約後將系爭不動產另售予第三人，此與本件買賣契約無關等語。

關鍵詞　錯誤、暴利行爲、酌減違約金、契約之要素、意思表示之解釋

壹、探討議題

　　原告主張其向被告購買不動產，原告依約繳納定金。因銀行無法承作貸款，致原告無法給付其餘價金，此屬不可歸責於原告之事由。況原告於簽約時，知悉銀行無法承作貸款，即不可能爲系爭買賣之意思表示，故撤銷買賣之錯誤意思表示。況買賣契約乃乘原告對於不動產買賣無經驗所爲給付之約定，對於原告顯失公平，原告得撤銷買賣契約，原告爲此請求被告返還定金。況被告已相同價金將不動產出賣予第三人，被告未受有損害，被告請求酌減違約金。職是，本實例探討重點，在於買賣契約之要素、暴利行爲之成立、撤銷錯

誤意思表示之要件、不當得利之效力及酌減違約金之要件。

貳、理由分析

一、買賣契約之要素

　　稱買賣者，謂當事人約定一方移轉財產權於他方，他方支付價金之契約。當事人就標的物及其價金互相同意時，買賣契約即爲成立。當事人互相表示意思一致者，無論其爲明示或默示，契約即爲成立。當事人對於必要之點，意思一致，而對於非必要之點，未經表示意思者，推定其契約爲成立，關於該非必要之點，當事人意思不一致時，法院應依其事件之性質定之（民法第345條、第153條）[38]。是就買賣契約以觀，係以價金及標的物爲其要素，價金及標的物，屬買賣契約之必要點。至其他非必要之點，如付款方式、貸款數額、移轉所有權過程及稅金負擔等事項，並非買賣契約之要素，倘當事人未特別約定，自不影響買賣契約之成立。準此，兩造主要爭執，在於原告貸款數額，是否爲買賣契約之要素。

（一）買賣契約有效成立

　　兩造簽訂系爭買賣契約，約定原告向被告購買系爭不動產，買賣價金爲2,000萬元，原告依約繳納定金即支票200萬元等事實。業具原告提出不動產買賣契約書與支票等件爲證，復爲被告所不爭執，堪信爲眞實。審視系爭買賣契約，兩造就買賣契約標的、價金、付款時期、違約責任等事項。均已詳加約定，並經兩造簽名蓋章，當事人意思表示合致，買賣契約合法有效成立。

（二）貸款金額非買賣要素

　　買賣契約當事人間除標的物及價金外，倘約定其他交易之重要事項列爲必要之點者，衡諸契約自由原則，自爲法之所許，依舉證責任分配之原則，應由主張有此約定之一方，負舉證責任。職是，原告應就貸款額度爲買賣契約之要素，負舉證責任。否則其應受買賣關係之拘束，不得事後將非必要之點強加諸於買賣契約，任意翻異契約之效力。

二、暴利行爲之成立

（一）暴利之要件

　　法律行爲，係乘他人之急迫、輕率或無經驗，使其爲財產上之給付，或爲

38　林洲富，民法債編總論案例式，五南圖書出版股份有限公司，2022年9月，頁30。

給付之約定，依當時情形顯失公平者，法院得因利害關係人之聲請，撤銷其法律行為，或減輕其給付（民法第74條第1項）。法院依民法第74條第1項之規定撤銷法律行為，不僅須行為人有利用他人之急迫、輕率或無經驗，而為法律行為之主觀情事，並須該法律行為，有使他人為財產之給付或為給付之約定，依當時情形顯失公平之客觀事實，始得因利害關係人之聲請為之。所謂依當時情形顯失公平，係指給付與對待給付間之客觀價值顯然失衡。而是否顯失公平及法院因此減輕給付之範圍，應斟酌個別事件之經濟目的、當事人之利益等情形為判斷[39]。職是，因兩造爭執有無暴利行為之事實，其涉及被告有無利用原告急迫、輕率或無經驗而簽訂買賣契約，其結果是否對原告顯失公平。

（二）原告經充分考量

　　證人即仲介人員到庭結證稱：兩造共進行兩次協商，第1次在仲介公司商討買賣價格，第2次在原告工作處談論買賣程序，證人建議原告約定履約保證，但銀行建議原告為信託登記。兩造嗣後在原告處所簽訂系爭契約，並沒有商談貸款之情事，原告表示倘貸款不足，其有自備資金，當日原告交付200萬元之定金等語。自證人即仲介人員之證詞可知，兩造就買賣進行兩次協商後，始簽訂買賣契約，原告並交付200萬元之定金予被告。其足見原告於買賣過程有花費相當時間與被告討論買賣價金、價金交付方式及銀行貸款等事項，顯無急迫、輕率或無經驗之情事。證人即地政士到庭結證稱：其負責承辦契約，原告有交付200萬元定金，原告起初未表示要貸款，嗣後始表示有貸款必要，兩造在仲介公司進行第1次協商，約定定金與買賣總價，兩造至原告處進行第2次協商，始知悉原告需要貸款，原告自行接洽銀行評估貸款等語。職是，自證人之證詞可知，兩造就契約進行2次協商，第1次約定定金與買賣總價，第2次商討買賣與貸款程序，足見並非倉卒行事。申言之，不動產交易價格高達2,000萬元，顯非一般受薪階級所能負擔，原告於簽訂買賣契約前，既已先評估資力後，並經由仲介公司聯絡被告商論不動產買賣情事，故堪認原告經審慎評估後，並詢問專業仲介與銀行人員後，始簽訂買賣契約，對於購買系爭不動產，原告經充分考量，始為本件買賣意思表示，益徵被告並無利用原告急迫、輕率或無經驗而使原告簽訂契約，故原告主張依民法第74條第1項撤銷系爭契約，並依民法第179條規定，請求被告返還定金云云，洵不足採。

39　最高法院110年度台上字第968號民事判決。

三、錯誤之意思表示

意思表示之內容有錯誤，或表意人倘知其事情即不爲意思表示者，表意人得將其意思表示撤銷之。但以其錯誤或不知事情，非由表意人自己之過失者爲限。當事人之資格，或物之性質，若交易認爲重要者，其錯誤，視爲意思表示內容之錯誤（民法第88條第1項、第2項）。所謂錯誤，係指意思表示之內容或表示行爲有錯誤者而言，其與爲意思表示之動機有錯誤之情形有別[40]。準此，兩造爭執在於銀行無法承作本件貸款，是否構成原告意思表示錯誤之內容？法院自應探究原告是否就本件買賣有意思表示錯誤之情事。

（一）錯誤之認定

所謂錯誤者，係指意思表示之人對於構成意思表示內涵之效果意思，與其表示於外之表示內容，因錯誤或不知而致生齟齬而言。至於形成表意人內心效果意思之原因，則稱爲動機，導致表意人內心效果意思之動機十分繁雜，且僅僅存在表意人之內心，不表示於意思表示中，難爲相對人所察覺；即表意人在其意思形成過程，對於就其決定爲某特定內容意思表示具有重要素之事實，認識不正確，並非意思表示內容有錯誤；是除當事人之資格或物之性質有誤，且爲交易認爲重要者，始可視爲意思表示內容之錯誤外，其餘動機錯誤如未表示於意思表示中，且爲相對人所明瞭者，不受意思表示錯誤規範之保護，否則法律之安定性及交易之安全無法維護。

（二）動機錯誤

買賣契約已就買賣標的、價金、付款方法、違約責任等分別約定，並未以原告向銀行貸得價金8成作爲契約要素，兩造意思表示合致，契約已成立。至於原告雖認爲銀行已保證承作本件貸款，故爲買賣之意思表示，嗣後原告無法順利取得貸款，係原告爲本件買賣之動機範圍，並非當事人之資格或物之性質有誤，爲交易上認爲重要之動機錯誤，難認係意思表示內容或表示行爲之錯誤，其與法律所規定得撤銷意思表示之要件不符。準此，原告依民法第88條、第179條規定，撤銷買賣不動產之意思表示，請求被告返還定金云云，爲無理由。

四、不當得利之效力

無法律上之原因而受利益，致他人受損害者，應返還其利益。雖有法律上

40　最高法院51年台上字第3311號民事判決。

之原因，而其後已不存在者，亦同（民法第179條）。因兩造之爭執在於原告無法向銀行貸款，其風險應歸何人負擔？法院應審究買賣契約是否，係因可歸責於原告之事由，致不能如期交付價金，而被告就此解除契約，沒收200萬元有無理由。

（一）給付價金之期間

　　兩造於買賣契約約定：倘原告不履行本契約交付價金，或因可歸責於原告之事由，致不能依約交付殘餘價金時，被告可解除契約，所交定金及價金，被告得沒收作為違約金，原告不得異議。除本件買賣款項於產權登記前存入專戶外，本契約成立同時，由原告先向被告給付200萬元作為定金，並充為部分價金，其餘價金付款方法約定如下：1.用印款：兩造備齊產權移轉證件及用印之同時，買方應支付300萬元；2.完稅款：俟增值稅單核定出3日內，買方支付400萬元及開具尾款同額本票擔保，並向地政機關辦理所有權移轉登記；3.尾款：俟本件產權登記原告名義3日內，原告1次付清。倘承買人須貸款時，買賣與抵押設定文件一併向地政機關辦理登記。此有原告提出不動產買賣契約書為證，復為兩造所不爭執，堪信為真實。準此，原告應依約給付價金，倘有可歸責於原告之事由，致不能如期交付價金時，被告得解除契約，並沒收定金與其餘價金。

（二）可歸責於原告之事由

　　銀行固曾向原告保證承作本件貸款，惟系爭買賣契約並未約定原告向銀行貸得8成價金作為買賣要素。原告無法繼續給付價金，係因銀行拒絕承作本件貸款，風險應由原告承擔，自與被告無涉。況銀行貸款與否及其數額，係由銀行就買受人之信用狀況、資金用途及還款來源等各項因素綜合評估而為准駁。原告自承其送件至銀行申辦貸款，銀行以其負債比過高，拒絕其申辦貸款，致原告無足夠資金繳付剩餘之買賣價款等事實。有原告提出之存證信函為證。足徵銀行拒絕承作本件8成價金貸款，係因原告信用問題所致，此為可歸責於原告之事由。準此，原告因自身信用條件，導致無法向金融機構辦理不動產貸款，其拒絕履行給付價金之契約義務，顯無正當理由，違約情事係可歸責原告之事由，原告不能如期給付其餘價金予被告，被告依契約之約定，自得解除契約。職是，被告可依約解除契約，沒收原告已給付之價金。

（三）情事變更原則

　　情事變更原則，旨在規定契約成立後，發生訂約當時不可預料之情事，倘依其原有效果顯失公平時，得經由法院裁量增減其給付或變更其他原有之效果（民法第227條之2第1項）。期能公平分配契約當事人間之風險及不可預見之損失。是法院依該原則為增加給付之判決，應本於客觀之公平標準，審酌一方因情事變更所受之損失，他方因情事變更所得之利益及其他實際之情形，定其增加給付之適當數額[41]。例如，主管機關命令全面禁採河川砂石，導致國內工程砂石供需失衡，使工程砂石料價格飆漲。該政府禁採河川砂石政策，非承包商投標時所能預知。政府原本准許業者於河川採取砂石，嗣後因颱風來襲造成災害，而變更其政策，禁止業者採砂石，是禁止於河川地採取砂石之政策，確非當事人簽訂工程契約時所能預知之情事，是工程款之給付應有情事變更之原則適用。故承攬人依據情事變更原則之適用，請求定作人增加報酬給付，依法有據[42]。準此，本件當事人訂約後，因銀行有緊縮貨款之政策，雖致原告無法貸得原先所預期之款項，然貸款成數與貸款人之信用與資歷有關，並非均受緊縮貨款之影響，並非訂約當時不可預料者，故本件不適用情事變更原則得由法院依職權公平裁量變更其他原有之效果[43]。

五、法院酌減違約金

　　當事人得約定債務人於債務不履行時，應支付違約金。約定之違約金額過高者，法院得減至相當之數額（民法第250條第1項、第252條）。違約金約定是否相當仍須依一般客觀事實、社會經濟狀況及當事人所受損害之情形，以為酌定標準；且約定之違約金是否過高，應就債務人能如期履行時，債權人可得享受之一切利益為衡量核減之標準[44]。準此，兩造有爭執原告所交付之200萬元，其性質為定金或違約金？法院自應審究之。倘為違約金者，繼而探究該違約金約定是否應予核減。

（一）意思表示之解釋

　　解釋意思表示，應探求當事人之真意，不得拘泥於所用之辭句（民法第98條）。解釋契約，固須探求當事人立約時之真意，不能拘泥於契約之文字，但

41　最高法院98年度台上字第331號民事判決。
42　臺灣臺中地方法院92年度建字第65號民事判決。
43　最高法院90年度台上字第1657號、102年度台上字第1235號、104年度台上字第132號、105年度台上字第1173號民事判決。
44　最高法院49年台上字第807號、51年台上字第19號、106年度台上字第1413號民事判決。

契約文字業已表示當事人眞意，無須別事探求者，即不得反捨契約文字而更爲曲解[45]。系爭契約約定：倘原告不履行本契約交付殘餘價金時，或因可歸責於原告之事由、致不能如期交付殘餘價金時聽由被告解除契約，所交定金及價金應沒收作爲違約金。本契約成立同時，由原告先向被告給付定金200萬元爲定金，並充爲價金之一部。審酌契約條文之文義，認爲原告先前交付之定金200萬元，倘原告依約履行契約給付其餘價金，200萬元定金即作爲價金之一部。反之，原告不履行契約時，致有違約情事，則200萬元應轉爲違約金，故200萬元於原告違約時，已失其定金之性質，轉而變更爲違約金。

（二）違約金之性質

定金係以確保契約之履行爲目的，故以定金作爲契約不履行之損害賠償者，稱爲違約定金。倘違約定金係損害賠償額之預定，則於當事人交付之定金過高，與當事人所受損害顯不成比例時，即非以確保契約之履行爲目的，當事人所交付者已非違約定金，實係價金之一部先付，倘有過高者，應依民法第252條之規定予以核減。違約金過高者，法院可爲酌減，酌減後金額之返還，係屬不當得利之範疇[46]。原告於訂約同時給付200萬元作爲定金並充價金之一部，因當時無違約事實之發生，是其係以給付定金並充爲價金之一部之意思而爲給付，並非係以給付違約金之意思而給付200萬元，難認原告係依自由意思，已任意給付違約金。是原告已給付之定金，其違約時變更爲違約金。

（三）違約金過高

被告委託仲介公司居間仲介銷售系爭不動產時，雖約定買賣契約成立生效時，被告應給付成價總價4%之服務報酬予仲介公司，有被告提出之銷售同意書附卷足憑 。惟證人即地政士到庭結證稱：其迄今未收受本件服務費等語。被告亦自承其已將系爭不動產以2,000萬元，並提出不動產買賣契約書爲證準此，法院衡酌不動產仍以2,000萬元出售、被告未支付仲介報酬、被告願意退還100萬元達成和解等情事，認爲系爭買賣契約約定被告得將原告已交付之200萬元充爲違約金，實屬過高，應核減爲100萬元爲適當。準此，原告有違約情事，定金200萬元轉爲違約金，本院斟酌兩造間之損失，認逾100萬元之違約金之金額範圍，被告受領並無法律上原因，原告本於不當得利之規定，請求被告返還100萬元及法定遲延利息，其於法有據，應予准許，逾此部分之請求，爲無理由。

45　最高法院107年度台上字第2311號民事判決。
46　最高法院81年度台上字第2500號、89年度台上字第2547號民事判決。

參、結論

買賣契約未約定貸款金額爲買賣要素，原告並無急迫、輕率、或無經驗之情事，其意思表示亦無錯誤可言，故買賣契約合法有效成立。買賣契約因可歸責於原告之事由，致原告未依約給付其餘價金，經被告解除買賣契約，並沒收原告已給付之定金200萬元，因原告有違約情事，該200萬元轉換成違約金，經法院斟酌諸項因素，認買賣契約之違約金應以100萬元爲適當，準此，原告請求本院酌減違約金，並依不當得利之法律關係請求被告返還100萬元及自起訴狀繕本送達翌日起至清償日止，按年息5%計算之利息之範圍內，爲有理由，應予准許，逾此部分，則無理由，應予駁回。

肆、相關案例

違約金之約定，係基於個人自主意思之發展、自我決定及自我拘束所形成之當事人間之規範，本諸契約自由之精神及契約神聖與契約嚴守之原則，契約當事人對於其所約定之違約金數額，雖應受其約束。惟當事人所約定之違約金過高者，爲避免違約金制度造成違背契約正義等值之原則，法院得參酌一般客觀事實、社會經濟狀況及當事人所受損害情形，依職權減至相當之金額[47]。

47　最高法院102年度台上字第1606號民事判決。

第一節　買賣契約事件

案例⓭　投標成立買賣契約之要件

原告主張被告政府將其管理之土地公開標售，原告參與投標，並以最高標之價格得標。被告以出售土地之意思而公開標售，並表示與出價最高之人訂約，故公開標買行為係屬要約。而原告以購買土地之意思表示出價購買，並為最高之標價。且原告於標單載明投標之標的物、投標金額及應買人之姓名，故兩造就土地已合法成立買賣契約。詎當日開標後，被告以原告所使用之標單規格不符為由，宣布原告之投標為無效，並退還原告所繳交之保證金，原告係配合被告之作業要求，而將保證金領回，並無撤回投標之意思。原告依據買賣關係請求被告將土地之所有權移轉登記予原告等語。被告抗辯稱原告所持標售土地之投標單格式，其與本次投標單格式，非屬同一格式，依據被告制定之投標須知規定，被告當場宣布原告投標無效。而標賣土地之表示，非為要約之意思表示，僅為要約之引誘。原告之投標表示僅為要約之意思表示，在被告未為承諾之意思表示前，尚未合法成立買賣契約。且原告已於公開標售土地之當日，將繳納之保證金領回，應視為撤回本件投標承買之意思表示。退步言，倘系爭土地之買賣契約有效成立，被告主張同時履行抗辯權，原告應給付被告買賣價金。況被告於開標當場宣告本件投標之次高標者得標云云。

關鍵詞　投標、解除契約、同時履行、對待給付判決、債之相對性

壹、探討議題

被告政府將其管理之土地公開標售，原告以最高標之價格得標。被告於開標後，以原告所使用之標單規格不符為由，宣布原告之投標為無效，並退還原告所繳交之保證金。原告依據買賣關係請求被告將土地之所有權移轉登記予原告。職是，本實例探討之重點，在於認定投標有效之標準、標賣表示之性質為

何、得標之認定、買賣契約之成立要件、解除契約之合意、同時履行之抗辯、對待給付判決及債之相對性。

貳、理由分析

一、整理與協議簡化爭點

（一）不爭執事項

受命法官為闡明訴訟關係，得整理並協議簡化爭點（民事訴訟法第270條之1第1項第3款）。法院於日言詞辯論期日，依據兩造主張之事實與證據，經簡化爭點協議，作為本件訴訟中攻擊與防禦之範圍。兩造不爭執之事實有三：1.被告就其管理之系爭土地公開投標，原告有參與投標，其出價為開標當日之最高標，並於開標前繳交保證金支票；2.被告於開標當日，認為原告之得標單，不合格式而當場宣布原告投標無效，被告於開標結束後，將保證金支票退還與原告；3.被告於開標當場宣告本件投標之次高標者得標，並與之簽訂之買賣契約。此等不爭執之事實，將成為判決之基礎。

（二）爭執事項

兩造爭執之事實有三：1.原告參與投標之投標書，是否非本次招標使用之標單？縱使格式未完全符合規定，是否會影響投標之效力？此涉及原告投標有效與否之問題；2.被告公開標售系爭土地之意思表示為要約引誘或要約？此關乎認定原告投標有效後，兩造間就系爭土地之買賣契約是否合法成立；3.原告領回保證金支票之行為，是否為撤回買賣之意思表示？此事涉合法成立後之買賣契約，因被告通知原告領回支票保證金，而視為兩造嗣後解除買賣契約；或者原告取回保證金支票之行為，是否有投標未繳納保證金，構成投標無效之情事？

二、認定投標有效之標準

認定投標是否有效時，依照投標書各項記載之外觀，為整體與綜合之綜合考量，並依其投標能否確保投標之秘密性及正確性，客觀認定之（辦理強制執行事件應行注意事項第50條第4項）。換言之，認定得標與否，應注意同一性、立即決斷性及秘密性等基本原則，不得僅拘泥於投標書之格式是否完全相符為斷。法院參諸原告提出之投標須知，其有規範投標單、保證金、秘密投標、當眾開標、公告底價、最高標價及通知優先承購權人等事項。可知其內容與法院

執行處拍賣不動產之投標程序，兩者大致相同。法院自得斟酌上揭原則，作為解釋原告投標是否有效之準據。職是，被告爭執原告之投標書非本次招標使用之標單，故法院自應審究原告之投標單是否符合有效標之要件。

（一）同一性

所謂同一性，係指投標書之記載，足以確定其投標應買之不動產與拍賣之不動產具有同一性者。被告就系爭土地公開投標，原告有參與投標，原告投標單之標的物與系爭土地之地號相符，此有卷附之原告投標單可證，並為兩造所不爭執。是原告投標具有同一性。申言之，法院就原告投標單與被告提出之空白投標單，進行格式之比對，除在標的物欄位，後者於房屋標示與土地標示前有標號之記載外，其餘部分均屬相同。衡諸常理判斷，投標單是否有記載標號，其顯非必要之格式，實不足以影響投標之同一性。被告雖抗辯稱投標須知有規定填用非制式之投標單，應當場公布其投標無效云云。然顯然拘泥投標須知之文義解釋，其解釋過於狹隘。蓋規範使用同一規格之標單，其目的在於有利拍賣人於開標審查標單時，得立即判斷投標有效之要件。準此，法院自應審酌投標同一性之原則，以決定投標之有效與否。因原告標單載明投標之標的物、投標金額及應買人之姓名，實符合投標同一性之原則。至於投標單上是否有標號記載，並不影響立即決斷性之要件，故法院認定原告投標有效。

（二）立即決斷性

所謂立即決斷性，係謂開標時應由拍賣人當眾開示，決定是否得標，其有立即判斷之必要性，不得任意事後補正。原告之投標單有原告之姓名、印文、出生年月日、國民身分證號碼、住址及通訊處，均得明確認定何人投標，無須補正任何身分文件或應買條件，符合投標須知之規定。故原告投標有立即決斷性。

（三）秘密性

所謂秘密性，係指投標書之記載及投入標匭應秘密行之，以避免圍標及減少投機之發生。原告之投標過程，係將投標單密封，用掛號方式於公告所定開標前30分寄達指定之郵政信箱，符合投標須知之規定。此為兩造所不爭執者。是原告之投標單於開標前，無法使外界知悉，其投標具有秘密性。再者，依據投標須知規定，投標人應以各行庫、郵局、信用合作社及農、漁會信用部之劃線保付支票或所開立支票或本票，或郵局之匯票繳付保證金。原告於開標前繳

付符合規定之保付支票，此有原告提出之該商業銀行支票可證。足見原告投標所繳付之保證金，符合投標須知之規範。

（四）公開標售

拍賣為特殊之買賣態樣，係多數應買人公開出價，由拍賣人擇其出價最高者，以拍板或其他慣用之方法為賣定之表示而成立（民法第391條）。拍賣之當事人有拍賣人及應買人。而拍賣有強制拍賣與任意拍賣兩種類型。前者為強制執行法所規範；後者為民法所規定。被告公開標售土地，原告參與投標，其屬任意拍賣之性質，被告政府為拍賣人，而原告為應買人，兩造間為私法關係，不因被告為政府機關，而使公開標售土地之行為成為公法關係，謂公開標售為行政行為。準此，被告就原告投標是否具有同一性，即得自行認定，此為拍賣人之權利與義務，不得以依法行政為理由，而不積極審查同一性之要件，僅消極拘泥於某非必要之格式，而忽略拍賣人應盡之權義，置最高標者於不顧，而損及國庫之權利。

三、標賣表示之性質

契約之要約人，因要約而受拘束（民法第154條第1項）。而標賣之表示，究為要約之引誘抑為要約，法律無明文規定，應解釋標賣人之意思定之。依普通情形而論，標賣人無以之為要約之意思，固應解為要約之引誘。然標賣之表示，倘已明示與出價最高之投標人訂約者，除別有保留外，則應視為要約，出價最高之投標即為承諾，買賣契約因而成立，標賣人自負有出賣人之義務[1]。職是，法院自應探討被告公開標售土地之意思表示為要約引誘或為要約。

（一）得標之認定

得標須知規定：開標結果，以所投之標符合規定，並以標價達公告底價之最高標為得標。參諸其文義，被告於投標須知中已確實表示與出價最高者簽訂買賣契約。是被告公開標售土地之行為，為出賣人之要約意思表示，原告就土地出價為開標當日之最高標，並於開標前繳交保證金支票，故兩造間就土地之買賣，互相表示意思一致，買賣契約已合法成立。

（二）買賣契約之成立

當事人互相表示意思一致者，無論其為明示或默示，契約即為成立。當事

---

[1]　最高法院99年度台上字第683號判決民事判決。

人對於必要之點，意思一致，而對於非必要之點，未經表示意思者，推定其契約為成立。稱買賣者，謂當事人約定一方移轉財產權於他方，他方支付價金之契約。當事人就標的物及其價金互相同意時，買賣契約即為成立（民法第153條、第345條）。買賣係財產權與金錢交換之契約，故其必要之點為金額與標的物。原告於投標單載明投標之標的物、投標金額及應買人之姓名，此均為買賣契約必要之點，被告要約之意思表示與原告承諾之意思表示，兩者已達成合致，故土地買賣契約合法成立。

四、解除契約之合意

　　解除契約，應向他方當事人以意思表示為之（民法第258條第1項）。故兩造合意解除契約，必須當事人雙方均有解除契約之意思，倘一方無解除契約之意思，則無法達成解除契約之合致。被告抗固辯稱倘法院認定原告投標有效，然原告已於公開標售土地之當日，將繳納之保證金領回，應視為撤回投標承買之意思表示云云。惟原告否認有解除契約之意思。職是，法院自應審究原告領回保證金支票之行為，是否為解除買賣契約之意思表示。

（一）兩造無解除買賣契約之合意

　　原告於被告宣布原告之投標行為無效後，係應原告要求領回保證金支票，並非其主動請求歸還保證金支票，是原告是否有撤回應買或解除買賣之意思表示，容有疑義。否則原告無須於投標之當月向被告提起訴願，此有原告提出之被告政府函與被告訴願答辯書，附卷可稽。再者，被告係認定原告之投標行為無效後，而將支票保證金退回與原告，其並非基於解除買賣契約而退回支票保證金甚明，被告於訴願答辯書敘述甚詳。既然兩造並無解除土地之買賣契約之合意，買賣契約之效力不生影響。

（二）買賣契約合法成立

　　投標須知規定，被告當場開標時，倘發現投標人未依規定繳付保證金，應宣布其投標為無效。是被告認定無效之始點為當眾開標時，而原告雖於標售系爭土地結束後，取回保證金支票。惟原告之投標單附有保證金支票，其於開標時為有效標，買賣契約已合法成立。準此，事後取回保證金之行為，不致使原有效之投標行為，成為無效投標。

五、買賣契約之效力

物之出賣人，負交付其物於買受人，並使其取得該物所有權之義務。買受人對於出賣人，有交付約定價金及受領標的物之義務。因契約互負債務者，於他方當事人未為對待給付前，得拒絕自己之給付（民法第348條第1項、第367條及第264條第1項）。被告就原告請求履行因雙務契約所負之債務，援用民法第264條之抗辯權時，倘原告不能證明自己已為對待給付或已提出對待給付，法院應為原告提出對待給付時，被告即向原告為給付之判決，不得僅命被告為給付，而置原告之對待給付於不顧[2]。被告抗辯稱倘法院認定買賣契約有效成立，被告主張民法第264條規定之同時履行抗辯權，原告應給付被告買賣價金等語。職是，法院自應審查被告之抗辯是否有理由。

（一）同時履行抗辯

同時履行之抗辯，係基於雙務契約而發生。所謂雙務契約者，係指各當事人互負有對價關係之債務契約。而雙方互負之債務，意謂主觀上雙方所為給付互相依存，互為因果而有報償關係者。兩造間就土地之買賣，互相表示意思一致，買賣契約已合法成立。是原告有依據買賣關係給付價金之義務，被告則有移轉土地所有權予原告之義務。因物之出賣人所負交付其物於買受人，並使其取得該物所有權之義務，與買受人所負對於出賣人交付約定價金之義務，其相互間有對價關係，故買賣契約為有償與雙務契約之典型。

（二）對待給付判決

被告已於本訴訟進行中援用民法第264條之抗辯權，而原告就其尚未給付土地之買賣價金，並不爭執。準此，法院依據兩造間之買賣契約，應為原告提出買賣價金時，被告應移轉土地所有權予原告之給付判決。命原告為對待給付判決，性質係限制原告請求被告給付所附之條件，其為原告開始強制執行之要件，並非獨立之訴訟標的，職是，法院應命原告為對待給付之判決，其為原告勝訴之判決。

六、債之相對性

（一）不得對抗第三人

買賣契約僅有債之效力，不得以之對抗契約以外之第三人[3]。是買賣契約僅

2　最高法院99年上字第683號民事判決。
3　最高法院72年台上字第938號、103年度台上字第2521號民事判決。

約定當事人移轉財產與支付價金之債務，尚未發生物權直接變動之效果，其為負擔契約及債權契約，僅有相對效力。被告抗辯稱因原告投標無效，故被告於開標當場宣告本件投標之次高標者得標云云。職是，法院應討論被告與第三人簽訂之買賣契約，是否得有拘束原告之效力。

（一）被告與第三人簽訂買賣契約

被告抗辯之事實，業據其提出被告與第三人簽訂之買賣契約及系爭土地之開標紀錄等件為憑。該第三人亦到庭證稱：其為系爭土地之第二高標之投標人，並依規定繳付保證金，其與被告簽訂系爭土地之買賣契約等語。並為原告所不爭執。被告抗辯之上開事實，堪信為真正。

（二）雙重買賣約

被告雖抗辯其與第三人簽訂之買賣契約，第三人亦到庭證稱：其為土地之第二高標之投標人，並依規定繳付保證金，其與被告簽訂土地之買賣契約等語。然被告就土地而前後與原告、第三人分別成立兩個買賣契約，即所謂之雙重買賣。因買賣契約為債權契約，僅得約束契約之當事人，是被告與第三人間之買賣契約，自不得約束原告。縱使嗣後被告對第三人有買賣契約不履行之情事發生，亦與原告無涉。縱使被告抗辯屬實，亦不影響兩造間已合法成立之買賣契約。

參、結論

因契約而互負債務，一方有先為給付之義務者，縱其給付兼需他方之行為始得完成，而由於他方之未為其行為，致不能完成，並不能因而免除給付之義務。此項行為涵攝為輔助實現債權人給付利益，而負有協力、告知及說明等義務態樣之附隨義務。因買賣契約，出賣人移轉財產權之義務與買受人支付價金之義務間具有對價關係；雙方既互負對待給付義務，故於他方當事人為對待給付前，自得拒絕自己之給付[4]。職是，原告依據土地之買賣契約買受人地位，請求被告政府將土地所有權辦理移轉登記與原告，為有理由，應予准許。因被告主張出賣人之同時履行抗辯權，是原告自依據買賣契約應給付被告價金。

4　最高法院101年度台上字第594號民事判決。

肆、相關案例

　　所謂同時履行之抗辯，係基於雙務契約而發生，倘雙方之債務，非本於同一之雙務契約而發生，縱使雙方債務在事實上有密切之關係，或雙方之債務雖因同一之雙務契約而發生，然其一方之給付與他方之給付，並非立於互為對待給付之關係，均不能發生同時履行之抗辯[5]。

案例14　給付買賣價金

　　原告向臺灣臺中地方法院起訴，主張因位於雲林縣之被告甲公司向臺中市水利局承攬工程，兩造為此簽訂買賣契約，被告向原告買受鋼筋，是被告負有給付買賣價金之義務，被告甲固以住所在雲林縣之被告乙簽發之支票給付價金，支票付款地為南投縣，然支票屆期提示未獲付款，原告除爰依買賣關係請求被告甲給付買賣價金外，另依據票據債權請求發票人被告乙給付票款，縱使被告甲否認有簽訂買賣契約，惟被告甲將其公司大小章交付被告乙使用，亦應負表見代理人之責任，況被告甲亦承諾承擔被告乙積欠原告之債務等語。被告甲抗辯稱被告乙假借被告甲之名義及盜用其公司印章而與原告簽訂買賣契約，故被告甲非買賣契約之買受人，而被告甲亦無其他行為，表示曾授予被告乙與原告簽訂買賣契約之代理權，況無任何客觀之情事，使原告誤認被告乙係被告甲之代理人，故原告依據買賣契約，請求被告甲給付買賣價金，自屬無據云云。

關鍵詞　舉證、承攬、債務承擔、表見代理、特別審判權

壹、探討議題

　　被告甲公司向政府機關承攬工程，除將部分工程交由被告乙承作外，並將公司之大、小章交予被告乙處理該工程有關事項。原告與被告乙簽訂買賣契約，被告乙持甲之大、小章蓋用在買賣契約，向原告購買筋鋼作為工程之用，被告乙簽發支票支付買賣價金。嗣後支票不獲兌現，原告依據買賣關係、票款關係，分別請求被告甲、乙個給付買賣價金、支票票款。職是，本實例探討之重點，在於管轄法院之認定、私文書之證據力、變態事實之舉證責任、表見代

5　最高法院103年度台上字第1155號民事判決。

理之效力及債務承擔之要件。

貳、理由分析

一、程序事項

　　訴訟由被告住所地之法院管轄。因契約涉訟者，倘經當事人定有債務履行地，得由履行地之法院管轄。本於票據有所請求而涉訟者，得由票據付款地之法院管轄。共同訴訟之被告數人，其住所不在一法院管轄區域者，各住所地之法院具有管轄權。但依第4條至第19條規定有共同管轄法院者，由該法院管轄（民事訴訟法第1條第1項前段、第12條、第13條、第20條）。原告分別依據買賣契約與票據等法律關係請求被告甲給付買賣價金、被告乙給付票款，本文自應審究臺灣臺中地方法院就被告是否均有管轄權？

（一）共同訴訟之特別審判籍

　　就被告住所地而言，被告甲公司所在地與被告乙之住所地在雲林縣，均未在臺灣臺中地方法院管轄區域，故不符合民事訴訟法第20條本文規定之管轄法院，得由臺灣臺中地方法院管轄。另就原告請求權基礎以觀，原告主張其對被告甲之買賣價金之請求權與原告對被告乙之票據債權請求權，兩者為不同之訴訟標的，亦不符合民事訴訟法第20條但書規定，均得由買賣契約之債務履行地之法院管轄。

（二）移轉管轄

　　同一訴訟，數法院有管轄權者，原告得任向其中一法院起訴，此為選擇管轄。訴訟之全部或一部，法院認為無管轄權者，依原告聲請或依職權以裁定移送其管轄法院（民事訴訟法第22條、第28條第1項）。被告乙之住所在雲林縣，支票付款地在南投縣，原告得任向臺灣雲林地方法院或南投地方法院起訴，臺灣臺中地方法院並無管轄權。因原告基於票據關係向被告乙請求支票票款，法院考量證據調查之便利性，依職權另行裁定將本件移送於管轄法院臺灣南投地方法院。再者，對於裁定，得為抗告。但別有不許抗告之規定者，不在此限（民事訴訟法第482條）。移送管轄法院之裁定，當事人得抗告。移送管轄法院之裁定確定後，視為該訴訟自始即繫屬於受移轉之法院管轄，受移轉之法院應受其羈束（民事訴訟法第30條第1項、第31條第2項）。

二、實體事項

（一）整理與協議簡化爭點

　　受命法官為闡明訴訟關係，得整理並協議簡化爭點（民事訴訟法第270條之1第1項第3款）。法院於言詞辯論期日，依據兩造主張之事實與證據，經簡化爭點協議，作為本件訴訟中攻擊與防禦之範圍。兩造不爭執之事實有四：1.被告甲公司有向臺中市水利局承攬系爭工程，原告依據買賣契約所提供之鋼筋材料，均用於工程；2.買賣契約上之被告甲與其法定代理人印文，其與被告甲之有限公司變更登記表之公司與其法定代理人印文，兩者相同；3.被告甲將其公司之大小章交由被告乙處理被告甲與臺中市水利局間之書面文件之用；4.被告甲持原告開立之發票申報抵扣，此有財政部函為證。此等不爭執之事實，將成為法院判決之基礎。再者，兩造爭執事實，在於被告乙持被告甲之大、小章，蓋印於買賣契約，是否成立表見代理之情事或狹義無權代理。

（二）私文書之證據力

　　私文書經本人或其代理人簽名、蓋章或按指印或有法院或公證人之認證者，推定為真正。而當事人主張有利於己之事實者，就其事實有舉證之責任（民事訴訟法第358條第1項、第277條）。衡諸常理，以蓋章代簽名者，其蓋章通常必出於本人之意思，係印章由本人蓋用，或者由有權使用之人蓋用為常態，故契約書之印章為真正者，自應推定該契約書為真正。反之，由無權使用之人蓋用為變態，倘主張其印章係被盜用時，主張該變態事實之當事人，依舉證責任分配之原則，轉由為此主張者負舉證責任，應就被盜用之事實舉證以實其說[6]。原告主張因被告甲向河川局承攬系爭工程，而與原告簽訂系爭契約，向原告買受鋼筋等語。被告甲抗辯稱被告乙假借被告甲之名義及盜用甲公司印章而與原告簽訂買賣契約，故被告甲非買賣契約之買受人云云。職是，本項兩造爭執之重點，在於被告甲是否有簽訂買賣契約？此為被告甲應否負買賣契約買受人義務之關鍵。經查：

1. 變態事實之舉證

　　原告主張買賣契約上之被告甲公司與其法定代理人之印文為真正等事實，業據其提出之有限公司變更登記表及買賣契約書為證，此為兩造所不爭執，經

6　最高法院69年度台上字第1300號、70年度台上字第4339號、74年度台上字第2143號、82年度1505號、83年度台上字第1382號、86年度台上字第717號、88年度台上字第2087號、90年度台上字第2308號、95年度台上字第2943號民事判決。

本院核對兩者有關被告甲公司與其法定代理人之印文，均屬同一大小章所為。被告甲亦自承其將公司之大、小章交由被告乙處理被告甲與河川局間之書面文件之用印。職是，買賣契約上被告甲公司與其法定代理人之印文為真正，故被告甲自應就其抗辯印鑑章係遭被告乙盜用一節，負舉證責任。被告甲迄今仍無法舉證證明其印鑑章遭被告乙盜用之事實，是其抗辯其印鑑章遭被告乙盜蓋於買賣契約云云，即不足為憑。故在買賣契約買受人處之被告甲印文為真正，被告甲應就買賣契約負買受人之責任。

2. 被告甲為買受人

被告甲雖抗辯買賣契約之負責人、地址及電話，均記載被告乙之電話及住址，而被告乙亦簽發系爭支票給付買賣價金。參諸買賣契約上有被告乙所經營之企業社之大、小章，原告應知悉被告乙非被告甲公司之負責人云云。惟買賣契約之買受人載明被告甲，而被告乙亦持被告甲大、小章蓋用於買賣契約，其足使原告認定被告甲為買賣契約之買受人。倘原告之本意係與被告乙簽訂買賣契約，自應於買受人欄處記載被告乙之姓名，自無庸將被告甲列名其上。是買賣契約固有記載被告乙之電話、住址及其經營企業社之大、小章，然被告乙未列名於買受人欄處，是記載被告乙之資料，應屬加註性質，難謂被告乙為買賣契約之買受人。再者，支付買賣價金之方式有多種，買受人自得交付第三人所簽發之票據，作為支付買賣價金之方法，或者自第三人之金融機構帳戶匯款至出賣人之金融機構帳戶，亦可由第三人交付買賣價金予出賣人，故不得以被告乙簽發系爭支票以支付買賣價金，遽行認定原告係與被告乙簽訂買賣契約。

3. 買賣契約之成立

買賣者，謂當事人約定一方移轉財產權於他方，他方支付價金之契約；當事人就標的物及其價金互相同意時，買賣契約即為成立（民法第345條）。法院審查原告與被告甲簽訂買賣契約，可知買受人為被告甲與出賣人為原告、鋼筋規格與加工、鋼筋價金、鋼筋檢驗、貨物稅款及付款方式等事項均有明定，此有卷附之買賣契約書附卷可證。準此，買賣契約以價金及標的物為要素與必要之點，原告與被告甲對於買賣契約之價金與標的物，業經意思表示合致，是買賣契約有效成立。

（三）表見代理之效力

由自己之行為表示以代理權授與他人，或知他人表示為其代理人而不為反對之表示者，對於第三人應負授權人之責任（民法第169條）。是由自己之行為表以代理權授與他人者，對於第三人應負授權人之責任，必須本人有表見之事

實，足使第三人信該他人有代理權之情形存在，始足當之[7]。原告主張倘認被告甲未與原告簽訂買賣契約，因被告甲將其公司之大、小章交由被告乙使用，是被告甲之行為自足以使原告相信被告甲曾以代理權授與被告乙簽訂買賣契約，是被告甲應負表見代理之本人責任等語。準此，兩造之爭執重心，厥於被告甲交付其公司之大、小章予被告乙使用，是否足使原告相信被告甲有授與代理權予被告乙。此成為被告甲應否負表見代理之本人責任，負買賣契約買受人義務之法律爭點。

1. 表見事實

被告甲之大、小章業由經濟部登記在案，具有公示作用，其為被告甲公司對外經營事業與從事法律行為之重要憑證，此與一般人單純交付印章委託辦理特定事務之情形不同。況被告甲為營利事業組織，自有相當之控管風險能力，其將交公司大、小章交付他人使用，即應自負風險，不得由善意之第三人承擔損失。準此，被告甲交付其公司大、小章予被告乙之行為，具備由自己行為表示以代理權授與被告乙之表現事實。

2. 本人責任

民法第169條關於由自己之行為表示以代理權授與他人者，對於第三人應負授權人之責任之規定，原以本人有使第三人信為以代理權授與他人之行為，為保護代理交易之安全起見，有使本人負相當責任之必要而設，故本人就他人以其名義與第三人所為之代理行為，應負授權人之責任。參諸原告未知悉被告間前有限定印章之用途與使用期間，被告不得以此事由，持之對抗原告。

3. 負授權責任

參諸被告甲係經營土木建築工程業務，此有公司之變更登記表可證。是被告甲之業務範圍，自包含其向原告買受鋼筋建造工程之事項甚明。而藉由公司登記之公示作用，得使他人知悉公司業務範圍，實具有保護交易安全之功能。故被告甲於向臺中市水利局承攬工程，工程為被告甲之所營事業範圍，原告依據買賣契約所出賣之鋼筋，均供工程使用，此均使原告益加確信被告甲有授權被告乙簽訂買賣契約。準此，為保護社會交易安全與被告甲具有風險控管能力，被告甲對原告應負表現代理之授權人責任。

4. 統一發票之買受人記載

原告開立之統一發票，其買受人均記載被告甲，被告甲並持之，向國稅局申報扣抵，並依規定入帳等事實。業具原告提出統一發票為證，復為兩造所不

7　最高法院98年度台上字第2173民事判決。

爭執，經法院函國稅局查明屬實，並有國稅局函與被告甲公司總分類帳等件附卷可稽。職是，原告曾以被告甲為買受人而開立統一發票，被告甲並持之向國稅局申報扣抵與辦理入帳。是被告甲持統一發票向稅捐機關申報稅務，該報稅行為，衡諸常理，益徵原告認定被告甲有授權被告乙簽訂買賣契約之行為。

5. 被告乙為次承攬人

被告甲為工程之承攬人，被告乙再向被告甲承攬部分工程，被告乙為工程之次承攬人。工程界之實務，雖常有工程之承攬人要求次承攬人交付與其交易之第三人所開立之發票，便於承攬人持之向稅捐機關申報扣抵與入帳，而此承攬人與次承攬人之約定，第三人未必知悉。被告甲自被告乙處，收受原告開立而記載買受人為被告甲之統一發票，足證被告甲明知被告乙表示為買賣契約之代理人而不為反對之表示，故被告甲對於原告應負授權人之責任。

（四）債務承擔之要件

第三人與債權人訂立契約承擔債務人之債務者，其債務於契約成立時，移轉於第三人（民法第300條）。債務承擔，不論為免責之債務承擔或約定併存之債務承擔，均必以第三人與債權人互相表示意思一致，為成立該承擔契約之要件[8]。原告雖主張被告乙簽發之支票退票後，其與被告甲公司之法定代理人洽談解決方案，被告甲之法定代理人承諾其願意就被告乙簽發而不獲兌現之支票負責云云。兩造之爭執所在，係被告甲是否有承擔本件請求之買賣價金。查被告甲公司法定代理人雖同意以被告乙未向被告甲請領之貨款，用以支付被告乙之債務，然未同意承擔被告乙簽發之支票之債務。蓋支票為支付本件價金之方法，原告所請求之買賣價金，係被告乙退票前所積欠之價金，故被告甲願意在尚未支付被告乙之款項內，負擔被告乙退票後所生之債務，是原告與被告甲未就本件買賣價金之債務承擔達成意思合致。

參、結論

買受人對於出賣人，有交付約定價金及受領標的物之義務（民法第367條）。被告甲授權被告乙簽訂買賣契約，被告甲應負買受人之義務。退步言，縱使被告甲未授權被告乙屬實，惟被告甲仍應負表見代理之本人責任。準此，原告依據買賣關係請求被告甲給付原告之買賣價金及自起訴狀繕本送達翌日起至清償日止，按年息5%計算之利息，為有理由，應予准許。再者，兩造均陳明

8　最高法院86年度台上字第2700號、97年度台上字第1864號民事判決。

願供擔保聲請宣告假執行及免為假執行，經核均無不合，爰分別酌定相當擔保金額准許之。

肆、相關案例

　　所謂由自己之行為表示以代理授與他人，必須本人有具體可徵之積極行為，足以表見其將代理權授與他人之事實，始足當之（民法第169條）。倘無此事實，即不應令其對第三人負授權人之責任。因知他人表示為其代理人而不為反對之表示者，係指知他人表示為其代理人而與相對人為法律行為時，原即應為反對之表示，使其代理行為無從成立，以保護善意之第三人，竟因其不為反對之意思表示，致第三人誤認代理人確有代理權而與之成立法律行為，自應負授權人之責任者而言。反之，法律行為成立後，知其情事而未為反對之表示，對業已成立之法律行為已不生影響，自無庸負授權人之責任[9]。

案例⑮ 履行買賣農地契約

　　原告主張其向被告購買農地，兩造簽訂買賣契約時，原告除交付新臺幣（下同）20萬元之定金外，另頭期款部分由原告於30日，向金融機構辦理承受被告前以農地設定抵押權所擔保之借款債務。因農地通行至公路，僅有一適宜之聯絡道路，該聯絡道路之所有權，大部分屬於第三人所有，故兩造於簽約時約定被告應於原告向烏日鄉農會辦理承受借款債務前，先行提供道路通行同意書予原告，俾使轉貸得以順利完成。詎被告未能於預計之30日內提供道路通行同意書，致後續程序無法繼續進行。被告不履行該義務，致買賣契約無法繼續進行，被告顯有履行不能之事由，是原告得依據買賣契約約定，請求被告返還定金20萬元及同額賠償金20萬元。退步言，倘買賣契約因無法交付道路通行同意書而要件不成立，原告得依據不當得利之法律關係，請求被告返還20萬元定金云云。被告抗辯稱買賣契約第10條約定，被告固應保證目前通行之道路，無條件供原告通行，然未課以被告應提供道路通行同意書之義務，是買賣契約，並無履行不能之情形。被告催告原告給付剩餘價金，原告均置之不理，故被告對原告解除買賣契約，原告無權請求返還定金20萬元等語。

關鍵詞 定金、意思合致、不當得利、買賣之要素、意思表示之解釋

9　最高法院100年度台上字第596號民事判決。

壹、探討議題

　　原告向被告買受屬於袋地之農地，因原告主張被告未交付道路通行同意書，被告有違約情事或契約不成立，原告請求被告返還定金、給付賠償金或返還不當得利。被告否認交付道路通行同意書為買賣契約之要素，其亦無交付道路通行同意書之義務。職是，本實例探討重點，在於買賣契約之成立要件、解釋契約當事人之真意及不當得利之要件。

貳、理由分析

一、整理與協議簡化爭點

　　受命法官為闡明訴訟關係，得整理並協議簡化爭點（民事訴訟法第270條之1第1項第3款）。法院於言詞辯論期日，依據兩造主張之事實與證據，經簡化爭點協議，作為本件訴訟中攻擊與防禦之範圍。兩造不爭執之事實有四：（一）兩造簽訂買賣契約，原告向被告購買農地所有權；（二）原告已依約給付被告20萬元之買賣定金；（三）買賣契約記載：被告應保證目前通行之道路無條件供原告通行，不得藉詞不供原告通行之情事等情；（四）系爭農地欲通往公共道路，須通行第三人所有土地。此等不爭執事實，將成為判決之基礎。再者，兩造爭執之事實有二：（一）兩造有無約定，被告應提供鄰地道路通行同意書予原告之義務？（二）原告是否得依據買賣契約或不當得利之法律關係，請求被告給付40萬元或20萬元。

二、買賣契約之成立

　　當事人互相表示意思一致者，無論其為明示或默示，契約即為成立。當事人對於必要之點，意思一致，而對於非必要之點，未經表示意思者，推定其契約為成立，關於該非必要之點，當事人意思不一致時，法院應依其事件之性質定之。稱買賣者，謂當事人約定一方移轉財產權於他方，他方支付價金之契約。當事人就標的物及其價金互相同意時，買賣契約即為成立。訂約當事人之一方，由他方受有定金時，推定其契約成立（民法第153條、第345條、第248條）。當事人締結不動產買賣之債權契約，對於契約必要之點意思必須一致，買賣契約以價金及標的物為其要素，價金及標的物，自屬買賣契約必要之點，當事人對此兩者意思一致，其契約即已成立[10]。是買受人交付定金予出賣

10　最高法院40年台上字第1482號、69年台上字第1710號、99年台上字第813號民事判決。

人，雙方並表明不動產買賣之標的物及總價金，對於買賣必要之要素已達意思表示一致，依民法第153條第2項、第345條第2項規定，當事人就該不動產之買賣契約自屬有效成立。至其他非必要之點。例如，付款方式、過戶程序、稅金負擔、違約賠償及道路通行等事項。倘當事人無特別約定，自應依法律規定為之，不能因此認為買賣尚未成立。職是，法院首應審究本件買賣契約是否有效成立？倘有效成立者，繼而探究買賣契約有無約定被告應提供道路通行同意書？

（一）價金及標的物達成意思合致

　　兩造簽訂買賣契約，原告向被告購買農地所有權。原告已依約給付被告20萬元之買賣定金等事實，此為兩造所不爭執。參諸買賣契約所載，買賣標的物為農地，買賣價金為660萬元，原告已交付20萬元之買賣定金予被告等情，此有買賣契約附卷可稽。足見兩造就價金及標的等買賣契約之必要要件已達成意思合致，原告並有交付定金予被告，是買賣契約有效成立，被告依據買賣契約有權收受原告交付之20萬元定金，作為買賣價金之一部。

（二）意思表示之解釋

　　探求契約當事人之真意，應通觀契約全文，依誠信原則，自契約之主要目的及經濟價值等作全盤之觀察。倘契約文字，有辭句模糊，或文意模稜兩可時，固不得拘泥於所用之辭句，然解釋契約內容之際，並非必須捨辭句而他求。故契約文字業已表示當事人真意，無須別事探求者，即不能反捨契約文字更為曲解契約本意。兩造固不爭執買賣契約記載：被告應保證目前通行之道路無條件供原告通行，不得藉詞不供原告通行之情事。然兩造就該條附註各自解讀，致生本件買賣紛爭，故法院自探討該條附註之當事人真意為何？依據文義解釋之原則，可知該條附註之文義，係指被告負有保證原告於取得農地所有權後，得通行系爭農地目前對外之聯絡道路，倘有無法通行之情事，被告應有排除通行障礙之義務。參諸被告並非通行道路之所有權人，而被告目前得通行農地之對外聯絡道路，是被告僅得保證原告得依現狀條件通行。倘令被告必須提出道路所有權人之同意通行書，顯逾被告之權利範圍。蓋衡諸常理，被告本人通行該道路，尚無法取得通行道路所有權人之書面同意，原告取得農地所有權後，亦難向道路所有權人取得同意通行之書面。準此，買賣契約之真意，係被告保證原告於取得農地後，得依現狀通行對外之聯絡道路，倘通行道路所有權人有阻礙原告通行之情事，被告應履行契約義務，負責排除之。

（三）證人即地政士證言

　　證人即地政士到庭結證稱：不動產買賣契約是其親寫，買賣契約有約定通行權之問題，原告在簽約時，有表示道路之通行問題，被告答覆稱因通行土地有交換過所有權，其無法保證取得所有權人所開具之通行同意書。農地所通行之土地，係被告之兄弟與第三人交換而來，被告在該處亦有土地，是被告向原告保證，原告要通行土地，應該沒問題，期間沒有表示無法通行之賠償問題等語。參諸證人爲承辦系爭農地買賣之地政士，對於兩造間是否有約定被告有提供道路通行同意書之義務，應知悉甚詳，而證人與兩造均無故舊或親戚關係，自無偏頗一造之虞，故所爲證言，足堪採信。依據證人之證稱，可知兩造在簽訂買賣契約期間，雖有談論系爭農地之通行問題，然被告有表示其無法保證取得所有權人所開具之通行同意書，僅能保證原告取得農地所有權後，應可通行原有道路。可證兩造就提供道路通行同意書乙事，並未達成意思合致，故被告並無提供道路通行同意書予原告之義務。詳言之，兩造於簽訂買賣契約期間，被告經原告要求提供道路通行同意書，倘被告確有承諾提出道路通行同意書，兩造於簽訂買賣契約時，理應於契約條文內載明；或者嗣後再於契約後附記該義務。本院綜觀買賣契約全文，未見有該等文字之記載。益徵被告僅保證原告於取得農地後，得依現狀通行道路，兩造未達成被告負有提出道路通行同意書之約定。

（四）被告無提供道路通行同意書之義務

　　依據買賣契約之文義解釋與證人之證詞，兩造約定被告負有保證原告於取得農地所有權後，得通行農地目前對外聯絡道路之義務，未約定被告有提供道路通行同意書之義務。職是，原告雖主張被告未履行提供道路通行同意書予原告之義務，導致買賣契約無法繼續進行，被告顯係履行不能，依據買賣契約之約定請求被告返還所交付之20萬元之定金與同額之賠償金云云，然爲無理由。

三、不當得利之成立要件

　　無法律上之原因而受利益，致他人受損害者，應返還其利益（民法第179條）。是依據不當得利之法律關係請求返還其利益，需無法律上之原因，倘受利益者，係基於兩造間契約之約定，即難謂無法律上之原因。買賣雙方當事人訂立買賣契約之動機如何，對於買賣契約之效力，通常不生影響，是當事人未

將動機表明於契約，以之為契約成立之要件，對於契約之效力，不生影響[11]。原告雖主張被告未提供道路通行同意書，故買賣要件不成立，原告依據不當得利之法律關係請求被告返還20萬元定金云云。職是，兩造爭執厥在有無約定被告提供道路通行同意書，作為買賣契約成立之要件。倘有該要件存在，則買賣契約不成立，自不生約束兩造之效力。

（一）證人即銀行人員

　　證人即銀行人員於原審結證稱：其為銀行辦理放款業務之人員，原告有至金融機構辦理承受被告之借款債務300萬元，被告有要求貸款300萬元。其為此至農地現場，並調閱地籍圖與土地登記謄本，而發現農地無自有通行道路，現有通行道路為第三人所有，故雖有完成核准轉貸程序，惟額度僅200萬元，不符合原告要求之全額轉貸，其有向原告表示，倘原告提供系爭農地對外聯絡道路所有權人出具之通行同意書，可貸款300萬元等語。自證人之證詞雖可知，原告因未提供道路通行同意書，導致其無法貸款300萬元，金融機構僅核准貸款200萬元。然兩造關於買賣價金支付之方法，除原告於訂約時交付20萬元定金予被告外，依據買賣契約規定，被告於金融機構貸款300萬元由原告承受，視為本項買賣之頭款。餘款價金340萬元，嗣所有權移轉登記完成，暨所有權狀交付原告時，則由原告給付予被告等情。參諸條款之內容，僅約定原告承受被告對金融機構之貸款債務，並未特別約定以系爭農地辦理貸款及被告需提供道路通行同意書為買賣契約之成立要件。嗣後原告向金融機構辦理轉貸申請，金融機構要求原告應提出鄰地所有權人出具之道路通行同意書面，因原告無法提出該書面，固導致原告無法貸得300萬元之金額而承受被告原有借款債務。然被告無提供道路通行同意書之義務，並非買賣農地之成立要件，故不得以被告未提出道路通行同意書為由，即認為被告有可歸責之事實，致不能履行契約義務，或者謂系爭買賣契約之成立要件未具備。再者，金融業就貸款數額之核定，除須評估擔保物之價值外，通常亦會斟酌貸款人之各項條件，以決定放款數額，故不同貸款人持同一抵押物借款，其所得借款金額，會因人而異。

（二）提供道路通行同意書非買賣之要素

　　兩造於買賣契約簽訂前，曾親自至系爭農地查看現狀，是原告知悉農地欲通往公共道路，須通行第三人所有土地。因農地為袋地，是兩造買賣期間確

11　最高法院82年度台上字第2286號民事判決。

有商議道路通行之問題，而約定由被告保證原告於取得農地後，得依現狀通行對外之聯絡道路。倘兩造以被告提出道路通行同意書作為買賣成立條件，該買賣條件未成就，將導致買賣契約不成立。此涉及買賣契約是否有效成立之必要要件，尤其與原告是否得向金融機構辦理承受被告之全額貸款，具有關鍵之因素。是兩造理應於系爭買賣契約載明，或者於訂約後附記或補充該買賣條件。經法院審視買賣契約，均未見提供道路通行同意書為買賣之要素。

參、結論

買賣契約僅約定被告負有保證原告通行農地對外聯絡道路之義務，未約定被告有提供道路通行同意書之義務，亦未規定道路通行同意書為買賣契約之成立要件。準此，原告主張被告未履行提供道路通行同意書予原告之義務，有債務不履行之事由，依據買賣契約第10條之約定請求被告返還所交付之20萬元之定金及同額之賠償金云云；或者主張系爭買賣契約不成立，依據不當得利之法律關係請求被告返還20萬元定金云云，均無理由。

肆、相關案例

按稱買賣者，謂當事人約定一方移轉財產權於他方，他方支付價金之契約。當事人就標的物及其價金互相同意時，買賣契約即為成立。民法第345條定有明文。是買賣契約為諾成契約，且為雙務契約。當事人就買賣標的物與價金之意思表示互相一致，買賣契約即有效成立，雙方均應受拘束，買賣標的物如為不動產，除法律有特別規定或契約另有約定，出賣人行使同時履行抗辯權為合法者，買受人應於出賣人為標的物所有權移轉登記之同時，負履行給付價金之義務[12]。

12　最高法院112年度台上字第2638號民事判決。

第二節　贈與契約事件

案例⑯ 履行贈與契約

　　原告主張被繼承人生前表示其所有A公司之3萬股份，預定於2010年1月間將股份所有權贈與予原告，被繼承人為避免贈與稅之課徵，先將其中1萬股份所有權移轉予原告所有，其餘股份預計於2010年1月間辦理所有權移轉予原告。因被繼承人於2009年12月1日死亡，被告為繼承人而承受被繼承人之權利義務，原告依贈與及繼承之法律關係，請求被告應先辦理股份所有權繼承登記後，繼而連帶將股份所有權移轉登記予原告所有等語。被告甲、乙雖自認被繼承人與原告間就股份有贈與關係存在，均同意將股份所有權移轉予原告。然被告丙反對移轉股份所有權云云。

關鍵詞 自認、遺產、繼承關係、贈與關係、公同共有

壹、探討議題

　　遺產繼承人，除配偶外，直系血親卑親屬為第一順序之繼承人。繼承人自繼承開始時，除本法另有規定外，承受被繼承人財產上之一切權利與義務。繼承人對於被繼承人之債務，以因繼承所得遺產為限，負連帶責任（民法第1138條、第1148條第1項、第1153條第1項）。被繼承人將其所有股票贈與原告，因有部分股分未於生前移轉予原告，而部分繼承人反對移轉股票所有權予原告。故原告依據繼承與贈與關係請求繼承人移轉系爭股票所有權予原告。職是，本案例探討重點，在於繼承關係、贈與契約之成立與效力。

貳、理由分析

一、繼承關係

　　原告主張被繼承人於2009年12月1日死亡，被告甲、乙及丙為其子女等事實，業據原告提出戶籍登記簿、戶籍謄本及繼承系統表。依民法第1138條規定，被告均為被繼承人之繼承人；另依民法第1148條第1項法院與第1153條第1項規定，被告承受被繼承人財產上之一切權利與義務，對於被繼承人之債務，以因繼承所得遺產為限，負連帶責任。職是，原告主張被繼承人已死亡，被告其遺產之繼承人之事實，堪信為真實。

二、贈與契約之效力

稱贈與者，謂當事人約定，一方以自己之財產無償給與他方，他方允受之契約（民法第406條）。是贈與係諾成契約，贈與契約合法有效成立，贈與人即應受贈與契約之拘束，倘贈與標的如爲股份所有權，贈與人自負有移轉所有權登記予受贈人義務[13]。原告主張被繼承人於生前表示其所有股份所有權贈與予原告，被告爲繼承人繼承系爭股份所有權，被告應連帶將系爭股份所有權移轉予原告等語。職是，法院自應審究主要事項有二：（一）原告與被繼承人間就股份所有權有無贈與關係存在？（二）股份所有權是否爲被告繼承之遺產？

（一）必要共同訴訟

訴訟標的對於共同訴訟之各人必須合一確定者，係指固有必要共同訴訟與類似必要共同訴訟而言（民事訴訟法第56條）。依法律之規定必須數人一同起訴或數人一同被訴，當事人之適格始無欠缺者，此爲固有必要共同訴訟[14]。本件關於協辦繼承登記部分，係屬公同共有之遺產涉訟事件，其訴訟標的對於共同訴訟之各人，必須合一確定，故原告應列其他繼承人爲被告，當事人之適格始無欠缺[15]。

（二）自認之效力

當事人主張之事實，經他造於準備書狀內或言詞辯論時或在受命法官、受託法官前自認者，無庸舉證（民事訴訟法第279條第1項）。原告主張被繼承人生前擁有A公司之3萬股份所有權，將A之3萬股份所有權贈與予原告，其先將其中1萬股份所有權變更登記予原告所有，其餘系爭股，預計於2010年1月間辦理所有權移轉等事實。業據原告提出遺產稅免稅證明書、贈與稅申報書、動產贈與契約書、身分證及贈與稅案件申報委任書等件爲證。被告甲、乙均自認被繼承人與原告間就股份有贈與關係存在，均等同意將股份所有權移轉予原告等事實。而訴訟標的對於共同訴訟之各人必須合一確定者，共同訴訟人中一人之行爲有利益於共同訴訟人者，其效力及於全體；不利益者，對於全體不生效力（民事訴訟法第56條第1項第1款）。被告甲、乙雖對系爭事實自認，然因被告丙否認有贈與關係，故該自認之不利益不及被告丙。

---

13 最高法院86年度台上字第2921號民事判決。
14 最高法院99年度台上字第1437號民事判決。
15 最高法院69年台上字第1166號、95年度台上字第2458號民事判決。

（三）證人會計師之證言

證人即會計師到庭結證稱：被繼承人於生前曾表示將其所有A公司之3萬股份所有權贈與予原告，並委託證人辦理該股份所有權贈與案件，贈與人為避免贈與稅之課徵，故由證人分2次辦理所有權移轉登記，先於將1萬股份所有權移轉予原告所有，其餘2萬股份俟至2010年1月間再行移轉所有權予原告等語。法院審視原告提出之贈與稅申報書、動產所有權贈與契約書、身分證及贈與稅案件申報委任書之內容，均與證人之證詞相符，堪信證人之證詞為真正。

（四）贈與契約之成立

參諸原告提出之遺產稅免稅證明書、贈與稅申報書、動產所有權贈與契約書、身分證及贈與稅案件申報委任書等書證，暨被告之自認與證人之證詞，堪認原告與被繼承人間就A公司3萬股份所有權存有贈與關係，陳朝生先將1萬股份所有權移轉予原告，原本預訂將其餘之股份於2010年1月間移轉所有權予原告，因被繼承人於2009年12月1日死亡，導致未能如期移轉系爭股份所有權予原告。準此，被繼承人依據贈與契約之法律關係，負有移轉系爭股份所有權予原告甚明。

三、遺產之公同共有

繼承人有數人時，在分割遺產前，各繼承人對於遺產全部為公同共有（民法第1151條）。原告主張股份所有權為被繼承人之遺產，由被告所繼承之事實，業據原告提出遺產稅免稅證明書為證，為被告甲、乙所自認，是股份所有權為被告繼承之遺產。既然股份所有權為被告繼承之遺產，股份所有權在未分割前為被告公同共有。準此，被告依據繼承之法律關係，應先協同至A公司辦理股東名簿記載之變更手續，先將股份之股東變更為被告公同共有。繼而依據繼承與贈與之法律關係，將股份之所有權移轉登記予原告，並變更股東名簿有關股份之股東記載，將原告之姓名與住所，記載於A公司之股東名簿，以原告為股份之股東。

參、結論

原告與被繼承人間就股份所有權存有贈與關係，股份所有權是為被告繼承之遺產，是原告依據繼承及贈與契約等法律關係，請求被告應將被繼承人所有A公司之2萬股份所有權辦理繼承登記，並以因繼承所得遺產為限，應連帶將該2萬股份所有權移轉登記予原告所有，核屬有據，應予准許。

肆、相關案例

當事人於訴訟上所爲之自認，其於辯論主義所行之範圍內，有拘束當事人及法院之效力，法院應認其自認之事實爲眞，以之爲裁判之基礎，在未經自認人合法撤銷其自認前，法院不得爲與自認之事實相反之認定。而自認之撤銷，自認人除應向法院爲撤銷其自認之表示外，尙須舉證證明其自認與事實不符，或經他造同意者，始得爲之[16]。

第三節 租賃契約事件

案例⑰ 返還租賃物

原告主張被告積欠原告新臺幣（下同）680萬元之債務，原告於該價格向被告購買不動產，並辦妥所有權移轉登記。兩造間之買賣契約固有約定，被告得於2015年10月11日前買回不動產，惟被告願意支付之買回金額與契約規定不符，致無法達成合意。原告已通知要將不動產收回自用，況兩造間租賃契約既已到期，原告亦起訴請求被告返還不動產，故兩造間並無不定期租賃存在。原告依據民法第767條第1項規定，請求無權占有之被告返還不動產予原告等語。被告抗辯稱被告已於買回期間屆滿前表示願以680萬元買回不動產，故買回契約已經生效。況不動產租賃契約成立迄今，被告支付原告租金，故兩造間有成立不定期租賃契約云云。

關鍵詞 自認、繼承關係、贈與關係、租賃關係、默示更新

壹、探討議題

因被告積欠原告借款，兩造爲此簽訂買賣契約，約定被告將不動產出買予原告，而以借款作爲買賣價金，被告於買賣契約保留買回之權利，原告並將房屋出租予被告，因被告未符合買回之要件，房屋租賃期間亦屆滿，原告依據租賃關係與物上請求權訴請被告交付不動產。職是，本實例探討重點，在於買賣契約成立之要素、買回約款之性質、租賃契約默示更新之要件及物上請求權之

16　最高法院102年度台上字第1430號民事判決。

行使。

貳、理由分析

一、整理與協議簡化爭點

（一）不爭執事項

　　受命法官為闡明訴訟關係，得整理並協議簡化爭點（民事訴訟法第270條之1第1項第3款）。法院於言詞辯論期日，依據兩造主張之事實與證據，經簡化爭點協議，作為本件訴訟中攻擊與防禦之範圍。就兩造不爭執之事實有五：1.被告向原告借款680萬元；2.兩造間簽訂系爭買賣契約，被告將系爭不動產以680萬元之價格出售予原告，並已移轉所有權；3.系爭買賣契約書約定，被告於2015年10月11日前，得以680萬元與原告所繳納稅捐、費用，買回系爭不動產；4.兩造於2015年10月9日與10月20日曾就系爭不動產之買回，進行調解不成立；5.兩造就系爭不動產有簽訂房屋租賃契約，租期自2009年10月12日起至2015年10月11日止，租金每月2萬元。此等不爭執之事實，將成為判決之基礎。

（二）爭執事項

　　兩造爭執之事實主要有二：1.買回契約生效要件為何？原告主張買回契約生效之要件，必須提出現實買回價金，應屬要物契約等語；被告抗辯稱買回契約之生效，僅要有買回之意思表示即可，無須現實提出價金云云；2.房屋有無適用民法第451條之不定期限繼續契約？被告固主張兩造間就房屋有租賃契約存在，被告均有支付租金，故有不定期限租賃關係存在云云；然原告抗辯稱被告僅給付2萬元，原告已終止房屋租賃契約，且原房屋租賃契約已於2015年10月11日到期，而原告亦起訴請求被告返還不動產，故原告並無再續租被告之意思等語。

二、買賣契約之成立

　　稱買賣者，謂當事人約定一方移轉財產權於他方，他方支付價金之契約。當事人就標的物及其價金互相同意時，買賣契約即為成立。物之出賣人，負交付其物於買受人，並使其取得該物所有權之義務（民法第345條、第348條第1項）。原告主張其向被告買受不動產，其並取得不動產所有權，被告無權占有不動產等語。職是，法院自應探討原告是否基於買賣關係而取得不動產所有權人。查原告主張被告向其借款680萬元，故兩造簽訂系爭買賣契約，被告將系爭

不動產680萬元之價格出售予原告，並已移轉不動產所有權等事實，業據原告提出不動產買賣契土地登記第二類謄本、建物登記謄本等件為證。被告就此不爭執，堪信為真實。準此，被告因向原告借款680萬元，渠等約定以借款充作購買不動產之價金，原告依據買賣關係取得不動產之所有權。

三、買回之要件

出賣人於買賣契約保留買回之權利者，得返還其所受領之價金，而買回其標的物。前項買回之價金，另有特約者，從其特約（民法第379條第1項、第2項）。再者，買回契約效力之發生，以出賣人即買回人於買回期限內，提出買回價金，向買受人表示買回為要件，倘出賣人僅於買回期限內，向買受人表示買回其原出賣之不動產，並未將約定之買回價金提出，則買回契約並未發生效力[17]。原告主張被告向其表示買回系爭不動產時，未依約定提出買回價金，故買回契約未生效等語。職是，法院首應審究兩造間是否有買回約款，倘有買回約款之存在，繼而探討買回價金之數額為何，最後論述買回契約之生效，是否應現實提出買回價金。

（一）買回約款

所謂買回者，係指買賣雙方當事人，就買賣標的物再為買賣之契約，而出賣人與買受人為之互相對換。依據買賣契約約定，被告得於在2015年10月11日前向原告買回不動產，被告買回之價格須以同價款，再加上原告所代繳之稅捐、費用等一併計算在內，而稅捐及費用之數額則以收據為憑，此有買賣契約書附卷可稽，復為兩造所不爭執。準此，買賣契約有買回約款之存在，有保留被告買回不動產之權利，故被告自得於2015年10月11日前，以意思表示行使買回權。

（二）土地稅之負擔

地價稅之納稅義務人為土地所有權人。土地為有償移轉者，原所有權人為增值稅納稅義務人（土地稅法第3條第1項第1款、第5條第1項第1款）。依據買賣契約第13條約定，買回不動產之價金，係原買賣價款680萬元，再加上原告所代繳之稅捐與費用，該稅捐及費用之數額以收據為憑。準此，被告為土地之土地稅與土地增值稅納稅義務人，參諸原告提出之收據，其有替被告代繳土地增值稅20萬元與地價稅1萬元，此有繳款書為證。是原告替被告代繳土地增值稅與

17　最高法院79年台上字第2231號、98年度台上字第2464號民事判決。

地價稅部分，自應列入買回價金之內。

（三）要物契約

買回契約之生效，以出賣人於買回期限內，提出買回價金，向買受人表示買回爲要件，其性質爲要物行爲，並非僅單純之意思表示，即生買回之效力。被告雖前以存證信函向原告表示應買之意思表示，嗣經市調解委員會調解未成立。此有卷附郵局存證信函、市調解委員會通知書及調解不成立證明書等件爲證。然被告僅向原告爲買回之意思表示，未現實提出買回價金，顯然本件買回契約尙未生效。

（四）被告未提出買回價金

證人即地政士到庭結證稱：被告於2015年9月間有委請其處理不動產買賣事宜，其於10月間有至不動產處，被告僅同意680萬元之價金買回，不願另行負擔稅捐與費用等語。兩造就該證人之證言均不爭執。自證人之證詞可知，被告固有向原告爲買回之意思表示，惟其僅願意支付原買賣價金680萬予原告，不同意另行負擔原告所代繳之稅捐與費用。職是，被告雖於買回期限內爲買回之意思表示，然其所出之價金，明顯與買回約款不符。

四、租賃契約之默示更新

租賃期限屆滿後，承租人仍爲租賃物之使用收益，而出租人不即表示反對之意思者，視爲以不定期限繼續契約（民法第451條）。是出租人於租期屆滿後，須即表示反對續租之意思，始生阻止續租之效力。其意在防止出租人於租期屆滿後，明知承租人就租賃物繼續使用收益而無反對之表示，事後任意主張租賃關係消滅，使承租人陷於不利。爲使法律關係明確，出租人亦得於租期屆滿前，事先表示反對之意思存在或爲終止租賃契約之意思表示。準此，當事人於簽訂租賃契約之際，訂明續租應另訂契約者，應有阻止續約之效力[18]。原告主張被告僅給付2萬元租金，原告除已終止系爭房屋租賃契約外，系爭房屋租賃契約已於2015年10月11日到期，原告無再續租被告之意思等語。職是，法院自應審究被告繼續對不動產使用收益，是否會成立不定期之租賃關係。

（一）租賃期間屆滿

兩造就原告之房屋有簽訂房屋租賃契約，租期自2009年10月12日起至2015

18　最高法院55年台上字第276號、103年度台上字第1503號民事判決。

年10月11日止，每月租金2萬元，此有被告提出之房屋租賃契約書為證，並為原告所不爭執。準此，房屋租賃契約定有期限，其租賃關係至2015年10月11日止，其已屆滿而消滅，被告於租賃關係消滅後，應返還房屋予原告（民法第455條）。

（二）被告積欠租金構成終止租約之事由

參諸房屋租賃契約第3條約定，被告每月應給付2萬元，而被告本應給付租金合計為24萬元（計算式：12月×2萬元），其給付金額僅1/12，已符合房屋租賃契約第6條違約處罰之終止契約要件，原告前以存證信函終止租約，雖以自用為由請求終止租約，惟其符合積欠租金，經催告仍不支付之終止租約要件，是房屋租賃契約業已終止，自無租賃契約之默示更新之適用。

（三）房屋租賃契約有阻止續約之記載

被告固抗辯稱其迄今均有支付租金云云。惟未舉證以實其說（民事訴訟法第277條）。退步言，縱使被告迄今仍有支付租金屬實，惟參諸系爭房屋租賃契約第4條第5項約定，房屋欲續租，必須經原告同意，故兩造於簽訂房屋租賃契約之際，其已訂明續租應另訂契約者，自有阻止續約之效力。況原告於起訴請求被告返還不動產，原告無再將房屋續租被告之意思甚明，縱使被告繼續對不動產使用收益，亦無法成立不定期之租賃關係。

參、結論

所有人對於無權占有或侵奪其所有物者，得請求返還之（民法第767條第1項）。原告為不動產所有人，兩造間就不動產房屋之買回契約並未生效，而渠等間就房屋亦無不定期之租賃關係存在，故被告無合法占有不動產之合法權源。準此，原告依據不動產之物上請求權與租賃關係（民法第455條），請求被告返還無權占有之不動產，為有理由。

肆、相關案例

訂有期限租賃之出租人不欲續租者，須於訂約時、期限屆滿前或屆滿後，向承租人具體、明白表示期滿後不再續租或續租應另訂租約之反對意思，使承租人有所預期，且不得任由承租人繼續為租賃物之使用收益。至出租人僅就定期租賃原已具有之法律效果為重申之約定，尚不發生阻止續約之效力[19]。

19　最高法院101年度台上字第1398號民事判決。

第四節　消費借貸事件

案例⑱ 借款與贈與之區別

原告主張兩造原為男女朋友，被告因參與鄉民代表選舉，陸續向原告借款新臺幣（下同）60萬元。被告順利當選鄉民代表後，兩造有達成協議，由被告就鄉民代表會所領取之研究費用中之2萬元，分30期給付，並於每月1日匯入原告母親於農會之帳戶。詎被告僅匯款兩期。迭經原告催討到期款項，被告均置之不理。是被告除得請求到期部分，而未到期部分亦有不履行之虞，原告亦有預為請求之必要等語。被告抗辯稱因選舉鄉民代表期間兩造發生糾紛，被告提議分手，原告遂要求分手費，被告遭原告脅迫始簽訂系爭切結書，被告未向原告借款，被告依民法第408條第1項之規定，請求撤銷贈與之意思表示云云。

關鍵詞 合意、消費借貸、要物契約、贈與契約、將來給付之訴

壹、探討議題

兩造原為男女朋友而有金錢之往來，嗣後因細故分手，兩造為此簽訂切結書，約定被告應分期償還其積欠原告之借款。因被告未依約分期給付借款，原告依據消費借貸之法律關係請求被告給付借款，而被告否認有借款關係。職是，本實例探討之重點，在於消費借貸之成立要件、撤銷被脅迫之意思表示要件、贈與契約之成立及將來給付之訴之要件。

貳、理由分析

一、整理與協議簡化爭點

（一）不爭執事項

受命法官為闡明訴訟關係，得整理並協議簡化爭點（民事訴訟法第270條之1第1項第3款）。法院於日言詞辯論期日，依據兩造主張之事實與證據，經簡化爭點協議，作為本件訴訟中攻擊與防禦之範圍。兩造不爭執之事實有四：1.兩造前有男女朋友之關係，並已訂婚；2.被告參選鄉鄉民代表選舉，並順利當選；3.兩造有簽訂切結書；4.被告依據切結書之內容，已於分別匯款2萬元2次至原告母親於農會之帳戶。此等不爭執之事實，將成為判決之基礎。

（二）爭執事項

本件爭點事項有四：1.原告主張被告應清償60萬元之借款，被告抗辯稱原告未曾交付該借款；2.原告以切結書爲借款證據。被告抗辯稱其係受原告脅迫而簽訂切結書，兩造間並無借貸關係；3.原告主張兩造間並無贈與關係存在。被告抗辯稱倘切結書爲贈與契約時，爰依據民法第408條之規定撤銷贈與之意思表示；4.原告主張被告有不給付借款之情事，故其得同時向被告請求到期部分與未到期部分之款項。被告抗辯稱原告不得於本件訴訟提起將來給付之訴。

二、消費借貸之成立要件

稱消費借貸者，謂當事人一方移轉金錢或其他代替物之所有權於他方，而約定他方以種類、品質、數量相同之物返還之契約（民法第474條第1項）。是消費借貸之成立，除當事人合意外，消費借貸爲要物契約，須以金錢或其他代替物之交付爲構成要件。倘原告起訴請求被告清償借款，被告對於成立消費借貸關係與交付借款事實有爭執，自應由原告就成立消費借貸關係與已交付借款之事實，負舉證責任[20]。職是，法院首應審究兩造就借貸意思表示是否互相一致，暨原告有無交付金錢予被告等要件，以判定被告有無給付系爭借款之義務。經查：

（一）證人甲之證詞

證人甲到庭結證稱[21]：其與原告爲農會同事，兩造前有訂婚之情事，鄉代表選舉結束後，兩造有解除婚約，當時原告有告訴證人有關被告向其借款逾80萬元等語。因原告與證人爲同事，原告將被告向其借款之事，告知證人知悉，合乎常情。故證人甲之證詞可證明原告曾借款逾80萬元予被告之事實。依據原告主張其借款予被告之金額60萬元，兩者間之金額大致相符，應屬可信。

（二）證人乙之證詞

證人乙到庭結證稱：其與原告爲農會同事，兩造有訂婚，甲先打電話告知證人被告向原告借款之事情，證人認爲其層級過低，應商請農會高層出面處理。兩造就借款之協議過程中，農會之總幹事有參與協商，協議結果有簽訂切

20　最高法院79年度台上字第2722號、81年度台上字第2372號、87年度台上字第1611號、98年度台上字第1045號、110年度台上字第2843號民事判決。

21　民事訴訟法第312條第1項規定：審判長於訊問前，應命證人各別具結。但其應否具結有疑義者，於訊問後行之。第2項規定，審判長於證人具結前，應告以具結之義務及僞證之處罰。

結書。被告簽訂切結書後，而交由原告蓋章簽訂時，證人有在場，故知悉該切結書，確係因鄉代表選舉期間，被告向原告借款而簽訂等語。就證人乙之證詞以觀，其已明確指出被告因鄉代表選舉期間，亟需款項而向原告借款，該選舉結束後，兩造就清償借款事宜發生爭執，故請求農會之特定人參與協商，兩造就協議結果有簽訂切結書。是證人就切結書之簽訂過程，有具體明確之指證，故足證兩造係為消費借貸之關係而簽訂切結書。

（三）證人原告母親

證人原告母親到庭證稱[22]：兩造原為男女朋友，並已論及婚嫁，被告願意成為吾家之媳婦。原告陸續於家中各交付20萬元、20萬元、10萬元及10萬元予被告。就證人原告母親之證述而論，除有具體說明交付之金額數額、時間及處所外，借款交予何人亦有明確證述，顯非臨訟杜撰者。所證述之交付金額數額計60萬元，其與原告請求之60萬元相同。況交付借款之時期亦與被告參選鄉民代表選舉之期間符合，故證人所為證詞，即屬可憑。

（四）借貸意思合意與金錢交付

兩造間前為男女朋友關係，並訂有婚約，被告參選鄉鄉民代表選舉，並已順利當選，兩造有簽訂切結書等事實，此為兩造所不爭執，並經證人甲、乙及原告母親於言詞辯論期日，均證述屬實在案。是兩造關係密切，儼然為未婚夫妻，故被告參選鄉鄉民代表選舉，其向原告借款作為競選經費，合於事理。參諸原告前於自己之金融機構帳戶內各提領20萬與50萬元，其提領之期日正值選舉期間，領取之金額亦與系爭借款金額相契，此有原告提出之金融機構交易明細表與摺暨交易明細表等件，附卷可稽。準此原告確有將系爭借款交付予被告之事實。

三、因被脅迫為意思表示

被脅迫而為意思表示者，表意人固得撤銷其意思表示。該撤銷之意思表示，應於脅迫終止後，1年內為之（民法第92條第1項、第93條）。惟當事人主

22　民事訴訟法第314條第2項第1款規定：有第307條第1項第1款至第3款情形而不拒絕證言者。民事訴訟法第307條第1項第1款至第3款規定：證人有下列各款情形之一者，得拒絕證言：1.證人為當事人之配偶、前配偶、未婚配偶或四親等內之血親、三親等內之姻親或曾有此親屬關係者；2.證人所為證言，於證人或與證人有前款關係之人，足生財產上之直接損害者；3.證人所為證言，足致證人或與證人有第1款關係或有監護關係之人受刑事訴追或蒙恥辱者。

張其意思表示係被脅迫而為之者，應就其被脅迫之事實，負舉證責任[23]。被告雖抗辯稱其係受原告脅迫而簽訂切結書，兩造間實無借貸關係云云。然原告否認之，是被告自應舉證證明其有受脅迫之情事，以供法院審酌。

（一）舉證責任

所謂因被脅迫而為意思表示者，係指相對人或第三人以不法危害之言語或舉動加諸表意人，使其心生恐怖，致為意思表示而言，此為意思表示不自由之型態。而被告雖迭經抗辯稱其受原告脅迫而簽訂切結書云云，然迄今均未舉證證明之。法院參諸證人甲與乙之證言，實無法得知被告確有受原告脅迫簽訂切結書之情事。況被告自簽訂切結書以降，亦未對原告為撤銷其意思表示，故該切結書之效力，自不受影響。

（二）證據之認定

縱使被告曾遭原告毆打成傷屬實，然該侵害行為發生於簽訂切結書之前，故不得以此遽謂原告脅迫被告簽訂切結書。倘被告認該傷害行為，已造成其權利遭受侵害，自得另圖救濟手段，其不得將該傷害行為與簽訂切結書之意思表示，作不當之聯結。準此，被告抗辯稱受原告脅迫而簽訂切結書云云，顯與事實不符。

四、撤銷贈與

贈與物之權利未移轉前，贈與人固得撤銷其贈與。其一部已移轉者，得就其未移轉之部分撤銷之（民法第408條第1項）。惟必須有合法成立之贈與契約為有前提要件，始有撤銷之標的可言。故當事人就是否有成立贈與契約容有爭議時，自應由主張撤銷贈與契約者，舉證證明贈與關係之存在。既然被告主張該切結書為贈與契約，而原告否認之。是被告欲撤銷該贈與關係，其應先證明贈與契約之合法成立。經查：

（一）贈與契約

所謂贈與者，係指因當事人約定，一方以自己之財產為無償給與於他方之意思表示，經他方允受而生效力之契約（民法第406條）。故必須當事人一方，有以財產為無償給與他方之要約，經他方承諾者，始成立贈與關係[24]。並非有金錢之給付關係存在，即可稱已成立贈與契約，蓋該給付金錢之原因，其有諸

---

23 最高法院95年度台上字第2948號民事判決。
24 最高法院85年度台上字第518號、113年度台上字第329號民事判決。

多事由，並非僅有無償之贈與方式而已。

（二）舉證責任

被告固抗辯稱切結書為贈與契約云云，惟就兩造間為贈與契約內容之意思表示是否一致，均未舉證以其說。法院自不得僅憑切結書記載被告有按月給付2萬元之義務等情，即認定兩造間就每月之給付款項間已有贈與之合意。準此，被告無法證明兩造間有贈與關係存在，其主張撤銷不存在之贈與契約，顯屬無據至明。

五、將來給付之訴之要件

（一）預為請求之必要

請求將來給付之訴，以有預為請求之必要者為限，得提起之（民事訴訟法第246條）。所謂有預為請求之必要者，係指被告就原告之請求自體或其請求所由生之法律關係，倘有所爭執，或預先表示不履行，即得認為有到期不履行之。例如，利息、租金、贍養費或分期給付等應繼續給付之債務，就已屆履行期部分，有不履行之情形發生，就未屆履行期部分，均應認為有預為請求之必要[25]。本件原告主張被告有不給付借款之情事，故其得同時向被告請求到期部分與未到期部分之款項等語。被告抗辯稱原告不得於本件提起將來給付之訴云云。職是，法院自應審究原告是否得就未到期之借款請求權，具備提起將來之訴之要件。

（二）有到期不履行之虞

兩造簽訂切結書時，約定由被告應分30期，於每月1日，將2萬元匯入原告母親之農會帳戶。詎被告僅款兩期，迄今均未依約分期給付。故原告主張各未屆清償期部分，嗣後屆清償期時，難期被告依約清償，即屬可信，準此，原告依民事訴訟法第246條規定，就各未到期部分，被告應按月清償部分，提起將來給付之訴，即屬有據。因未到期部分之債務，被告有屆期不履行之虞之情形，原告固得提起將來給付之訴，然原告請求為現在全部給付之判決，則就未到期部分，因清償期尚未屆至，原告無受給付判決之法律上利益，而無保護之必要，即應就此部分之訴予以駁回。法院亦不得諭知一期未付，而全部到期之主文，令被告喪失期限利益。

25　最高法院95年度台上字第1936號、112年度台上字第431號民事判決。

參、結論

原告依據切結書及消費借貸之法律關係，提起本件訴訟，請求被告給付已屆清償期與未屆清償期之借款，為有理由。兩造均陳明願供擔保聲請宣告假執行及免為假執行，本判決命被告給付已到期之金額未逾50萬元（民事訴訟法第389條第1項第5款），應依職權宣告假執行，故僅酌定命被告提供相當擔保金額准許免為假執行。

肆、相關案例

甲持有拒絕往來戶乙簽發之遠期支票，未經提示，其於票載發票日期，以乙到期有不履行之虞為由，得提起將來給付之訴，請求乙於票載發票日給付票款。因發票人應照支票文義擔保支票之支付，而發票人雖於提示期限經過後，對於執票人仍負責任（票據法第126條、第134條）。故乙之支票存款已被列為拒絕往來戶，其與銀行間之委任關係應已終止，其支票屆期無從兌現，雖未到期，然應認顯有到期不履行之虞，故甲提起將來給付之訴，應具備受判決之法律上利益[26]。反之，將來給付之訴，以債權已確定存在，僅請求權尚未到期，因到期有不履行之虞，為其要件。而將來之薪金請求權，可能因受僱人離職或職位變動或調整薪金，而影響其存在或範圍，並非確定之債權。職是，原告請求被告給付未到期薪金部分，自有未合[27]。

---

26 最高法院98年度台上字第790號民事判決。
27 臺灣高等法院暨所屬法院87年法律座談會彙編，頁68至69。

案例⑲ 清償借款與不當得利

　　原告主張被告因購買不動產之款項不足，經由原告之女即被告配偶向原告借款新臺幣（下同）100萬元，當事人未約定利息及還款日期，為不定期限之消費借貸。被告已自原告之女帳戶中提領系爭款項作為購買系爭不動產之用，是被告主張為贈與關係，顯不足採。退步言，倘兩造間借貸關係不成立，則被告無法律上之原因，而受有100萬元之利益，亦應依不當得利之法律關係，返還系爭款項予原告等語。被告抗辯稱系爭款項為原告贈與，以作為被告夫妻購買不動產之補貼，原告主張為借貸契約，自應舉證證明，而原告亦曾表示不需被告返還系爭款項。況原告係將系爭款項匯至原告之女指定帳戶，借款人應為原告之女，顯非被告云云。

關鍵詞　先位聲明、備位聲明、舉證責任、贈與契約、基礎事實同一

壹、探討議題

　　被告因自有款項不足，經由其配偶向岳母即原告借款，作為購買不動產之部分款項。原告嗣後請求被告清償系爭借款，被告抗辯稱該款項為原告所贈與而拒絕歸還。原告依據消費借貸之法律關係，主張先位聲明；依據不當得利之法律關係，主張備位聲明。職是，本實例探討之重點，在於先位聲明與備位聲明之審理、消費借貸之成立要件、贈與契約之成立要件及不當得利之成立要件。

貳、理由分析

一、程序事項

　　訴狀送達後，倘原告請求之基礎事實同一者，原告得將原訴變更或追加他訴。而被告於訴之變更或追加無異議，而為本案之言詞辯論者，視為同意變更或追加（民事訴訟法第255條第1項第2款、第2項）。原告起訴時，係以消費借貸之法律關係請求被告給付系爭款項，因被告否認兩造間有消費借貸之法律關係，並抗辯稱原告交付系爭款項之原因事實，係基於贈與之法律關係而來云云。故原告嗣後具狀主張倘法院認為兩造消費借貸之法律關係不成立，原告追加請求依據不當得利之法律關係，請求被告返還如備位聲明所示之金額與利息等語。職是，法院自應審究原告以不當得利之法律關係，主張追加備位聲明，

該訴之追加是否合法？

（一）請求基礎事實同一

所謂請求基礎事實同一，係指變更或追加之訴與原訴之主要爭點有其共同性，各請求利益之主張在社會生活可認為同一或關連，而就原請求之訴訟及證據資料，於審理繼續進行在相當程度範圍內具有同一性或一體性，得期待於後請求之審理予以利用，俾先後兩請求在同程序得加以解決，避免重複審理，俾符訴訟經濟，進而為統一解決紛爭者，即屬之[28]。

（二）先位聲明與備位聲明

訴之客觀預備合併，必有先位、後位不同之聲明，當事人就此數項請求定有順序，預為考慮先順序之請求無理由時，即要求就後順序之請求加以裁判，法院審理應受此先後位順序之拘束，其於先位之訴有理由時，備位之訴即無庸裁判。必先位之訴為無理由時，法院始得就備位之訴為裁判[29]。先位之訴有理由，為備位之訴之解除條件，其解除條件應以先位之訴判決確定時，始為其解除條件成就之時[30]。

原告先位聲明與備位聲明，雖其請求權基礎分別為消費借貸與不當得利之法律關係，然其等聲明之目的均在請求被告返還系爭款項，其利益同一，後請求就原請求之訴訟及證據資料，於審理繼續進行得於後請求之審理予以利用，是原告前後之請求基礎事實應屬同一。揆諸前揭說明，為避免重複審理，達訴訟經濟之目的，原告依據不當得利之法律關係，其於本件訴訟進行中追加備位聲明，洵屬正當。

二、實體事項

（一）消費借貸之成立要件

消費借貸者，謂當事人一方移轉金錢或其他代替物之所有權於他方，而約定他方以種類、品質、數量相同之物返還之契約（民法第474條第1項）。當事人主張有金錢借貸關係存在，須就其發生所須具備之特別要件即金錢之交付及借貸意思表示互相一致負舉證之責任，除證明有金錢之交付，亦應證明借貸

28　最高法院90年度台抗字第2號、90年度台抗字第287號、91年度台抗字第552號、91年度台抗字第648號民事裁定；最高法院95年度台上字第1842號民事判決。
29　林洲富，民事訴訟法理論與案例，元照出版有限公司，2024年2月，7版1刷，頁162。
30　最高法院105年度台上字第1957號民事判決。

意思表示互相一致者，始得認為有金錢借貸關係存在[31]。職是，因兩造爭執系爭款項是否有成立消費借貸關係？故法院自應審究原告有無交付系爭款項予被告？兩造就借貸之意思表示是否已達成合意？

1. 舉證責任

民事訴訟法係由原告主張權利者，應先由原告負舉證之責，倘原告先不能舉證，以證實自己主張之事實為真實，則被告就其抗辯事實，即令不能舉證，或其所舉證據尚有疵累，亦應駁回原告之請求。而主張法律關係存在之當事人，須就該法律關係發生所須具備之特別要件，負舉證之責任[32]。準此，消費借貸契約之訂立，並非以書面為必要，其為不要式行為。而消費借貸法律關係之成立，須具備要件有二：(1)借貸意思表示相互一致；(2)交付借貸物。是原告主張兩造間有消費借貸關係，並據此請求被告給付系爭款項。該有利於原告之事實者，原告就其事實有舉證之責任。故原告除應證明有系爭款項交付予被告外，自須就兩造間借貸意思表示互相一致，負舉證之責。

2. 借貸意思表示合致

證人即原告之女到庭證稱：因被告購買不動產之款項不足，被告經由其向原告借錢等語。自證人之證詞，可知被告因購買系爭不動產之資金不足，經由證人向原告借用系爭款項。參諸被告亦自承其購買不動產有向銀行借款元，可徵證人證稱被告因購買爭不動產之資金不足，向原告借用系爭款項之事實，實堪為證。況證人為原告之女與被告之配偶，被告身為原告之女婿，經由其配偶即證人向原告借款，符合女婿向岳母借款之社會常情，而證人與兩造之至親，對於兩造間就系爭款項有成立消費借貸之法律關係，應知悉甚詳。

3. 交付借貸物

被告雖抗辯稱原告將款項匯至原告之女指定帳戶云云。惟兩造就被告確有收受系爭款項之事實，均不爭執。是原告之女至多為原告交付系爭款項予被告之兩造使用人，並非系爭款項之借用人。證人即被告之女到庭證稱：其為原告之女即被告之配偶，其父母有將系爭款項匯至被告銀行等語。職是，原告確有交付系爭款項予被告之事實，故原告主張其有交付系爭款項予被告之事實，堪信為真實。

4. 消費借貸之要素

當事人互相表示意思一致者，無論其為明示或默示，契約即為成立。當事

31　最高法院81年度台上字第2372號、110年度台上字第2843號民事判決。
32　最高法院48年度台上字第887號、101年度台上字第995號民事判決。

人對於必要之點，意思一致，而對於非必要之點，未經表示意思者，推定其契約成立（民法第153條）。是當事人對消費借貸契約之必要之點，意思一致，其契約即可成立。被告雖抗辯原告請求被告返還借款100萬元，自應就借貸契約之內容，包括借貸金額、利息約定、清償期限、清償方式、有無擔保及借貸契約過程等借貸契約成立要件，詳為說明云云。惟原告已就消費借貸法律關係之成立要件，即借貸意思表示相互一致與交付借貸物，舉證證明之，此為消費借貸之必要要素，至於利息約定或清償期限均屬非必要要素，縱使兩造未約定，亦不影響兩造間消費借貸關係之有效成立。

5. 兩造有消費借貸關係

應付利息之債務，其利率未經約定，亦無法律可據者，年息5%計算法定利率。而給付無確定期限者，債務人於債權人得請求給付時，經其催告而未為給付，自受催告時起，負遲延責任。其經債權人起訴而送達訴狀，或依督促程序送達支付命令，或為其他相類之行為者，其與催告有同一之效力。前開催告定有期限者，債務人自期限屆滿時起負遲延責任（民法第203條、第229條第2項、第3項）。兩造就系爭款項100萬元之借貸意思表示，已達成合意，原告已依據消費借貸關係交付系爭款項予被告，因兩造未約定清償期日與利息，故屬未定清償期之消費借貸。準此，原告依督促程序送達支付命令，其與催告有同一之效力。債務人自支付命令送達之翌日起負遲延責任。是原告依據消費借貸之法律關係，請求被告給付100萬元及自支付命令送達之翌日起至清償日止，為有理由，應予准許。

（二）贈與契約之成立要件

當事人主張有利於己之事實者，就其事實有舉證責任。稱贈與者，謂當事人約定，一方以自己之財產無償給與他方，他方允受之契約（民事訴訟法第277條；民法第406條）。因贈與者，係指當事人一方以自己之財產為無償給與於他方之意思表示，經他方允受而生效力之契約，是以必須當事人一方有以財產為無償給與他方之要約，經他方承諾者，始足當之，即當事人雙方就贈與契約內容意思表示合致者，贈與契約始克成立[33]。職是，因被告抗辯原告交付系爭款項予被告，係基於贈與關係所交付？法院自應審究兩造間有無贈與關係。

1. 兩造間無贈與關係

系爭款項為被告購買系爭不動產價金之一部，被告亦為不動產所有權人

33　最高法院85年度台上字第518號、91年度台上字第1520號、113年度台上字第392號民事判決。

等事實,此為兩造所不爭執。被告購買之不動產,並非以原告之女為登記名義人,被告現為不動產之使用人。參諸原告僅為家管身分,其配偶為國小退休校長,其等有四名成年子女等情。可知原告家境僅可稱小康,尚未達富裕之程度,並無贈與系爭款項之資力可言。況被告配偶僅為原告子女之一,被告僅為原告之女婿,衡諸常理,原告縱使要贈與系爭款項,亦應以其子女為優先考量之對象,不至於捨子女而獨厚身為其女婿之被告。況被告配偶即原告之女,並非不動產之所有權人,兩造亦無同財共居之事實。準此,被告抗辯稱原告交付系爭款項,係基於贈與之法律關係云云,顯與社會常情有違。

2. 被告未舉證證明有贈與合致

被告雖抗辯稱依傳統習俗,長輩有足夠資力時,對於女婿初次購買系爭不動產,大多有贈與金錢之行為,此與借貸有所有不同云云。然並非有金錢之給付關係存在,即可稱已成立贈與契約。蓋該給付金錢之原因,其有諸多事由,並非僅有無償之贈與方式而已。被告以系爭款項係基於贈與關係而來為抗辯,以圖免除返還系爭款項之義務,自應舉證證明兩造就系爭款項已為贈與契約內容意思表示合致。被告迄今均未舉證證明兩造間有達成贈與之意思合致,故不得僅憑原告交付系爭款項予被告之事實,遽而判定兩造間就系爭款項前已達成贈與之合意,而謂贈與契約業已有效成立。

(三)不當得利之成立

無法律上之原因而受利益,致他人受損害者,應返還其利益;雖有法律上之原因,而其後已不存在者,亦同(民法第179條)。故不當得利,須以無法律上之原因而受利益,致他人受損害為其成立要件,其因時效而取得權利,民法上既有明文規定,即與無法律上之原因而受利益之情形有別,不生不當得利之問題[34],原告基於兩造間消費借貸之法律關係,交付系爭款項予被告,被告收受系爭款項,雖受有利益,然具有法律上之原因,並非不當得利可言。換言之,兩造均無法分別舉證證明有消費借貸與贈與之法律關係,將導致被告無法律上之原因,收受系爭款項,其受有利益,原告則受有損害,兩造之損益間有因果關係,始可成立不當得利之法律關係。

參、結論

預備訴之合併,係以先位之訴不合法或無理由,為後位之訴的判決條件,

34　最高法院47年台上字第303號、91年度台上字第2329號民事判決。

先位之訴有理由，後位之訴即無庸判決。原告提起預備訴之合併，法院審查先位之訴與後位之訴，認均屬起訴合法。參諸原告之先位聲明，係依據消費借貸之法律關係，請求被告返還系爭款項100萬元及其法定遲延利息，法院認為有理由。職是，原告依據不當得利之法律關係，主張備位聲明，請求被告應返還原告100萬元及其法定遲延利息，因原告提出之先位聲明有理由，法院就備位聲明則無庸判決。

肆、相關案例

訴訟當事人、訴訟標的及訴之聲明為訴之要素。故法院所裁判之對象為訴訟標的、應受判決事項之聲明及當事人[35]。訴之要素於訴訟進行中，原告將訴之要素變更或追加其一，即生訴之變更或追加[36]。前後兩訴是否為同一事件，應依前後兩訴之當事人、訴訟標的是否相同及訴之聲明是否相同、相反或可以代用等三個因素決定之，倘此三者有一不同，即不得謂為同一事件，自不受確定判決之拘束。

案例20 連帶清償銀行借款

被告甲邀被告乙為連帶保證人，向A銀行借款新臺幣（下同）60萬元，並簽定借據及其他約定事項，約定借款期限至2026年10月11日止，依年金法計算，按月平均攤還本息，利息按原告定儲指數利率加碼年息3%機動計息，於原告銀行提起本件訴訟時為5%。本件借款兩造並約定如有任何一宗債務不依約清償或攤還本金時，全部債務視為到期。且如未依約清償，逾期在6個月以內部分，按上開利率10%，逾期超過6個月以上部分，按上開利率20%計付之違約金。嗣後A銀行與B銀行於2009年10月11日合併，B銀行為存續公司。詎被告甲僅繳息至2015年10月11日止，依兩造約定，全部債務已視為全部到期，被告甲尚欠本金54萬元、利息及違約金未還。

關鍵詞 公司合併、合意管轄、一造辯論、消費借貸、連帶保證

35　最高法院85年度台抗字第360號民事裁定；最高法院110年度台上字第2921號民事判決。
36　最高法院87年度台上字第2313號民事判決。

壹、探討議題

　　被告爲主債務人與連帶保證人，當事人有約定管轄法院，嗣後貸款銀行與他銀行合併，他銀行爲存續銀行。因主債務人違約未按期給付本息，銀行依據消費借貸契約及連帶保證之法律關係，起訴請求主債務人與連帶保證人連帶負清償責任。職是，本實例探討重點，在於公司合併之效力、合意管轄之要件、一造辯論判決之要件、當事人經合法通知而未爭執之自認效果及消費借貸成立要件。

貳、理由分析

一、程序事項

（一）公司合併

　　因合併而消滅之股份有限公司，其權利義務，應由合併後存續或另立之公司承受（公司法第319條、第75條）。A銀行經財政部核准正式與B銀行合併，B銀行爲存續公司，A銀行爲消滅公司，並於2009年10月11日經經濟部核准登記更名，此有財政部函附卷可稽。準此，原A銀行及B銀行之權利義務關係，均由合併後存續之B銀行概括承受。

（二）合意管轄

　　當事人得以合意定第一審管轄法院，但以關於由一定法律關係而生之訴訟爲限（民事訴訟法第24條第1項）。前項合意，應以文書證之（第2項）。故當事人以合意定第一審管轄法院，其旨在使預定之訴訟，歸屬於一定之法院管轄，是合意所定之管轄法院，必須限於一定之法院，不得廣泛就任何第一審法院定爲合意管轄之法院。被告甲之戶籍設於屏東縣屏東市，有原告提出之戶籍謄本附卷可稽，雖非位於臺灣臺中地方法院管轄區（民事訴訟法第1條）。惟兩造曾約定關於本件債務涉訟時，合意以臺灣臺中地方法院爲第一審管轄法院，此有原告提出之被告甲所簽之借據及其他約定事項第14條約定可參。職是，原告向臺中地方法院提起清償借款民事訴訟，核於合意管轄之規定，臺灣臺中地方法院有管轄權。

（三）一造辯論判決

　　原則上言詞辯論期日，當事人之一造不到場者，得依到場當事人之聲請，由其一造辯論而爲判決；不到場之當事人，經再次通知而仍不到場者，並得依

職權由一造辯論而爲判決（民事訴訟法第385條第1項）。例外情形，係有下列各款情形之一者，法院應以裁定駁回一造辯論之聲請，並延展辯論期日：1.不到場之當事人未於相當時期受合法之通知者；2.當事人之不到場，可認爲係因天災或其他正當理由者；3.到場之當事人於法院應依職權調查之事項，不能爲必要之證明者；4.到場之當事人所提出之聲明、事實或證據，未於相當時期通知他造者（民事訴訟法第386條）。被告受合法通知，均未於言詞辯論期日到場，核無民事訴訟法第386條各款所列情形，依原告之聲請，由其一造辯論而爲判決（民事訴訟法第385條第1項前段）。

二、實體事項

消費借貸之成立，除當事人合意外，尚須交付借用物，其爲要物契約。故當事人主張有金錢借貸關係存在，須就其發生所須具備之特別要件即金錢之交付及借貸意思表示互相一致負舉證之責任。倘僅證明有金錢之交付，未證明借貸意思表示互相一致者，尚不能認爲有金錢借貸關係存在[37]。原告銀行主張之被告甲向其借款，被告乙擔任系爭借款之連帶保證人之事實。業據其提出借據、其他約定事項、原告定儲指數利率表及被告戶籍謄本等件爲證，核與原告銀行所述各節相符。因被告均經合法通知，且非依公示送達通知者，而未於言詞辯論期日到場爭執，復不提出書狀答辯以供本院斟酌（民事訴訟法第280條第3項），應認爲原告銀行主張之上開事實，堪信爲眞正。

參、結論

消費借貸者，謂當事人一方移轉金錢或其他代替物之所有權於他方，而約定他方以種類、品質、數量相同之物返還之契約（民法第474條第1項）。所謂連帶保證債務者，係指保證人與主債務人負同一債務，對於債權人各負全部給付之責任者（民法第272條第1項）[38]。職是，被告甲爲借款之借貸人，被告乙爲之連帶保證人，是原告爲貸與人，可依消費借貸契約及連帶保證之法律關係，請求被告甲、乙連帶給付本金、利息及違約金，爲有理由，應予准許，被告甲、乙應連帶負擔訴訟費用（民事訴訟法第85條第2項）。

37　最高法院81年度台上字第2372號、111年度台上字第382號民事判決。
38　最高法院45年台上字第1426號、93年度台上字第1800號民事判決。

肆、相關案例

一、法律問題

　　甲男結婚前居住於新竹市，並設籍於此，甲男與乙女結婚後，因其等於臺中市工作，故於臺中市置產並遷至臺中市居住，而甲之父母仍居住新竹市，甲亦常於例假日返回新竹市與其父母親一同居住，甲向丙借款新臺幣100萬元，詎已屆清償期而不還，丙欲依據借款關係請求甲給付借款，試問丙應向何法院起訴？

二、以原就被原則之適用

　　甲男結婚前雖居住於新竹市，並設籍於此，甲男與乙女結婚後，於臺中市工作、置產及居住，依據該等客觀事實，足認其有廢止及離去原新竹市住所之意思及行為，而有久住於臺中市之主觀意思及居住之客觀事實，故應以臺中市作為其住所，雖甲亦常於例假日返還新竹市與其父母親同住，且甲之戶籍所在地尚設於新竹市，惟一人不得有兩住所，自應以臺中市為甲之住所地。準此，甲向丙借款新臺幣100萬元，已屆清償期而不還，丙主張借款關係請求甲給付借款時，依據以原就被之原則，丙應向臺灣臺中地方法院起訴（民事訴訟法第1條）[39]。

案例21 銀行消費性商品貸款

　　原告主張被告前向A電信公司購買商品，而委由原告行銷公司代向原告銀行辦理消費性商品貸款新臺幣（下同）10萬元，用以支付其向A電信公司消費之總價款，並簽訂消費性商品貸款契約，按月分期償還1萬元。被告未依約還款，其已喪失期限利益。原告行銷公司以利害關係第三人身分為被告代償2萬元，被告僅給付2期，被告尚積欠原告銀行貸款6萬元，依消費借貸與第三人清償等法律關係起訴，請求被告清償借款等語。被告抗辯稱其未向原告銀行辦理消費性商品貸款，況A電信公司已倒閉，原告不得向其請求貸款云云。

關鍵詞 消費借貸、買賣契約、小額訴訟、債權讓與、債之相對性

39　林洲富，民法案例式，五南圖書出版股份有限公司，2020年9月，8版1刷，頁35。

壹、探討議題

　　被告向電信公司購買商品，委託而委由原告行銷公司代向原告銀行辦理消費性商品貸款，用以支付其向電信公司之價金。嗣後該電信公司倒閉，無法再給付被告商品，被告以其與電信公司間買賣關係作為抗辯事由而拒絕給付貸款。準此，本實例探討之重點，在於消費借貸之成立要件、定型化契約之審閱期間、債權讓與之要件、債之相對性、適用小額訴訟之事件及小額訴訟事件之上訴要件。

貳、理由分析

一、整理與協議簡化爭點

　　受命法官為闡明訴訟關係，得整理並協議簡化爭點（民事訴訟法第270條之1第1項第3款）。法院於言詞辯論期日，依據兩造主張之事實與證據，經簡化爭點協議，作為本件訴訟中攻擊與防禦之範圍。兩造不爭執之事實有二：（一）被告經甲之推銷，而向A電信購買電信商品與行動電話節省方案，其金額計10萬元，按月給付1萬元，被告有給付2萬元；（二）消費性商品貸款申請書之申請人簽名，並非被告所為。兩造爭執之事實，在於被告與原告銀行間是否有成立消費商品貸款關係？原告主張被告與原告銀行間存有消費性商品貸款關係等語。被告否認有向原告銀行貸款情事云云。

二、消費借貸之成立

　　稱消費借貸者，謂當事人一方移轉金錢或其他代替物之所有權於他方，而約定他方以種類、品質、數量相同之物返還之契約（民法第474條第1項）。消費借貸契約之訂立，並無應以書面為必要，民法第3條第1項所謂依法律之規定有使用文字之必要者，其不包含消費借貸契約之訂立在內[40]。職是，消費借貸契約雖為要物契約，然非要式契約，契約之成立以當事人意思表示合致為要件，至於當事人是否簽章，自與契約成立之要件無涉。本件兩造爭執者，在於原告銀行與被告間就10萬元之消費借貸關係是否成立？

（一）舉證責任

　　當事人主張有利於己之事實者，就其事實有舉證之責任（民事訴訟法第277

---

[40]　最高法院27年上字第3240號、110年度台上字第2843號民事判決。

條本文）。原告主張本於消費借貸關係，請求被告返還借款，自應就兩造間確已成立消費借貸關係之事實，負舉證責任[41]。原告主張被告因購買A電信公司商品，而向原告銀行借款10萬元之事實，既為被告所否認，借款債權發生原因之事實，其有利於原告，自應由原告就被告借款10萬元之事實，負舉證之責，此為舉證責任分擔之原則。

（二）被告向原告銀行申辦貸款

被告前向甲購買A電信公司之商品與行動電話節省方案，每月要繳1萬元，計10期，被告經由原告銀行繳納，其繳費用之戶名係原告行銷公司，被告有書寫申請表委請甲轉交予原告行銷公司等事實，此為兩造不爭執，並有被告書寫之申請表附卷可憑。法院審視該申請表可知，申請表約定事項有記載申請人委由原告行銷公司向原告銀行申請消費性商品貸款，用以支付特約廠商購買消費性商品之分期付款總價額，被告並於申請人處簽名。準此，原告主張被告有向原告銀行申辦貸款之事實，堪信為真實。

（三）被告經由第三人轉交貸款申請

法院囑託法務部調查局鑑定結果，其認定原告提出之貸款申請表右下方申請人欄內被告之簽名筆跡，其與供比對之被告當庭簽名字跡、銀行印鑑卡、支票存款開戶申請書及支票存款約定書、銀行切結書、存款存摺相關業務往來申請暨約定書上之被告簽名筆跡，其筆劃特徵不同，此有法務部調查局鑑定書附卷可稽。是貸款申請表之申請人欄內被告名義之簽名，確非被告親為。法院審視兩造各提出之申請表，兩者有所差異，認為申請表之格式有變動，由第三人依據被告書寫之申請書，經轉謄寫後交付原告銀行辦貸款，此為原告所提之貸款申請表，故被告原先書寫之申請書，並未交予原告銀行，致貸款申請表上之被告簽名，非由被告親為等事實，此為兩造不爭執。法院審究兩造各提出之申請表可知，申請人基本資料與申請人職業資料均屬相同，前者有申請人、身分證字號、戶籍地址及住家地址之資料；後者有公司名稱、公司地址、月薪、職稱、工作年資。準此，縱使被告未在系爭貸款申請表上簽名，惟第三人交付予原告之申請表，並未違反被告之本意，足認被告確有向原告銀行申辦貸款。

（四）原告確認被告辦理系爭貸款之意思

原告提出原告銀行授信人員向被告徵信與照會之電話通話內容，作為原

41　最高法院78年度台上字第1403號、112年度台上字第665號民事判決。

告銀行在收受系爭貸款申請表後，確認被告有辦理貸款之意思表示之證明。審
視卷附之行動電話門號通話譯文內容，可知原告銀行授信人員有表示其為原告
銀行消費貸款部，除確認被告之身分證號碼外，並詢問被告是否有購買A電信
公司之電話手機通話費用、帳單寄送處及被告職業等事項。而被告亦表示有向
原告銀行申辦消費性商品貸款，並告知帳單寄送地址、從事之職業及身分證號
碼。經雙方核對結果，確認分10期，每月1萬元等事實，此有電話譯文與被告
之身分證等件附卷可證。因行動電話門號確為被告所有，被告就該電話譯文，
復不爭執。職是，原告銀行授信人員有撥打被告之行動電話門號，有表明其為
原告銀行消費貸款部，並依據貸款申請表與被告之身分證，原告已盡告知辦理
貸款事項，經確認被告有辦理貸款之意願，進而審核其信用資料，而決定貸款
與被告。參諸被告年齡已逾40歲，並任職保險代理人股份有限公司之經理，其
有相當之智識能力與社會經歷，應知悉原告銀行消費貸款部人員撥打電話之目
的，係為貸款作徵信調查。況原告銀行為金融機構，其經營之事業，係與存放
款有關之項目，未包含經營電信事業，故發話者表明其為銀行人員，衡情當不
至使受話者即被告誤認與其對話對象，僅調查其是否購買A電信公司之商品，
而發話者來自電信業者或其代理人。

（五）被告向原告銀行借用貸款

　　被告有收受原告行銷公司寄發之繳款書，並有繳付2期款項，繳款單受款
戶名為原告行銷公司，繳款單有貸款文字，此有收款繳款書附卷可稽。此為兩
造所不爭執。自收款繳款書可知，被告持原告行銷公司之收款繳款書，其分期
繳納之款項為貸款甚明。參諸分期繳納之對象為A電信公司 ，受款戶名應為A
電信公司，益徵被告確有向原告銀行借用貸款之事實。再者，費借貸契約之成
立，除當事人合意外，尚須交付借用物，其為要物契約。被告與原告銀行已就
消費借貸意思表示合致，兩造就貸款已交付予A電信公司之事實，並不爭執，
是被告與原告銀行間之消費借貸關係有效成立。

（六）定型化契約之審閱期間

　　企業經營者與消費者訂立定型化契約前，應有30日以內之合理期間，供
消費者審閱全部條款內容；中央主管機關得選擇特定行業，參酌定型化契約條
款之重要性、涉及事項之多寡及複雜程度等事項，公告定型化契約之審閱期間
（消費者保護法第11條之1第1項、第3項）。被告抗辯稱原申請書之約定事項字
體過小，其無法辨識是否要辦理貸款云云。職是，法院自應探究被告就系爭貸

款之申請表是否有適當之審閱期間與其方式。

1. 審閱期間之目的

審閱期間之立法理由在於維護消費者知的權利，使其於訂立定型化契約前，有充分瞭解定型化契約條款之機會。故消費者已有詳細審閱契約之機會，則保護目的已達，倘消費者於簽約審閱契約條款內容之期間，雖未達規定期間，惟企業經營者未有妨礙消費者事先審閱契約之行為，消費者有充分瞭解契約條款之機會，並於充分瞭解後而同意與企業經營者成立契約關係，其基於其他考量而選擇放棄審閱期間者，僅係消費者自行放棄權利，法並無禁止拋棄之明文，符合私法自治及契約自由之原則。

2. 被告於簽約前有詳細審閱契約之機會

依據原告提出之申請表之約定事項第6條載明：申請人關於本申請表、分期付款買賣契約書及消費性商品貸款契約書之所有條款，於簽署前已經合理天數詳細審閱，且充分理解其內容，並同意共同遵守等情。法院審諸該等字體並無縮小或隱匿之情事，其記載之位置在申請人簽名之正上方處，故被告簽名前即可輕易知悉，被告實難諉為不知。再者，被告將申請表交予第三人前，有影印申請表，足見被告於簽約時已有合理契約審閱期間，自無妨礙被告事先審閱契約之行為，故被告於簽約前已有詳細審閱契約之機會，自無依消費者保護法第11條之1規定，而有將申請表之約定事項第6條規定，排除於貸款之契約內容。

三、債權讓與之要件

債之清償，得由第三人為之。就債之履行有利害關係之第三人為清償者，於其清償之限度內承受債權人之權利。債權之讓與，經讓與人或受讓人通知債務人，對於債務人生效（民法第311條第1項、第312條、第313條、第297條第1項）。債權讓與係移轉特定債權標的，其為準物權行為，經通知債務人後，受讓人即得對債務人主張債權。原告行銷公司基於利害關係人之身分，代償被告積欠原告銀行之分期款2萬元等事實，業據原告提出消費性貸款債權移轉證明書為證。是法院寄送原告之民事起訴狀時，已通知被告系爭貸款債權轉讓之事實。準此，原告行銷公司依據第三人清償與債權讓與之法律關係，請求被告給付代償之系爭貸款，洵屬正當。

四、債之相對性

消費者向廠商購買商品或服務，藉由向金融機構貸款以支付價金，消費者與廠商之關係屬買賣契約之對價關係；而消費者與金融機構之關係則為消費

借貸契約之關係，基於債之相對性原則，仍應就個別給付關係分別對各基礎關係之當事人為主張，不得執對價關係所生之抗辯事由，對抗資金關係之當事人[42]。原告主張因A電信公司倒閉，原告行銷公司為避免被告產生債信不良現象，原告行銷公司始代繳2期款項，而基於債之相對性，被告不得持買賣關係對抗系爭消費借貸關係等語。職是，本文自應探討被告是否持其與A電信公司間之買賣關係對抗原告。

（一）原因關係

被告與原告銀行存有消費借貸契約之法律關係，被告為向A電信公司購買電信商品與服務，而向原告銀行申辦系爭貸款，故被告與A電信公司間為買賣契約之對價關係，其目的在於交付標的物及清償價金。被告與原告銀行間屬消費借貸契約之資金關係，其目的在於給付貸款及返還貸款。而原告銀行直接對A電信公司支付買賣標的之價金，使對價關係及資金關係上之債務因而獲得清償，其係因被告之指示而給付。倘指示給付之原因關係，即對價關係及資金關係具有瑕疵，基於債之相對性原則，仍應就個別給付關係分別對各基礎關係之當事人為主張，不得執對價關係所生之抗辯事由，對抗資金關係之當事人。

（二）小額訴訟之第一審上訴

關於請求給付金錢或其他代替物或有價證券之訴訟，其標的金額或價額在新臺幣10萬元以下者，適用小額程序。對於小額程序第一審裁判之上訴，非以其違背法令為理由不得為之。而上訴狀內應記載上訴理由，表明如後事項：其一，原判決所違背之法令及其具體內容。其二，依訴訟資料可認為原判決有違背法令之具體事實。所謂判決有違背法令，係指判決不適用法規或適用不當，並為小額事件之上訴程序所準用（民事訴訟法第436條之8第1項、第436條之24第2項、第436條之25、第436條之32第2項、第468條）。職是，因本件請求之給付之金額為8萬元，應適用小額訴訟程序，倘敗訴之被告就本件不服提起上訴，應於上訴狀具體指摘原審判決違背法令之具體內容及具體事實，為上訴之合法要件。

參、結論

基於債之相對性原則，被告自不得以其與A電信公司間所存抗辯事由對抗

42　臺灣高等法院暨所屬法院96年法律座談會民事類第15號提案決議；最高法院112年度台上字第2295號民事判決。

原告，是縱使A電信公司倒閉屬實，被告不得執其與A電信公司間之買賣關係，而拒絕償還貸款。原告自得依據消費借貸與債權讓與之法律關係，請求被告給付積欠之貸款本金與其約定利息。職是，被告僅清償2萬元貸款，尚積欠原告銀行與原告行銷公司貸款金額分別為6萬元與2萬元。原告銀行、行銷公司分別依據消費借款與受讓債權之法律關係，得請求被告給付積欠本金與約定利息，核屬正當，應予准許。

肆、相關案例

一、法律問題

　　甲與A銀行簽訂使用信用卡消費契約，因甲積欠信用卡消費款新臺幣9萬元，A銀行向法院起訴請求甲給付信用卡消費款，經法院以對小額事件審理，命被告甲應給付全部積欠之信用卡消費款。試問甲就該第一審判決，可否以判決不備理由或理由矛盾，且顯然影響判決之結果，認為判決違背法令，而提起上訴？

二、小額程序之上訴或抗告

　　對於小額程序之第一審裁判之上訴或抗告，非以其違背法令為理由，不得為之（民事訴訟法第436條之24）。判決不適用法規或適用不當者，為違背法令（民事訴訟法第468條），其於小額事件之上訴程序準用之（民事訴訟法第436條之32第2項）。在小額程序，依民事訴訟法第436條之32第2項準用同法第469條第1款至第5款之規定，第6款不在準用之列，第6款僅列判決不備理由或理由矛盾，當然違背法令，未及原審判決理由，顯然影響判決者。職是，原審判決理由，顯然影響判決之結論，屬第468條所定判決不適用法規之違背法令，上訴人據此提起小額訴訟之第二審上訴，應認屬合法[43]。

43　臺灣高等法院暨所屬法院90年法律座談會彙編，2002年7月，頁135至136。

案例⑫ 給付簽帳卡消費款

　　原告雖起訴主張甲向原告申請信用卡，並邀同被告為附卡申請人，經原告核發信用卡，被告即得持該信用卡在特約商店簽帳消費使用。依信用卡約定條款規定，被告應於當期繳款截止日前，向原告清償全部消費款，或者以循環信用方式繳付最低應繳金額，逾期清償消費款，則喪失期限利益，應按年息16%計算之利息。而正卡與附卡持有人就使用信用卡所生之債務，互負連帶清償責任。甲與被告積欠消費款與其利息計新臺幣（下同）6萬元。原告迭經催討，均無效果，為此提起本訴云云。被告抗辯稱其為信用卡之附卡持有人，其願就實際消費金額1萬元負全部清償責任等語。

關鍵詞 消費者、顯失公平、司法審查、企業經營者、定型化契約

壹、探討議題

　　被告為信用卡附卡申請人，經原告核發信用卡，依信用卡約定條款規定，正卡與附卡持有人就使用信用卡所生之債務，互負連帶清償責任。持卡人積欠消費款新臺幣（下同）6萬元，原告請求被告給付全部消費款。準此，本實例探討重點，在於連帶債務之成立、定型化契約之定義及定型化契約款條之無效事由。

貳、理由分析

一、連帶債務之成立

　　數人負同一債務，明示對於債權人各負全部給付之責任者，為連帶債務。無明示者，連帶債務之成立，以法律有規定者為限（民法第272條）。原告雖主張依兩造信用卡約定條款（下稱系爭約定條款），業已約定附卡持有人就正卡持有人使用信用卡所生應付帳款負連帶清償責任，是被告應就正卡持有人使用信用卡所生之應付帳款負連帶清償責任云云。惟被原告抗辯稱其僅應負責附卡之消費款項等語。職是，本項兩造主要爭執，在於兩造間之信用卡使用契約是否屬定型化契約？被告是否應依系爭約定條款就正卡持有人使用信用卡所生之應付帳款負連帶清償責任？此涉及系爭約定條款約規定連帶清償責任是否有效？準此，法院自應依序審究本件信用卡使用契約是否屬定型化契約？繼而判斷被告是否應依系爭約定條款就正卡持有人之消費款負連帶清償責任？

二、消費者保護法之適用

（一）定型化契約

　　消費者指以消費為目的而為交易、使用商品或接受服務者。企業經營者指以設計、生產、製造、輸入、經銷商品或提供服務為營業者。定型化契約條款，指企業經營者為與不特定多數消費者訂立同類契約之用，所提出預先擬定之契約條款。定型化契約條款不限於書面，其以放映字幕、張貼、牌示、網際網路、或其他方法表示者，亦屬之。定型化契約，指以企業經營者提出之定型化契約條款作為契約內容之全部或一部而訂定之契約（消費者保護法第2條第1款、第2款、第7款、第9款）。因信用卡使用契約，係約定消費者得向發卡銀行請求核發信用卡，嗣後憑信用卡於特約商店以簽帳方式作為支付消費帳款之工具，並由發卡銀行代為處理結清該消費款。發卡銀行再向持卡人請求償還，持卡人應給付手續費及年費等報酬予發卡銀行，是其具有委任及消費借貸關係之混合關係。準此，持卡人以消費為目的接受發卡銀行之服務，自應有消費者保護法之適用。

（二）信用卡使用契約

　　信用卡使用契約係現代社會之新型普遍交易型態，具有大量使用之特性，而本件信用卡使用契約，係由經營銀行業務之原告，基於處理上便利之經濟考量，為與不特定多數消費者訂立信用卡使用契約，單方事先擬定契約條款作為契約內容，其屬定型化契約甚明。職是，系爭約定條款約定，正卡持卡人或附卡持卡人就各別使用信用卡所生之應付帳款互負連帶清償責任等情，論其性質屬定型化契約條款，應受民法暨消費者保護法關於定型化契約之規範，要無疑義，法院自應審究其約定是否有無效之事由，以保護消費者之權益。

（三）主管機關確認之定型化契約

　　中央主管機關得選擇特定行業，公告規定其定型化契約應記載或不得記載之事項。定型化契約記載經中央主管機關公告應記載之事項者，應有本法關於定型化契約規定之適用（消費者保護法第17條第1項、消費者保護法施行細則第15條第1項）。原告雖主張信用卡約定條款，事前先經主管機關確認，並無不公平情事存在，始作為契約內容，故系爭約定條款並無對消費者不利或違反誠信原則之處云云。惟主管機關依職權得針對特定行業，先行審閱企業經營者所草擬之定型化契約，或是公告定型化契約範本，使企業經營者依範本擬定定型化契約。此僅係行政機關基於保障消費者權益，事先以行政程序規範企業經營者

之作為，非謂經主管機關確認之定型化契約，即不受消費者保護法之拘束，司法機關不得再行審查該定型化契約。是定型化契約內容縱使經中央主管機關公告為應記載之事項者，自應適用消費者保護法有關定型化契約之規定。故定型化契約雖事先經主管機關確認內容，或是依主管機關公告之範本擬定，亦不得排除消費者保護法之拘束。準此，本件信用卡約定條款，即使事先已經主管機關確認，亦應適用消費者保護法之規定，法院得審查系爭約定條款是否有違反法律規定致為無效之情事。

（四）無效之契約條款

依照當事人一方預定用於同類契約之條款而訂定之契約，為下列各款之約定，按其情形顯失公平者，該部分約定無效：1.免除或減輕預定契約條款之當事人之責任者；2.加重他方當事人之責任者；3.使他方當事人拋棄權利或限制其行使權利者；4.其他於他方當事人有重大不利益者。企業經營者在定型化契約中所使用之條款，應本於平等互惠之原則。定型化契約條款如有疑義時，應為有利於消費者之解釋。定型化契約中之條款違反誠信原則，對消費者顯失公平者，無效。定型化契約條款是否違反誠信原則，對消費者顯失公平，應斟酌契約之性質、締約目的、全部條款內容、交易習慣及其他情事判斷之（民法第247條之1、消費者保護法第11條、第12條第1項、消費者保護法施行細則第13條）。職是，法院應依信用卡通常效用、兩造締約情形、締約目的及締約地位等情節，綜合判斷系爭約定條款是否對消費者顯失公平。

1. 調查正卡持有人之信用狀況

使用信用卡支付消費款或借款，為現在社會生活重要消費型態之一，故信用卡主要功能在於替代現金支付，至於保證或連帶清償並非其附屬之功能與需求。參諸發卡銀行於核發信用卡時，係先對正卡申請人之財力狀況為徵信調查，始決定是否核發及准予額度為何，除未成年之申請人須由父母連帶保證外，其風險控制之本質均係以正本申請人之個人財力狀況為徵信，並無要求正卡申請人徵得連帶保證人後，始准予核發之理。原告業已自承於發卡徵信時，僅對正卡持有人之信用狀況為調查，足認發卡銀行核發信用卡之前，僅就正卡持有人之職業、收入及資產等財力背景為衡量，資以判斷可承擔風險之範圍，並依正卡持有人繳款能力為信用卡額度之核可、調升及減低，並未對附卡持有人為相同之徵信評量。職是，原告核發信用卡與否之判斷，主要在於正卡持有人之債信能力，在此範圍內之授信已獲得相當之擔保，可控制其發卡後，未受清償機率之風險。

2. 交易風險控管責任之轉嫁

　　發卡銀行為刺激消費，乃降低核發信用卡之門檻，使正卡持有人得經發卡銀行准許之第三人申辦附屬信用卡，該核發附卡之行為，亦增加債務成為呆帳之風險，故發卡銀行已以高循環利率之條件，彌補風險實現所造成之損失。準此，原告以系爭約定條款無端使附卡持有人負擔連帶清償正卡持有人使用信用卡所生之應付帳款責任，係將自身應承擔交易風險控管責任轉嫁予附卡持有人即被告，有違誠信原則，對被告顯失公平。再者，附卡持有人有相當比例，係在經濟上依從正卡持有人，而正卡持有人將附卡提供予經濟能力較弱之親屬使用，附卡持有人鮮有知悉向銀行申請附卡使用之同時，應對正卡持有人使用信用卡所生之應付帳款負連帶清償責任。準此，就附申請之本質與目的而言，係正卡持有人願意就其所同意申請附卡持有人之使用信用卡所生之應付帳款，負連帶清償責任，而附卡持有人並非正卡持有人之連帶債務人，始符合正卡與附卡申請人簽訂信用卡使用契約之真意。是正卡持有人固應對自己及附卡持有人之消費款負連帶清償責任，然附卡持有人僅就自己之消費款負清償責任？

3. 系爭約定條款對被告顯失公平

　　原告到庭陳稱：信用卡帳單均寄送予正卡持有人，對於簽帳消費情形，並未通知附卡持有人等語。堪認被告無從知悉正卡持有人之消費狀況。是系爭約定條款約定附卡持有人就正卡持有人使用信用卡所生之應付帳款負連帶清償責任，顯已逾越一般消費者申請附卡使用所得預見之風險，並加重附卡持有人之責任，除違反消費者申請附卡使用之目的外，亦有違誠信原則，系爭約定條款顯失公平。參諸信用卡實務，僅要正卡持有人使用信用良好，發卡銀行即自動持續提高正卡持有人之信用額度，其通常未徵詢附卡持有人之意見。而正卡持有人得隨時得片面終止信用卡附卡使用契約，然附卡持有人並無此對等權利。準此，被告既無從知悉正卡持有人之消費狀況，且對於正卡持有人之信用額度無置喙之餘地，復不得片面限制正卡持有人使用信用卡之權利，故附卡持有人所享有之權利，顯不如正卡持有人，倘附卡持有人應就正卡持有人使用信用卡所生應付帳款負連帶清償責任，顯不符合平等互惠原則，足見系爭約定條款對被告顯失公平，應屬無效。

（五）不構成契約之條款

　　定型化契約條款因字體、印刷或其他情事，致難以注意其存在或辨識者，該條款不構成契約之內容。但消費者得主張該條款仍構成契約之內容（消費者保護法施行細則第12條）。系爭約定條款固約定：正卡持卡或附卡持卡人就各

別使用信用卡所生應付帳款互負連帶責任等情。惟法院審視本件信用卡約定條款，係以A4格式雙面印刷共計28條條款，各個款條係以黑色細小字體印刷，且整體排版密集，而系爭約定條款並未另以特殊字體、鮮明顏色註明，或以明顯及獨立之區塊表示等事實，有原告所提之信用卡約定條款附卷足稽。堪認系爭約定條款實不足使消費者閱讀或辨識該條款之存在，是系爭約定條款自不構成信用卡使用契約內容。再者，本件信用卡申請書附卡人簽名欄位雖註明連帶債務人之字樣，惟字體細小，易爲申請人所忽略，而發卡銀行亦未特別告知附卡申請人必須與正卡申請人就使用信用卡所生之應付帳款互負連帶責任，實難期待附卡申請人係於已充分瞭解應與正卡持有人互負連帶責任後，始提出申請。準此，附卡持有人即被告就正卡持卡人使用信用卡所生之應付帳款負連帶清償責任，顯失公平。

三、司法審查之控制

定型化契約理論之產生，係源於企業經營者預先片面擬定之附合契約條款，通常僅爲自身之最大利益考量，而將不利益之風險轉嫁由消費者承擔，消費者於訂約時常缺乏詳細審閱之機會及能力，且因市場遭壟斷而無選擇機會，或因經濟實力、知識水準造成之締約地位不平等，致消費者對於該內容僅能決定接受或不接受，別無商量之空間。質言之，消費者僅事前知悉該約款內容，其無事前決定該內容之機會，故爲保障締約之實質正義，國家始授與司法機關介入契約自由領域之權力，得對於定型化契約條款之合理性進行審查。除非企業經營者能夠證明定型化契約條款係屬當事人間特別合意之個別磋商條款，非屬一般性條款，或特別以顯著且放大字體等方式明確告知，得認此不利於消費者之條款於消費者簽名時即可得知外，否則僅以消費者事前已有機會審閱契約條款，即得排除司法審查之控制，顯然與消費者保護法之立法本旨有違。原告雖主張被告申請附卡使用時，係於合理期間審閱申請書及信用卡約定條款後，始爲簽訂信用卡使用契約，自應依信用卡約定條款負擔應有責任云云。然被告縱使於申請前已事先審閱申請書及信用卡約定條款，惟其對於系爭條款僅能決定接受或不接受，並無協商之餘地，故不得僅以被告已事先審閱申請書及信用卡約定條款等情，即認系爭約定條款不受司法審查之控制，可約束被告。

參、結論

系爭約定條款約定附卡持有人就正卡持有人因使用信用卡所生應付帳款負連帶清償責任，已違反誠信原則，並加重附卡持有人之責任，對被告顯失公

平，依消費者保護法第12條第1項及民法第247條之1規定，應認為無效。準此，原告主張依信用卡使用契約關係，請求被原告連帶給付6萬元，其逾5萬元部分，為無理由。

肆、相關案例

民法第247條之1所稱按其情形顯失公平，係指依契約本質所生之主要權利義務，或按法律規定加以綜合判斷，有顯失公平之情形。倘承攬契約中關於給付報酬之約定，顯使承攬人無法於工程完成後，合理時日內取得應有報酬，造成資金調度上重大負擔，而使定作人得以片面操作契約外之因素阻擾承攬人報酬請求權之行使，不啻減輕定作人之責任或限制承攬人之權利行使及對承攬人有重大不利益，此項約定顯失公平，應屬無效[44]。

第五節　承攬契約事件

案例23 公共工程給付報酬

原告主張兩造簽訂工程契約，由原告承攬施作隧道興建工程，原告已依約完工，並經被告辦理驗收完畢。系爭工程於施工期間，因颱風造成上游土石沖刷崩落，產生大量土石，土方逾原契約數量，使原指定土方堆置場不足使用，須另行設置新暫置場。因新堆置場距離土方開挖處，其有相當距離，應增加搬運費之支出。兩造為搬運費之負擔，陸續進行數次協調，被告同意覈實增加搬運費用新臺幣（下同）300萬元，並加計10%之利潤、工程管理費及5%之加值營業稅後，計345萬元。迭經原告催討，被告均拒絕給付工程款，爰依民法承攬契約及和解契約之法律關係提起本件訴訟等語。被告抗辯稱兩造間之會議結論，其僅就土石方數量與搬運平均距離達成共識，並未對單價部分達成協議。原告所主張單價每立方公尺18元，其與政府採購法第6條所規範之公平合理原則有違。依據兩造間會議紀錄結論內容，被告固同意於符合政府採購法之規定範圍內，給付原告搬運費用。然系爭工程業已完工，故被告無從依政府採購法第22條規定增加給付云云。

關鍵詞 私法自治、承攬契約、政府採購法、加值型營業稅、公共工程委員會

44　最高法院101年度台上字第1616號民事判決。

壹、探討議題

原告依據政府採購法之規範，承攬政府機關之公共工程，因施工期間發生颱風造成土方逾原契約數量，使原指定土方堆置場不足使用，須另行設置新暫置場，致增加搬運費之支出。當事人就搬運費之計算、利潤、工程管理費及營業稅之收取均有爭執。職是，本實例探討重點，在於承攬報酬之計算、成立和解之效力、依據政府採購法之承攬契約是否得提起民事訴訟及營業稅應由何人負擔。

貳、理由分析

一、整理與協議簡化爭點

（一）不爭執事項

受命法官為闡明訴訟關係，得整理並協議簡化爭點（民事訴訟法第270條之1第1項第3款）。法院於言詞辯論期日，依據兩造主張之事實與證據，經簡化爭點協議，作為本件訴訟中攻擊與防禦之範圍。兩造不爭執之事實有五：1.兩造有日簽訂工程契約；2.原告已依約完成系爭工程，並經被告辦理驗收完畢；3.兩造為小搬運費進行協調，兩造對於原告所搬運土石之數量不爭執；4.依據工程契約第22條第3款約定，兩造因履約而發生爭議時，其未能達成協議者，得提起民事訴訟處理；5.兩造間會議紀錄記載結論：(1)系爭工程契約未約定增加之搬運用費應由原告負擔；(2)同意增加之搬運費用300萬元。此等不爭執之事實，將成為本院判決之基礎。

（二）爭執事項

本件爭點事項有三：1.兩造就搬運費之報酬計價標準有爭執，原告主張依據卡車之搬運次數，作為計算報酬與單價之標準，其與搬運距離無關，因該標準經公共工程委員會所核定，亦為被告建議之單價，並經兩造同意。被告抗辯稱以總重15噸傾卸貨車，車速每小時3,500公尺，搬運1趟之距離達1,000公尺，始有每立方公尺18元之報酬，此為公共工程委員會核定之標準。兩造間會議結論，僅就土石方數量及搬運平均距離達成共識，並未對單價部分達成協議，倘依據原告主張新增土石方搬運平均距離610公尺，作為計算單價，顯與政府採購法第6條所規範之公平合理原則不符；2.原告主張其已經依約履行完畢，故被告應給付報酬。被告抗辯稱依據兩造間日之會議紀錄，被告係同意於符合政府採購法之規定，始給付報酬與原告。因政府採購法第22條規定，辦理限制性招標

之增加給付要件，係指承包商未施作工程之情形。因系爭工程業已完工，故被告自無從辦理增加給付；3.原告主張搬運用費應加計10%之利潤、工程管理費及5%之加值型營業稅。被告抗辯稱兩造間會議結論，未達成合意，原告不得請求利潤、工程管理費及加值型營業稅。職是，本件之爭點，在於原告是否有權利請求被告給付小搬運費、利潤、工程管理費及營業稅。

二、承攬報酬之計算

　　稱承攬者，謂當事人約定，一方爲他方完成一定之工作，他方俟工作完成，給付報酬之契約。和解有使當事人所拋棄之權利消滅及使當事人取得和解契約所訂明權利之效力（民法第490條第1項、第737條）。原告主張搬運費用係依據卡車之搬運次數，作爲計算報酬與單價之單價，並經兩造同意等語。被告抗辯稱依據兩造間會議結論，未就單價部分達成協議，蓋新增土石方搬運平均距離僅610公尺，以此作爲計算單價，顯與政府採購法第6條所規範之公平合理原則不符云云。職是，兩造就增加之搬運費用之計算標準發生爭議，法院自應審究搬運費用之計算標準。

（一）政府辦理採購原則

　　依據兩造間開會紀錄記載內容可知，就擬補償搬運費之參考單價部分，認系爭工程新增土方暫置場所之平均運距爲610公尺，係參酌行政院公共工程委員會工項價格資料庫之預算單價每立方公尺18元計算而來等情。此與原告之陳述相符，而非被告所稱係以平均運距1,000公尺爲計價單位。職是，原告主張以每立方公尺18元之計算方式，已參酌行政院公共工程委員會之計價標準，實寓有維護公共利益及公平合理之目的，並無正當理由之差別待遇之情事，實符合政府採購法第6條規定之辦理採購原則[45]。

（二）兩造就承攬報酬成立和解

　　兩造間會議結論有二：1.系爭工程契約未約定增加之搬運用費由原告負擔；2.同意增加搬運費用300萬元。此有會議紀錄附卷可稽，兩造就此結論，並不爭執。法院解釋會議紀錄之文義，足認被告已同意給付搬運費用300萬元。準此，原告承攬新堆置場之搬運、挖塡土方工作。因增加之搬運費用之報酬計算容有爭議，兩造幾經協議，已於會議中同意承攬契約報酬之數額，論其性質係就承攬報酬成立和解，職是，原告依據承攬與和解之法律關係，請求被告給付

45　政府採購法第6條第1項規定：機關辦理採購，應以維護公共利益及公平合理爲原則，對廠商不得爲無正當理由之差別待遇。

增加之搬運費用300萬元，洵屬正當。

三、限制性招標

　　機關辦理公告金額以上之採購，應符合一定之情形，始得採限制性招標（政府採購法第22條）。此係政府機關辦理限制性招標之規範，並非政府機關得持該規定，單方可拒絕履行與人民達成和解內容之義務。原告主張其已經依約履行完畢，故被告應給付搬運費用等語。被告持政府採購法第22條限制性招標之規定，作為拒絕給付本件搬運費用之抗辯。職是，法院自應判定原告已依約完成工程，被告是否拒絕給付搬運費用與原告。

（一）契約規範

　　依據工程契約之約定，兩造因履約而發生爭議時，應依據採購法令及契約規定，考慮公共利益與公平合理，盡力協調解決，其未能達成協議者，得提起民事訴訟處理。準此，本件雖為承作公共工程所衍生之糾紛，然其本質仍為承攬之法律關係，不因一方當事人為政府機關而異。兩造自得本於私法自治之原則，約定兩造解決紛爭之機制。故依據契約規範，原告自得向法院提起民事訴訟，尋求救濟之途徑。被告不得以系爭工程業已完工在案，無從依據政府採購法第22條限制性招標之規定，憑以辦理增加給付，作為拒絕給付搬運費用與原告之抗辯事由。

（二）違反限制性招標之效力

　　縱使本件公共工程之承攬，確已違反政府採購法第22條限制性招標之規定。然政府採購法並未將此違反規定之承攬契約，視為無效。該違反之結果，至多將導致被告之承辦人員，遭受行政上之不利處分。被告自不得將該風險交由原告承擔，拒絕依據會議之結論，給付搬運費用與原告。蓋是否違反限制性招標之規定，被告為專業之工程機構，應知悉甚詳。兩造既然就給付搬運費用達成合意在案，當事人自應依約履行義務，不容任何一方於事後藉詞，恣意拒絕履行自身之應盡義務。

四、利潤及營業稅

　　營業人銷售貨物或勞務，原則均應就銷售額，計算其營業稅稅率，除本法另有規定外，最低不得少於5%，最高不得超過10%。銷項稅額，指營業人銷售貨物或勞務時，依規定應收取之營業稅額（加值型及非加值型營業稅法第14條、第10條）。因兩造就利潤、工程管理費及營業稅之負擔存有疑義，法院自

應探討原告依據承攬與和解之法律關係，除得請求被告給付搬運費用300萬元外，是否有向被告請求10%之利潤、工程管理費及5%之營業稅等權利。

（一）營業稅之收取與利潤之計算

原告為本件公共工程之承攬人，其為營業人，自應向本件公共工程之定作人，即本件被告收取營業稅。依據工程契約第9條第1款規定，被告對於工程如有增減工程數量之必要時，對於增減數量，參照契約所定單價或比照訂約時之料價計給之。準此，本件增加之搬運費用，自得比照工程契約第9條第1款規定辦理。按照工程契約與其所附之詳細價目表，包商利潤及管理費為工程款之10%，而各工程款應加上5%之營業稅等情，此有工程契約附卷可稽。準此，被告自有給付原告搬運費用之利潤、工程管理費及營業稅之義務。

（二）稅捐法定主義

基於稅捐法定主義原則，加值型及非加值型營業稅法既然規定營業人應向交易之相對人收取營業稅，原告理應依法向被告收取，以作為申報營業稅之依據，自不因被告為政府機關而有差異。蓋依法納稅之義務，不僅適用全國人民，政府機關亦應遵守之。職是，依據加值型及非加值型營業稅法與系爭工程契約之約定，被告均應給付營業稅與原告，再由原告據實申報繳納。

參、結論

原告依據承攬契約、和解契約及加值型及非加值型營業稅法等法律關係請求被告給付345萬元之搬運用費與其利潤、工程管理費營業稅（計算式：300萬元×1.15），並自起訴狀繕本送達之翌日起至清償日止，按年息5%計算之利息，為有理由，應予准許。再者，兩造均陳明願供擔保聲請宣告假執行及免為假執行，經核均無不合，爰分別酌定相當擔保金額准許之（民事訴訟法第390條第2項、第392條）。

肆、相關案例

廠商與機關間關於招標、審標、決標之爭議，得依本章規定提出異議及申訴（政府採購法第74條）。採購申訴審議委員會對申訴所作之審議判斷，依同法第83條規定，視同訴願決定。準此，立法者已就政府採購法中廠商與機關間關於招標、審標、決標之爭議，規定屬於公法上爭議，其訴訟事件自應由行政法院審判。例如，廠商不服機關不予發還押標金行為，經異議及申訴程序後，

提起行政訴訟，行政法院自有審判權。反之，關於採購契約履約問題而不予發還押標金所生之爭議，屬私權爭執，非公法上爭議，普通法院自有審判權[46]。

案例24　次承攬契約給付報酬

　　原告主張被告承攬A公司之道路拓寬工程，並以點工方式要求原告機具進場施作，由A公司直接每月給付工程款予原告。詎A公司嗣後不願再給付原告工程款。依法院民事確定判決認定原告與A公司間未成立承攬關係，A公司無給付原告工程款之義務，故被告應給付工程款予原告，依據點工單計算所得，被告應給付原告工程款新臺幣（下同）60萬元等語。被告抗辯稱原告有至系爭道路拓寬工程施工，A公司亦有派員前往監工與點工，點工單雖經被告確認，惟由A公司付款，並非向被告請款，契約關係係存在於原告與A公司間，兩造間並無點工承攬關係存在云云。

關鍵詞　承攬契約、次承攬、爭點效、程序法、縮短給付

壹、探討議題

　　被告承攬A公司之道路拓寬工程，被告以點工方式要求原告機具進場施作，因A公司嗣後未持續給付原告工程款。原告依據承攬契約請求被告給付積欠之工程款。被告抗辯稱承攬契約關係係存在於原告與A公司間，兩造間並無承攬關係存在。職是，本實例探討重點，在於承攬契約之成立要素與民事確定判決爭點效之適用。

貳、理由分析

一、整理與協議簡化爭點

　　受命法官為闡明訴訟關係，得整理並協議簡化爭點（民事訴訟法第270條之1第1項第3款）。法院於言詞辯論期日，依據兩造主張之事實與證據，經簡化爭點協議，作為本件訴訟中攻擊與防禦之範圍。兩造不爭執之事項有三：（一）被告與A公司間有簽訂承攬工程，由被告承攬系爭道路拓寬工程；（二）原告至系爭道路拓寬工程施工，並開立買受人為A公司之統一發票，由A公司付款；

46　最高行政法院109年度上字第609號行政判決。

（三）另案之民事確定判決判斷系爭道路拓寬工程承攬關係之當事人，係本件原告與被告。此等不爭執之事實，將成為判決之基礎。再者，原告主張兩造間有承攬契約等語。被告抗辯稱承攬契約存在原告與A公司間，兩造無承攬契約關係云云。職是，兩造爭執之事項，係兩造間有無承攬契約存在？倘兩造間確有承攬契約存在，被告應給付若干工程款予原告？此承攬契約之報酬債權之發生原因事實，為有利於原告之事實，自應由原告負舉證責任。

二、承攬契約之成立

　　稱承攬者，謂當事人約定，一方為他方完成一定之工作，他方俟工作完成，給付報酬之契約。報酬應於工作交付時給付之，無須交付者，應於工作完成時給付之（民法第490條第1項、第505條）。當事人對於完成一定工作及給付報酬，意思表示一致時，承攬契約即為成立，其為非要式契約及諾成契約。承攬人所負完成一定工作之債務與定作人所負給付報酬之債務，互有對價及互為給付之關係，承攬人依約完成工作時，定作人即負有給付報酬之義務。原告主張兩造間有承攬契約等語。被告抗辯稱承攬契約存在原告與A公司間，兩造無承攬關係云云。職是，兩造就有無承攬契約存在發生爭議，法院自應審究承攬契約之主體為何？以認定原告請求被告給付工程款有無理由？

（一）點工方式

　　工程業者所稱之點工方式，係指當事人約定，一方以機械施工之方式，為他方完成工作，他方依據工作日之日數，負給付報酬之義務，其目的在於完成工作，故本質為承攬契約。原告主張被告承攬A公司之系爭道路拓寬工程，被告通知原告以點工方式進場施工，原告之機具包含挖土機、鏟土機及卡車等事實。此為被告所不爭執。法院調閱另案給付工程款事件卷宗，參諸被告前於該民事訴訟事件中，以證人之身分所結證之證言內容，可知被告與A公司簽訂工程契約書，由被告承攬系爭道路拓寬工程，被告有要求原告至系爭道路工程處施工，並約定以市場行情給付報酬等事實，此有工程契約書附卷可稽。準此，兩造就系爭道路拓寬工程，有約定工作內容及給付報酬之金額。

（二）縮短給付之方式

　　被告承攬系爭道路拓寬工程，原告係應被告之要求與指示前往施作系爭道路拓寬工程，而非A公司要求原告進場施工，兩造就本事實均不爭執。法院審視被告與A公司間之工程契約書第2條至第4條之約定內容可知，系爭道路工程之請款，均由施工之廠商直接開立發票向A公司請款，故原告至系爭道路拓寬

工程施工，並開立買受人為A公司之統一發票，而由A公司付款，兩造就原告開立買受人為A公司之統一發票，由A公司付款之事實，復不爭執。準此，法院認為A公司應給付工程款予被告，而依據被告之指示將工程款交付予原告；被告復將工程款請求權讓與原告，並指示A公司給付工程款予原告，其性質屬縮短給付之方式。故不得僅以給付之約定，而判定原告與A公司間存有承攬關係。

（三）工程界之慣例

被告承攬系爭道路拓寬工程，由實際施作工程之原告，開立以A公司為買受人之統一發票，其屬於工程界上之慣例，俾於定作人即A公司持之向稅捐機關申報稅款，此不影響兩造間之承攬關係或被告與A公司間之承攬關係。是兩造對於工作標的與給付報酬之承攬契約要素，渠等意思表示互相合致，是兩造間確有承攬契約存在。至於兩造間雖未簽訂承攬契約書，惟承攬契約係諾成契約，不以簽訂書面承攬契約為必要。法院審視原告提出之請款單與點工單，認原告確有進場施工，被告亦於該等點工單上簽名確認之。被告就A公司尚有60萬元報酬未給付予原告之事實，並不爭執。準此，被告就原告已依約進場施工，並完成承攬之工作內容。故被告依據承攬契約之法律關係，負有給付報酬之義務。

三、爭點效

法院於確定判決理由中，對訴訟標的以外當事人所主張或抗辯之重要爭點，本於兩造辯論之結果所為之判斷結果，除有顯然違背法令，或當事人提出新訴訟資料足以推翻原判斷之情形外，於同一當事人間，就與該重要爭點有關之他訴訟，不得再為相反之主張，法院亦不得作相異之判斷，此源於訴訟上之誠信原則及當事人公平之訴訟法理，免除紛爭反覆發生，以達一次解決紛爭所生之一種判決效力或拘束力，即所謂爭點效，此為程序法所採[47]。法院審酌另案之民事確定判決，其已判斷系爭道路拓寬工程承攬關係之當事人，係本件原告與被告，被告就該民事判決所確認之事實，並未爭執。準此，基於尊重訴訟法上之誠信原則及基於紛爭解決一回性之要求，前訴訟判決理由中之判斷，會對後訴訟法院及當事人發生拘束效力，後訴之法院不能為相反之認定，當事人不能為相反之主張，且於不同訴訟標的之訴訟，亦不得為相反之認定。準此，原告主張兩造間有承攬契約存在，堪信為真實。

47　最高法院96年度台上字第1782號、104年度台上字第137號、104年度台上字第217號、112年度台上字第1071號民事判決。

參、結論

　　被告向A公司承攬系爭道路拓寬工程，被告與A公司有承攬關係，被告以點工方式，要求原告機具進場施作，兩造間亦有承攬契約之存在，兩承攬關係分屬不同權義主體。職是，原告依兩造間之承攬契約進場施作，並完成相關系爭道路工程，是原告依據承攬法律關係請求被告應給付工程款60萬元，為有理由，應予准許。

肆、相關案例

　　當事人於準備程序中經受命法官整理協議之不爭執事項，既係在受命法官前積極而明確的表示不爭執，性質上應屬民事訴訟法第279條第1項所規定之自認，倘當事人能證明其所不爭執之事項與事實不符，為發現真實，仍得適用同條第3項之規定，許其撤銷與該事實不符之不爭執事項，而可不受其拘束，始符公平原則，此與同法第270條之1第3項但書係專指協議爭點之情形尚有不同[48]。

第六節　寄託契約事件

案例25 返還銀行消費寄託物

　　原告甲、乙主張其向人壽保險公司投保年金保險各新臺幣（下同）600萬元及300萬元，被告銀行分行之受僱人丙女擅自向人壽保險公司撤銷上開保險契約，解約金分別匯入原告甲、乙於銀行帳戶後，丙女冒領原告甲帳戶之600萬元與原告乙帳戶之300萬元。丙女未經原告同意而冒領原告之存款，原告得依據消費寄託與僱用人之侵權損害賠償等法律關係，請求被告各給付原告甲、乙600萬元與300萬元云云。被告抗辯稱其係依蓋有原告印鑑章印文之取款條給付款項，已生清償之效力。且原告交付印鑑章及存摺予丙女，應負民法第167條有權代理與第169條表見代理之本人責任，被告給付存款予丙女，當然對原告發生清償效力，原告所負本人之責任，不因丙女為被告之受僱人而有影響。況原告就丙女之盜領行為有提供相當協力，原告就其存款遭盜領，顯有重大過失等語。

關鍵詞 表見代理、當事人能力、公司負責人、僱用人責任、追加訴訟標的

48　最高法院100年度台上字第1939號民事判決。

壹、探討議題

　　原告兒媳擔任被告銀行分行之襄理，除偽刻客戶印章盜領存款外，其亦趁取得原告印鑑章與密碼之際，冒領原告之存款。原告為此爰依消費寄託與僱用人之侵權損害賠償等法律關係請求被告返還存款。職是，本實例探討重點，在於金錢寄託之法律關係、公司負責人之範圍、對債權準占有人清償之效力、表見代理之要件、僱用人責任及執行職務之概念。

貳、理由分析

一、程序事項

（一）當事人能力

1.分公司之當事人能力

　　分公司係由總公司分設之獨立機構，就其業務範圍內之事項涉訟時，有當事人能力[49]。原告主張渠等分別於被告銀行分公司設有活期儲蓄存款帳號，被告受僱人丙女利用職務之機會，盜領原告之存款，原告依據返還消費寄託物與對僱用人之損害賠償請求權，對被告起訴等情。查被告為銀行之分公司，經營收受各種存款（銀行法第3條第1款、第2款）。職是，被告就存款業務發生爭議時，依據前揭說明，具有訴訟之當事人能力，原告得對之起訴。

2. 判決之既判力

　　除別有規定外，確定之終局判決就經裁判之訴訟標的，有既判力（民事訴訟法第400條第1項）。實務雖認分公司有當事人能力，係訴訟法之便宜辦法，惟公司法人在實體法之權利主體，仍為單一而不可分割。系爭銀行為被告之本公司，管轄全部組織之總機構（公司法第3條第2項前段），被告為系爭銀行管轄之分支機構（第2項後段）。故系爭銀行自得委任訴訟代理人擔任本件訴訟之訴訟代理人，其效力及於被告。而被告為銀行分設之獨立機構，就其業務範圍內之事項涉訟，其判決之既判力，當然及於系爭銀行。

（二）追加他訴

1. 基礎事實同一

　　訴狀送達後，原告不得將原訴變更或追加他訴。但請求之基礎事實同一者，不在此限。被告於訴之變更或追加無異議，而為本案之言詞辯論者，視為

49　最高法院40年台上字第39號、95年度台上字第1339號民事判決。

同意變更或追加（民事訴訟法第255條第1項第2款、第2項）。所謂請求之基礎事實同一，係指變更或追加之訴與原訴之主要爭點有其共同性，各請求利益之主張在社會生活上可認爲同一或關連，而就原請求之訴訟及證據資料，於審理繼續進行在相當程度範圍內具有同一性或一體性，得期待於後請求之審理予以利用，俾先後兩請求在同一程序得加以解決，避免重複審理，進而爲統一解決紛爭者，即屬之[50]。

2. 追加訴訟標的

　　原告起訴主張因其在被告之存款遭被告之受僱人丙女盜領，故依據民法第603條之金錢寄託規定，請求被告返還消費寄託物。嗣後原告提出民事準備書暨聲請調查證據狀主張丙女爲被告之受僱人，其利用執行職務而盜領原告存款，故被告應負僱用人之責任，賠償原告所受之損害，是追加訴訟標的請求被告應依民法第188條之規定，應與丙女連帶負損害賠償責任。準此，法院審酌原告不論係依據返還消費寄託物或僱用人之侵權責任，其主張之主要事實，均係被告受僱人丙女利用執行職務之便而盜領原告在被告處之存款，原告前後請求之基礎事實應屬同一，其合法追加訴訟標的。

二、實體事項

（一）整理與協議簡化爭點

1. 不爭執事項

　　受命法官爲闡明訴訟關係，得整理並協議簡化爭點（民事訴訟法第270條之1第1項第3款）。法院於言詞辯論期日，依據兩造主張之事實與證據，經簡化爭點協議，作爲本件訴訟中攻擊與防禦之範圍。兩造不爭執之事實有三：(1)原告甲、乙各向人壽保險公司投保年金保險600萬元與300萬元；(2)原告甲之600萬元保險金匯入其於被告之活期儲蓄存款帳號，並遭人持蓋有原告甲印鑑章印文之取款條領取600萬元；(3)原告乙之300萬元保險金匯入其於被告之活期儲蓄存款帳號，遭人持蓋有原告乙印鑑章印文之取款條領取300萬元。此等不爭執之事實，將成爲法院判決之基礎。

2. 爭執事項

　　兩造爭執事實有四：(1)原告於被告之活期儲蓄存款帳號之900萬元存款，是丙女所領取？抑是原告本人領取？(2)900萬元存款倘係丙女所領取，是否適用民法第310條第2款之經債權準占有人受領，已發生清償之效力？此涉及原告向

50　最高法院91年度台抗字第552號、113年度台抗字第66號民事裁定。

被告行使民法第603條之金錢寄託物返還請求權，是否有理由；(3)原告將存摺與印章交予丙女，是否有民法第167條之代理權授與及第169條之表見代理之適用，此關乎原告是否應負本人責任；(4)丙女持蓋有原告印鑑章印文之取款條領取900萬元存款，是否為執行職務之行為，此事涉被告應否負民法第188條之僱用人責任。

（二）金錢寄託之法律關係

　　寄託物為代替物時，如約定寄託物之所有權移轉於受寄人，並由受寄人以種類、品質、數量相同之物返還者，為消費寄託。寄託物為金錢時，推定其為消費寄託。向第三人為清償，經其受領者，而受領人係債權之準占有人者，以債務人不知其非債權人者為限，有清償之效力（民法第602條第1項、第603條、第310條第2款）。原告主張其於被告處之活期儲蓄存款帳號之900萬元存款，遭丙女領取等語。被告抗辯稱900萬元存款，未必然係丙女領取，其有可能係原告本人所領取云云。職是。法院首應審究900萬元存款，係丙領女取，抑是原告親自領取。倘為原告本人領取者，900萬元存款，即生清償之效力，原告之訴，顯無理由。反之，900萬元存款確為丙女所領取，法院則應探討是否適用民法第310條第2款之經債權準占有人受領，已發生清償之效力。倘經法院判定不發生向第三人為清償之效力者，原告始得向被告行使民法第603條之金錢寄託物返還請求權。

1. 900萬元存款已領取

　　原告主張原告甲、乙各向人壽保險公司投保金保險600萬元與300萬元。原告甲之600萬元保險金匯入其於被告之活期儲蓄存款帳戶，遭人持蓋有原告甲鑑章印文之取款條領取。而原告乙之300萬元保險金匯入其於被告之活期儲蓄存款帳戶，遭人持蓋有原告乙印鑑章印文之取款條領取300萬元等事實。業據原告提出存摺節本、空白要保書暨保險契約型錄、存入憑條及存款帳戶存提交易明細查詢明細表等件為證。復為被告所不爭執者，故可知原告於被告處之活期儲蓄存款帳戶內系爭900萬元存款，遭人持蓋有原告印鑑章印文之取款條加以領取之事實，堪信為真實。

2. 丙女盜領900萬元存款

　　證人丙女到庭證稱：其為原告之兒媳，因原告甲出售土地，得款1,000萬元，該買賣價金匯入原告於被告之活期儲蓄銀行帳戶，原告甲要求證人代匯款至其兒子帳戶內，證人趁機盜蓋取款條，進而持之領取系爭900萬元存款等語。

證人丙女另到庭證稱：原告至被告處領款時，其通常將原告之存摺、印鑑章交證人書寫取款條與蓋用印章，持之領取存款，證人會趁機盜蓋取款條等語。法院審核原告甲於被告帳號之交易明細查詢明細表，得知有1,000萬元匯入該帳戶，此有存摺節本與存款帳戶存提交易明細查詢明細表等件附卷可證。故證人丙女證稱其利用匯出土地買賣價金時，趁機持原告印鑑章蓋於取款條，應屬可信。而兩造就證人之上開證詞，均未爭執。自證人丙女之證言可知，證人丙女於代原告甲匯款予原告之子與辦理原告於被告處取款時，除持原告之印鑑章蓋用取款條外，並有另行多蓋取款條之行為，以備日後所需，是證人丙女持蓋有原告印鑑章印文之取款條，其於被告處領取900萬元存款。參諸證人丙女於法院違反銀行法等刑事案件審理中，其以刑事被告身分自白有領取900萬元存款等情，此有法院違反銀行法等案件刑事判決，附卷可稽。準此，900萬元存款係丙女持蓋有原告印鑑章印文之取款條，加以領取，並非原告親自至被告處領取。

3.襄理非公司負責人

公司之經理人或清算人，股份有限公司之發起人、監察人、檢查人、重整人或重整監督人，在執行職務範圍內，亦為公司負責人。稱銀行負責人，謂依公司法或其他法律或其組織章程所定應負責之人（公司法第8條第2項；銀行法第18條）。丙女係被告之襄理，此為兩造所不爭執者。銀行襄理之職務在於輔佐銀行分公司經理，係承經理之命承辦業務，並非必設之機構，分公司襄理亦無為分公司管理與簽名之權限（民法第553條第1項）。丙女僅為被告之襄理，其非被告公司之負責人，自無從依據代表之法理，將丙女取900萬元存款視為被告之行為，將存款遭冒領之損害歸諸被告負擔。

4.900萬元領取符合領款程序

依據被告提出之存款、信託業務總約定書規定：存款人於被告各營業單位提款時，應憑存摺、原留印鑑及填具提款密碼之取款憑條辦理。被告各營業單位之付款手續，僅須認明存摺及原留印鑑，並核驗提款密碼，而無須驗明交易人之身分。依據前開規定可知，被告就已蓋用留存印鑑，並填據密碼之取款條，領款人持存摺請求付款時，被告即應付款，被告就領款之人是否確為存款本人或有無經本人授權等情事，無須驗明。法院斟酌被告提出之取款憑條可知，原告甲於被告之活期儲蓄存款帳戶遭領取600萬元，該取款條蓋用甲之印鑑章與書寫密碼，並經被告受僱人丁驗印後，再由丙女覆核，其符合領款之程序。再者，原告乙於被告之活期儲蓄存款帳戶遭領取300萬元，核與存摺節本相符。取款條蓋用原告乙之印鑑章與書寫密碼8866，並經被告受僱人丁驗印後，

再由丙女覆核，其亦符合請求領款之程序。

5. 向債權準占有人清償

　　乙種活期存款戶與金融機關之間為消費寄託關係。第三人持真正存摺，並在取款條盜蓋存款戶真正印章向金融機關提取存款，金融機關不知其係冒領而如數給付時，善意向債權準占有人清償，依民法第310條第2款規定，對存款戶有清償之效力[51]。原告固主張丙女被告之襄理，丙女冒領存款，其受損害者為被告云云。惟被告稱其於受理客戶臨櫃取款時，係由被告之職員受領客戶請求清償之意思表示，本件受領請求返還900萬元之意思表示，係丙女以外之被告受僱人，故已發生向債權之準占有人清償而有清償之效力等語。職是，兩造之主要爭點，在於丙女是否以第三人之身分領取900萬元存款，是否發生清償效力。

6. 以真正印鑑及書寫提款密碼領款

　　銀行與存款戶間，係金錢寄託關係，而寄託物為金錢時，推定受寄人無返還原物之義務，僅須返還同一數額。因受寄人僅須返還同一數額者，寄託物之利益及危險，於該物交付時移轉於受寄人（民法第602條第1項、第603條）。銀行就客戶具領存款，究以何種方法判別印章之真偽，為其內部處理業務之問題，縱令銀行之職員，以肉眼判別印章之真偽，並無過失，然存款為第三人偽刻印章所冒領，銀行僅得對該冒領人為損害賠償之請求，不得以第三人冒領之事由，主張對於存款人已生清償之效力。蓋存款為第三人所冒領，其受損害者係銀行，存款人得對於銀行行使寄託物返還請求權[52]。是第三人持蓋有真正印章與書寫密碼之取款憑條請求銀行付款，銀行亦不知第三人非債權人時，銀行據此付款予第三人，銀行對存款人已生清償之效力，存款人自不得對於銀行主張寄託物返還請求。準此，丙女領取900萬元存款，經被告辦理領款之承辦人認定蓋用印鑑及書寫提款密碼之取款憑條，符合取款條件無誤，該承辦人亦不知丙女非債權人，而對丙女付款，其已對原告發生清償之效力，原告自不得再憑金錢寄託之法律關係，請求被告返還900萬元存款。

（三）表見代理之效力

　　代理人於代理權限內，以本人名義所為之意思表示，直接對本人發生效力。再者，由自己之行為表示以代理權授與他人，或知他人表示為其代理人而

51　最高法院73年度第11次民事庭會議決議；最高法院76年度台上字第1865號、79年度台上字第2766號、111年度台上字第2807號民事判決。

52　最高法院55年台上字第3018號、57年度台上字第2965號、95年度台上字第1250號民事判決。

不為反對之表示者，對於第三人應負授權人之責任。但第三人明知其無代理權或可得而知者，不在此限（民法第103條第1項、第169條）。原告固主張其未授權丙女領取900萬元存款云云。惟被告抗辯稱原告將存摺與印章交予丙女，自應適用民法第103條之代理權授與或第169條之表見代理之適用等語。職是，兩造本項爭執，在於交付存摺與印章交予丙女，有無代理權授予或表見代理之情事。

1. 原告未授權丙女

證人丙女於法務部調查局市調查處陳稱：原告未同意其解除人壽保險契約，係其擅自解除該保險契約，盜蓋原告印章於空白取款條，持之領取900萬元存款等語。原告亦於市調查處陳稱：其未同意丙女解除保險契約，係丙女事後告知，原告始知悉此事，原告未將存摺與印鑑章交予丙女領取900萬元存款等語。參諸原告與丙女在市調查處之陳述內容，兩者核屬相符，足認原告未授權丙女領取900萬元存款。是被告不得僅憑原告曾將存摺與印章交予丙女之事實，遽認為原告有授權丙女領取900萬元存款。原告雖曾有將存摺與印章交予丙女之行為，惟係委託丙女領取其他存款，其與丙女冒領900萬元存款，係屬兩事。

2. 原告須負本人責任

證人丙女利用原告委託其處理匯款或提款之機會，將原告印鑑章蓋用於被告之空白取款憑條。況原告至被告處領款時，均將印鑑章與存摺交付丙女辦理提款事宜，由丙女於取款憑條上填寫密碼與金額，並蓋用印鑑章持之向被告臨櫃人員領款。因丙女係原告之兒媳，渠等為至親，原告至被告處領款，均委託丙女全權填寫取款憑條，是丙女持蓋有原告印鑑章與書寫密碼之取款憑條，請求被告臨櫃人員返還900萬元存款，被告臨櫃人員以原告與丙女間之親屬關係，暨原告平日委託丙女取款及印鑑章、密碼均正確等情事，顯有相當理由，足令被告臨櫃人員相信丙女有代理權，實難以得知其無代理權。準此，丙女雖無權代理原告領取900萬元存款，惟自原告之上揭行為，已表示有將代理權授予丙女領取900萬元存款，為維護交易安全與金融市場之秩序，原告須負本人責任。職是，丙女領取900萬元存款之行為，對原告發生效力，被告已返還900萬元存款予原告，原告自不得再向被告請求返還900萬元存款。

（四）僱用人責任

受僱人因執行職務，不法侵害他人之權利者，由僱用人與行為人連帶負損害賠償責任。但選任受僱人及監督其職務之執行，已盡相當之注意或縱加

以相當之注意而仍不免發生損害者，僱用人不負賠償責任（民法第188條第1項）。所謂受僱人因執行職務不法侵害他人之權利，不僅指受僱人因執行其所受命令，或委託之職務自體，或執行該職務所必要之行為，而不法侵害他人之權利者而言。換言之，受僱人之行為，在客觀足認為與其執行職務有關，而不法侵害他人之權利者，就令其為自己利益所為亦應包括在內[53]。職是，僱用人責任，係以受僱人因執行職務而成立侵權行為為前提。原告固主張丙女有覆核提款事宜之權責，其行為在客觀上足認為與其執行職務有關，故被告對於丙女因執行職務所不法侵害原告權利之行為，自應負僱用人之損害賠償責任云云。然被告抗辯稱覆核主管對於經臨櫃人員已確認相符之取款要件者，並無利用職務侵害存款人之機會可言。況原告就丙女之盜領行為提供相當之協力，原告就900萬元存款遭盜領，顯有重大過失，丙女冒領之行為，亦自與執行職務無關等語。故本項兩造之爭點，在於被告受僱人丙女持蓋有原告印鑑章之取款條而領取900萬元存款，是否屬執行職務行為之範圍。如屬執行職務者，被告即應負僱用人責任。

1. 受領返還系爭存款非屬執行職務之行為

　　受領原告請求返還系爭存款之意思表示者，為被告之臨櫃人員丁，由該受僱人審核留存印鑑與密碼無誤後，即得交付900萬元存款。換言之，被告受理客戶領款時，係由臨櫃之經辦人員核對留存印鑑與密碼是否相符，如留存印鑑或密碼不符，臨櫃經辦人員則無法受理領款之請求。故印鑑相符者，無論覆核主管為何人，均應依據客戶之請求，返還寄託之存款。準此，丙女雖為覆核主管，然自覆核行為之外觀而言，其未執行受領原告請求返還900萬元存款之職務，不得僅憑丙女為覆核主管，遽認其冒領900萬元存款，係屬執行職務之行為。

2. 原告有重大過失

　　原告向被告領取存款，除蓋用鑑章外，並應告知取款之密碼，故原告將印鑑章與密碼交予丙女，致發生丙女盜領900萬元之行為，顯然提供相當重大程度之助力，否則僅憑於取款條上蓋用印鑑章，而未書寫正確之密碼，被告臨櫃人員依據存款、信託業務總約定書第3章第1條與第4條規定之付款流程，丙女實無法冒領900萬元存款，就風險之控管立場而言，原告就900萬元存款遭丙女冒領，其有重大過失至明，其與法院就丙女違反銀行法之刑事案件，丙女盜刻被

53　最高法院42年台上字第1224號、106年度台上字第2660號民事判決。

告客戶之印章，進而盜領該等客戶之存款，兩者情節顯有不同。基於交易安全之觀點而論，令原告承擔900萬元存款遭冒領之損害，堪稱正當。

參、結論

被告依據民法第310條第2款就債權之準占有人之清償或民法第169條之表見代理效力，均已發生對原告清償900萬元存款之效力。故原告主張消費寄託與僱用人之侵權損害賠償等法律關係，請求被告返還或賠償900萬元存款云云，顯無理由，應予駁回。職是，原告之訴既經駁回，其假執行之聲請亦失所附麗，併予駁回。

肆、相關案例

訴之變更或追加，係利用原訴訟程序所為之起訴。故為訴之變更或追加時，固須有原訴訟程序之存在，惟經利用原訴訟程序合法為訴之變更或追加後，即發生訴訟拘束之效力，而能獨立存在，不因嗣後原訴之訴訟繫屬消滅而受影響[54]。

54　最高法院103年度台抗字第434號民事裁定。

第一節 所有權事件

案例 26 確認未保存登記建物所有權

原告主張其出資興建房屋,其為房屋之所有人。縱使認定房屋為原告之被繼承人所興建,然其他繼承人均願意將共有權讓與原告,原告亦為房屋之所有人。而被告甲為房屋之基地所有人,否認原告為房屋之所有人。被告政府亦以房屋所有權有爭議為由,認為房屋之拆遷補償費與自拆獎勵金,應由原告與被告甲共同具領。故被告均否認原告就房屋有所有權,致使原告對房屋所有權存在之法律關係不明確,必須藉由法院確認判決,以除去原告所有人地位受侵害之危險,原告即有受確認判決之法律上利益,原告請求確認房屋為原告所有等語。被告政府抗辯稱:原告因房屋拆遷補償費與自拆獎勵金之請領權利歸屬,而與被告甲發生爭議,被告政府為此發函通知由原告與被告甲共同具領。被告政府所為公法之行政處分,無法實質認定系爭房屋所有權之歸屬,故未使原告之私法上地位有受侵害之虞。是原告對被告政府提起確認之訴,自屬欠缺權利保護之必要云云。被告甲抗辯稱:房屋為被繼承人違法擅自改建,前案民事判決認定原告與其他繼承人應將房屋拆除,並返還占有之土地,足見原告對房屋未享有使用、收益及處分之權,無法排除他人干涉。原告就基地無使用權,縱使其為房屋之原始建築人或繼承人,自無法取得系爭房屋之所有權。況建造房屋屬事實行為,非法律行為,自不得為確認之訴之標的云云。

關鍵詞 確認之訴、違章建築、法律上利益、原始建築人、事實上處分權

壹、探討議題

被告甲所有土地坐落被告政府辦理市地重劃案之範圍內,被告甲所有土地上有系爭房屋存在,被告政府欲發放房屋之拆遷補償費與自拆獎勵金。原告為此主張其為房屋原始建築人,有請領全數拆遷補償費與自拆獎勵金之權利,

因被告甲否認原告為房屋所有人，被告政府認為原告與被告應共同具領拆遷補償費與自拆獎勵金，致使原告對房屋所有權存在之法律關係不明確。職是，本實例探討之重點，在於提起確認之訴要件、原始建築人之認定、違章建築之性質、事實上處分權、一物一物權。

貳、理由分析

一、整理與協議簡化爭點

（一）不爭執事項

　　受命法官為闡明訴訟關係，得整理並協議簡化爭點（民事訴訟法第270條之1第1項第3款）。法院於言詞辯論期日，依據兩造主張之事實與證據，經簡化爭點協議，作為本件訴訟中攻擊與防禦之範圍。就兩造不爭執之事實而言有四：1.本件確認所有權存在之房屋，其與前案號民事判決主文所示建物，兩者為同一標的物，如地政事務所土地複丈成果圖所示編號C與D部分；2.被告甲所有土地為房屋所坐落之基地；3.被繼承人之繼承人有原告及乙2人；4.縱使法院認定被繼承人為系爭房屋之原始建築人，其他繼承人均同意將對房屋之權利移轉與原告，由原告取得全部之權利。此等不爭執之事實，將成為判決之基礎。

（二）爭執事項

　　本件爭點有二：1.系爭房屋之原始建築人為被繼承人或原告？此涉及原告是否原始取得房屋之所有權，或經由繼承關係而取得事實處分權；2.對土地無使用權者，是否能取得系爭房屋之所有權或事實處分權？此關乎原告縱使為原始建築人或經繼承關係承受房屋，能否取得系爭房屋所有權或事實處分權之問題。

二、權利保護要件

　　權利保護要件分為訴訟標的之法律關係與當事人適格。訴訟標的之法律關係屬於實體上權利保護要件，即原告所主張之法律關係存否之問題；當事人適格屬為訴訟上權利保護要件，即就原告所主張之法律關係有無為訴訟之權能之問題。準此，當事人是否適格，應依原告起訴時所主張之事實定之，而非依審判之結果定之[1]。

---

[1]　最高法院95年度台上字第1834號民事判決。

三、提起確認之訴要件

確認法律關係之訴，非原告有即受確認判決之法律上利益者，不得提起之；確認證書眞僞或爲法律關係基礎事實存否之訴，亦同（民事訴訟法第247條第1項）。所謂即受確認判決之法律上利益，係指因法律關係之存否不明確，致原告在私法上之地位有受侵害之危險，而此項危險得以對於被告之確認判決除去之者而言，故確認法律關係成立或不成立之訴，如具備前開要件，即得謂有即受確認判決之法律上利益。原告因法律關係之存否不明確，致其私法上地位有受侵害之危險，提起確認法律關係存在之訴者，原告以否認其法律關係存在人之爲被告，其被訴之當事人，並無當事人適格之欠缺問題。被告政府抗辯稱：其未否認或承認系爭房屋爲原告所有，原告對被告政府提起本件確認之訴，自屬欠缺權利保護之必要云云。職是，法院自應探討被告政府有無否認原告爲房屋所有人之事實，此爲即受確認判決之法律利益之要件。

（一）被告政府否認原告為系爭房屋所有人

被告政府因原告與被告甲間，前就系爭房屋拆遷補償費與自拆獎勵金之請領權利歸屬發生爭議，故發函予原告、被告甲，通知由渠等共同具領房屋拆遷補償費與自拆獎勵金。此有原告提出被告政府函附卷可憑。參諸被告政府函之內容，可知被告政府認爲原告與被告甲就房屋之所有權歸屬有爭議，故要求渠等協議處理，再送被告政府辦理。不論被告政府是否有權認定房屋所有權之歸屬，其通知原告與被告甲共同領取拆遷補償費與自拆獎勵金，而非僅通知原告全數領取拆遷補償費與自拆獎勵金，已否認原告爲房屋之單獨所有人。蓋向被告政府領取房屋之全數拆遷補償費與自拆獎勵金，其領取人之要件，必須擁有房屋之全部所有。通知原告與被告甲共同領取，無異視渠等爲共有人，否認原告爲房屋之單獨所有人。職是，原告得以否認其爲房屋所有人之被告政府，列爲本件確認所有權存在之對造。

（二）受確認判決之法律上利益

被告甲前案民事事件以系爭房屋基地所有人之身分，否認原告爲房屋之所有人，此有前案民事判決附卷可憑。被告甲於本件事件訴訟，亦主張被告就房屋所坐落之基地無使用權，縱使爲房屋之原始建築人或繼承人，亦無房屋之所有權，故被告甲否認原告爲房屋之所有人甚明。準此，被告均否認原告就房屋有所有權，使原告在被告政府辦理市地重劃案中，無法向被告政府領取全數之

拆遷補償費與自拆獎勵金，此涉及原告是否基於私法之所有人地位，有權領取自動拆除拆遷補償費與自拆獎勵金之權利。因被告否認行為，致使原告對系爭房屋所有權存在之法律關係不明確，必須藉由法院確認判決，以除去原告所有人之地位受侵害之危險，原告即有受確認判決之法律上利益，應得認定之。被告否認原告為系爭房屋所有人，原告將其列為本件被告，當事人即有受本件確認系爭房屋所有權之法律關係判決之資格。至於系爭房屋是否確為原告所有，其屬訴訟標的之法律關係要件存否之問題，事涉訴訟實體上有無理由之問題，並非當事人適格之欠缺。

四、原始建築人之認定

自己建築之房屋，其與依法律行為而取得者有別，縱使不經登記，其不適用民法第758條第1項所謂非經登記不生效力，即採登記生效要件主義。故以所有之意思興建房屋者，其為原始建築人，不基於他人既存權利，而獨立與原始取得房屋之所有權，故其取得所有權非以登記為要件。至於究以何人名義請領建造執照，在所不問[2]。本件確認所有權存在之系爭房屋，其與前案號民事判決主文所示建物，兩者為同一標的物，均為地政事務所土地複丈成果圖所示編號C與D部分，而系爭房屋坐落之土地為被告甲所有，此為兩造所不爭執者。兩造所爭執者，在於房屋之原始建築人為被繼承人或原告？此涉及原告是否自始取得房屋所有權之問題。

（一）證人證言

證人即原告之兄證稱：房屋非被繼承人所興建，原告出資新臺幣（下同）30萬元興建房屋等語。證人為原告手足之事實，有原告提出之戶籍謄本、戶籍登記簿及繼承系統表等件為證。被告政府就該等證言之內容，並不爭執。原告是否為房屋原始建築人，證人為原告至親，應知悉甚詳，其證詞有不可取代性，自不得因渠等有親戚關係，而排除該證詞之可信性。是可證原告為房屋之原始建築人。再者，證人即承攬人亦到庭結證稱：原告與其接洽木工工程之承作事項，其負責承作房屋之木工工程，木工之工程款為新臺幣（下同）30萬元，其不認識被繼承人等語。被告政府就該證言，亦未爭執。自證人之證詞可知，原告出資委請證人承攬房屋之木工工程，原告為該木工工程之定作人以觀，益徵原告為房屋之原始建築人。

2　最高法院41年台上字第1039號、70年度台上字第1970號、89年台上字第1480號、96年度台上字第669號民事判決。

（二）用電戶證明

　　法院向臺灣電力股份有限公司營業處詢問系爭房屋之申請用電相關資料，據該營業處函覆稱：原告為系爭房屋之用電戶，其電號001等情。此有該營業處函附卷可憑。法院依據該營業處函，以電話與聯絡人通話。聯絡人於電話中回覆稱：原告為001電號之用電戶，自1985年10月11日起列為用電戶等情。此有法院之公務電話紀錄可憑。自臺電營業處之回覆可知，原告為房屋之用電戶，倘被繼承人為房屋之原始建築人，自應以被繼承人為用電戶。故原告為房屋之用電戶，亦可作為原告為原始建築人之佐證。

（三）房屋稅設籍資料與用水證明

　　法院雖向地方稅務局函調系爭房屋之房屋課稅資料與向臺灣省自來水股份有限公司函調房屋之申請用水等相關資料，然據該稅捐稽徵處與自來水公司之函覆，可知房屋並無房屋稅設籍資料，亦無申請自來水之資料可查，此有地方稅務局號函與臺灣自來水公司函附卷可稽。故無法證明被繼承人生前為房屋之納稅義務人或向臺灣自來水公司申請自來水。

五、違章建築物之性質

　　違章建築物雖無法至地政機關辦理所有權登記，惟其為財產權，自得為交易之標的物[3]。是系爭房屋為違章建築物，其未辦理建物第一次登記，固無法依據民法第758條第1項規定，為設權登記，然得為交易之標的物，亦可為繼承之標的物。原告為房屋之原始建築人，自始、獨立取得系爭房屋所有權。退步言，縱使被繼承人為房屋之原始建築人，原告是否得經由繼承關係取得房屋之權利，此關乎原告得否向被告政府領取系爭房屋之拆遷補償費與自拆獎勵金，成為兩造爭執之其中重點，法院自應審究之。

（一）違章建築物為繼承之標的物

　　繼承因被繼承人死亡而開始，繼承人自繼承開始時，承受被繼承人財產上非專屬之一切權利、義務（民法第1147條、第1148條第1項）。被繼承人已死亡及原告為繼承人等事實，有除戶謄本、戶籍登記簿及繼承系統表等件附卷可稽。因系爭房屋之權利並非專屬權利，故應由原告與其他繼承人共同繼承系爭房屋之權利。

3　最高法院48年台上字第1812號、50年台上字第1236號、103年度台上字第2138號民事判決。

（二）違章建築物可為轉讓之標的物

違章建築之讓與，雖因不能為移轉登記，而無法為不動產所有權之讓與，然受讓人與讓與人間如無相反之約定，應認為讓與人已將該違章建築之事實上處分權讓與受讓人[4]。證人即其他繼承人均到庭證稱：渠等均願意將系爭房屋之所有權讓與原告等語。既然除原告以外之全體繼承人，均同意將房屋之事實上處分權讓與受原告，原告已取得房屋之全部事實上處分權。

（三）事實上處分權

拆除房屋為事實上之處分行為，須有事實上之處分權者，始有拆除之權限[5]。系爭房屋為違章建築，原告因繼承關係，雖無法辦理所有權移轉登記，然已就房屋取得事實上之處分權，自有拆屋之權能。準此，原告縱使非系爭房屋之原始建築人，原告亦為事實處分權人，自得向被告政府領取房屋之拆遷補償費與自拆獎勵金。

六、一物一權主義

土地與房屋為各別之不動產，各得單獨為交易之標的，因房屋之性質不能與土地分離而存在，故使用房屋必須使用該房屋之基地[6]。倘土地與房屋之所有人，並非同一權利主體，房屋所有人是否負拆除之義務，應視其是否有合法占有之權源。故未經辦理登記之房屋原始建築人，或他人已因繼承關係取得該房屋之事實上處分之權利，倘房屋原始建築人或事實處分權人無權占有土地，自應命其拆除該房屋。被告甲抗辯稱：前案號民事判決命被繼承人之繼承人應拆除系爭房屋，並將占有土地返還被告甲。故原告無權使用土地，其無法取得系爭房屋之權利云云。職是，兩造爭執之重心，在於房屋原始建築人或事實處分權人，倘無權占有其房屋坐落基地時，是否無法取得系爭房屋之所有權或事實處分權？

（一）房屋所有人之認定

因房屋無法與土地分離而存在，固使用房屋必須使用該房屋之基地，惟不得因此依附關係，即遽斷無權占用土地者，自無法取得土地上之房屋所有權或其他權利。蓋基於一物一權主義，房屋與其坐落土地為各別之不動產，各得單

4　最高法院85年度台上字第51號民事判決。
5　最高法院69年度台上字第2913號、86年度台上字第2272號、102年度台上字第2053號、111年度台上字第601號民事判決。
6　最高法院95年度台上字第2897號民事判決。

獨爲交易之標的，縱使房屋權利人，對其基地無合法占有權源，負有拆屋還地之義務，亦不影響其取得房屋之權利。

（二）房屋之所有權或事實處分權均得為確認之訴之標的

被告甲於前案民事事件，以房屋基地所有人之身分，請求被繼承人之繼承人拆屋還地，經判決勝訴在案，此有前案民事判決附卷可稽。職是，不論原告就被告甲之所有土地，是否有合法占有權源，均不影響原告爲房屋所有人或事實處分權人之權利。被告甲另抗辯稱：建造房屋屬事實行爲，非法律行爲，自不得爲確認之訴之標的云云。興建房屋雖屬事實行爲，當事人間該對房屋之所有權或事實處分權有爭議時，將致法律關係之存否不明確，當事人間自有即受確認判決之法律上利益。準此，系爭房屋之權利，得爲確認之訴之標的。

參、結論

原告依據房屋所有人之法律關係，被告否認原告爲房屋所有人，原告即有受確認房屋所有權之法律關係判決之利益。不論原告爲房屋之原始建築人而取得所有權，或因繼承關係取得事實上處分權，其請求確認坐落被告甲土地上之房屋爲原告所有，爲有理由，應予准許。職是，原告有權向被告政府請領全數拆遷補償費與自拆獎勵金之權利。

肆、相關案例

所謂當事人適格，係指具體訴訟可爲當事人之資格，得受本案之判決而言。此種資格，稱爲訴訟實施權或訴訟行爲權。判斷當事人是否適格，應就該具體之訴訟，依當事人與特定訴訟標的之法律關係定之。換言之，當事人適格，係指當事人就具體特定之訴訟，得以自己之名義爲原告或被告，而受爲訴訟標的法律關係之本案判決之資格而言[7]。當事人適格爲訴權存在之要件，屬法院應依職權調查之事項[8]。一般而言，訴訟標的之主體通常爲適格之當事人。雖非訴訟標的之主體，惟就該訴訟標的之權利或法律關係有管理或處分權者，亦爲適格之當事人。

一、給付之訴

給付之訴者，係指原告主張其對被告有特定之私法之給付請求權，主要目

7　最高法院93年度台上字第382號、96年度台上字第1780號民事判決。
8　最高法院95年度台抗字第78號民事裁定。

的在於履行實體法之給付請求權[9]。其訴權是否存在，應於事實審之言詞辯論終結時定之，倘在第二審言詞辯論終結時，訴權存在要件已備，縱使在起訴時尚有欠缺，亦不得以其訴為無理由予以駁回[10]。所謂當事人適格，係指當事人就具體特定之訴訟，得以自己之名義為原告或被告，而受為訴訟標的法律關係之本案判決之資格而言。在給付之訴，倘原告主張其為訴訟標的法律關係之權利主體，他造為訴訟標的法律關係之義務主體，其當事人即為適格。至原告是否確為權利人，被告是否確為義務人，乃為訴訟標的法律關係之要件是否具備，係訴訟實體有無理由之問題，並非當事人適格之欠缺[11]。例如，被上訴人主張自己為信用狀之權利人，而信用狀開狀銀行為上訴人，則被上訴人對上訴人請求給付信用狀款項，當事人適格即無欠缺。至被上訴人於實體關係是否有請求權存在，則為訴訟標的之法律關係存否之問題，其與當事人適格不同[12]。

二、確認之訴

　　確認法律關係之訴，係指原告主張特定法律關係不明確、確認證書真偽或為法律關係基礎事實存否之訴（民事訴訟法第247條第1項）。例如，妻無分娩之事實，僅於戶籍資料登載為夫妻之婚生子女，是權利義務受影響之第三人提起確認親子關係不存在之訴，應屬確認之訴[13]。再者，確認法律關係基礎事實存否之訴，以原告不能提起他訴訟者為限（第2項）。前開情形，倘得利用同一訴訟程序提起他訴訟者，審判長應闡明之；原告因而為訴之變更或追加時，不受第255條第1項前段規定之限制（第3項）。

三、形成之訴

　　所謂形成之訴者，係指原告主張對被告有私法之形成權，應經法院判決宣告，使法律關係發生、變更或消滅。質言之，形成訴訟係請求變動權利判決之訴訟，並以新法律關係之創設、變更或消滅既存之法律關係為其目的權利之存在，且可獲得變動法律關係或權利之法律上利益者，始得為之[14]。例如，民法第244條之債權人撤銷權，學說所稱之撤銷訴權，須以訴之形式向法院請求為撤

9　陳榮宗、林慶苗，民事訴訟法上，三民書局股份有限公司，2008年1月，修訂4版5刷，頁270。
10　最高法院86年度台上字第3458號民事判決。
11　最高法院93年度台上字第382號民事判決。
12　最高法院85年度台上字第2788號民事判決。
13　最高法院91年度台上字第1873號民事判決。
14　最高法院100年度台上字第2104號民事判決。

銷其行為之形成判決，始能發生撤銷有害債權之效果，此與同法第116條所定僅以意思表示為撤銷法律行為，兩者不同[15]。

案例27 公用地役權

原告雖主張被告鎮公所興建人行陸橋，其無權占有原告與第三人共有土地，導致原告所有權受有損害，原告依民法第821條規定之共有人請求權，請求被告鎮公所、營造公司拆除占用土地之人行陸橋，並將土地返還給原告及全體共有人云云。然被告抗辯稱系爭人行陸橋之權限在於公路總局，被告鎮公所僅受公路總局之委託，發包系爭陸橋工程，並代為監工與驗收，被告鎮公所無權拆除系爭人行陸橋。況系爭土地有公用地役關係存在，原告所有權之行使受有限制，原告要求拆除系爭人行陸橋，嚴重危害不特定公眾之通行安全，其屬於權利濫用等語。

關鍵詞 既成道路、利益衡量、權力濫用、比例原則、共有人請求權

壹、探討議題

被告鎮公所受公路總局委託辦理人行陸橋之發包工程，被告鎮公所依據政府採購法之規定，將人行陸橋交由被告營造公司承攬。因該人行陸橋坐落既成道路之原告共有土地上，原告請求拆除人行陸橋，並交還占有土地予全體共有人。職是，本實例探討重點，在於既成道路成為公用地役權之要件、土地所有權行使之限制、拆除地上物之權限及比例原則之應用。

貳、理由分析

一、整理與協議簡化爭點

（一）不爭執事項

受命法官為闡明訴訟關係，得整理並協議簡化爭點（民事訴訟法第270條之1第1項第3款）。法院於言詞辯論期日，依據兩造主張之事實與證據，經簡化爭點協議，作為本件訴訟中攻擊與防禦之範圍。兩造不爭執之事實有三：1.原

15　最高法院54年台上字第975號民事判決：共有物分割之訴與確定土地界址之訴，均為形成之訴。

告與第三人爲土地共有人，此爲原告提出之土地登記謄本爲證；2.系爭土地自1970年間起迄今，均爲臺一線之路面與人行道，此有被告提出人行陸橋現場照片可憑。此等不爭執事項，將成爲判決之基礎；3.原告起訴請求被告拆除人行陸橋與返還土地，法院雖曾曉諭原告是否至系爭土地，進行測量人行陸橋橋墩占有土地之面積與位置，以作爲原告勝訴時，應命被告拆除地上物與返還土地之依據。然原告表示不需要至現測量，故法院自無須進行人行陸橋占有土地之履勘程序。

（二）爭執事項

　　兩造爭執之事實有二：1.人行陸橋係何人興建？原告固主張爲被告所興建，然被告鎮公所抗辯稱人行陸橋其爲公路總局委託其所興建，其非興建者；2.被告是否有權興建人行陸橋而占用土地？原告主張依據大法官釋字第440號解釋意旨，被告未爲合理補償，不得在土地上興建人行陸橋。被告抗辯稱興建人行陸橋係供公眾通行之用，符合公用地役權之目的，是原告請求拆除，顯有民法第148條之權利濫用禁止之適用。

二、公用地役權

　　既成道路成立公用地役關係之要件有三：（一）爲不特定之公眾通行所必要；（二）於公眾通行之初，土地所有權人並無阻止之情事；（三）須經歷之年代久遠而未曾中斷，而所謂年代久遠，雖不必限定其期間，但仍應以時日長久，一般人無復記憶其確實之起始，僅能知其梗概爲必要。而公用地役關係爲私有土地而具有公共用物性質之法律關係，其與民法上不動產役權之概念有間[16]。因被告抗辯稱系爭土地上存有公用地役關係，原告不得妨害公眾通行，此關乎原告對系爭土地行使所有權之限制，法院自應審究是否有公用地役關係存在之事實。再者，成立公用地役關係之既成道路，因地理環境或人文狀況改變，而中斷供不特定之公眾通行，不符成立公用地役關係之要件，公用地役關係即應消滅，始符法律保障人民財產權之意旨[17]。

（一）公眾通行之既成道路

　　原告主張其與第三人爲系爭土地之共有人，系爭土地自1970年間起迄今，

16　大法官釋字第400號解釋理由書、釋字第255號解釋；最高行政法院45年判字第8號、61年判字第435號、111年度上字第320號行政判決。
17　最高法院103年度台上字第2376號民事判決。

均爲臺一線之路面與人行道等事實，有土地登記謄本與系爭人行陸橋現場照片等件可證。此爲被告所不爭執，法院亦函縣政府查詢系爭土地供公眾通行之情形，經縣政府函覆稱：系爭土地已開闢成道路逾30年，土地所有人均未異議等情，此有縣政府函，附卷可參。準此，可知土地長期供公眾通行，土地之共有人並未有阻止之情事，現爲供公眾通行之既成道路，兩造就此均未爭議，故系爭土地上確有成立公用地役關係至明。

（二）土地所有權之行使應受公用地役權之限制

公用地役權之本質應屬公法上之法律關係，非私法上所明定之物權。其雖無物權法定原則之適用，然爲貫徹人民之財產權依法應予保障之基本原則，並確保個人能依其財產之存續狀態行使其自由使用收益之權能，避免遭受公權力或他人之侵害，且同時基於長期怠於行使自己權利不爲保護者之考量。倘人民私有土地長期供公眾通行，爲保障公眾通行之公益，應認該土地上有公用地役關係之存在，成爲他有公物中之公共用物。準此，基於此公法關係有限制土地所有人所有權之行使，土地所有人不得違反公眾通行之目的而爲使用，故基於公眾通行之目的，包含原告在內之土地共有人，其對土地所有權之行使，應受限制。

三、拆除地上物之權限

土地所有人對於無權占有或侵奪其土地者，得請求返還土地及拆除地上物。因拆除地上物屬事實之處分行爲，須有事實之處分權者，始有拆除之權限[18]。職是，請求拆除地上物返還土地之訴，除應以現占有該地上物之人爲被告外，尚須現在占有該地上物之人，具有事實之處分權，否則不得本於物上請求權，對之請求拆除地上物並返還土地。原告主張被告興建人行陸橋，其無權占有原告與第三人共有土地，導致原告所有權受有損害，故請求被告拆除占用土地云云。被告鎮公所抗辯稱人行陸橋爲公路總局委託被告鎮公所代辦，被告鎮公所無權拆除人行陸橋等語。準此，兩造爭執之重點，在於被告是否有權拆除人行陸橋？

（一）被告營造公司爲人行陸橋之承攬人

被告間依據政府採購法之規定，被告鎮公所發包人行陸橋，而由被告營造

18　最高法院69年度台上字第2913號、86年度台上字第2272號、102年度台上字第2053號民事判決。

公司經公開招標程序，承攬人行陸橋工程，被告間有簽訂契約書，此有工程採購契約書與人行陸橋工程之公告照片等件，附卷可稽。此為兩造所不爭執，是人行陸橋為被告營造公司所興建。法院審視工程採購契約書與公告，可知人行陸橋已施作完成，況兩造就人行陸橋現為被告鎮公所管理之事實，均不爭執，故被告營造公司已將人行陸橋交由被告鎮公所管理。準此，被告營造公司雖為人行陸橋之承攬人，然其非人行陸橋之現占有人，亦非人行陸橋所有人，自無事實上之處分權可言。

（二）被告鎮公所未取得人行陸橋之事實上處分

依據被告鎮公所提出公路總局開會通知單可知，人行陸橋為公路總局委託被告鎮公所代辦，由被告鎮公所發包人行陸橋工程，並代為監工與驗收，興建系爭人行陸橋施作經費由公路總局編列等情，公路總局函附卷可參。是興建系爭人行陸橋之權限在公路總局，並非被告鎮公所，被告鎮公所雖管理坐落該鎮之人行陸橋，然未取得事實上處分，其僅得在管理範圍內，對系爭人行陸橋進行維護，以保持供公眾通行之可用性與安全性，自無拆除人行陸橋之權利甚明。

四、利益衡量

私有土地已實際已供公眾通行多年，並成為道路，應認為有公用地役關係之存在，土地所有權雖未為移轉登記為公有，仍為私人所有，惟其所有權之行使，自應受限制[19]。退步言，縱使被告為系爭人行陸橋之占有人，並有事實之處分權，惟原告請求被告拆除人行陸橋，亦應受公用地役關係之拘束。原告固主張系爭土地上雖有公用地役權存在，然依據大法官釋字第440號解釋意旨，被告未為合理補償，不得在土地上興建人行陸橋云云。惟被告抗辯稱司法院大法官會議釋字第440號解釋並未作成國家機關不得於既成道路土地上，再為公共設施建設之見解等語。職是，兩造就本項之爭執，在於被告是否得於存有公用地役權之系爭土地，興建供公眾通行用之系爭人行陸橋。

（一）財產權之保障

憲法第15條關於人民財產權應予保障之規定，旨在確保個人依財產之存續狀態行使其自由使用、收益及處分之權能，並免於遭受公權力或第三人之不法侵害。惟個人行使財產權仍應依法受社會責任之限制，此項責任使財產之利

19　最高法院89年度台上字第2500號民事判決。

用有所限制，而逾其社會責任所應忍受之範圍，形成個人利益之特別犧牲，社會公眾並因而受益者，應享有相當補償之權利，始符合憲法保障財產權之意旨[20]。是原告與第三人共有土地，其上存有公用地役關係，長期供公眾通行使用，致形成共有人利益之特別犧牲，社會公眾因而受有利益，國家自應依法律之規定，給予相當補償。換言之，國家雖應就存有公用地役關係之私人土地，予以適當補償，然並非在國家為補償之前，社會公眾不得依據原先供公眾通行之範圍內，繼續通行該私人土地。蓋公用地役權之存在與國家給予相當補償，兩者間並無對價關係。準此，原告不得主張國家未給予相當補償前，拒絕公眾通行系爭土地。

（二）設置人行陸橋符合公眾通行用之目的

　　既成道路符合一定要件而成立公用地役關係者，其所有權人對土地已無從自由使用收益，形成因公益而特別犧牲其財產上之利益，國家自應依法律之規定給予補償。是主管機關在依據法律辦理徵購既成道路前，固得依法加以使用。諸如埋設電力、自來水管線及下水道等地下設施物。惟應依比例原則擇其損失最少之處所及方法為之，對土地權利人因此所受損失，並應給與相當之補償，以保護其財產上之利益。然設置系爭人行陸橋之目的，在於供公眾通行，其與公用地役關係相符，其與埋設電力、自來水管線及下水道等地下設施物，係另行創設新之法律關係，導致土地所有人之權利受有損害，兩者顯有不同。職是，系爭土地共有人對系爭土地之權利行使，在供公眾通行範圍內應受限制，故原告必須容忍被告在土地上設置人行陸橋。

五、權利不得濫用

　　權利之行使，不得違反公共利益，或以損害他人為主要目的。行使權利，履行義務，應依誠實及信用方法，不得為權利之濫用（民法第148條）。是權利之行使，是否以損害他人為主要目的，應就權利人因權利行使所能取得之利益，與他人及國家社會因其權利行使所受之損失，比較衡量以定之。倘其權利之行使，自己所得利益極少而他人及國家社會所受之損害甚大者，非不得視為以損害他人為主要目的，此乃權利社會化之基本內涵所必然之解釋[21]。原告雖主張依據所有權與共有人之請求權，被告應拆除占用系爭土地之人行陸橋云

20　大法官釋字第440號解釋。
21　最高法院71年台上字第737號、106年度台上字第2157號民事判決。

云。然被告抗辯稱原告請求被告拆除人行陸橋，並返還土地，原告所得利益極少，對通行之公眾及國家社會所受之損害甚大，其屬權利濫用等語。職是，兩造之爭執重心，在於原告之權利行使，是否以損害他人為主要目的，有權利濫用之情事，不具有利益保護之正當性。

（一）誠實信用原則

權利不得濫用係重要之法律原則，亦為誠實信用原則之具體化。無論為法律解釋或漏洞補充，均需以誠實信用原則，作為適用法律之最高指導原則，此乃法律領域之帝王條款，應是所有法律之共同原則，故所有權人行使權利，自應受該等法律原則之規範。就行使所有權而言，誠實信用原則於具體事件，應斟酌事件之特別情形，審酌權利義務之社會上作用，衡量當事人之利益，使法律關係臻於公平妥當之法律功能。準此，土地所有人之權利行使必須符合誠實信用原則，倘逾越權利之本質，或逾越社會所允許之界限而違反權利社會化，即形成所有權濫用之情事。

（二）比例原則

公用地役關係存在之目的，在供公眾通行，於通行之必要範圍內，固應限制土地所有人行使權利。然為防止動輒以公益之名，不當限制土地所有人之權利行使，自得以比例原則，就土地所有人之個人利益及社會全體之利益，為客觀之利益衡量。而比例原則包括適當性、必要性及衡量性等原則。茲以比例原則，探討人行陸橋之設置，是否符合通行之必要性：

1. 適當性與必要性

所謂適當性者，係指採取之行為或方法，應適合或有助目的之達成。在土地上設置人行陸橋，有連結與跨越數條道路路口之功能，使該處之行人無庸直接穿越馬路，而經由跨越馬路之陸橋，達到公眾通行之目的，其具有適當性之要件。再者，所謂必要性者，係指行為不得逾越實現目的之必要程度，其達成目的之方法，須採影響最輕微者為之。為達供公眾通行之目的，在土地設置工作物之方式有二：(1)在土地之上方設置人行陸橋；(2)在土地下方開挖地下道。就兩者方式相比，後者改變土地之地形地貌，亦影響土地之結構與地質；而前者則無此問題。故設置人行陸橋對於土地所有權人之侵害應屬最小，具有必要性之要件。

2. 衡量性

所謂衡量性者，係稱手段應按目的加以衡量，所採取之方法所造成之損害

與欲達成目的之利益間，不得顯失均衡。系爭土地為車輛往來頻繁之路段，設置人行陸橋供公眾通行，將使不特定公眾無須冒險穿越車流量甚重之馬路，就土地所有人之利益與公眾通行安全之利益相較，後者之利益勝於前者。況興建人行陸橋之經費為新臺幣（下同）4,000萬元，其占用土地部分為35平方公尺，依公告土地現值計算，僅70萬元，兩者之價值相差甚鉅，顯然設置系爭人行陸橋所維護之公共利益，遠逾於系爭土地所有人因公用地役關係，致私法上權利受限制所產生之損害，公眾利益之保護重於私人利益之保護至明。

（三）原告有容忍土地設置人行陸橋之義務

所有權妨害除去請求權之成立，須所有權人對於妨害其所有權者無容忍之義務，始足當之[22]。本件返還土地之具體事件，依據比例原則就公用地役關係之公益與系爭土地所有權之私益，所為利益衡量下之結果，認為系爭土地在公用地役關係下，原告行使所有權人之物上請求權，應受必要通行之範圍限制，是原告請求拆除人行陸橋與返還占有土地，並無法回復所有權之自由使用與收益，其所得利益極少，而利用人行陸橋通行之不特定公眾所受之損失甚大，顯然逾越法律保護之必要範圍，自應限制原告之所有權之行使。既然原告有容忍他人於土地設置人行陸橋之義務，原告自無法行使所有權妨害除去請求權，請求拆除人行陸橋與返還土地。

參、結論

被告對人行陸橋均無事實上之處分權，不具拆除之權限，而原告基於公用地役權之關係，其所有權行使之範圍，應受公眾通行必要之限制，是原告必須容忍他人於土地設置人行陸橋，俾於供公眾通行。準此，原告依據土地共有人之地位，依據物上請求權之法律關係，請求被告將原告與第三人共有之土地上之人行陸橋拆除，並將占有之土地返還原告及全體共有人，即屬無據，應予駁回。

肆、相關案例

一、公用地役關係公法關係

公用地役關係為行政法上行政主體基於行政目的，依法對私人財產賦予限制之關係，故公用地役關係，係私有土地而具有公共物性質法律關係，是系爭

22　最高法院73年台上字第2212號民事判決。

巷道是否爲具有公用地役關係之巷道，縣市主管機關基於公益上需要，自有權認定，此與關於所有權之爭執或所有權被不法侵害請求救濟，應訴由普通法院審判不同[23]。

二、公用地役關係之土地所有人權利

　　公用地役關係爲公法關係，私有土地具有供公衆通行使用之公用地役關係者，土地所有權人之權利行使，固不得違反供公衆通行使用之目的，惟特定之人倘違背公用地役關係，無權占用有上開關係之私有土地，受有不當利得時，土地所有人得行使物上請求權，或基於不當得利法律關係請求占有人返還相當於租金之利得[24]。

第二節　物上請求權事件

案例28　返還停車位

　　原告主張其以買賣方式取得A大樓之不動產，該建物之共同使用部分包括地下室之車位，亦由原告取得占有使用之權利。被告未經原告同意而占有使用車位，原告爲車位之所有人，被告無權占有車位。原告爰依分管協議與物上請求權等法律關係，請求被告將車位返還予原告等語。被告抗辯稱被告甲自前手取得車位所有權，嗣後將車位讓與A大樓之被告乙，被告甲非車位占有人，現在車位由被告乙占有中，況依據原告就公設之應有部分坪數無法擁有車位，故原告亦不得基於所有人之身分向被告請求返還車位云云。

　關鍵詞　停車位、訴訟費用、分管契約、惡意占有人、回復共有物請求權

壹、探討議題

　　原告爲大樓之不動產所有人，其所有建物之共同使用部分包括地下室之車位，依據大樓區有所有人間之分管協議，原告有權占有使用車位。被告甲未經原告同意而占有使用車位，經原告聲請法院強制執行返還車位在案，詎被告間爲圖謀非法占有系爭車位，竟簽訂車位轉讓契約，由大樓之區分所有人被告乙

占有車位。被告基於不動產所有人之身分與大樓之分管協議等法律關係請求被告返還車位。職是，本實例探討重點，在於公寓大廈之地下室停車位類型、分管協議之效力、無權占有之要件及法院酌量情形命一造負擔全部之訴訟費用。

貳、理由分析

一、整理與協議簡化爭點

受命法官爲闡明訴訟關係，得整理並協議簡化爭點（民事訴訟法第270條之1第1項第3款）。法院於於言詞辯論筆錄，依據兩造主張之事實與證據，經簡化爭點協議，作爲本件訴訟中攻擊與防禦之範圍。兩造不爭執之事實爲原告系爭不動產所有權人，此不爭執事實，將成爲判決之基礎。再者，兩造之爭執，在於原告主張其爲車位所有人，車位現由被告甲、乙占有。被告抗辯稱原告非車位所有人，被告甲未占有系爭車位。

二、停車位之歸屬

公寓大廈之全部或一部分，具有使用上之獨立性，且爲區分所有權標的之專有部分，不得與其所屬建築物共用部分之應有部分及其基地所有權或地上權之應有部分分離而爲移轉或設定負擔（公寓大廈管理條例第3條第3款、第4條第2項）。而公寓大廈之地下室停車位有兩種類型：（一）地下室停車位係獨立編列建號，而不與其他公共設施編列同一建號者；（二）地下室與其他公共設施共同編列同一建號者。前者，地下室有獨立之建號，倘區分所有權人需要停車位，則須購買地下室之共同使用部分之應有部分。後者，地下室與其他公共設施全部編列同一建號，屬同一不動產，區分所有權人如有購買停車位，應依據公共設施方式辦理登記，停車位包含在公共設施之應有部分[25]。原告主張其以買賣方式取得不動產，車位包含於大樓之共同使用部分建號等語。被告抗辯稱被告乙所占有之車位，非原告所有云云。因地下室車位之取得有不同之態樣，法院首應審究共同使用部分建號，是否爲原始車位所在之地下室的獨立建號？繼而作爲原告是否爲車位所有人之判斷。

（一）原告爲不動產所有權人

原告主張其經由買賣方式購得系爭不動產，系爭不動產包含共同使用部分建號之應有部分1/25，並取得所有權移轉登記等事實。業具其提出土地所有權

25　最高法院89年度台上字第1994號民事判決。

狀、建物所有權狀、土地登記第二類謄本及建物登記第二類謄本附卷可稽。被告就原告取得不動產之事實，並不爭執。是原告取得不動產所有權，不動產之共同使用部分建號，原告之應有部分為1/25。

（二）停車位包含在公共設施之應有部分

公寓大廈管理條例於1995年6月28日制定公布後，專有部分不得與其所屬建築物共用部分之應有部分及其基地所有權之應有部分分離而為移轉。而系爭不動產屬公寓大廈之一部分，該大樓之區分所有建物或共同使用部分之所有權移轉時，應適用公寓大廈管理條例禁止規定之限制。本院參諸系爭不動產之專有部之建物登記第二類謄本可知，不動產所在A大樓地下室，並未編列獨立之建號，是地下室與其他公共設施之建號均為同一建號。準此，系爭車位之坪數包含於A大樓之共同使用建號之坪數內，應隨同主建物一併移轉於後手，其並無獨立之權狀，而依據分管協議，交由區分所有人使用。

三、共有物之管理

各共有人按其應有部分，對於共有物之全部，有使用、收益之權。共有物之管理，除契約另有約定外，應以共有人過半數及其應有部分合計過半數之同意行之。但其應有部分合計逾2/3者，其人數不予計算（民法第818條、第820條第1項）。倘地下室登記為共有，由共有人全體劃分停車位分別停車使用者，應視為全體共有人就該地下室有分管協議。再者，區分所有建物之共同使用部分性質上係屬共有，共有人將各相關區分所有專有部分之建物所有權移轉時，依土地登記規則第94條規定，其共同使用部分之所有權，應隨之移轉同一人。各共有人對於該共同使用部分之設施，雖可依其共有部分之經濟目的，加以使用或約定分管，但使用權為所有權之積極權能之一，不得與所有權分離而單獨為買賣標的[26]。原告主張系爭不動產就共同使用建號之應有部分，有包含車位等語。被告抗辯稱原告就共同使用部分建號之應有部分，扣除其餘公共設施外，原告無法使有車位云云。職是，兩造之爭執，在於原告就共同使用部分建號之應有部分，是否有包含系爭位。

（一）地下室車位與建物專有部分有主從關係

原告主張其經由買賣方式得不動產，不動產包含共同使用部分建號之應有部分1/25，車位包含於該應有部分內等事實，業具原告提出土地所有權狀、建

26　最高法院81年度台上字第1060號、87年度台上字第2199號民事判決。

物所有權狀、車位使用權、車位購買證明書、管委會收費單及社區車位明細表等件為證。因地下室車位之共同使用部分，其與建物專有部分，具有密切不可分之主從關係，建物專有部分所有人不得將共同使用部分之車位使用權單獨出售他人，或保留車位使用權而將建物專有部分出售他人。準此，法院自應探討原告自其前手受讓系爭不動產，是否有包含系爭車位，倘系爭車位為原告前手所有，原告即取得系爭車位。

（二）原告有權使用車位

依據原告提出之車位使用權、車位購買證明書，可知系爭不動產之建物為車位之專有部分，原告前手將車位連同主建物與其基地之所有權轉讓予原告。是車位之共同使用部分，隨同不動產之一併移轉予原告。職是，原告主張不動產就共同使用部分建號之應有部分1/25，有包含車位等事實，堪信為真實。

（三）分管契約之效力

為維持共有物管理秩序之安定性，並避免善意第三人受不測之損害，倘受讓人知悉或可得知悉有該分管契約存在，應受分管契約之約束[27]。公寓大廈區分所有人數逾附屬於建築之地下層車位數時，基於停車空間有限之考量，區分所有權人欲取得車位使用權之人，必須另為支付一筆車位買賣價金，並非區分所有權人共有共同使用部分，即得所有或使用車位。職是，建築業者在與消費者簽訂房地買賣契約書，訂立分管約定條款，使未購買車位之人，拋棄停車空間之使用權，並歸由購買者取得某特定位置之專用使用權[28]。參酌原告提出之社區車位明細表可知，建設公司與消費者之房地買賣契約，就登記為共有之地下室，由共有人全體劃分停車位，以供特定之區分所有人停車使用，是全體共有人就該地下室有分管協議。是原告所有不動產，因分管協議而取得車位。系爭不動產所在之社區地下室停車位，係共同使用部分建物，雖屬全體區分所有權人所共有，各有其應有部分，然既已劃分停車位供特定之區分所有權人停車使用，縱使有部分區分所有權人有無法使用車位之情事，系爭不動產所在大樓之全體區分所有權人均應受分管契約之約束，不得嗣後任意反異[29]。

27　最高法院113年度台上字第353號民事判決。
28　最高法院82年度台上字第2284號、91年度台上字第242號民事判決。
29　最高法院99年度台上字第1191號民事判決。

四、共有人就分管部分有單獨管理權

共有人有分管約定時，共有人就共有物分管之部分，有單獨之管理權，對於無權占有或侵奪共有物者，得為自己之利益，為回復共有物之請求，無民法第821條但書規定之適用，即無須為共有人全體利益為之[30]。原告主張車位現由被告無權占有，被告應負返還責任等語。被告抗辯稱被告甲已將車位轉讓予被告乙，被告甲未占有系爭車位云云。職是，兩造爭執在於車位現由被告何人占有？占有之被告是否無占有權源。

（一）被告乙占有車位

法院會同兩造至系爭不動產所在A大樓地下室停車空間進行履勘，以作為認定車位之占有狀況。系爭車位處貼有藍色海報，記載本停車位其所有權屬被告乙所有。參諸現場之停車標誌可知，A大樓之制式車位標示，係以黃色為底色，被告乙就其自行張貼藍色海報，並未爭執。故依據占有現狀以觀，僅得確認被告乙占有車位。職是，法院履勘結果認車位遭被告乙占有。

（二）被告乙無合法占有權源

被告甲前起訴主張原告與其前手間就系爭不動產之買賣契約無效，業經法院民事判決被告甲敗訴確定在案，此有原告提出之民事判決附卷可證，法院調閱民事卷宗，查明屬實。職是，被告甲並非系爭不動產所有人，被告甲無法合法取得系爭車位，被告乙與原告雖同為A大樓之區分所有權人，被告乙無權占有原告之系爭車位。

（三）被告乙應受分管協議之拘束

共有人與其他共有人訂立共有物分管之特約後，將其應有部分讓與第三人時，除該受讓人不知有分管協議，亦無可得而知之情形外，自應受讓與人所訂分管協議之拘束，以維法律秩序之安定，並避免善意受讓人受不測之損害[31]。原告與被告乙同A大樓之區分所有權人，被告乙就共同使用部分建物建物之應有部分為1/200，被告乙有簽訂車位使用權轉讓同意書等事實，有卷附之土地所有權狀、建物所有權狀及車位使用權轉讓同意書等件為證。依據社區車位明細表之記載，被告為有權管理100號車位之分管人，其對地下室車位之分管協議，應知悉甚詳。準此，原告與被告乙均為A大樓之區分所有權人，自應受A大樓車

30　最高法院91年度台上字第242號民事判決。
31　大法官會議第349號解釋；最高法院93年度台上字第863號民事判決。

位分管協議之拘束，原告為系爭車位之分管人，被告未經原告同意，不得占有系爭車位。

（四）被告乙為惡意占有人

法院審視卷附之車位使用權轉讓同意書與照片，並斟酌A大樓之地下室停車空間進行履勘結果，認定被告乙對於系爭車位具有實際之管領支配，故系爭車位現為被告乙所占有。況被告間並無親屬關係或家長家屬關係，僅為朋友關係等語。原告亦未證明被告乙係受被告甲之指示，占有系爭車位，是被告乙非為民法第942條所規定之占有輔助人，係自主之惡意占有人。

參、結論

一、部分勝訴及部分敗訴

系爭車位為A大樓地下室停車空間之一部，地下地室之停車空間為A大樓之共同使用部分，而大樓之區分所有權人間就地下室停車空間有分管協議，系爭車位由原告管理與收益，被告甲無權處分系爭車位，被告乙應受車位分管協議之拘束，被告乙未經原告同意，其無合法占有系爭車位之權源。準此，原告共同使用部分之共有人，依據共有人間之分管協議，就其分管之系爭車位，有單獨之管理權，是原告依據共有人之物上請求權與分管協議等法律關係，對於無權占有系爭車位之被告乙，請求返還系爭車位，為有理由，應予准許。因被告甲未占有系爭車位，是原告請求被告甲返還系爭車位，洵非正當，應予駁回。

二、命敗訴被告負擔全部訴訟費用

各當事人一部勝訴、一部敗訴者，其訴訟費用，由法院酌量情形，命兩造以比例分擔或命一造負擔（民事訴訟法第79條）。原告與被告乙同為A大樓之區分所有權人，被告乙明知A大樓地下室車位有分管協議，竟圖謀不當利益，無權占有系爭車位。系爭車位長期遭被告甲無權占有在前，原告無法於起訴前知悉被告甲已非系爭車位之占有人，致原告起訴請求被告甲返還系爭車位，為無理由，此為不可歸責於原告之事由，職是，本件訴訟費用應由敗訴之被告乙負擔，始符公平正義。

肆、相關案例

共有人對共有物之特定部分占用收益，雖應徵得其他共有人全體同意。然

共有人間就共有物之全部劃定範圍，各自占用共有物之特定部分而爲管理者，爲共有物之合法分管契約。而共有土地之出租，係典型之利用行爲而屬民法第820條第1項規定管理權能之範圍，故共有人就共有土地訂有分管契約者，對各分管部分即有單獨使用、收益之權，其將分管部分出租他人，自無須得其餘共有人之同意[32]。

案例29　交還土地與確定土地界址

　　原告主張其爲A土地所有權人，被告爲相鄰之B及C土地所有權人。依據鑑定圖所示應以A1-B1-C1-D1虛線作爲A與C土地界址，是被告無權占有原告土地，被告應將如鑑定圖所示之A1-B1-C1-D1虛線與E-F-G-H實線間之土地交還原告等語。被告抗辯稱A與C土地應以鑑定圖所示A-B-C-D虛線作爲土地界址，故被告有權占有土地。退步言，倘法院認爲土地界址爲鑑定圖所示之E-F-G-H實線，原告亦不得請求被告返還等語。反訴原告起訴主張請求確認A與C土地界址，如鑑定圖所示之A-B-C-D虛線，故鑑定圖所示A-B-C-D虛線與E-F-G-H實線間之土地爲反訴原告所有云云。反訴被告抗辯稱鑑定圖所示之A1-B1-C1-D1虛線爲A與C土地界址，是反訴原告非系爭土地之所有權人等語。

關鍵詞　提起反訴、囑託鑑定、經界訴訟、形成之訴、訴之聲明變更

壹、探討議題

　　原告所有A土地與被告所有B及C土地相鄰。原告主張被告無權占有部分A土地，以所有人之身分請求被告除去占有土地上之農作物，並返還占有土地。被告除否認有占有A土地外，並提起反訴請求確認A與C土地界址。本實例探討之重點，在於訴之聲明變更、提起反訴之要件、提起確認之訴之要件及定不動產經界訴訟之性質。

32　最高法院100年度台上字第1776號民事判決。

貳、理由分析

一、程序事項

（一）兩造為訴之聲明變更

訴狀送達後，原告不得將原訴變更或追加他訴。但擴張或減縮應受判決事項之聲明者，不在此限（民事訴訟法第255條第1項第3款）。本訴原告與反訴原告於訴訟進行中均有為訴之聲明變更，法院自應審究本訴原告與反訴原告所為訴之聲明變更，是否合法。查原告之民事起訴狀，其請求被告應將A土地如鑑定圖所示A9部分土地上之作物移除，並將土地交還原告，暨請求自起訴狀繕本送達翌日起至交還前開土地止，按月給付新臺幣（下同）1萬元相當於租金之不當得利。原告嗣於言詞辯論期日變更其聲明為被告應返還鑑定圖所示A1-B1-C1-D1虛線與E-F-G-H實線間之土地，暨聲明撤回請求不當得利之請求。反訴原告於民事答辯暨反訴狀中，原本請求確認A土地如鑑定圖所示A9部分為反訴原告所有。反訴原告嗣於言詞辯論期日，變更聲明為確認A與C土地之界址，如鑑定圖所示之A-B-C-D虛線。暨鑑定圖所示A-B-C-D虛線與E-F-G-H實線間之土地為反訴原告所有。兩造訴之變更均屬擴張或減縮應受判決事項之聲明，於法有據。

（二）被告提起反訴

被告於言詞辯論終結前，得在本訴繫屬之法院，就非專屬他法院管轄，且與本訴之標的及其防禦方法相牽連，並得行同種訴訟程序之事件，對於原告及就訴訟標的必須合一確定之人提起反訴（民事訴訟法第259條、第260條第1項、第2項）。所謂牽連者，係指反訴標的與本訴標的間或本訴標的與被告所提出之防禦方法間，有相當之牽連關係而言。即舉凡本訴標的之法律關係或作為防禦方法所主張之法律關係，與反訴標的之法律關係同一，或當事人雙方所主張之權利，由同一法律關係發生，或本訴標的之法律關係發生之原因，與反訴標的之法律關係發生之原因，其主要部分相同，均可認兩者間有牽連關係[33]。原告起訴請求被告返還土地，被告於本訴繫屬中提起反訴，請求確認兩造所有土地之界址與系爭土地為反訴原告所有，是法院自應探討被告提起反訴是否合法？

（一）被告提起土地界址與確認所有權之反訴

原告主張其為A土地所有權人，被告為鄰地B及C土地所有權人，被告無權

33　最高法院70年度台抗字第522號民事裁定；最高法院91年度台上字第262號民事判決。

占有原告所有之系爭土地，原告本於所有權人之物上請求權，請求被告將占有系爭土地之農作物移除，並將土地返還原告，向法院提起交還土地之本訴。被告否認其無權占有系爭土地，向法院提起土地界址與確認所有權之反訴，請求確認反訴原告所有C地號土地與反訴被告所有A地號土地之界址，暨主張系爭土地爲其所有。

（二）本訴與反訴互相排斥

　　倘法院認定原告提起本訴有理由，原告爲系爭土地之所有權人，被告即負有將占有系爭土地之農作物移除，並將土地返還原告之義務。反之，反訴原告提起反訴有理由，則反訴原告爲系爭土地之所有權人，反訴原告有權占有系爭土地。職是，本訴與反訴互相排斥，反訴之標的與本訴之標的具有相當之牽連性，揆諸前揭說明，被告提起反訴，符合提起反訴之合法要件。

三、提起確認之訴之要件

　　確認法律關係之訴，非原告有即受確認判決之法律上利益者，不得提起之（民事訴訟法第247條第1項前段）。所謂即受確認判決之法律上利益，係指法律關係之存否不明確，原告主觀上認其在法律上之地位有不安之狀態存在，且此種不安之狀態，能以確認判決將之除去者而言。倘法律關係之存在與否不明確，致原告在私法上地位有受侵害之危險，而此危險得以對被告之確認判決除去之者，即得提起確認之訴[34]。被告於本訴繫屬中提起反訴，請求確認系爭土地爲反訴原告所有，是法院自應探討反訴原告是否有即受確認判決之法律上利益？查原告提起本訴主張系爭土地爲其所有，被告否認無權占有系爭土地，導致被告是否有權占有系爭土地，兩造有所爭執，該不明確情形，足令反訴原告在私法上地位有受侵害之危險，並得以確認判決除去之，故其提起反訴確認系爭土地所有權爲反訴原告所有，反訴原告基於所有權人之地位所受侵害之危險，得以確認判決將之除去者。準此，被告提起確認系爭土地所有權之反訴，有即受確認判決之法律上利益。

34　最高法院52年台上字第1240號、100年度台上字第942號民事判決。

參、實體事項

（一）本訴部分

1. 物上請求權

所有人對於無權占有或侵奪其所有物者，得請求返還之（民法第767條第1項前段）。此為所有人之所有物返還請求權，是土地所有人請求占有人返還土地之要件有二：(1)請求權人為土地所有人；(2)占有土地者，無合法權源占有土地。原告主張A土地為原告所有，相鄰之同地段B及C土地為被告所有，被告占有如鑑定圖所示A1-B1-C1-D1虛線與E-F-G-H實線間之系爭土地等事實。業據原告提出地籍圖謄本、土地登記第二類謄本等件為證，復為被告所不爭執，經本院囑託內政部國土測繪中心派員會同測量系爭土地之位置及面積，製有勘驗筆錄、鑑定書、鑑定圖及補充鑑定圖附卷可稽。職是，原告主張兩造各為上開土地所有人，被告為系爭土地之占有人之事實，堪信為真實。兩造之爭執，在於原告是否為系爭土地之所有人？原告為系爭土地所有人，此為原告請求被告返還系爭土地之要件之一，法院自應審究系爭土地是否為原告所有A地號土地之一部分？

2. 測量土地機關

法院認為必要時，得囑託機關、團體或商請外國機關、團體為鑑定或審查鑑定意見。其須說明者，由該機關或團體所指定之人為之（民事訴訟法第340條第1項）。準此，地政機關為鑑定土地界址之機關，法院囑託地政機關辦理土地界址糾紛事件鑑定測量案件，各地方法院第一次囑託鑑測事項得委由該管縣市地地政機關所屬地政事務所辦理，倘訴訟當事人不服各地方法院第一次囑託鑑測結果，經由各地方法院第二次囑託鑑測或高等法院囑託鑑測事項，得委由內政部土地測量局辦理。

3. 兩造合意以內政部國土測繪中心所製作之鑑定圖為準

法院就A、C及B土地，前後囑託地政事務所與內政部國土測繪中心派員會同測量A土地之位置與面積、A與C土地之界址，製有勘驗筆錄、複丈成果圖、鑑定書、鑑定圖及補充鑑定圖附卷可參。依據地政事務所之土地複丈成果圖所示斜線部分顯示A土地遭占有之位置，其雖可知A土地遭占有之面積為617平方公尺。然兩造經同意以內政部國土測繪中心所製作之鑑定書、鑑定圖及補充鑑定圖，作為原告所有A土地是否包括系爭土地之依據。準此，法院不以地政事務所製作之鑑定圖，作為被告是否占有A地號土地之位置與面積等參考。

4. 法院囑託鑑定

　　法院囑託內政部國土測繪中心鑑測A、B及C土地間之地籍圖經界線。法院會同內政部國土測繪中心與兩造至現場會勘，並指示內政部國土測繪中心依據地政事務所保管數值地籍圖與兩造各自指界，就土地位置與界址進行鑑定等情，此有法院函與勘驗測量筆錄附卷可稽。法院於勘驗測量期日，囑託內政部國土測繪中心，嗣鑑測完竣後，應將測量經過與結果作成鑑定書，送法院參辦，以作為本件審判之參考。

5. 鑑定書與鑑定圖之製作

　　內政部國土測繪中心依據法院囑託，就本件使用精密電子測距經緯儀，在A、B及C土地附近周圍施測圖根點，經檢核閉合而作為該地區之控制點，繼而以各圖根點為基點，並使用精密電子測距經緯儀分別施測上開土地與附近界址點，暨計算其座標值而輸入電腦，依據地籍圖比例尺1比3,000，以自動繪圖儀展繪於鑑測原圖上，並參照地政事務所保管之圖解地籍圖數值化成果資料，展繪本件土地之地籍圖經界線，並與前開成果核對後測定於鑑測原圖，而作成鑑定圖等情。此有內政部國土測繪中心鑑定書與鑑定圖附卷可稽。

6. 鑑定結果

　　法院斟酌內政部國土測繪中心之鑑定書與鑑定圖可知，法院指示內政部國土測繪中心依據地政事務所保管數值地籍圖與兩造各自指界，就土地位置與界址進行鑑定，其結果有三：(1)依據地政事務所保管數值地籍圖者，如鑑定圖所示E-F-G-H連接實線，係A與C土地間之地籍圖經界線；(2)依據原告指界者，如鑑定圖所示A1-B1-C1-D1連接虛線，A1與B1為塑膠樁，C1與D1分別為鋼釘、紅色噴漆，作為原告主張A與C土地間之界址；(3)依據被告指界者，如鑑定圖所示A-B-C-D連接虛線，A、B、C及D均屬塑膠樁，作為被告主張A地號與C地號土地間之界址。經證人到庭結證稱：其為內政部國土測繪中心鑑測人員，本測繪中心鑑定書數值之解讀與地政事務所複丈成果圖，係採相同之圖面，並依據兩造指界進行測量，因本測繪中心與地政事務所依據之標準不同，導致測量結果不同。而本件測量並非地籍圖重測，故無所有人到場指界之爭執點等語。依據證人之證詞，內政部國土測繪中心鑑定書數值之解讀與地政事務所複丈成果圖，係採相同之地籍圖，而本件測量A及C土地之界址，未涉及地籍圖重測，故兩造到場指界不影響地籍圖經界線之所在位置。準此，自應以內政部國土測繪中心依據地政事務所保管數值地籍圖者，如鑑定圖所示E-F-G-H連接實線，作為A與C土地間之地籍圖經界線。

7. 地籍圖經界線

內政部國土測繪中心依據地政事務所保管數值地籍圖，使用精密電子測距經緯儀分別施測上開土地與附近界址點，暨計算其座標值而輸入電腦，其所採用之測量技術標準，較地政事務所精密，導致內政部國土測繪中心與地政事務所間之測量結果，兩者不同。益徵，以如鑑定圖所示E-F-G-H連接實線，作為A與C土地間之地籍圖經界線，符合地籍圖現狀。再者，以E-F-G-H連接實線，作為A與C土地間之界址，會導致A地號土地之登記面積減少238平方公尺，C地號土地則增加40平方公尺，此有內政部國土測繪中心之補充鑑定圖附卷可憑。A土地之登記面積與依地籍圖經界線計算宗地面積，其誤差值約1%（計算式：減少面積238÷登記面積23,931），C土地之登記面積與依地籍圖經界線計算宗地面積，其誤差值0.82%（計算式：增加面積40÷登記面積4,875），均在測量之容許誤差值內，故以E-F -G-H連接實線，作為A與C土地間之地籍圖經界線，並無不合。

8. 結論

A與C土地間之地籍圖經界線，應如鑑定圖所示E-F-G-H連接實線為準。因此，如內政部國土測繪中心鑑定圖所示之A1-B1-C1-D1虛線與E-F-G-H實線間之系爭土地，非坐落原告所有A土地內，原告非系爭土地所有人，而系爭土地坐落被告所有C地號土地，被告為系爭土地所有人。準此，被告為系爭土地所有人而有權占有系爭土地，是原告主張其為系爭土地所有人，起訴聲明被告應將系爭土地交還原告云云，於法無據，應予駁回。

（二）反訴部分

1. 定不動產經界訴訟

所謂定不動產經界訴訟，指不動產之經界不明，就經界有爭執，而求定其界線所在之訴訟而言。法院就確定界址事件，應參酌土地之面積、舊地籍圖、現地現有地形地物、兩造取得所有權之事實、兩造占有歷程及現狀、地籍資料、證人之證詞及鑑定人之鑑定等一切情狀，以公平合理之原則，綜合加以確定界址。反訴原告主張其所有C土地與反訴被告所有A土地界址，如內政部國土測繪中心鑑定圖所示之A-B-C-D虛線，故鑑定圖所示A-B-C-D虛線與E-F-G-H實線間之土地為反訴原告所有等語。反訴被告抗辯稱應以如鑑定圖所示之A1-B1-C1-D1虛線為兩造土地界址等語。職是，兩造之爭執在於A與C土地界址為何？繼而認定反訴原告所有C土地範圍。

2. A與C土地以E-F-G-H連接實線為經界線

本件本訴之審理結果，法院認為反訴原告所有C土地與反訴被告所有A土地間之地籍圖經界線，應如內政部國土測繪中心鑑定圖所示E-F-G-H連接實線為準。從而，反訴原告、反訴被告分別主張界址如鑑定圖所示之A-B-C-D虛線與A1-B1-C1-D1虛線云云，均非可採。是反訴原告請求確認其所有C土地與反訴被告所有A地號土地之界址，如鑑定圖所示之A-B-C-D虛線云云，為無理由，應予駁回。

3. 確認反訴原告所有土地之範圍

反訴原告所有C土地與反訴被告所有A土地間之地籍圖經界線，如鑑定圖所示E-F-G-H連接實線為準。法院參諸反訴原告取得C土地所有權先於反訴被告取得A土地所有權之前，是反訴原告於反訴被告取得A土地所有權前，已占有如鑑定圖所示A1-B1-C1-D1連接虛線與E-F-G-H連接實線間之土地，有卷附之土地登記第二類謄本為證。職是，如鑑定圖所示A1-B1-C1-D1連接虛線與E-F-G-H連接實線間之土地為反訴原告所有，而逾此部分，反訴原告主張於法無據。

4. 結論

定不動產界線訴訟，其性質屬於形成之訴。本件反訴原告提起此訴訟時，祇須聲明請求定其界線之所在即可，無須主張特定之界線。縱使反訴原告有主張一定之界線而不能證明，法院仍不能以此駁回其訴。亦即法院可不受兩造當事人主張之拘束，得本於調查之結果，定雙方不動產之經界[35]，是經界訴訟其經界線之位置為何，係法院依職權認定事項，不受當事人聲明之拘束。準此，法院認兩造間土地之界址，應確定以內政部國土測繪中心鑑定圖所示E-F-G-H連接實線為界，暨確定反訴原告所有C土地與反訴被告所有A土地間之界址，如鑑定圖所示E-F-G-H連接實線。因共有物分割、經界或其他性質上類似之事件，由敗訴當事人負擔訴訟費用顯失公平者，法院得酌量情形，命勝訴之當事人負擔其一部（民事訴訟法第80條之1）。本件反訴原告起訴請求確認界址，雖經法院判決反訴原告勝訴判決，然因本院所確認界址之結果，與兩造所主張之情形均不符，若由反訴被告負擔訴訟費用，將造成顯失公平之情形，故酌量上情，認反訴訴訟費用應由反訴被告負擔1/2，其餘部分始由反訴原告負擔較為允當。

---

35 最高法院90年度台上字第868號民事判決。

肆、相關案例

一、法律問題

甲主張所有A土地遭乙無權占有，甲依據民法第767條第1項規定之物上請求權，向法院提起民事訴訟，請求乙返還其無權占有之A土地。乙抗辯當事人有租賃關係存在，並就此提起反訴確認房屋租賃關係存在，甲不同意乙提出之反訴，乙提出之反訴是否合法？甲於訴訟繫屬中，發現乙有將部分A土地出租予丙，除追加丙為被告外，並請求乙給付無權占有土地之不當得利，乙反對甲之追加丙為被告與不當得利之法律關係，甲之追加丙為被告或請求不當得利，是否合法？

二、提起確認之訴之反訴

原告甲起訴主張其所有A土地遭被告乙無權占有，依據民法第767條第1項規定之物上請求權，請求被告乙返還無權占有之A土地，被告乙除抗辯其就A土地有租賃關係存在外，亦得基於租賃關係，提起反訴，其事涉所有人甲得否請求占有人乙返還土地，故租賃契約之存在與返還土地之法律關係、防禦方法間具有牽連關係，並得行同種訴訟程序。而占有人乙得利用本訴程序，主張A土地租賃之有效與否不明確，導致其有侵害租賃權之危險，乙主觀認其在法律上之承租人地位有不安狀態存在，乙被訴返還承租土地之危險所生不安狀態，得以對所有人甲提起確認判決除去之，故乙有即受確認判決之法律上利益者。反訴標的之法律關係為本訴標的之法律關係之先決問題者，自應許本訴被告乙提起反訴，確認A土地之租賃關係存在，不需原告甲同意。

三、追加當事人與訴訟標的

原告甲主張物上請求權與不當得利請求權之基礎同一事實，均屬返還A土地之法律關係，行使權利之主體同為原告甲，主要爭點具有共同性，且請求利益相同，在同一程序審理可達紛爭解決一回性之目的，自不須被告乙同意，故原告甲追加被告丙與對被告乙行使不當得利之請求權，均於法有據[36]。

36　林洲富，提起反訴或確認之訴及訴之追加要件，月旦法學教室，145期，2014年11月，頁18至20。

案例30　遷讓房屋與不當得利事件

　　兩原告主張依兩造間離婚訴訟判決結果，原告雖應給付被告新臺幣（下同）500萬元及其法定利息，惟被告占有之系爭不動產判決分配予原告。兩造婚姻關係既已消滅，系爭不動產為原告所有，被告占有不動產，其屬於無權占有。原告依據離婚判決結果，原告已盡給付義務，是被告應立即搬遷房屋。原告本於所有人之地位請求被告遷讓系爭不動產，並依據侵權行為與不當得利等法律關係，請求被告於遷讓系爭不動產前，按月給付原告6萬元之損害金等語。被告抗辯稱取得系爭不動產後，一樓部分即供被告開設牙醫診所使用。因牙醫診所之搬遷，考量病人之地區屬性，非長時間不能履行，故請求酌定履行期間1年。因兩造間並無租賃關係，原告以系爭租金標準表作為損害金計算標準，顯不合理，況兩造之女亦居住於不動產處。縱使被告於不動產執行牙醫業務，惟不動產供被告執行牙醫業務之場所，僅占全部樓地板面積10%，是應以每月6,000元計算始為合理，參諸系爭不動產經鑑定結果之價值為1,000萬元，足見原告主張每月6萬元為被告返還不當得利之標準，顯屬過高云云。

關鍵詞　履勘、無權占有、不當得利、履行期間、物上請求權

壹、探討議題

　　兩造原為夫妻，經離婚訴訟確定判決結果，原告取得婚姻關係持續期間所取得之系爭不動產所有權，而被告在該不動產處開設牙醫診所，原告爰依所有人之地位請求被告遷讓系爭不動產與給付不當得利。職是，本實例探討重點，在於所有物返還請求權之行使、不當得利之金額計算及法院酌定被告之履行期間。

貳、理由分析

一、程序事項

　　訴狀送達後，原告不得將原訴變更或追加他訴。但擴張或減縮應受判決事項之聲明者，不在此限（民事訴訟法第255條第1項第3款）。原告起訴請求被告應將不動產遷讓交還原告。並自起訴狀繕本送達翌日起至交還不動產之日止，按月給付原告2萬元。嗣後以民事準備書狀變更其請求為被告應將不動產遷讓交還原告。並自起訴狀繕本送達翌日起至交還系爭不動產之日止，按月付原告6萬

元。論其性質，屬擴張應受判決事項之聲明，原告擴張應受判決事項之聲明，應予准許。

二、實體事項

（一）物上請求權

不動產物權，依法律行為而取得、設定、喪失及變更者，非經登記，不生效力。而所有人對於無權占有或侵奪其所有物者，得請求返還之；對於妨害其所有權者，得請求除去之；有妨害其所有權之虞者，得請求防止之（民法第758條第1項、第767條第1項）。職是，不動產所有權人基於物上請求權，對於無權占有或侵奪其不動產者，得行使民法第767條第1項前段規定之所有物返還請求權，請求無權占有人或侵權行為人返還之。原告主張其為系爭不動產所有人，請求被告返還系爭不動產，法院自應審究原告是否為不動產所有人？被告是否無權占有不動產？作為判斷原告請求被告返還不動產有無理由之基礎。

1. 原告為不動產所有人

原告主張兩造間之離婚訴訟，業經法院判決確定在案。依據確定民事判決結果，除判准兩造離婚外，並將不動產分配予原告所有等事實。業據原告提出法院民事判決、土地登記第二類謄本、建物登記第二類謄本及房屋稅繳款書等為證。復為被告所不爭執。經法院調閱前開民事事件卷宗，查明屬實。準此，原告為不動產所有人，足堪認定。

2. 被告無權占有不動產

兩造間婚姻關係業已消滅，不動產登記為原告所有，是依據民法第758條第1項規定，原告為不動產所有人。被告已非原告之配偶，亦無合法占有不動產之權源，是被告占有不動產即無法律上之原因，顯屬於無權占有。原告前委託律師發函通知被告，請求限期遷讓不動產，被告確於收受該函等事實，此有原告提出律師函與郵件收件回執等件為證。被告就其收受請求遷讓不動產之律師函，暨迄今均未遷讓不動產予原告等事實，均不爭執。準此，原告本於不動產所有人之地位，請求被告遷讓不動產予原告，於法有據。

（二）不當得利之成立要件

因故意或過失，不法侵害他人之權利者，負損害賠償責任。無法律上原因而受利益，致他人受損害者，應返還其利益（民法第184條第1項前段、第179條前段）。依不當得利之法則請求返還不當得利，以無法律上之原因而受利益，致他人受有損害為其要件，故其得請求返還之範圍，應以對方所受之利益

為度，非以請求人所受損害若干為準。而無權占有他人土地，可能獲得相當於租金之利益為社會通常之觀念[37]。職是，不動產所有人對於無權占有其不動產者，得依據侵權行為或不當得利之法律關係，請求無權占有人給付相當於租金之金額。原告主張系爭建物之租金為每坪每月800元，系爭建物之登記面積為75坪，是原告得依據侵權行為與不當得利之法律關係，請求被告於交還不動產前，按月給付原告6萬元等語。被告抗辯稱被告有在不動產處執行牙醫業務，而供被告執行業務之使用部分，僅占建物面積約10%，是相當租金之損害，應以每月6,000元計算為合理。況不動產之二樓以上租金，其屬住家使用，其租金應以每月每坪300元計算為合理等語。是兩造之爭執有二：1.被告占有使用建物之面積為何？2.相當於租金之利益或損害，應如何計算，始稱合理？法院自應審究之。

1. 法院履勘不動產現場

法院會同兩造至系爭不動產現場履勘，履勘結果得知，不動產為1至5層樓之建物與其基地，有地下室與一樓騎樓，外牆懸掛田牙醫診所之招牌。地下室部分為製造花飾工作室，其間堆置原告職業使用之器材與工具，被告並無放置物品於此處；一樓部分由被告經營牙醫診所，騎樓停放被告與其病患之交通工具，可認定為被告占有使用；二樓部分為客廳及餐廳，由原告與其成年子女共同占有使用；三樓部分為主臥房，現放置原告衣服及物品，被告未使用該臥房；四樓部分有二間房間，被告與其女兒各占有使用一間房屋；五樓部分為非獨立增建建物，作為神明廳使用，有放置之雜物，而無法確定為何人占有使用等事實，此有法院勘驗筆錄與建物照片，附卷可憑。

2. 被告事實管領之部分

因原告未居住該處，對不動產並無事實之管領力，故原告命有事實管領力之被告，返還不動產，雖於法有據。然因建物現為被告與其成年子女居住其間，原告亦有物品置於建物中，兩造間就建物，並無租賃或借用關係，是原告為所有人可自由進出不動產。故計算相當於租金之利益或損害，應以被告事實管領之部分為準，始稱合理。準此，法院依據履勘結果認定被告事實管理部分。被告事實管領部分，包含一樓、一樓騎樓、二樓客廳與餐廳、四樓之一間房間。有鑑於二樓之客廳與餐廳，就日常生活起居而言，屬整體使用，實無法分割使用，是被告居住於建物中，自不因其子女共同使用客廳與餐廳，而有礙

---

37 最高法院61年台上字第1695號、107年度台上字第783號民事判決。

於被告對二樓之事實管領力，是被告對二樓之全部有事實管領。至於四樓部分，被告僅使用一間房間，作為起居之用途，另一間房間為成年子女使用，並非被告所事實管領，故被告對於四樓部分之事實管領，僅有50%之面積。詳言之，被告事實管領系爭建物之面積，本院參諸建物之登記謄本可知，一樓有31.70平方公尺、騎樓有16.17平方公尺、二樓有49.18平方公尺、四樓有24.04平方公尺（計算式：48.08平方公尺÷2），合計121.09平方公尺即37.37坪（計算式：121.09平方公尺÷3.24），職是，法院以被告事實管領系爭不動產部分，計算被告應給付之相當於租金之利益或損害。

3. 計算租金之標準

依財政部國稅局非住家用與營業用房屋、土地之一般租金標準表，可知不動產坐落地段之租金為每坪每月800元。該標準表之適用範圍，係納稅義務人所有之房屋，未供自住而有出租情形，不論其出租之目的，係供承租人住家或營業，均應適用系爭標準表核定租賃所得課徵個人綜合所得稅。系爭不動產現供被告營業與居住之用，即有適用每坪每月800元之標準。再者，系爭不動產正臨20米道路，該地區商業活動繁榮與交通便利，被告使用一樓與騎樓屬系爭建物之精華所在，被告亦有意以2,000萬元之價金向原告購買不動產。準此，法院審酌不動產坐落地區之便利性、商業活動、被告使用現狀、被告之所出價金及租金標準表等情事，認為以每坪每月800元計算原告之損害標準，是為適當，自無庸區分一樓租金與二樓以上租金之標準。是原告依據侵權行為與不當得利之法律關係，請求被告自起訴狀繕本送達翌日起至交還不動產之日止，按月給付原告2萬9,896元（計算式：37.37坪×800元），為有理由，逾此部分，應於駁回。

（三）酌定履行期間

判決所命之給付，其性質非長期間不能履行，或斟酌被告之境況，兼顧原告之利益，法院得於判決內定相當之履行期間。履行期間，自判決確定或宣告假執行之判決送達於被告時起算。法院依第1項規定定履行期間，於裁判前應令當事人有辯論之機會（民事訴訟法第396條第1項前段、第3項、第4項）。本件訴訟係因遷讓系爭不動產而生，其性質屬長期間不能履行，法院是否應酌定履行期間。

1. 當事人就定履行期間辯論

原告主張兩造間離婚訴訟經確定在案後，被告即應考量搬離不動產，而原告依據該確定民事判決之內容，原告應給付被告金錢，原告已履行完畢，不應

再酌定搬離不動產之履行期云云。被告抗辯稱其自與原告結婚迄今於不動產一樓經營牙醫診所使用，因牙醫診所之搬遷，非長時間不能履行。被告請求酌定履行期間1年等語。準此，法院就定履行期間，已於裁判前賦予當事人有辯論之機會。

2. 定6個月履行期間

系爭不動產係兩造婚姻關係存續中取得，一樓部分即供作被告開設牙醫診所使用。有鑑於被告使用系爭不動產經營牙醫業務20年，而牙醫診所之搬遷，須考量病人之地區屬性，非長時間不能履行。被告尋找新診所之地點，不論係自購或承租，進而議價、簽約、交屋及裝潢等事項，欲令被告於短期間自不動產遷出，另覓他處營業與居住，現實上顯有困難。況遷讓房屋本非立時可就，其性質非長期間不能履行，且兩造原有婚姻關係，其與一般無權占有之關係，容有差異。職是，法院爰審酌實際情況，定6個月履行期間以利被告另行覓屋搬遷，以資兼顧。

參、結論

原告本於所有人之地位請求被告遷讓不動產，並依據侵權行為與不當得利等法律關係，請求被告於遷讓不動產前，按月給付相當於租金之不當得利，為有理由，法院並酌定被告遷讓不動產之履行期間。因本件以即系爭不動產之價值500萬元核徵裁判費（計算式：房屋課稅現值100萬元＋土地公告現值400萬元），原告附帶請求不當得利或損害賠償部分，並未合併計算訴訟標的價額（民事訴訟法第77條之2第2項）。雖原告請求不當得利或損害賠償之金額，僅部分勝訴，法院審酌上情，爰依民事訴訟法第79條規定，命被告負擔本件全部訴訟費用。而兩造陳明願供擔保，聲請宣告假執行及免為假執行宣告核無不合，爰酌定相當擔保金額，均准許之（民事訴訟法第390條第2項、第392條第2項）。

肆、相關案例

甲與乙分別共有土地1筆，並各自約定分管A部分及B部分，因渠等無法協議分割，甲向土地所在地之法院起訴分割共有物，起訴之聲明請求法院判決共有土地之A部分土地分歸甲，B部分土地分歸被告乙，被告乙應將A部分土地交付甲。就共有人請求法院裁判分割共有物而言，固具有形成之訴性質，惟原告一併請求命被告將原告應分得部分土地交付原告，其請求交付土地部分，當屬

給付之訴，倘法院認其性質非長期間不能履行或經原告同意者，自得依民事訴訟法第396條第1項規定，並於判決內定相當之履行期間。職是，甲訴之聲明被告乙應將A部分土地交付甲，法院自得定相當履行期間[38]。

案例 31 返還土地與不當得利

　　原告起訴主張被告共有建物占用原告所有土地，原告爰依民法第767條第1項規定請求被告將拆除地上物，並將占有土地分別返還予原告。因被告無權占有原告所有土地，其獲有相當於租金之不當得利，原告爰依土地法第105條之規定，除請求被告返還自起訴日溯及5年期間所獲得之不當得利外，被告自起訴狀繕本送達翌日起至拆除地上物與交還土地予原告止，應按月給付不當得利予原告等語。被告抗辯稱兩造前有商談土地買賣事宜，並有測量被告所有建物占用原告所有土地部分，被告有意向原告購買占有土地云云。

關鍵詞 時效、連帶債務、無權占有、基地租金、所有物返還請求權

壹、探討議題

　　原告主張被告共有建物無權占有原告所有土地，故原告行使所有物返還請求權，請求被告拆除地上物，並將占有土地分別返還予原告。而原告依土地法第105條規定，請求被告返還占有土地所得之不當得利。職是，本實例探討之重點，在於行使所有物返還請求權之要件、無權占有土地所得不當得利及連帶債務之效力。

貳、理由分析

一、所有物返還請求權

（一）要件

　　所有人對於無權占有或侵奪其所有物者，得請求返還之；對於妨害其所有權者，得請求除去之；有妨害其所有權之虞者，得請求防止之（民法第767條第1項）。職是，土地所有權人基於物上請求權，對於無權占有或侵奪其土地者，可行使民法第767條第1項前段規定之所有物返還請求權，請求無權占有人返還

占有土地，並拆除其上地上物。原告主張其為土地所有人，請求被告返還無權占有土地，並拆除其上地上物，法院自應審究原告是否為土地所有人？被告是否無權占有上開土地？無權占有土地之地上物，是否為被告所有或其興建？以作為判斷原告請求被告返還占有土地，並拆除其上地上物，有無理由之基礎。

（二）被告無權占有原告所有土地

原告主張其為土地所有人，原告所有土地毗鄰被告共有土地等事實。業據原告提出地籍套繪圖、土地登記第二類謄本、戶籍謄本及土地複丈成果圖等件為證，復為被告所不爭執，足證原告主張堪信為真實。再者，法院囑託地政事務所測量被告之建物占有原告所有土地之面積與位置。法院會同地政事務所與兩造至現場會勘，並指示地政事務所依據法院指示與兩造陳述，就建物位置與面積進行測量，此有日勘驗測量筆錄附卷可稽。法院於勘驗測量期日，囑託地政事務所，嗣鑑測完竣後，應將測量經過與結果作成複丈成果圖，送法院參辦，以供本件審判之參考。經地政事務所測量結果，認為被告共有建物占用原告所有土地之事實，此有地政事務所之土地複丈成果圖附卷可稽。準此，原告本於土地所有人之物上請求權，訴請被告將其無權占有土地部分之地上物予以拆除，並將占有土地返還原告洵屬正當，應予准許。

二、不當得利請求權

無法律上之原因而受利益，致他人受損害者，應返還其利益（民法第179條前段）。依不當得利之法律關係請求返還不當得利，以無法律上之原因而受利益，致他人受有損害為其要件，故其得請求返還之範圍，應以對方所受之利益為度，非以請求人所受損害若干為準，而無權占有他人土地，可獲得相當於租金之利益為社會通常之觀念[39]，原告主張被告無權占有原告所有土地，爰依土地法第105條規定，除請求被告返還自起訴日溯及5年期間所獲得之不當得外，被告自起訴狀繕本送達翌日起至拆除地上物與交還土地予原告止，應按月給付不當得利予原告等語。職是，法院首自應審究如何計算被告占有原告土地之不當得利？繼而探討原告得請求不當得利之期間與範圍為何？

（一）基地租金之限制

城市地方租用基地建築房屋之租金，以不超過土地申報總價年息10%為限（土地法第97條第1項、第105條）。基地租金之數額，除以基地申報地價為基

39　最高法院61年台上字第1695號、107年度台上字第783號民事判決。

礎外，尚須斟酌基地之位置、工商業繁榮程度、承租人利用基地之經濟價值及所受利益等情事，並與鄰地租相比較，以為決定，並非必達申報地價年息10%之最高額[40]。法院會同測量機關與當事人履勘現場，得知原告所有土地坐落區域之對外主要聯外道路，尚未完成全部道路施工，通行較為不便。原告所有土地四鄰為農田，生活機能亦有不足。而被告建物占用原告所有土地之部分，係作為寺廟與廁所之用途等情。法院斟酌土地位置、工商業繁榮程度、被告利用土地之經濟價值及所受利益等情事，以為決定相當租金之不當得利數額。職是，法院認為應以公告土地現值報總價年息5%為適當，原告雖主張以公告土地現值報總價年息10%計算不當得利數額過高。

（二）租金之請求權時效

　　租金之請求權因5年間不行使而消滅（民法第126條）。而無法律上之原因而得相當於租金之利益，致他人受損害時，如該他人之返還利益請求權，已逾租金短期消滅時效之期間，對於相當於已罹消滅時效之租金利益，即不得依不當得利之法律關係請求返還[41]。職是，原告可依據不當得利之法律關係，可請求被告給付自起訴日溯及5年期間之不當得利。

參、結論

　　數人負同一債務，而其給付不可分者，準用關於連帶債務之規定。連帶債務之債權人，得對於債務人中之一人或數人或其全體，同時或先後請求全部或一部之給付。連帶債務未全部履行前，全體債務人仍負連帶責任（民法第292條、第273條）。被告共同建物占用原所有土地，被告獲有不當得利，論其性質屬不可分之債。原告可請求被告連帶給付5年期間之不當得利及自起訴狀繕本送達翌日即起至被告交還土地日止，按月連帶給付原告每月之不當得利。準此，原告依據土地所有人之地位，依據物上請求權與不當得利等法律關係，請求被告應連帶拆除地上物，並將土地交還原告。暨被告應連帶給付原告相當於公告土地現值報總價年息5%租金之不當得利，核屬有據，應予准許。

40　最高法院72年度台上字第2739號、88年度台上字第1894號、88年度台上字第3331號、112年度台上字第2607號民事判決。

41　最高法院74年度台上字第1751號、75年度台上字第958號、82年度台上字第3118號、85年度臺上字第2059號、111年度台上字第2708號民事判決。

肆、相關案例

　　房屋不能脫離土地而獨立存在，使用房屋必須使用該房屋之基地，故占有基地者，係房屋所有人，而非使用人。倘房屋所有人無權占有該房屋之基地，基地所有人本於土地所有權之作用，而於排除地上房屋所有人之侵害，即請求拆屋還地時，固得一併請求亦妨害其所有權之使用該房屋第三人，自房屋遷出。然不得單獨或一併請求該使用房屋而間接使用土地之第三人返還土地，否則無從強制執行[42]。因物之拆除，為事實上之處分行為，僅所有人或有事實上處分權之人，始有拆除之權限[43]。

第三節　共有物事件

案例32 返還共有物與租賃物

　　原告甲、乙主張渠等為土地共有人之一，並將分管土地出租予被告丙，被告丙在土地上建築房屋，租期自2010年1月1日起至2015年12月31日止，每年租金新臺幣（下同）10萬元，被告丙、丁均居住在該未保存登記之房屋。系爭土地之租賃期限屆滿前，原告甲向被告丙表示不再續租，故租賃關係消滅後，是被告丙、丁無權占有土地，自應將其現占有系爭房屋拆除，並將土地返還原告甲、乙及共有人全體，故原告甲、乙請求被告丙、丁拆屋還地，並給付相當於租金之不當得利或損害賠償等語。被告抗辯稱被告丙已將房屋贈與予被告丁，並通知原告甲、乙，是土地之租賃契約已移轉予被告丁。故租期屆滿後，原告甲、乙未向被告丁為終止租賃契約之意思表示，被告丁仍繼續就土地為使用收益，是原告甲、乙與被告丁就土地間成立不定期之租賃契約。況土地之租賃契約係由原告甲、乙共同出租於被告丙，僅原告甲對被告丙為反對續租之意思表示，自無反對續租之效力云云。

關鍵詞 分管契約、反對續約、除斥期間、違章建築、租賃權讓與

42　最高法院102年度台上字第232號民事判決。
43　最高法院102年度台上字第2053號民事判決。

壹、探討議題

原告甲、乙將所分管之共有土地出租予被告丙，並簽訂定期租賃契約，被告丙在分管土地上興建系爭房屋，該系爭房屋未辦理第1次建物登記，被告丙嗣於租賃期間將系爭房屋之事實上處分權轉讓予被告即其子丁。原告甲於租賃期間屆滿前，雖向丙表示不再續租，惟被告丙認甲所為反對續租之意思表示不生效力。原告為此訴請被告應拆屋還地，並給付還返土地前相當於租金之不當得利。本實例探討之重點，在於認定分管契約之效力、租賃契約之默示更新、反對續租之意思表示、撤銷被詐欺之意思表示、法定之租賃權讓與、事實處分權之移轉、共有人對第三人之權利及不當得利請求權。

貳、理由分析

一、整理與協議簡化爭點

（一）不爭執事項

受命法官為闡明訴訟關係，得整理並協議簡化爭點（民事訴訟法第270條之1第1項第3款）。法院於言詞辯論期日，依據兩造主張之事實與證據，經簡化爭點協議，作為本件訴訟中攻擊與防禦之範圍。兩造不爭執之事實有三：1.原告甲為土地之共有人，將渠等分管部分之土地出租予被告丙，租期自2001年1月1日起至2015年12月31日止，每年租金10萬元；2.原告乙於2015年12月10日以存證信函通知被告丙，不再續租原告甲、乙所分管之土地；3.被告丙興建之房屋占有原告甲、乙所分管之土地。此等不爭執之事實，將成為判決之基礎。

（二）爭執事項

本件爭點事項有六：1.租賃契約之租金由被告丙交予原告甲，抑是由被告丙交予原告擔任總經理之訴外人A公司；2.原告不續租之意思表示，僅由原告甲知被告丙，被告丙、丁仍為租賃物之使用收益，是否應成立不定期租賃契約；3.原告甲、乙與被告丙間之租賃契約，是否原為不定期租賃契約，係被告丙受原告甲、乙詐術，始簽訂租賃契約；4.依據租賃契約，期約屆滿後，被告丙欲續租時，是否應經原告甲、乙同意；5.被告丙將房屋之事實處分權移轉予被告丁時，有無通知原告甲、乙；6.丙興建之房屋由被告丙、丁全體占有，抑是僅由被告丁占有。

二、分管契約

　　各共有人，按其應有部分，對於共有物之全部，有使用收益之權。共有物之管理，除契約另有約定外，應以共有人過半數及其應有部分合計過半數之同意行之（民法第818條、第820條第1項本文）。所謂共有物之管理，係指對共有物之使用與收益而言。是共有物經共有人爲分管之約定，共有人得就各自分管部分而爲使用與收益[44]。共有物之分管人就其分管部分有使用與收益之權利，自得將該分管部分出租予第三人而收取租金。兩造就收受租金主體有所爭執，原告甲是否有受另原告乙之委託，處理租金之收取？原告甲就土地之分管部分之不續租通知，是否有權代理原告乙爲不續租之通知表示。職是，本院自應審究原告甲是否有權爲原告全體收受租金。

（一）原告與被告丙間有租賃關係

　　原告主張爲土地之共有人，原告將其分管部分之土地出租予被告丙，原告與被告丙於2010年1月1日有簽訂土地之租賃契約，租期自2010年1月1日起至2015年12月31日止，每年租金10萬元等事實。業據原告提出地籍圖謄本、土地登記謄本及房屋租賃契約書等件爲證。並爲被告所不爭執，堪信爲眞實。故原告自得就土地分管部分出租與被告丙，被告丙有依據租賃契約給付租金予原告之義務。

（二）原告甲有收取全部租金之權限

　　原告主張租賃契約之租金係由被告丙交予原告甲之事實，業據原告提出存證信函、被告丙收受存證信函之郵政回執及支票等件。參諸前開存證信函內容可知，被告丙陸續郵寄支票予原告甲，以充作租金之給付，原告甲認爲租賃關係已消滅爲由，而將該等支票退回被告丙等情。被告丙就其曾郵寄支票予原告甲之事實，並不爭執，法院審核支票之面額，均與每年租金10萬元相符。準此，被告丙將租金交予原告甲之事實，堪信爲眞正。

（三）A公司職員為原告甲之使用人

　　原告甲爲A公司之總經理，被告丙將租金交予A公司之職員，該職員會將租金交予原告甲，故收受租金之職員爲原告甲之使用人，其與交付租金予原告甲無異。準此，原告甲有權收受被告丙交付之全部租金，原告甲再將收取之租金分配予原告乙。益徵原告甲有收受全部租金之權限，故被告丙將租金郵寄予原

44　最高法院86年度台上字第1656號、100年度台上字第1776號民事判決。

告甲，或者交予A公司之職員，再由職員轉交原告甲。

三、反對續租之意思表示方式

　　租賃期限屆滿後，承租人仍爲租賃物之使用收益，而出租人不即表示反對之意思者，視爲以不定期限繼續契約（民法第451條）。因出租人表示反對續租之意思，有阻卻繼續契約之效力，此與民法第263條所定，當事人依法律之規定終止契約之情形，具有同一之法律理由，自應類推適用。故租賃物爲數人所共同出租者，表示此項意思時，應準用第258條第2項規定，由出租人全體爲之[45]。職是，法院應探討僅由原告甲通知被告丙爲不續租之意思表示，是否不生表示反對之意思，即有不定期租賃契約之效力。

（一）原告甲有權為全體原告為反對續租之意思表示

　　原告主張渠等於租賃期限屆滿前，向被告丙爲反對續租之意思表示之事實，業據原告提出存證信函附卷可稽。因原告甲有權收受被告丙交付之全部租金，原告甲再將收取之租金分配予原告乙。足見原告乙有授權原告甲處理原告與被告丙間之租賃事宜。參諸原告甲身爲長子，原告乙爲其手足，原告乙委託原告甲對被告丙爲反對續租之意思表示，合乎社會常情。

（二）反對續租之意思表示應由全體出租人為之

　　原告爲土地共有人之一，將渠等分管之土地共同出租與被告丙使用，原告乙委託原告甲依據民法第451條爲反對續租之意思表示，其與原告全體爲之相同。蓋行使反對續租之意思表示，由本人親自爲之，或委託他人通知，其法律效果，其不分軒輊。準此，租賃契約期限已於2015年12月31屆滿後，原告全體於2015年12月10日以存證信函向被告丙爲反對續租之意思表示，被告丙亦已收受該存證信函，縱使被告仍爲租賃物之使用收益，自不生租賃契約之默示更新。

四、意思表示不自由

　　因被詐欺而爲意思表示者，表意人得撤銷其意思表示。前開之撤銷，應於發見詐欺後，1年內爲之。但自意思表示後，經過10年，不得撤銷（民法第92條及第93條）。被告抗辯稱原告與被告丙間之前租賃契約屬不定期租賃性質，係原告施以詐術，被告丙詐欺而於2010年1月1日簽訂租賃契約云云。職是，法院

45　最高法院63年台上字第2139號、97年度台上字第1166號民事判決。

自應探討被告丙簽訂該租賃契約有無意思表示不自由之情事發生。

（一）原告未施以詐術

　　被告丙雖抗辯稱：被告丙與原告間之前租賃契約為不定期租賃契約，故原告要求簽訂書面契約，並告知嗣後租賃期間到期，經雙方同意無條件繼續出租，故被告丙始簽訂書面租賃契約云云。被告丙原告簽訂之租賃契約，正值壯年係有相當辨識事理能力之人，租賃契約記載租賃期間自2010年1月1日起至2010年12月31日，依據社會之通念與一般人之知識水準，得輕易知悉該租賃契約之內容。倘被告丙認為該契約與前契約之內容不同，其可拒絕簽約，不得於事後任意指摘原告施以詐術，使被告丙陷於錯誤而簽訂有期限之租賃契約。

（二）被告丙撤銷其意思表示已逾除斥期間

　　縱使原告有施以詐術之行為，致被告丙陷於錯誤，故意使被告丙以為其將簽訂之契約內容與前次契約相同，導致陷於錯誤而為簽訂定期租賃契約之意思表示。然被告丙應於發見詐欺後，1年內撤銷其意思表示。被告丙收受原告起訴狀繕本起至其主張撤銷因被詐欺而為之意思表示，期間已逾1年除斥期間。從而，被告丙自不得再行爭執，謂其係受原告詐欺而簽訂定期租賃契約。

五、租賃契約之默示更新

　　民法第451條明定出租人於租期屆滿後，須即表示反對續租之意思，始生阻止續租之效力。其意在防止出租人於租期屆滿後，明知承租人就租賃物繼續使用收益而無反對之表示，事後任意主張租賃關係消滅，使承租人陷於不利。為使法律關係明確，出租人亦得於租期屆滿前，事先表示反對之意思存在。故當事人於簽訂租賃契約之際，訂明期滿後絕不續租，或續租應另訂契約者，應有阻止續約之效力[46]。原告主張依據租賃契約第4條第5款約定，租賃期滿，除經原告同意續租外，被告應立即遷還等語。職是，法院應審究租賃契約期約屆滿後，被告丙欲續租時，是否應經原告同意。倘原告不為反對續租之意思表示，被告丙繼續對租賃物使用收益，是否會成立不定期之租賃關係。查租賃契約第4條第5款約定，除原告同意繼續出租外，被告丙於租賃期滿，應立即依照原狀遷還予原告。解釋該契約條款之文義可知，租賃契約屆滿後，倘兩造欲續約，必須另行簽訂租賃契約。被告丙欲續租時，自應經原告同意。原告已有事先表示反對續租之意思存在。縱使租賃期限屆滿後，被告丙繼續對租賃物使用收益，

46　最高法院55年台上字第276號、103年度台上字第1803號民事判決。

其未經原告同意續租,亦不成立不定期之租賃關係。

六、承租人房屋所有權移轉之效力

租用基地建築房屋,承租人房屋所有權移轉時,其基地租賃契約,對於房屋受讓人,仍繼續存在。而債權之讓與,非經讓與人或受讓人通知債務人,對於債務人不生效力。受讓人將讓與人所立之讓與字據提示於債務人者,與通知有同一之效力(民法第426條之1、第294條)。原告主張被告丙未將系爭房屋事實上處分權移轉予被告丁之事實通知原告等語。被告抗辯稱其有口頭通知原告,有關被告間移轉系爭房屋之事實上處分權云云。職是,法院自應審酌被告丙將系爭房屋移轉予被告丁,被告有無通知原告。

(一)法定租賃權讓與

租用基地建築房屋,承租人房屋所有權移轉時,其基地租賃契約,對於房屋受讓人應繼續存在,此雖為法定之租賃權讓與,具有債權物權化之效力。然其本質上仍為債權,是租賃權之讓與,非經承租人或房屋受讓人通知出租人,對於出租人自不生效力,尤其租賃關係與一般債權讓與相較,租賃契約之當事人間有相當程度信任關係存在。準此,被告丙將房屋之事實上處分權移轉予被告丁時,應將移轉之事實通知原告,始生承租人地位移轉予被告丙之效力。

(二)被告未將事實上處分權移轉事實通知原告

被告主張被告丙將房屋之事實處分權移轉予被告丁之事實,業據提出建築改良物贈與所有權移轉契約書、財政部臺灣省中區國稅局贈與稅免稅證明書等件為憑。是被告丙已將房屋之事實上處分權移轉予被告丁,被告丙應將房屋之事實上處分權移轉之事實通知原告,被告丁始得繼受被告丙之承租人地位。被告雖抗辯稱渠等有口頭通知原告有關房屋移轉之情事云云。惟原告除否認有通知之事實外,並提出被告丙對原告甲所發之存證信函。本院參諸存證信函之內容可知,被告丙以承租人之身分,將面額10萬元之支票充作2015年之租金,掛號寄送予原告甲。是被告間雖有移轉房屋之事實上處分權,然被告丁未曾給付租金予原告。準此,被告未將房屋事實上處分權移轉事實通知原告,故被告丁無法繼受承租人之地位。

七、違章建築之性質

違章建築之讓與,雖因不能為移轉登記,而無法為不動產所有權之讓與,

然受讓人與讓與人間如無相反之約定，應認為讓與人已將該違章建築之事實上處分權讓與受讓人[47]。違章建築物固無法至地政機關辦理所有權登記，惟其為財產權，自得為交易之標的物[48]。原告雖主張分管土地上之房屋，目前係由被告全體占有云云。惟被告抗辯稱房屋現僅為被告丁占有等語。職是，法院自應審究系爭房屋現由被告何人占有，以決定何人負有返還土地之義務。查被告丁現為房屋之事實處分權人，其占有原告所分管土地。原告於法院審理中陳述：被告丙在他處興建房屋，並搬離系爭房屋，目前系爭房屋均無人居住等語。參諸原告之該陳述與被告之抗辯大致相符，故法院認定房屋之事實處分權人被告丁，其現占有原告所分管土地。

八、共有人對第三人之權利

所有人對於無權占有或侵奪其所有物者，得請求返還之。各共有人對於第三人，得就共有物之全部為本於所有權之請求。但回復共有物之請求，僅得為共有人全體之利益為之（民法第767條第1項前段、第821條）。因拆除房屋為事實上之處分行為，須有事實上之處分權者，始有拆除之權限[49]。被告丁現為房屋之事實上處分權人，無權占有原告所分管土地。準此，原告本於共有人之物上請求權，訴請被告丁應將其無權占有土地之建物予以拆除，並將占有土地返還原告與其他共有人全體，洵屬正當，應予准許。至於被告丙並非房屋之事實上處分權人，亦未占有原告所分管土地，故原告請求被告丙拆屋還地云云，為無理由。

九、不當得利請求權

無法律上之原因而受利益，致他人受損害者，應返還其利益（民法第179條前段）。依不當得利之法律關係請求返還不當得利，以無法律上之原因而受利益，致他人受有損害為其要件，故其得請求返還之範圍，應以對方所受之利益為度，非以請求人所受損害若干為準，而無權占有他人土地，可獲得相當於租金之利益為社會通常之觀念[50]。原告與被告丙間租賃契約租金為每年10萬元，被告丁自2016年1月1日起無權占有原告所分管土地，其無法律上原因受有利益。準此，原告自得依據不當得利之法律關係，請求被告丁應自2016年1月1日

---

47 最高法院85年度台上字第51號民事判決。
48 最高法院48年台上字第1812號、50年台上字第1236號、99年度台上字第738號民事判決。
49 最高法院69年度台上字第2913號、86年度台上字第2272號民事判決。
50 最高法院61年台上字第1695號、107年度台上字第783號民事判決。

起至交還土地日止，按年給付原告10萬元，核屬有據，應予准許。

參、結論

　　原告依據土地共有人之地位，依據物上請求權與不當得利等法律關係，請求被告丁應將原告所分管土地上之房屋，並將土地交還原告及其他共有人全體。暨被告丁應自2016年1月1日起至交還土地日止，按年給付原告10萬元，核屬有據，應予准許。因被告遲至原告提起本件訴訟後，始告知原告有關被告丙將房屋之事實處分權移轉予被告丁之事實，使原告無法於起訴前知悉被告丙非系房屋之占有人，導致原告起訴請求被告丙拆屋還地與返還不當得利部分敗訴，此為不可歸責於原告之事由，是本件訴訟費用應由敗訴之被告丁負擔，始稱合理（民事訴訟法第79條）。

肆、相關案例

　　民法第92條第1項前段規定，因被詐欺而為意思表示者，表意人得撤銷其意思表示，其所欲保護之法益，為表意者意思表示形成過程之自由。所謂詐欺行為，係指對於表意人意思形成過程屬於重要而有影響之不真實事實，表示其為真實，使他人陷於錯誤、加深錯誤或保持錯誤者而言，不包括就行為對象之特性為誇大或不實之陳述，欲以價值判斷影響表意人決定自由之情形。而不真實之事實是否重要而有影響意思之形成，應以該事實與表意人自由形成意思之過程，有無因果關係為斷[51]。

案例33 返還共有土地

　　原告主張系爭土地為原告及訴外人原告之父、甲、乙等4人共有，原告取得系爭土地所有權之應有部分，並非自其父處取得。因被告未經原告及其他共有人之同意，竟占有系爭土地，並在其上興建鐵皮屋，原告起訴請求被告拆屋還地等語。被告則以其有向原告之父買受系爭土地所有權之應有部分，故其有權占用系爭土地云云。

關鍵詞 專屬管轄、簡易程序、占有涉訟、債權相對性、原則上之重要性

51　最高法院100年度台上字第858號民事判決。

壹、探討議題

原告本於共有人之地位，請求被告將土地上之地上物拆除，並將土地交還全體共有人，被告抗辯稱其自原告之父處取得合法占有權源。職是，本實例探討重點，在於返還共有土地之管轄法院、共有人之訴之聲明、訴訟程序之適用、不動產所有權之取得要件、債權之相對效力、簡易裁判飛躍上訴最高法院之要件。

貳、理由分析

一、程序事項

（一）管轄法院

因不動產之物權或其分割或經界涉訟者，專屬不動產所在地之法院管轄（民事訴訟法第10條第1項）。其他因不動產涉訟者，得由不動產所在地之法院管轄（第2項）。基於不動權所有權而生之所有物返還請求權、除去妨害請求權及妨止妨害請求權（民法第767條第1項），均係因不動產物權涉訟，依民事訴訟法第10條第1項規定，應專屬土地所在地之地方法院管轄[52]。因本件返還土地事件係因請求保護占有涉訟者，應適用簡易程序（民事訴訟法第427條第2項第4款）。

（二）訴之聲明

各共有人對於第三人，得就共有物之全部為本於所有權之請求。但回復共有物之請求，僅得為共有人全體之利益為之（民法第821條）。倘共有人中之一人起訴時，在聲明中請求應將共有物返還於共有人全體，即為共有人全體利益請求，而無須表明全體共有人之姓名[53]。職是，原告訴之聲明被告應將土地上之地上物拆除，並將土地交還原告及其餘共有人全體。故部分共有人起訴請求回復共有物時，所受之本案判決對於他共有人亦有效力。倘部分共有人共同起訴，該訴訟標的對於共同訴訟之各人，在法律上必須合一確定，為類似必要共同訴訟[54]。

---

52 最高法院74年台上字第280號民事判決；最高法院111年度台抗字第520號民事裁定。
53 最高法院84年台上字第339號、90年度台上字第1056號民事判決。
54 最高法院81年度台上字第2769號民事判決。

二、實體事項

原告主張被告無權占用共有土地，應將土地交還全體共有人。被告抗辯有向原告之父買受土地之應有部分，故有合法占有權源。職是，原告請求被告拆屋還地，是否有理由，其爭點有三：（一）被告是否為土地之共有人。（二）被告與原告之父所簽訂之買賣契約，原告是否受其拘束？（三）原告之父與被告間之買賣契約，其他共有人是否受拘束？

（一）登記生效要件主義

不動產物權，依法律行為而取得、設定、喪失或變更者，非經登記，不生效力（民法第758條第1項）。被告與原告之父雖有訂立之買賣契約書，原告之父將土地應有部分出售予被告，然原告之父未將土地所有權之應有部分移轉登記為被告所有，此為兩造所不爭執。是被告與原告之父辦妥土地之所有權應有部分移轉登記前，被告不得以其具備共有人身分，而對其餘共有人主張有權占有土地。

（二）繼承開始之要件

因原告之父尚未死亡，故未發生原告繼承買賣契約法律關係之情事，原告自不受該買賣契約之拘束（民法第1148條第1項本文）。且買賣契約屬債權關係，僅有對人之相對效力，原告並非出賣人，被告不得持其與他人之買賣關係對抗原告。再者，原告並非自其父處取得土地之應有部分，此有土地登記謄本可證。是原告非其父之後手，不得僅因渠等為父子關係，而認被告得持買賣關係對抗原告行使共有人之物上請求權。

（三）債權之相對性

各共有人對於無權占有共有物之人，請求返還共有物之訴，依民法第821條但書之規定，應求為命該占有人向共有人全體返還共有物之判決。共有人中之一人雖與占有人間有債權債務關係，而不得請求占有人返還共有物，惟基於債權之相對性，占有人不得以其與該共有人間之債權債務關係，對抗其他共有人。因此，其他共有人為回復共有物，自仍得依民法第821條但書之規定，請求占有人向全體返還共有物[55]。土地之共有人除原告及原告之父外，尚有甲、乙等人，是被告不得僅憑其與原告之父間之買賣契約書，對抗土地之全部共有人，而免除拆除地上物及返還土地之責任。

55　最高法院95年度台上字第470號民事判決。

三、物上請求權

所有人對於無權占有或侵奪其所有物者，得請求返還之。各共有人對於第三人，得就共有物之全部為本於所有權之請求。但回復共有物之請求，僅得為共有人全體之利益為之（民法第767條第1項前段、第821條）。準此，原告基於土地共有人之地位，依據民法第767條第1項前段與第821條規定，請求被告將土地上之地上物拆除，將該土地交還原告及其餘共有人全體，應屬有理，應予准許。

參、飛躍上訴

一、簡易訴訟程序第二審裁判提起上訴之限制

（一）第一審與第二審管轄

簡易訴訟程序第一審由獨任法官行之（民事訴訟法第436條第1項）。對於簡易程序之第一審裁判，得上訴或抗告於管轄之地方法院，其審判以合議行之（民事訴訟法第436條之1第1項）。準此，簡易訴訟程序第一審、第二審之民事事件，均由地方法院審理。

（二）第三審管轄

對於簡易訴訟程序之第二審裁判，其上訴利益逾第466條所定之額數者，當事人僅得以其適用法規顯有錯誤為理由，逕向最高法院提起上訴或抗告（民事訴訟法第436條之2第1項）。司法院將民事訴訟法第466條第1項所定上訴第三審之利益額數，提高為新臺幣150萬元，並自2002年2月8日起實施[56]。

二、適用法規顯然錯誤

（一）法律原則上之重要性

對於簡易訴訟程序之第二審裁判，提起第三審上訴或抗告須經原裁判法院之許可。前項許可，以訴訟事件所涉及之法律見解具有原則上之重要性者為限（民事訴訟法第436條之3第1項、第2項）。所謂適用法規顯有錯誤者，係指原第二審判決就其取捨證據所確定之事實適用法規顯有錯誤，包括消極的不適用法規及積極的適用不當兩者在內。至於原第二審判決認定事實錯誤或就當事人提出之事實或證據，疏於調查或漏未斟酌，則僅生認定事實不當、調查證據欠

56　司法院2002年1月29日（91）院臺廳民一字第03075號。

周或判決不備理由之問題，即非適用法規顯有錯誤，不得爲上訴理由[57]。

（二）逕向最高法院提起抗告

本件被告不服第一審與第二審之判決而提起上訴，其上訴意旨略以：原判決固以被上訴人即原告之父尚未死亡，並未發生被上訴人繼承買賣契約之法律關係，被上訴人自不受該法律關係之拘束等情。然此將使投機者以此爲手段，在買賣房地之場合，假藉買賣名義，將有爭議之房地所有權移轉予將來之可能繼承人，使投機者與善意第三人前所簽訂之買賣契約不具拘束力，導致善意第三人遭受損害之虞云云。參諸上訴人上訴狀所表明之上訴理由，無非係指摘原第二審判決取捨證據或認定事實之職權行使爲不當，並未具體說明該判決有何適用法規之顯然錯誤情事，顯難謂其上訴涉及之法律見解具有原則上之重要性。是上訴人之上訴不應許可，以裁定駁回其上訴（民事訴訟法第436條之3第3項後段）。上訴人得就該駁回上訴裁定，逕向最高法院提起抗告（第4項）。

肆、相關案例

一、附帶請求

以一訴附帶請求其孳息、損害賠償、違約金或費用者，不併算其價額（民事訴訟法第77條之2第2項）。所稱以一訴附帶請求，指凡是附帶請求與主位請求間有主從、依附或牽連關係者，即有該條項規定之適用。基此法理，其以一訴主張之數項標的，而其主請求，依訴訟標的之性質應適用簡易訴訟程序者，則其附隨之請求既不併計算標的價額，自亦應併同主請求適用簡易訴訟程序。職是，原告請求租金部分，依民事訴訟法第427條第2項第8款規定，應適用簡易程序，違約金請求權係伴隨租金請求權所生，爲租金之附隨請求，屬於以一訴附帶主張違約金，不併算其價額，自應與租金請求權一併適用簡易程序[58]。

二、適用法規顯有錯誤

按民事訴訟法第496條第1項第1款所謂適用法規顯有錯誤，係指確定判決所適用之法規，顯然不合於法律規定，或與司法院大法官解釋、憲法法庭裁判意旨顯然違反，或消極的不適用法規，顯然影響判決者而言，不包括漏未斟酌證據、認定事實錯誤、理由不備或矛盾之情形在內。且第三審爲法律審，其所爲

57　最高法院82年度台上字第2185號、113年度台再字第15號民事判決。
58　最高法院101年度台簡抗字第9號民事裁定。

判決，以第二審判決所確定之事實爲基礎，故所謂適用法規顯有錯誤，對第三審判決言，應以該判決依據第二審判決所確定之事實而爲之法律上判斷，有適用法規顯有錯誤之情形爲限。至於第二審法院取捨證據、認定事實之職權行使是否妥當，則與第三審判決適用法規是否顯有錯誤無關[59]。

案例34　履行共有土地分割協議

　　原告主張兩造分別共有A、B、C、D、E等5筆土地，其中A、B、C土地相鄰，均爲乙種建築用地，而D、E土地爲農牧用地，爲免農地細分，均以合併分割爲佳。兩造前於法院調解期日就該等土地分割方案達成協議，因被告不願履行，故請求被告履行分割協議。況D、E土地之土地登記面積與實際複丈結果不同，是兩造應會同辦理面積更正登記等語。被告抗辯稱兩造雖成立調解，惟被告對調解筆錄有意見，認爲A、B、C土地不應合併分割，而D、E土地之登記面積與重測面積不符，應以實際面積爲準等語。

關鍵詞　承受訴訟、分割方法、協議分割、農地分割、固有必要共同訴訟

壹、探討議題

　　原告以兩造間共有土地經法院調解成立爲由，向法院起訴請求被告依協議分割契約所訂分割方法協同辦理分割登記。職是，本實例探討重點，在於固有必要共同訴訟、訴訟之承受與追加、當事人之變更、法院調解成立共有物分割之性質、判決分割共有物之方法、請求裁判分割之要件、農地分割之限制及訴訟費用之分擔。

貳、理由分析

一、程序方面

　　訴狀送達後，原告不得將原訴變更或追加他訴。但被告同意、請求之基礎事實同一者、因情事變更而以他項聲明代最初之聲明者或訴訟標的對於數人必須合一確定時，追加其原非當事人之人爲當事人者，均得爲訴之變更或追加。被告於訴之變更或追加無異議，而爲本案之言詞辯論者，視爲同意變更或追加

59　最高法院112年度台再字第10號民事判決。

（民事訴訟法第255條第1項第1款、第2款、第4款、第5款、第2項）。因原告於起訴後有追加、變更被告與追加聲明等情事，是法院自應審究原告之變更與追加部分是否合法。

（一）當事人死亡

當事人死亡者，訴訟程序在有繼承人、遺產管理人或其他依法令續行訴訟之人承受其訴訟以前當然停止。繼承人於得為承受時，應即為承受之聲明。原告於判決確定前，得撤回訴之全部或一部。但被告已為本案之言詞辯論者，應得其同意（民事訴訟法第168條、第175條第1項、第262條第1項）。共有物之分割事件，因共有人全體有法律上之利害關係，應共有人全體始得為之，故請求分割共有物之訴，屬於民事訴訟法第56條第1項所稱訴訟標的，對於共同訴訟之各人必須合一確定者[60]。原告提起本件訴訟，固列甲、乙為被告，然被告甲於起訴前死亡，而由繼承人丙、丁承受本件訴訟等事實，此有被告提出之戶籍謄本為證。嗣後繼承人丙、丁，協議由被告丙繼承土地之應有部分，原告撤回對被告丁之起訴，並經被告丁同意，此並有被告提出之土地登記第二類謄本附卷可稽。因分割分別共有物之訴訟，其訴訟標的為分別共有之法律關係，對於共同訴訟之各分別共有人必須合一確定，是原告起訴必須列其餘共有人為被告。原告追加丙為本件被告，應予准許。

（二）共有土地分割方法經法院調解成立

共有物之分割，依共有人協議之方法行之。分割之方法，不能協議決定者，或於協議決定後因消滅時效完成經共有人拒絕履行者，法院得因任何共有人之聲請，為裁判分割（民法第824條第1項、第2項）。是共有人未為協議、不能協議或協議發生時效抗辯情事，始得訴請法院裁判分割共有物。原告本起訴請求裁判分割土地，經兩造於法院調解期日，就土地分割方案達成協議之事實，此有法院土地分割事件調解筆錄為證。而兩造協議之分割方法，業經地政事務所繪製土地複丈成果圖在案，此為兩造所不爭執。因分割共有物之訴為形成之訴，其訴訟標的之形成權，須以法院之判決直接發生、變更或消滅當事人間之權利義務關係。分割共有物之訴所成立之法院調解，依據民事訴訟法第380條第1項與第416條第1項之規定，雖與確定判決有同一效力，然其本質上係基於當事人之協議，以自治方式解決其分割方法之爭執，僅生協議分割之效力，

---

60 最高法院42年度台上字第318號、112年度台上字第2100號、113年度台上字第649號民事判決。

不發生分割判決之效力。兩造就共有土地已成立調解筆錄，其效力等同協議分割，故被告拒絕辦理分割登記，原告自僅得依據調解筆錄之內容，請求被告履行登記之義務，不得訴請本院再為裁判分割共有物。

（三）分割共有物之當事人

　　共有物之協議分割與裁判分割均以消滅各共有人就共有物之共有關係為目的，故協議分割契約應由全體共有人參與協議訂立方能有效成立，並須全體共有人均依協議分割契約履行始能消滅共有人間之共有關係。是該契約所訂分割方法，性質上為不可分，共有人中之一人或數人提起請求履行協議分割契約之訴，其訴訟標的對於共有人全體必須合一確定，應以其他共有人全體為被告，於當事人適格始無欠缺。共有物如為不動產時，其應受判決事項之聲明，應為命兩造互相依協議分割契約所訂分割方法協同辦理分割登記，不得僅就原告自己分得部分，命被告協同辦理分割登記[61]。準此，原告請求履行協議分割契約之訴，其訴訟標的對於系爭土地共有人全體必須合一確定，應以其他共有人全體為被告。法院審視原告提出之土地登記第二類謄本，得知兩造為土地之全體共有人，故本件訴訟之當事人適格。

（四）請求之基礎事實同一

　　所謂請求之基礎事實同一，係指變更或追加之訴與原訴之要爭點有其共同性，各請求利益之主張在社會生活上可認為同一或關連，而就原請求之訴訟及證據資料，於審理繼續進行在相當程度範圍內具有同一性或一體性，得期待於後請求之審理予以利用，俾先後兩請求在同一程序得加以解決，避免重複審理，進而為統一解決紛爭者，即屬之[62]。原告以土地共有人之身分，對被告主張土地分割，因原告起訴主張之分割之面積與位置，經地政事務所測量後，其中D、E土地之實際面積與登記面積有所不同，故依其測量結果，請求被告協同原告辦理該等土地之面積更正登記。參諸辦理分割土地之面積更正登記與分割土地之面積，兩者具有同一性，應於本件訴訟程序加以解決，以避免重複審理，進而為統一解決紛爭者，俾符合訴訟經濟。況兩造除就土地之分割方法達成協議外，並約定以實際面積作為分割之面積，此有法院土地分割事件調解筆錄為證。而被告亦同意以實際面積作變更登記。準此，原告追加辦理D、E土地

61　最高法院91年度台上字第987號民事判決。
62　最高法院90年度台抗字第2號、90年度台抗字第287號、91年度台抗字第552號、91年度台抗字第648號民事裁定；95年度台上字第1573號民事判決。

面積更正，程序合法。

二、實體事項

（一）土地面積更正登記

　　共有物之管理，除契約另有約定外，應以共有人過半數及其應有部分合計過半數之同意行之。但其應有部分合計逾2/3者，其人數不予計算。土地登記簿記載之面積與地籍圖所示面積，倘與實測後之面積不符，此屬登記有錯誤之情形，土地所有權人得申請地政機關更正（民法第820條第1項；土地登記規則第27條、土地法第69條）。是原則上共有物之管理，應由共有人約定或同意爲之，共有土地之面積更正，其性質屬管理行爲，故共有土地經複丈結果，發現原測量或登記有誤，解釋上不得僅憑部分共有人單獨申請地政機關更正。共有土地之面積有登記錯誤之情事，應先經共有人共同申請更正後，繼而就更正後之面積爲分割。兩造有約定以地政機關所實測面積作爲系爭土地之分割面積。被告依據調解筆錄內容，有協同原告辦理D、E土地面積更正之義務。職是，原告除得依據土地登記規則第27條與土地法第69條規定，兩造共同申請地政事務所，更正D、E土地之登記面積外，原告亦得依據協議內容，請求被告協同辦理D、E土地面積更正登記，難謂無權利保護之必要性。D、E土地之登記面積爲2,386與1,513平方公尺，經地政事務所實測之面積各爲2,351與1,453平方公尺，此有地政事務所之土地複丈成果圖附卷可稽。準此，原告請求被告協同辦理D、E土地面積更正登記，爲有理由。

（二）農地分割之限制

　　每宗耕地分割後每人所有面積未達0.25公頃者，不得分割。但本條例1990年1月4日修正施行後所繼承之耕地，得分割爲單獨所有或本條例1990年1月4日修正施行前之共有耕地，得分割爲單獨所有（農業發展條例第16條第1項第3款、第4款）。D、E土地，其均爲特定農業區之田地，其實測面積各爲2,386與1,513平方公尺，原告與被告乙取得D、E土地之應有部分之日期均於1990年1月4日之前，而被告丙因繼承關係取得D、E土地應有部分，其係1990年1月4日後繼承系爭土地等事實，此有土地登記第二類謄本在卷可按，並爲兩造不爭之事實，符合農業發展條例之規定，是原告請求被告履行D、E土地分割登記，自應准許。

參、結論

共有人就共有物已訂立協議分割契約者，該契約如有效成立，即生分割之效力。除因契約所生之分割登記請求權之消滅時效完成，共有人中有為消滅時效完成之抗辯而拒絕給付，致協議分割契約無從請求履行，無由達成分割目的之情形外，當事人僅得依約請求履行該項登記義務，不得訴請法院再為分割共有物之判決[63]。原告主張系爭土地為兩造所共有之事實，業具原告提出地籍圖與土地登記第二類謄本等件為證。復為被告所不爭執，堪信為真實。兩造於法院土地分割事件之調解期日，就系爭土地達成協議分割方法，該協議之分割方法，業經地政事務所繪製土地複丈成果圖在案，土地並無不得分割之情事。兩造已就系爭土地之分割方法達成協議，被告應受調解筆錄內容所拘束，不得再訴請本院裁判異於協議內容之分割方法。況兩造間協議之分割方法，均按兩造之應有部分取得土地面積，其有兼顧共有人之利益。準此，原告依據調解筆錄內容請求履行分割系爭土地登記義務，為有理由。

肆、訴訟費用之負擔

一、命勝訴當事人負擔一部

因共有物分割、經界或其他性質上類似之事件涉訟，由敗訴當事人負擔訴訟費用顯失公平者，法院酌量情形，命勝訴之當事人負擔其一部（民事訴訟法第80條之1）。分割共有物之訴係屬必要共同訴訟，提起分割共有物之訴，應以其他共有人全體為被告，於當事人之適格始無欠缺，而當事人之適格為權利保護要件之一，倘當事人適格有欠缺，即欠缺權利保護要件，法院自應認其訴為無理由，以判決駁回之。故共有物分割事件，全體共有人必須同列為訴訟當事人，兩造可互換地位，兩造就分割方法之爭執，均為伸張或防衛其權利之方式，是被告應訴，自屬伸張或防衛權利所必要。

（二）履行分割契約事件

分割共有物之訴為形成之訴，法院不受當事人主張或聲明之拘束，兩造所提出之分割方法，僅係供法院之參考，其分割方法，對於各共有人而言，並無勝負之問題。原告係請求履行分割協議，其法律關係雖類似共有物分割事件。然本件訴訟係原告依據調解筆錄之內容訴請被告履行分割共有物，其本質屬履

63　最高法院91年度台上字第987號民事判決。

行契約事件，因被告違反兩造間就共有物之協議，其具有可歸責性，故法院命拒絕履行契約之被告，負擔全部之訴訟費用（民事訴訟法第78條），較符合訴訟費用之負擔原則。

伍、相關案例

一、法律問題

甲、乙及丙共有A土地，因當事人無法協議分割A土地，甲向土地所在地之法院，提起分割共有物之訴，甲在該分割共有物事件，僅列乙爲被告，而漏列丙爲被告，法院未查而判決確定，致有當事人不適格之情形。試問當事人是否得主張適用法規顯有錯誤之再審事由，得提起再審之訴？

二、固有必要共同訴訟

請求分割公同共有物之訴，爲固有必要共同訴訟，應由同意分割之公同共有人全體一同起訴，並以反對分割之其他公同共有人全體爲共同被告，本件訴訟之當事人適格，始無欠缺[64]。職是，原判決既漏列共有人丙爲當事人不適格，即爲適用法規顯有錯誤之再審事由（民事訴訟法第496條第1項第1款），應提起再審之訴，並追加丙爲當事人。

三、再審事由

每宗耕地分割後每人所有面積未達0.25公頃者，原則不得分割。例外情形如：（一）因購置毗鄰耕地而與其耕地合併者，得爲分割合併；同一所有權人之二宗以上毗鄰耕地，土地宗數未增加者，得爲分割合併；（二）部分依法變更爲非耕地使用者，其依法變更部分及共有分管之未變更部分，得爲分割；（三）本條例2000年1月4日修正施行後所繼承之耕地，得分割爲單獨所有；（四）本條例2000年1月4日修正施行前之共有耕地，得分割爲單獨所有；（五）耕地三七五租約，租佃雙方協議以分割方式終止租約者，得分割爲租佃雙方單獨所有；（六）非農地重劃地區，變更爲農水路使用者；（七）其他因執行土地政策、農業政策或配合國家重大建設之需要，經中央目的事業主管機關專案核准者，得爲分割（農業發展條例第16條第1項）。前項第3款及第4款所定共有耕地，辦理分割爲單獨所有者，應先取得共有人之協議或法院確定判決，其分割後之宗數，不得超過共有人人數（第2項）。職是，法院違反農業

64　最高法院42年台上字第318號、86年度台上字第1971號民事判決。

發展條例第16條所酌定之分割方法者，縱經判決確定，地政機關亦不得准其登記。因該分割農地之判決不適用法律，當事人得以適用法規顯有錯誤者爲由，據以提起再審之訴（民事訴訟法第496條第1項第1款）。

案例35 分割共有農地事件

原告主張系爭土地爲兩造共有，系爭土地之原共有人甲已死亡，被告乙、丙爲繼承人，至今尚未辦理繼承登記。以本件辦理分割共有物，並同時訴請辦理繼承登記。兩造就系爭土地並無不爲分割之約定，亦無因物之使用目的不能分割，兩造就分割方法且無法達成協議。而系爭土地因屬耕地，每人分得面積未達0.25公頃，依農業發展條例第16條規定，不得爲原物分割，是原告請求以變價分割方式，將共有土地變賣等語。被告乙同意原告分割方案等語。

關鍵詞　裁判分割、繼承登記、原物分割、變價分割、訴訟費用

壹、探討議題

兩造爲共有農地，兩造就土地並無不爲分割之約定，亦無因物之使用目的不能分割，兩造就分割方法且無法達成協議，倘依應有部分爲原物分割，各共有人分得面積未達0.25公頃，違反農業發展條例第16條規定，故法院採變價分割方法分割系爭農地。職是，本實例探討之重點，在於一造辯論判決之要件、一併請求辦理繼承登記、農地分割之限制及變價分割之要件。

貳、理由分析

一、程序事項

言詞辯論期日，當事人之一造不到場者，得依到場當事人之聲請，由其一造辯論而爲判決；不到場之當事人，經再次通知而仍不到場者，並得依職權由一造辯論而爲判決（民事訴訟法第385條第1項）。所謂言詞辯論期日，係指受訴法院之言詞辯論期日而言，倘當事人於準備程序之期日或於言詞辯論前之調查證據期日不到場者，則不適用之[65]。本件分割共有物被告有乙、丙，因被告丙經合法通知，均未於言詞辯論期日到場，核無民事訴訟法第386條各款所列情

---

[65] 最高法院30年滬上字第169號民事判決。

形，爰依原告之聲請，由其一造辯論而為判決。

二、實體事項

（一）裁判分割共有物之要件

　　各共有人，除法令另有規定外，得隨時請求分割共有物。但因物之使用目的不能分割或契約訂有不分割之期限者，不在此限。共有物之分割，依共有人協議之方法行之。分割之方法不能協議決定，或於協議決定後因消滅時效完成經共有人拒絕履行者，法院得因任何共有人之請求，命為下列之分配：1.以原物分配於各共有人。但各共有人均受原物之分配顯有困難者，得將原物分配於部分共有人；2.原物分配顯有困難時，得變賣共有物，以價金分配於各共有人；或以原物之一部分分配於各共有人，他部分變賣，以價金分配於各共有人（民法第823條第1項、第824條第1項、第2項）。原告主張兩造共有系爭土地，系爭土地雖屬耕地，每人分割分得面積未達0.25公頃，依農業發展條例第16條規定，自不得為原物分割，然未禁止就整筆耕地以土地變賣之方式為共有物之分割方式等事實。業據原告提出土地登記第二類謄本、戶籍謄本、除戶謄本、繼承系統表等件為證。職是，原告主張土地依法令及物之使用目的，並無不能分割之情形，且兩造間就分割方法，無法達成協議等事實，為兩造所不爭執，自可信屬真正，故原告請求將系爭土地判決分割，於法有據。

（二）辦理繼承登記

　　共有之不動產之共有人中一人死亡，他共有人請求分割共有物時，為求訴訟之經濟起見，自得准許原告就請求繼承登記及分割共有物之訴合併提起，即以一訴請求該死亡之共有人之繼承人辦理繼承登記並請求該繼承人於辦理繼承登記後，與原告及其餘共有人分割共有之不動產[66]。原告主張原共有人甲，乙、丙為繼承人，尚未辦理繼承登記之事實，此有土地登記第二類謄本、戶籍謄本、除戶謄本及繼承系統表等件，附卷可稽。原告主張被告乙、丙應協同原告就已故甲所遺系爭土地之應有部分，各應繼分辦理繼承登記，為有理由，應予准許。

（三）農地分割之限制

　　每宗耕地分割後每人所有面積未達0.25公頃者，不得分割（農業發展條例第16條第1項本文）。共有耕地整筆變賣，以價金分配共有人，並不發生農地細

66　最高法院70年度第2次民事庭會議決定；最高法院91年度台上字第832號民事判決。

分情形,應不在農業發展條例第16條限制之列。是以共有耕地之共有人請求採變賣共有物分配價金之分割方法,自得准許。而分割共有物,究以原物分割,或變價分割為適當,法院應斟酌當事人意願、共有物之使用情形、經濟效用及全體共有人之利益等情形而為適當之分割,不受共有人所主張分割方法之拘束[67]。職是,原告起訴主張以變價方式分割系爭土地,法院自應衡量共有人利益、法律規範及當事人意願等情事,酌定系爭土地之分割方法。

1. 法院酌定

法院審酌共有土地之使用分區為特定農業區,共有人計3人,各共有人之應有部分,均不盡相同,倘採原物分割,則每人分得面積未達0.25公頃,依農業發展條例第16條規定,不得為原物分割,否則該分割方案自屬無效。因農業發展條例第16條並未禁止就整筆耕地,以變賣之方式為共有物分割,倘整筆耕地無法採原物分割方式行之,自得採變價方式分割土地。

2. 變價分割

經法院認為系爭土地應採變價分割之方式,所得價金按兩造所有權應有部分比例分配,以期發揮系爭土地之最高經濟價值,既符合公平分配之原則,且有利土地整體開發,亦不違反農業發展條例第16條之規定,是原告主張以變價方式分割,應屬可採。參諸被告乙聲明同意變價分割。其餘被告丙未於言詞辯論期日到場,亦未提出準備書狀作何聲明或陳述。準此,系爭土地採變價方式分割,符合共有人之意願。

參、結論

原告為系爭土地之共有人,系爭土地並非不能分割或契約訂有不分割之期限者,兩造間就土地之分割方法,無法達成協議。準此,原告本於共有物分割請求權,求為判決分割土地,而本院斟酌當事人之聲明、共有物之性質、經濟效用及全體共有人之利益等事項,採以變價分割之方法。因共有物分割事件涉訟,由敗訴當事人負擔訴訟費用顯失公平者,法院得酌量情形,命勝訴之當事人負擔其一部(民事訴訟法第80條之1)。本件為共有物分割事件,在性質並無訟爭性,縱令兩造互易其地位,裁判結果仍無不同,故由被告負擔全部費用,顯有失公平,是法院酌量兩造之情形,認訴訟費用由當事人各按應有部分之比例分擔,始屬公允。

---

67 最高法院64年台上字第420號、87年度台上字第1402號、90年度台上字第685號民事判決。

肆、相關案例

當事人於辯論期日到場不為辯論者，固視同不到場（民事訴訟法第387條）。惟言詞辯論期日，當事人之一造不到場，到場之他造意欲如何不明瞭者，審判長應依同法第199條第2項規定，向其發問或曉諭，令其敘明。被告願另定期日辯論，不聲請由一造辯論而為判決者，應予延展辯論期日，不得因其不聲請一造辯論，認其係到場不為辯論，而視同不到場[68]。

第四節　抵押權事件

案例 36　塗銷抵押權登記

原告主張系爭土地本為其被繼承人所有，被告之被繼承人於1930年間日設定權利價值10萬日圓之抵押權。因原告之被繼承人前於1960年間死亡，原告於2000年間辦理繼承登記，系爭抵押權並未定有清償日期，其債權成立日期為1930年1月1日，是抵押權所擔保之系爭債權消滅時效，應自1930年1月1日起算，被上訴人起訴時逾70年，系爭債權已罹於時效，而實行抵押權之除斥期間亦已完成，原告得拒絕給付，並請求塗銷抵押權。被告之被繼承人雖於1980年間死亡，惟抵押權之登記已對原告之所有權行使構成妨害，爰依物上請求權作用，訴請被告塗銷抵押權登記等語。被告抗辯稱其就被告之被繼承人與原告之被繼承人間就土地設定系爭抵押權之情事，原告起訴前並不知悉，既然債權未清償，抵押權即無法塗銷之云云。

關鍵詞 反訴、時效完成、除斥期間、必要共同訴訟、除去妨害請求權

壹、探討議題

當事人之被繼承人於日據時代有債權關係，原告之繼承人提供其所有土地設定抵押權，以擔保債權，因債權嗣後罹於時效，實行抵押權之除斥期間亦已經過，原告依據物上請求權請求被告應系爭抵押權登記。職是，本實例探討重點，在於提起反訴之要件、必要共同訴訟、消滅時效之期間、時效完成之效力、實行抵押權之除斥期間及土地所有權人行使除去妨害請求權。

68　最高法院101年度台抗字第573號民事裁定。

貳、理由分析

一、程序事項

（一）提起反訴與撤回反訴之要件

被告於言詞辯論終結前，得在本訴繫屬之法院，對於原告及就訴訟標的必須合一確定之人提起反訴。反訴之標的，倘專屬他法院管轄，或與本訴之標的及其防禦方法不相牽連者，不得提起（民事訴訟法第259條、第260條第1項）。所謂牽連者，係指反訴標的與本訴標的間或本訴標的與被告所提出之防禦方法間，有相當之牽連關係而言。即舉凡本訴標的之法律關係或作為防禦方法所主張之法律關係，與反訴標的之法律關係同一；或當事人雙方所主張之權利，由同一法律關係發生；或本訴標的之法律關係發生之原因，與反訴標的之法律關係發生之原因，其主要部分相同；或是本訴與反訴互相排斥，均可認兩者間有牽連關係。被告於本件訴訟之言詞辯論終結前，對原告提起反訴，請求原告應共同給付被告10萬日圓及自1930年1月1日起至清償日止，按年息5%計算之利息。因原告請求塗銷系爭抵押權，被告提起原告應給付有設定系爭抵押權之系爭債權，倘本訴請求塗銷系爭抵押權有理由，反訴請求給付系爭債權則屬無理由，是本訴與反訴互相排斥，反訴之標的與本訴之標的間有相牽連，原告自得提起反訴[69]。經原告為反訴之言詞辯論後，被告以書狀撤回反訴（民事訴訟法第262條第2項本文）。原告亦同意被告撤回反訴，是法院自無庸審究被告已撤回反訴之法律關係（第1項但書）。

（二）必要共同訴訟

訴訟標的對於共同訴訟之各人必須合一確定者，而共同訴訟人中一人之行為有利益於共同訴訟人者，其效力及於全體；其不利益者，對於全體不生效力（民事訴訟法第56條第1項第1款）。所謂共同訴訟人中一人之行為，有利益於共同訴訟人或不利益於共同訴訟人，係指於行為時就形式上觀之，有利或不利於共同訴訟人而言。非指經法院審理結果有利者其效力及於共同訴訟人，不利者其效力不及於共同訴訟人而言。

69　姚瑞光，民事訴訟法論，自版，2004年2月，頁395至396。最高法院101年度台抗字第335號民事判決：反訴標的之法律關係為本訴標的之法律關係之先決問題者，兩者應有牽連關係，得為相互利用，符合訴訟經濟之原則，亦可防止裁判兩歧。

（三）分割遺產事件

　　繼承人有數人時，在分割遺產前，各繼承人對於遺產全部爲公同共有。公同共有人之權利義務，依其公同關係所由規定之法律、法律行爲或習慣定之。公同共有物之處分及其他之權利行使，應得公同共有人全體之同意（民法第1151條、第828條第1項、第3項）。被告均爲抵押權與債權之繼承人，系爭土地經繼承登記爲原告公同共有等事實。此有原告提出之繼承系統表、戶籍謄本及土地登記謄本等件，附卷可稽。職是，被告自繼承開始時爲抵押權與債權之公同共有人，其權利之行使必須全體爲之，本件訴訟標的對於渠等必須合一確定，故原告應列繼承抵押權與債權之全體繼承人爲本件共同被告[70]。

二、實體事項

（一）整理與協議簡化爭點

1. 不爭執事項

　　受命法官爲闡明訴訟關係，得整理並協議簡化爭點（民事訴訟法第270條之1第1項第3款）。法院於言詞辯論期日，依據兩造主張之事實與證據，經簡化爭點協議，作爲本件訴訟中攻擊與防禦之範圍。兩造不爭執之事實有二：(1)系爭土地爲原告之被繼承人遺產，被繼承人已於1960年間死亡，原告於2000年間辦理繼承登記在案，告公同共有；(2)被告之被繼承人於1930年1月1日。此等不爭執事實，將成爲法院判決之基礎。

2. 爭執事項

　　兩造爭執之事實有二：(1)系爭抵押權所擔保之系爭債權請求權是否已罹於時效？原告主張系爭抵押權所擔保之系爭債權，其消滅時效應自1930年1月1日起算，距原告起訴時已逾70年，系爭債權之時效期間及實行抵押權之除斥期間均已完成。被告抗辯稱原告基於繼承關係，應連帶給付系爭債權，系爭債權並未罹於時效；(2)被告是否應塗銷系爭抵押權登記？原告主張債權已罹於時效，且實行抵押權之除斥期間業經完成，故被告應塗銷抵押權登記。被告抗辯稱原告未清償債權前，不應塗銷抵押權。

70　最高法院52年台上字第1930號、106年度台上字第2967號民事判決：共同訴訟人中之一人，對於下級法院之判決聲明不服提起上訴，在上訴審法院未就其內容爲審判之前，難謂其提起上訴之行爲對於他共同訴訟人不利，是其效力應及於共同訴訟人全體，即應視其上訴爲共同訴訟人全體所爲。

（二）繼承之開始

　　因被繼承人死亡而開始繼承。繼承人自繼承開始時，除本法另有規定外，承受被繼承人財產上之一切權利、義務（民法第1147條、第1148條第1項本文）。原告爲土地共有人，爲有權請求被告塗銷抵押權之前提要件，故法院首應審究被上訴人是否爲系爭土地共有人。查原告之被繼承人於1960年間死亡，原告已於2000年辦理繼承登記在案，土地爲原告公同共有，此有卷附之土地登記謄本可證。原告於被繼承人死亡而開始繼承土地，是原告已於登記前取得土地之所有權，在辦理繼承登記前，依據民法第759條規定之物權宣示登記，僅屬非經登記，不得處分其物權，而未辦理繼承登記之事由，並非喪失繼承權或所有權之情事。況系爭土地爲已登記之不動產，請求辦理繼承登記，亦無消滅時效之適用。準此，被上訴人於其被繼承人死亡後逾40年，始辦理土地繼承登記，自不影響原告基於繼承關係而取得系爭土地所有權之權利（民法第759條之1）。

（三）消滅時效之期間

1. 民法總則施行法第16條與第18條

　　民法總則施行前，依民法總則之規定，消滅時效業已完成，或其時效期間尚有殘餘不足1年者，得於施行之日起，1年內行使請求權，但自其時效完成後，至民法總則施行時，已逾民法總則所定時效期間1/2者，不在此限。民法總則施行前之法定消滅時效已完成者，其時效爲完成。民法總則施行前之法定消滅時效，其期間較民法總則所定爲長者，適用舊法，但其殘餘期間，自民法總則施行日起算較民法總則所定時效期間爲長者，應自施行日起，適用民法總則（民法總則施行法第16條、第18條）。

2. 舊法範圍

　　民法總則施行法第18條第2項所稱之舊法，不包括臺灣光復前適用之日本民法在內，日本民法所定消滅時效之期間，雖較民法總則所定爲長，仍應適用民法總則關於消滅時效之規定[71]。職是，系爭債權之發生日期在日據時期，其債權是否成立或法律效果，雖應適用當時日本民法，然我國民法在臺灣光復即1945年10月後，已適用於臺灣地區，依前揭說明，系爭債權是否已罹於時效？時效完成後之效力爲何？自應適用我國民法之規定，而非臺灣光復前之日本民法。

71　最高法院41年台上字第1573號民事判決。

（四）時效完成之效力

　　請求權因15年間不行使而消滅；而債權未定清償期者，債權人得隨時請求清償；而消滅時效，自請求權可行使時起算（民法第125條、第315條、第128條前段）。民法第128條規定消滅時效自請求權可行使時起算，所謂可行使時，係指請求權人行使其請求權，客觀上無法律上之障礙可言，與請求權人主觀上何時知悉其可行使無關。是請求權人因疾病、權利存在之不知，或主觀上不知自己可行使權利，而不能行使請求權者，為事實上障礙，非屬法律上障礙，時效之進行不因此而受影響。是未定清償期之債權請求，自債權成立時即可行使，其消滅時效應自債權成立時起算[72]。原告主張抵押權所擔保之債權，其已罹於時效等語。被告抗辯稱原告基於繼承關係，應連帶給付系爭債權，系爭債權並未罹於時效云云。是兩造之爭執，在於系爭債權是否已罹於時效？

1. 金錢債權時效為15年

　　抵押權並未定有清償日期，而債權成立日期為1930年1月1日，是抵押權所擔保之債權消滅時效，應自1930年1月1日起算。被告均未提出向原告之被繼承人請求或其他足以中斷時效進行之具體事證（民法第129條），故請求權時效期間最長15年計算，系爭債權之消滅時效完成之日為1945年1月1日。

2. 時效完成之抗辯

　　時效完成後，債務人得拒絕給付（民法第144條）。是時效完成後，債權人之請求權並不消滅，債權人仍得請求，惟債務人得行使抗辯權拒絕給付。原告基於繼承關係繼承系爭債權之債務人地位，既然債權已罹於時效，原告自得行使抗辯權拒絕給付。而債權之消滅時效完成後，亦不會因原告之被繼承人死亡，由原告繼承系爭債權之債務人地位，而有時效中斷或不完成之情事。

（五）實行抵押權之除斥期間

　　以抵押權擔保之請求權，雖經時效消滅，債權人仍得就抵押物取償。以抵押權擔保之債權，其請求權已因時效而消滅，如抵押權人，其於消滅時效完成後，5年間不實行其抵押權者，其抵押權消滅（民法第145條第1項、第880條）。原告主張債權已罹於時效，且實行抵押權之除斥期間業經完成，故抵押權已消滅等語。被告抗辯稱未清償系爭債權前，系爭抵押權依然有效云云。職是，兩造之爭執，在於系爭抵押權是否已消滅？

72　最高法院111年度台上字第1703號民事判決。

1. 除斥期間

民法第880條就時效完成後抵押權之實行有特別規定,應優先民法第145條第1項之適用。即以抵押權擔保之債權,其請求權已因時效而消滅,倘抵押權人,於消滅時效完成後,5年間不實行其抵押權者,其抵押權消滅。是實施抵押權時,應適用5年之除斥期間,除斥期間經過後,權利當然消滅。債權之消滅時效完成之日為1945年1月1日,加計民法第880條規定實行抵押權之5年除斥期間,則系爭抵押權已於1950年1月1日消滅。

2. 抵押權已消滅

抵押權因其所擔保債權之請求權之消滅時效完成及實行抵押權之除斥期間經過,即歸於消滅,縱債務人於其後之訴訟中就業經時效完成之請求權未為拒絕給付之抗辯,致受敗訴判決確定,對於已因除斥期間之經過而消滅之抵押權不生影響[73]。職是,原告雖未清償債權,然實行抵押權之除斥期間已經過,抵押權當然消滅。

(六)物上請求權

所有人對於妨害其所有權者,得請求除去之(民法第767條第1項中段)。抵押權已於1950年1月1日消滅,被告之被繼承人於1980年死亡時,抵押權因法律規定而消滅,被告繼承之遺產時,自不包括抵押權在內;而原告之被繼承人於1960年死亡,原告繼承土地時,抵押權已消滅,原告自無容忍土地上存在抵押權之義務。因抵押權登記未經塗銷,形式仍屬存在,因抵押權係擔保物權,得拍賣供擔保之不動產取償,故抵押權對原告共有土地之所有權行使,自有構成妨害之事實,應有排除之必要。準此,抵押權已消滅,原告行使所有權人之除去妨害請求權,請求被告塗銷抵押權登記,洵屬正當。

參、結論

一、民法第767條第1項之物上請求權

系爭債權已罹於時效,原告自得拒絕給付,且實行系爭抵押權之除斥期間業經完成。況系爭抵押權於原告之繼承人死亡前已消滅,原告自無須承受系爭抵押權。職是,抵押權之登記對原告所有系爭土地之所有權行使構成妨害,原告依民法第767條第1項規定之物上請求權作用,訴請被告塗銷抵押權登記,為有理由。

---

73 最高法院89年度台上字第1476號民事判決。

二、地籍清理條例

　　1949年12月31日以前登記之抵押權，土地所有權人得申請塗銷登記，由登記機關公告3個月，期滿無人異議，塗銷之（地籍清理條例第28條第1項）。土地權利關係人於公告期間內，得以書面向該管登記機關提出異議，並應檢附證明文件；經該管登記機關審查屬土地權利爭執者，應移送直轄市或縣（市）主管機關調處。直轄市或縣（市）主管機關為前項之調處時，準用土地法第34條之2規定，進行調處。不服調處者，得於收受調處結果通知次日起30日內，向管轄法院提起訴訟；屆期未提起訴訟者，依原調處結果辦理（地籍清理條例第28條第2項、第9條）。因塗銷登記致抵押權人受有損害者，由土地所有權人負損害賠償責任（地籍清理條例第28條第3項）。

肆、相關案例

　　依民法第315條規定，清償期除法律另有規定或契約另有訂定，或得依債之性質或其他情形決定者外，債權人得隨時請求清償，債務人亦得隨時為清償。是債權未定清償期者，其請求權自債權成立時即可行使，其請求權之消滅時效應自債權成立時起算。準此，受任人依民法第541條第1項規定，因處理委任事務之交付所收取金錢之義務，除法律另有規定或契約另有訂定、或得依其他情形決定者外，委任人得隨時請求交付，其交付請求權之消滅時效，原則上應自受任人收取該金錢時起算。因保證債務為從債務，倘主債務不存在，保證債務自無從發生；而主債務人所有之抗辯，保證人均得主張之，主債務人拋棄其抗辯者，保證人仍得主張之。則主債務之請求權因時效之完成而消滅，其效力亦及於保證債務；保證人得主張時效之利益，縱主債務人拋棄其利益，保證人仍得主張之[74]。

74　最高法院110年度台上字第296號民事判決。

第一節　親屬事件

案例37　確認收養關係與侵害遺產

原告甲、乙主張被繼承人生前自幼收養原告，並將原告登記為自己親生子女，原告均為被繼承人之養女，其為遺產之繼承人，被告以偽造文書與詐欺之行為，盜領屬被繼承人之系爭存款新臺幣（下同）600萬元，侵害繼承人之權利，被繼承人之繼承人有原告與丙女等3人。原告依繼承與侵權行為等法律關係，請求被告各賠償原告甲、乙200萬元等語。被告抗辯稱其為丙女之配偶，被繼承人為丙女之生母，被繼承人出具委任書予被告，是被告經授權而解除定期存單，自不成立侵權行為，況原告與被繼承人間並無親子血緣或收養關係，原告非繼承人云云。

關鍵詞　訴之要素、更正事實、裁定停止、侵權行為、繼承關係

壹、探討議題

原告甲、乙之父生前有二名妻子，原告生母為大房，被繼承人為二房，而被繼承人除有親生丙女外，並收養為原告甲、乙為養女。因丙女配偶即被告盜領被繼承人之存款，原告除提起刑事告訴外，並提起刑事附帶民事訴訟，請求被告負損害賠償責任。準此，本實例探討重點，在於更正事實之陳述、收養關係之成立要件、侵權行為之損害賠償及遺產之繼承。

貳、理由分析

一、程序事項

按訴狀送達後，原告不得將原訴變更或追加他訴，惟請求之基礎事實同一者，不在此限。不變更訴訟標的，而補充或更正事實或法律之陳述者，非為訴之變更或追加（民事訴訟法第255條第1項第1款、第256條）。當事人、訴訟標

的及訴之聲明爲訴之要素，原告於訴訟進行中，將訴之要素變更或追加其一，即生訴之變更或追加，故訴之要素均未變更或追加，僅補充或更正事實或法律之陳述者，並非訴之變更或追加。原告主張不論係血緣關係或收養關係，均屬親子關係，係請求之基礎事實同一者，其訴訟程序合法等語。被告抗辯稱原告先後主張其與被繼承人間有血緣關係或有收養關係，其訴訟程序不合法云云。職是，兩造之爭執在於原告先主張其爲被繼承人之親生女，訴訟中改主張爲養女，其訴訟程序是否合法？法院自應審究原告變更身分之主張，有無訴之變更或追加情事。

（一）確認親子關係不存在之訴

原告主張被告以僞造文書與詐欺之行爲，盜領屬被繼承人遺產之存款，原告爲繼承人，依據侵權行爲之法律關係請求被告賠償等語。此有刑事附帶民事起訴狀附卷可稽。被告之配偶丙女否認原告與被繼承人間有親子血緣關係，丙女以本件原告爲被告，向法院提起確認親子關係不存在之訴，經法院判決確認本件原告與被繼承人間親子關係不存在確定在案。準此，原告起訴時，係以被繼承人之親生女自居。

（二）確認收養關係存在之訴

因原告與被繼承人間無血緣關係，經法院判決確定在案，故原告於本件訴訟程序進行中，以丙女爲被告，向法院提起確認收養關係存在之訴，請求確認原告與被繼承人間之收養關係存在，現由法院以確認收養關係存在事件審理中，經調閱該民事事件卷宗，查明屬實。法院以本件訴訟裁判，應以確認收養關係存在事件之法律關係是否成立爲據，雖前以裁定停止本件訴訟程序。然法院原就渠等間有無收養關係存在，自得獨立調查證據與認定事實，不待確認收養關係存在事件之認定，故嗣後依職權撤銷停止本件訴訟裁定在案。職是，原告於本件訴訟程序中改主張其爲被繼承人之養女。

（三）更正事實之陳述

原告起訴起至法院言詞辯論終結止，其訴訟標的均爲侵權行爲之法律關係（民法第184條第1項前段），訴訟標的均無變更，故無庸適用民事訴訟法第255條第1項第1款所謂之請求基礎事實同一者，以判定是否須要經被告同意之要件。而法院認爲原告不論係以被繼承人之親生女或養女自居，其均以繼承人身分，請求被告賠償侵害存款之損害。原告自主張有血緣關係之親生女，至改稱

有收養關係之養女，並未於本件訴訟追加確認該等有關身分之法律關係，故論其性質為更正事實之陳述，屬攻擊方法之變更，非訴之變更或追加。準此，原告雖於本件訴訟中更正其為被繼承人之養女，非屬訴之變更或追加，自不須被告同意，不生訴訟程序合法與否之問題。

二、實體事項

（一）整理與協議簡化爭點

1. 不爭執事項

受命法官為闡明訴訟關係，得整理並協議簡化爭點（民事訴訟法第270條之1第1項第3款）。法院於言詞辯論期日，依據兩造主張之事實與證據，經簡化爭點協議，作為本件訴訟中攻擊與防禦之範圍。兩造不爭執之事實有七：(1)原告與被繼承人間之親子關係不存在之民事事件，業經法院判決確定在案；(2)原告與丙之生父丁男已死亡；(3)被繼承人係丙之生母，被告為丙女之配偶；(4)戊女為原告之生母；(5)原告戶籍登記之生母為被繼承人；(6)法院刑事判決認定本件被告共同連續行使偽造私文書，足生損害於他人，處有期徒刑確定；(7)被告未經原告同意而領取被繼承人之存款600萬元。

2. 爭執事項

兩造爭執事實有三：(1)原告起訴先主張其生母為被繼承人，嗣於訴訟進行中改稱被繼承人為其養母；原告主張血緣關係或收養關係，均屬親子關係，係請求之基礎事實同一者，況被告已進行言詞辯論，其訴訟程序合法。被告抗辯稱原告先主張其與被繼承人有血緣關係，後主張渠等有收養關係，訴訟程序不合法；(2)原告於本院另行起訴確認原告與被繼承人間之收養關係存在，該確認收養關係事件，原告為該事件之原告，丙則為被告。原告主張自幼經被繼承人收養，被告抗辯僅有戶籍登記，渠等並無收養關係。準此，原告是否為被繼承人之養女，係原告對被告請求其賠償侵害之前提要件；(3)原告主張被告有偽造文書、詐欺取財及盜領存款等行為。被告抗辯稱其有受被繼承人之委託，經授權領取存款。

（二）收養關係之成立

收養子女，應以書面為之。但自幼撫養為子女者，不在此限。而關於親屬之事件，在民法親屬編施行前發生者，除本施行法有特別規定外，不適用民法親屬編之規定；其在修正前發生者，除本施行法有特別規定外，亦不適用修正後之規定。1985年6月3日修正前民法第1079條與民法親屬編施行法第1條分別定

有明文。是民法親屬編施行法第1條採不溯及既往之原則，親屬事件在修正前發生者，除該施行法有特別規定外，不適用修正後之規定。故於1985年6月5日以前成立收養關係者，就收養行為之方式，應適用1985年6月3日修正前民法第1079條規定之收養方式，可知收養子女，倘係自幼撫養為子女者，並非要式行為，不以辦妥收養登記為生效之要件。應得生父母之同意，而有自幼撫養之事實，並有以之為子女之意思，即可成立收養關係[1]。

1. 原告出生之戶籍登記生母為被繼承人

　　原告主張原告與丙之生父均為丁男，被繼承人為丙之生母，而原告之實際生母為戊女。原告甲、乙出生時，原告戶籍登記之母為被繼承人，丁男已死亡，而戊女目前生存等事實，業據提出之戶籍謄本為證，復為被告所不爭執，堪信為真實。可知原告自出生迄今，其戶籍登記之生母為被繼承人，辦理戶籍登記時，原告之生父與實際生母均健在。參諸原告之家族成員，戊女除生有原告外，尚生有4子，此有戶籍謄本附卷可稽。故法院認為戊女、被繼承人分別為丁男之大房與二房，而被繼承人為丁男戶籍登記之配偶，渠等決定將原告直接登記為被繼承人之親生子女，其目的係由被繼承人收養原告，而為使被繼承人與原告之關係，有如自然血親，以表示被繼承人欲將原告視為己出，故於申報戶籍時，將養女登記為親生女。況被繼承人為二房，僅有丙女一名親生女，其收養大房所生原告，自有增加其在家庭之影響力與重要性之作用。職是，被繼承人收養原告而於辦理戶籍登記時，將之申報為親生子女者，實符合人之常情。準此，丁男、戊女及被繼承人均合意，被繼承人自原告辦理出生登記起收養原告。

2. 被繼承人為丁男法律上之配偶

　　有配偶者，不得重婚；一人亦不得同時與二人結婚（民法第985條）。被繼承人為丁男法律上之配偶，戊女雖為丁男實際之配偶，惟法律上之地位，充其量為丁男之家屬（民法第1123條），戊女所生之子女，須經丁男認領或撫育，始視為丁男之婚生子女（民法第1065條第1項）。此與在婚姻關係存續中，推定其所生子女為婚生子女（民法第1063條第1項），兩者在法律之定義，容有差異。職是，原告登記為被繼承人之親生女，並非單純之戶籍登記，否則應一併將戊女所生之全部子女，全數戶籍登記為被繼承人所親生，以視為有婚姻關係所生之婚生子女。

1　最高法院103年度台上字第2449號民事判決。

3. 被繼承人與原告共同生活

被繼承人有支應家庭生活所需，自幼撫養原告。縱使原告生母戊女與原告共同生活，惟被繼承人亦與原告共同生活，並由被繼承人處理全家生活所需，故渠等係以永久共同生活為目的而同居之親屬團體甚明（民法第1122條）。職是，自不因原告尚與生母戊女同住，而影響原告與被繼承人間收養關係之成立與存續。

4. 自幼撫養原告

(1) 無須具備收養書面

比較1985年6月3日修正前、後之民法第1079條但書就收養要件之規定，修正前係「自幼撫養為子女者」，修正後係「被收養者未滿7歲而無法定代理人」。前者，僅要收養人自幼有撫養被收養人為子女之事實，即無須具備書面要件，不論被收養人是否有法定代理人，在所不問。後者，係被收養人未滿7歲而無法定代理人，無須具備書面要件；反之，被收養人有法定代理人，則須具備書面要件，此為要式行為。因修正前與修正後之法條內容，顯有不同，自不得將修正後之法條文義，作為解釋修正前法條文義之依據，遂謂修正前之自幼撫養為子女，倘無法定代理人者，始為非要式行為。準此，原告與被繼承人間之收養關係發生於1985年6月3日前，渠等收養之形式要件，自應適用修正前之民法第1079條但書規定，僅要被繼承人自幼有撫養原告為子女之事實，無須具備收養書面之要件，即符合收養之形式要件。所謂自幼撫養者，應指收養人以被收養人為養子女之意思，自幼予以扶養照顧而言。

(2) 自幼撫養之事實

收養係以發生親子關係為目的之身分法上契約，自須當事人間有收養意思之合致。所謂收養意思，依1985年6月3日修正前民法第1079條法規範之解釋，應認係創設社會一般觀念所公認親子關係之意思，且因收養之目的具有多樣性，故解釋僅須當事人間有設定作為親子之精神上相互依存關係，即可認有收養之意思。原告親生大哥證稱：其前看見原告之身分證記載生母為被繼承人，覺得與自己不同，頗感怪異，故問其父為何如此登記，父親親口告知，係因二娘即被繼承人覺得大娘生下諸多子女，人多勢眾，心中深感不安與恐懼，故希望名下有多些子女，可幫自己助勢，乃要求將年紀較幼之原告過繼給予二娘，是被繼承人自原告年幼起，均將原告視為自己之子女，原告亦為被繼承人為生母。其雖與被繼承人同住，惟被繼承人僅照顧原告。原告與被繼承人關係良好等語。參諸證人本為原告之大哥，自小與生父、被繼承人及原告共同生活，渠

等為至親，對於被繼承人是否有收養原告，應知悉甚詳，其證言具有不可取代性，自不得以證人與原告均出自戊女，渠等具有相同之血緣為由，而遽認其證詞有明顯有偏頗之虞。

5. 被繼承人主持及參加原告婚禮

原告婚禮係由被繼承人主持及參加之事實。業據原告提出照片為證。原告大哥證稱：其與被繼承人、生父均有參加原告之婚禮，而戊女未參加原告之婚禮。至於其婚禮，戊女有參加，被繼承人未出席等語。參諸我國結婚宴客儀式，均會邀請男女雙方之父母擔任主婚人，以彰顯父母重視兒女之婚禮。自證人之證詞，知悉被繼承人有出席原告之婚禮，反而生母戊女未出席，僅參加未出養之原告大哥婚禮。職是，被繼承人收養原告，並視原告為其親生女，而出席祝福原告，益徵被繼承人與原告間之確有收養事實。倘無收養關係存在，自應由原告生母戊女主持與參加原告之婚禮，始符合我國民情風俗。蓋子女成婚為人生之大事，主持及參與婚禮，亦屬為人父母者所殷切期盼者，豈能容他人代勞。

6. 遺產稅免稅證明書記載原告與丙為繼承人

被繼承人逝世後，原告與丙申報被繼承人被繼承人遺產，經中區國稅局核發遺產稅免稅證明書，該免稅證明書記載原告與丙為遺產繼承人等事實，業據原告提出國稅局之遺產稅免稅證明書為證。故丙於申報被繼承人被繼承人遺產，均未否認原告為被繼承人之直系血親卑親屬，同為第一順位之法定繼承人（民法第1138條第1款）。準此，自原告與丙同為被繼承人被繼承人之遺產繼承人之事實，得作為原告為被繼承人養女之佐證。嗣後原告因丙女之配偶即被告盜領存款，向檢察官提出刑事告訴，而衍生原告與丙女間確認親子關係不存在事件、確認收養關係存在事件等民事訴訟。

（三）侵權行為之成立

因故意或過失，不法侵害他人之權利者，負損害賠償責任（民法第184條第1項前段）。原告主張其為被繼承人之養女，被告以偽造文書與詐欺之行為，盜領遺產之系爭存款600萬元，侵害繼承人之權利，原告依據侵權行為請求被告賠償損害等語。被告抗辯稱被繼承人有出具委任書予被告，是被告解除定期存單，自不成立侵權行為云云。職是，兩造之爭點，在於被告有無偽造被繼承人之委託書，倘有偽造情事，被告解除定期存單與領取系爭存款之行為，即有侵害繼承人之權利，被告應負損害賠償責任。

1. 法務部調查局之筆跡鑑定

原告主張被告未經原告同意而領取被繼承人之存款之事實。復為被告所不爭執，堪信為真實。原告因被告領取存款之行為，提出刑事告訴，檢察官於偵查中將委託書及被繼承人之銀行開戶印鑑卡、遺產管理人推選暨使用受益協議書等被繼承人簽名之筆跡，送請法務部調查局進行筆跡鑑定，經該局以特徵比對、歸納比對等方法進行鑑定結果，委任書上之被繼承人簽名，其與後者之被繼承人親自簽名之筆跡，其筆劃特徵不同等情。此有法務部調查局鑑定通知書，附卷可稽，經法院調閱地檢署偵查卷宗，核對屬實。法院參諸法務部調查局之上開鑑定過程，認為係將被繼承人之親自簽名筆跡，作為鑑定委任書是否偽造之基礎。繼而將親簽筆跡與委任書之簽名，加以分析與比對之結果，認定兩者之筆劃特徵不同。準此，可判斷委任書之簽名筆跡，並非出自被繼承人本人所為至明。

2. 憲兵司令部及內政部警政署刑事警察局之鑑定報告

被告雖提出憲兵司令部及內政部警政署刑事警察局之鑑定報告，以作為其未偽造委託書之證明。然該等鑑定報告內容均稱：因字跡穩定性不足、其特徵難以歸納觀察，致無法比對等情。是該鑑定報告僅說明其因鑑定可參酌之資料不足或取樣不易，導致無法鑑定，並未就委任書之被繼承人簽名真偽，作出判斷，此有憲兵司令部刑事鑑定中心函、內政部警政署刑事警察局函附卷可憑。準此，被告以該等鑑定報告，自行推定其未偽造委任書，係屬被告主觀之臆測，實難以作為有利被告之證據。

3. 被告偽造委任書

法院審視委任書，得知委託事項主要可分處理日常生活庶務、管理丁男遺留之不動產及管理與處分被繼承人之存款等部分。其中有關管理丁男遺留之不動產部分，係丁男之全體繼承人共有權利，被繼承人雖依據繼承人簽訂之「遺產管理人推選暨使用受益協議書」，被繼承人有管理之權限，然該等不動產係丁男之全體繼承人所共有，倘被繼承人要將其管理之該等不動產之權限委託被告，自應通知丁男之其餘繼承人知悉，始有正當性與合理性。而原告對委託情事，事先均不知情，遲至原告提起告訴，經檢察官進行偵查，始知悉上情，足見委任書，顯有疑處。至於處理日常生活庶務及管理與處分存款部分，被繼承人有親生女丙女，而丙女具有處理財務管理事務能力，倘被繼承人要委託處理財產與日常事務，衡諸常情，委託其親生女丙女管理與處分之，應較委託其具有女婿身分之被告為宜，蓋丙女與被繼承人為母女至親，具有無可取代之地

位，前者信任程度遠逾後者。

（四）繼承關係

1. 繼承之開始

人之權利能力，始於出生，終於死亡。繼承，因被繼承人死亡而開始。繼承人自繼承開始時，除本法另有規定外，承受被繼承人財產上之一切權利、義務（民法第6條、第1147條、第1148條第1項本文）。人死亡之時，其權利能力歸於消滅，自不得再作為權利義務之主體，死亡者生前之財產構成遺產，應由全體繼承人共同繼承之，在分割遺產前，各繼承人對於遺產全部為公同共有（民法第1151條）。準此，被繼承人生前在金融機構之存款，應由全體繼承人之名義，並依據金融機構所訂立之遺產繼承相關規定辦理，始能完成存款之領取手續。倘金融機構之承辦人員已知原存款人死亡之事實，基於繼承之法律關係，自不得同意他人持被繼承人之印章辦理提款。

2. 存款為遺產之一部

被告偽造委任書，其無權處理存款，竟於被繼承人死亡後，持被繼承人之印鑑章，盜領存款600萬元。故被告隱瞞被繼承人死亡事實，持被繼承人之印章領取被繼承人之存款，是被告有行使偽造私文書向金融機構承辦人員施用詐術，使其等陷於錯誤而交付存款與被告。職是，存款為被繼承人被繼承人之遺產，應由其全體繼承人共同繼承，故被告盜領存款之行為，侵害繼承人之權利，自應對身為繼承人之原告，負侵權行為之損害賠償責任。

（五）遺產之應繼分

數人負同一債務或有同一債權，而其給付可分者，除法律另有規定或契約另有訂定外，應各平均分擔或分受之；其給付本不可分而變為可分者亦同。遺產繼承人，除配偶外，依左列順序定之：1.直系血親卑親屬；2.父母；3.兄弟姊妹；4.祖父母。同一順序之繼承人有數人時，按人數平均繼承（民法第271條、第1138條、第1144條本文）。是遺產中之金錢債權，依據繼承關係雖為繼承人公同共有，惟金錢債權論其性質，其給付並非不可分者，故可變為可分之債，由繼承人依據應繼分而分受金錢債權之給付。被告盜領系爭存款，其侵害繼承人之權利，被繼承人之配偶丁男已先死亡，原告為被繼承人之養女，其與丙女均為被繼承人被繼承人之直系血親卑親屬，是為被繼承人之第一順位法定繼承人，渠等對遺產之應繼分各1/3。系爭存款雖為繼承人公同共有，惟系爭存款，並非不可分者，繼承人自得依據應繼分之比例，分受存款。準此，原告甲、乙

得分受存款債權各200萬元（計算式：600萬元÷3＝200萬元）。

參、結論

被告盜領屬被繼承人遺產之存款600萬元，其侵害繼承人對存款之權利，原告為遺產繼承人之一，其應繼分各1/3，得分受存款債權1/3。職是，原告依據繼承與侵權行為之法律關係，請求被告應各給付原告甲、乙200萬元及自起訴狀繕本送達之翌日起至清償日止，按年息5%計算之利息，即無不合，應予准許。

肆、相關案例

一、訴訟裁判以他民事訴訟為據

訴訟全部或一部之裁判，以他訴訟之法律關係是否成立為據者，法院得在他訴訟終結前以裁定停止訴訟程序（民事訴訟法第182條第1項）。所謂訴訟全部或一部之裁判，以他訴訟之法律關係是否成立為據者，係指他訴訟之法律關係是否成立，為本件訴訟先決問題者而言，倘他訴訟是否成立之法律關係，並非本件訴訟之先決問題，則其訴訟程序自毋庸停止[2]。例如，使用借貸係債權契約，非物權契約，貸與人對借用物縱無所有權，亦可本於貸與人地位請求借用人返還，即使用借貸之成立與所有權之有無，並無牽連關係，不生民事訴訟法第182條所定中止訴訟程序之問題[3]。

二、訴訟裁判以行政爭訟為據

民事訴訟法第182條第1項規定，於應依行政爭訟程序確定法律關係是否成立者準用之。但法律別有規定者，依其規定（第2項）。申言之，民事訴訟之裁判必以行政爭訟程序確定之法律關係是否成立或行政處分是否無效或違法為先決要件者，始應由認定先決事實之行政法院或受理訴願機關先為裁判或決定，以該確定裁判或決定所認定之事實作為民事法院裁判時認定事實之基礎。反之，行政爭訟程序之法律關係是否成立及行政處分是否無效或違法，並非民事訴訟之先決問題，則民事法院即毋庸停止訴訟程序，而應自行調查審認[4]。

2　最高法院89年度台抗字第476號民事裁定。
3　最高法院50年台抗字第166號、112年度台抗字第252號民事裁定。
4　最高法院96年度台抗字第755號、113年度台抗字第319號民事裁定。

三、訴訟事件涉及犯罪嫌疑

訴訟中有犯罪嫌疑牽涉其裁判者，法院得在刑事訴訟終結前，以裁定停止訴訟程序（民事訴訟法第183條）。所謂訴訟中有犯罪嫌疑牽涉其裁判，係指在民事訴訟繫屬中，當事人或第三人涉有犯罪嫌疑，足以影響民事訴訟之裁判，非俟刑事訴訟解決，民事法院即無從或難於判斷者而言。例如，當事人或第三人於民事訴訟繫屬中涉有偽造文書、證人偽證、鑑定人為不實之鑑定等罪嫌，始足當之[5]。

第二節　繼承事件

案例38　抵押權繼承登記與塗銷登記

原告主張系爭不動產為原告所有，其雖有設定第1順位抵押權，權利人為兩造之先父，惟原告與先父並無債權債務關係，係先父單方設定。原告否認設定抵押權以作為扶養費用之擔保，且先父均由原告扶養，並無棄養情事。兩造為其繼承人，故請求被告應協同原告就抵押權辦理繼承登記，再塗銷抵押權等語。被告抗辯稱原告知悉設有抵押權，原告不為反對之表示，顯見原告與先父間應有債權債務關係存在，縱使設定抵押權係在擔保扶養費之履行，其亦有債權債務關係之存在，因原告未給付扶養費予先父，故抵押權登記未於先父生前塗銷云云。

關鍵詞　繼承登記、設定抵押權、扶養請求權、客觀訴之合併、消極確認之訴

壹、探討議題

被繼承人生前先將不動產贈與原告，嗣後未經原告同意，在不動產設定抵押權，被繼承人過世，兩造為繼承人，因被告認原告與被繼承人間有債權債務關係，拒絕塗銷抵押權，是原告訴請被告協同辦理抵押權繼承登記與塗銷抵押權登記。準此，本實例探討之重點，在於請求辦理繼承登記之要件、提起確認之訴之要件、消極確認之訴之舉證責任及抵押權之性質。

5　最高法院79年台抗字第218號、106年度台抗字第1305號民事裁定。

貳、理由分析

一、客觀訴之合併

　　繼承人自繼承開始時，除本法另有規定外，承受被繼承人財產上之一切權利、義務；但權利、義務專屬於被繼承人本身者，不在此限（民法第1148條第1項）。兩造均為繼承人，依據繼承關係承受系爭不動產之抵押權，原告請求塗銷系爭抵押權，為求訴訟之經濟起見，可許原告就請求繼承登記及塗銷抵押權之訴合併提起[6]。因抵押權為非專屬物權，是原告訴請同為繼承人之被告辦理系爭抵押權之繼承登記，應以准許，為有理由。至於原告訴請塗銷抵押權登記，其是否有理由，在於原告與被繼承人間是否有債權債務之存在。職是，原告依據不動產所有權人與繼承之法律關係，以承受被繼承人權利之其他繼承人為被告，提起確認不動產抵押權不存在，併為塗銷抵押權登記之訴。論其性質，其屬於確認之訴與給付之訴之合併。

二、提起確認之訴之要件

　　確認法律關係之訴，非原告有即受確認判決之法律上利益者，不得提起之（民事訴訟法第247條第1項前段）。所謂即受確認判決之法律上利益，係指法律關係之存否不明確，原告主觀上認其在法律上之地位有不安之狀態存在，致原告在私法上之地位有受侵害之危險，該不安與危險之狀態，能以確認判決將之除去者而言[7]。原告主張被繼承人於原告所有不動產上設定系爭抵押權，兩造為繼承人等事實。業據提出土地登記第二類謄本、建物登記第二類謄本、被繼承人之繼承系統表及戶籍謄本等件為證。被告未爭執，原告主張之事實，自堪信為真實。原告另主張其與被繼承人間並無債權債務關係，故訴請繼承人塗銷抵押權登記等語。職是，法院自應審酌原告有提起確認系爭抵押權不存在之訴之法律上利益？

（一）兩造就是否有抵押債權存有爭執

　　確認法律關係成立或不成立之訴，以確認現在之法律關係為限，倘已過去或將來應發生之法律關係，雖不得為訴之標的[8]。然過去不成立之法律關係，延至目前仍繼續不存在時，仍不失為現在之法律關係。倘對於該法律關係存在與

6　最高法院70年第1次民事庭會議決定。
7　最高法院52年台上字第1240號、102年度台上字第630號民事判決。
8　最高法院49年台上字第1813號、97年度台上字第17號民事判決。

否，有即受確認判決之法律上利益者，自得對之提起確認之訴[9]。因兩造就被繼承人生前就不動產是否有抵押債權存在，顯有重大之爭執，致被告得以抵押權人之身分對不動產行使系爭抵押權，故原告認其基於所有權人法律關係，排除被告行使抵押權之權利，有發生不安之狀態與受侵害之危險至明。

（二）確認利益之要件

參諸兩造所爭執抵押權是否塗銷事由，在於原告與被繼承人間有無債權債務存在，其構成本件法律關係之重要內容與原告起訴有無理由之依據。倘原告不訴請確認與塗銷抵押權，則被告得依據抵押權人之地位向原告主張抵押債權，請求原告清償繼承債務。甚者，倘被告依據民法第873條之規定實施抵押權，將使原告有喪失土地與建物所有權之虞。因被告否認原告有塗銷抵押權之權利，致原告主張之權利是否存在，有無法明確之情事。職是，原告基於土地與建物所有權人之私法上地位，倘被告不塗銷抵押權，原告之權利即有不安之狀態與受侵害之危險。是原告提起本件確認之訴以排除該不安與危險之情事，符合提起確認利益之要件。

三、消極確認之訴之舉證責任

當事人主張有利於己之事實者，就其事實有舉證之責任（民事訴訟法第277條本文）。是主張法律關係存在之當事人，須就該法律關係發生所須之特別要件，負舉證責任。而事實為法律發生之特別要件者，在消極確認之訴應由被告就其存在負舉證之責任[10]。本件確認抵押權不存在之訴，原告主張抵押權不存在之事實，其屬消極事實，論本質為消極確認之訴，因被告抗辯稱抵押權存在之積極事實，按照舉證責任分配之原則，應由被告負抵押權存在之立證責任，倘被告無法舉證或其提出之證據不足為憑，則原告之訴即應認為有理由，無庸另行立證。職是，法院應先審究原告與被繼承人間有無債權債務存在，以判斷原告請求塗銷抵押權是否有理？

（一）設定抵押權時無債權債務之存在

法院為查明系爭不動產設定抵押權予被繼承人之原因事實，經被告聲請訊問辦理設定抵押權之地政士作證。經證人到庭結證稱：其為代理辦理本件贈與及抵押權設定登記之地政士，當時被繼承人要贈與財產予原告，並設定抵押

9　最高法院98年度台上字第32號民事判決。
10　最高法院86年度台上字第1396號民事判決。

作為扶養費用之擔保。設定抵押權時，雙方並無債權債務關係，被繼承人於贈與時有提及係基於扶養關係為由設定。贈與不動產時未設定抵押權，嗣後始設定抵押權。被繼承人於辦理設定抵押權時，將所有文件交予證人，原告未到場等語。自證人之證詞可知，不動產原為被繼承人被繼承人所有，先以贈與為事由，將所有權移轉登記予原告，嗣後雖以扶養關係為原因，由被繼承人交付相關證件交由證人辦理設定系爭抵押權予被繼承人，然原告與被繼承人設定抵押權時，渠等間並無債權債務之存在。準此，抵押權之設定，其目的在於擔保債權之履行，故債權為主權利，而抵押權為從權利，其發生、移轉及消滅，其與債權同一命運。因不動產設定抵押權時，原告與被繼承人間並無債權債務之存在，故抵押權自無從發生。

（二）扶養請求權具有專屬性

扶養請求權之性質，係請求權人身分上專屬之權利，該權利因請求權人死亡而消滅，其繼承人不得繼承其身分關係，對扶養義務人請求扶養費[11]。職是，原告與被繼承人間約定以扶養關係作為抵押債權之發生原因，縱使為真實，然被繼承人已逝世，抵押權之存續期間已屆滿，期間亦未發生債權，其原擔保之存續期間內可發生之債權，已確定不存在，基於抵押權為擔保物權，具有從屬性，倘無所擔保之債權存在，抵押權即無由存在，自應許所有人請求塗銷該抵押權之設定登記。況扶養之請求權具有身分上專屬性，被繼承人業已死亡，其非繼承之標的，被告亦不得以此作為抵押債權之發生原因。

參、結論

所有人對於妨害其所有權者，得請求除去之（民法第767條第1項中段）。土地與建物雖有抵押權登記，惟原告與被繼承人被繼承人並無債權債務關係存在，參諸抵押權之從屬性，抵押權自無所附麗。準此，原告本於物上請求權與繼承等法律關係，請求被告協同辦理抵押權繼承登記與塗銷抵押權，均為有理由，應予准許。

肆、相關案例

甲生前為經商有成之生意人，累積龐大財產，因未預立遺囑，導致其配偶與子女為遺產有所爭執，其子丙、丁不願意與甲妻乙與女戊共同繼承，要求

11　最高法院49年台上字第625號民事判決。

乙女與戊女拋棄繼承遺產，遭渠等拒絕。甲之繼承人在未爲遺產繼承登記前，訴請家事法院分割甲之遺產，爲符合訴訟經濟原則，原告得同時請求被被告辦理繼承登記與訴請分割共有物[12]。申言之，分割共有物係對於物之權利有所變動，屬處分行爲之一種，凡因繼承於登記前已取得不動產物權者，其取得雖受法律之保護，雖不以其未經繼承登記而否認其權利，然繼承人欲分割其因繼承而取得公同共有之遺產，因屬於處分行爲，應先經繼承登記，始得分割遺產（民法第759條）[13]。

12　最高法院69年台上字第1012號、93年度台上字第669號民事判決。
13　最高法院68年度第13次民事庭庭推總會議決議（二）。

第六章

商事事件

第一節　公司事件

案例 39　確認公司與董事間之委任關係不存在

原告主張被告公司未召開增資後之股東臨時會，亦未召開增資後董事會，選任董監事，詎被告竟以持不實之會議紀議爲據，向經濟部登記原告爲被告之董事，使原告必須負擔被告董事之權義，致原告私法權利顯有受侵害之危險，故原告有提起確認訴訟之法律上利益等語。而被告受合法通知，均未於言詞辯論期日到場。

關鍵詞 清算人、確認判決、一造辯論、消極確認、委任關係

壹、探討議題

被告公司未依法召開股東臨時會與董事會，而持不實之會議紀議爲據，向經濟部登記原告爲被告之董事，導致原告必須負擔被告董事之權利與義務，原告此有提起確認委任關係不存在之訴。職是，本實例探討之重點，在於一造辯論判決、公司清算程序之法定代理人、確認判決之法律上利益及消極確認之訴之確認利益。

貳、理由分析

一、程序事項

（一）清算程序

解散之公司除因合併、分割或破產而解散外，應行清算；解散之公司，於清算範圍內，視爲尚未解散。公司經中央主管機關撤銷或廢止登記者，準用第24條至第26條之規定（公司法第24條、第25條、第26條之1）。經濟部廢止被告登記在案，此有經濟部函附卷可稽，故被告自應進清算程序。再者，股份有限公司與董事間訴訟，除法律另有規定外，由監察人代表公司，股東會亦得另選

代表公司爲訴訟之人（公司法第213條）。其立法目的係避免董事長代表公司對董事起訴，而有循私之舉。原告爲被告名義之董事，被告已進入清算程序，其與公司處於正常營運狀態有所不同，是原告得否將被告之監察人列爲法定代理人，而對被告爲本件訴訟之請求，容有探討之必要。

（二）法定代理人

　　公司已解散行清算程序，公司董事不得以董事身分執行職務，而應由清算人執行清算事務。而公司之清算，原則以董事爲清算人，除非公司法或章程另有規定或股東會另選清算人時，不在此限。清算人於執行清算事務範圍內，除另有規定外，其權利義務與董事同（公司法第322條第1項、第324條）。職是，董事原則應爲清算人，且清算人之權利義務與董事同，則董事以清算人身分對董事爲訴訟，亦難免有循私之虞。依同一法理，不宜由董事以清算人身分對董事爲訴訟。因公司清算期間，股東會與監察人依然存續，對董事之訴訟依法應由監察人或股東會所選任之人代表公司爲之，始爲適法[1]。職是，被告公司迄今尚未選任清算人，其章程亦未另設有清算人，而原告係主張其與被告間並無董事之委任關係存在，故應由被告之監察人代表公司爲訴訟，是原告將被告之監察人列爲法定代理人，而對被告爲本件訴訟之請求，自無不合。

（三）一造辯論判決

　　被告受合法通知，未於言詞辯論期日到場，核無民事訴訟法第386條各款所列情形，得依原告之聲請，由其一造辯論而爲判決（民事訴訟法第385條第1項前段）。不到場之當事人，經再次通知而仍不到場者，並得依職權由一造辯論而爲判決（第1項後段）。當事人於辯論期日到場不爲辯論者，視同不到場（民事訴訟法第387條）。而當事人兩造無正當理由遲誤言詞辯論期日者，除別有規定外，視爲合意停止訴訟程序。倘於4個月內不續行訴訟者，視爲撤回其訴或上訴（民事訴訟法第191條第1項）。前項訴訟程序停止間，法院於認爲必要時，得依職權續行訴訟，無正當理由而兩造仍遲誤不到者，視爲撤回其訴或上訴（第2項）。準此，因本件被告經法院通知，其於言詞辯論期日，均無正當理由而不到場者，經原告聲請對被告爲一造辯論判決。

1　最高法院94年度台上字第230號民事判決。

二、實體事項

（一）確認判決之法律上利益

　　法律關係之存否不明確，致原告在私法上之地位有受侵害之危險，而此危險得以對於被告之確認判決除去之者，即得依民事訴訟法第247條規定提起確認之訴[2]。本件原告主張被告以不實之會議記錄爲據，向經濟部登記原告爲被告之董事，使原告必須負擔被告董事之權義，致原告私法上權利顯有受侵害之危險，故原告有提起確認訴訟之法律上利益等語。準此，法院應審究原告有無提起確認判決之法律上利益。

1. 被告未召開增資後股東臨時會與董事會

　　原告主張被告未實際召開增資後股東臨時會，亦未召開董事會，且當時被告股東即原告之配偶在國外，並未參加上開股東臨時會、董事會，被告竟於股東臨時會議事錄，就出席人數及代表已發行股數記載全體股東出席，選任包含原告在內之5名股東擔任董事，並於當日之董事會議事錄，記載原告爲出席董事之一，足證股東臨時會議事錄、董事會議事錄之記載不實，此有內政部警政署入出境管理局之入出國證明書附卷可稽，是原告之主張堪信爲眞實。

2. 股份有限公司董事之權義

　　股份有限公司之董事爲公司法第8條所稱之公司負責人，依公司法第193條規定須依法令章程及股東會決議執行業務，對公司業務之執行或法定義務之違反，應負法律上責任，諸如公司法第15條第2項、第16條第2項、第18條第5項、第21條第2項、第22條第2項、第23條及193條第2項規定。再者，董事基於委任關係，對公司應亦負受任人之法律上責任，且有爲公司計算義務及業務進行狀況之報告義務，亦有不爲競業之義務，暨辦理公司各項登記等義務。民法第535條、第540條至第542條；公司法第210條、第211條、第218條第1項、第228條第1項、第229條、第230條及第209條第1項規定甚明。甚者，董事於公司進入清算程序後，依公司法第322條規定須擔任公司清算人，爲公司進行清算程序，倘有違反清算程序規定之情形時，應負其法律上責任，公司法第331條定有規範。董事於公司欠稅達一定數額以上時，行政機關得依限制欠稅人或營利事業負責人出境實施辦法之規定，限制營利事業負責人出境。

（二）消極確認之訴之確認利益

　　原告究竟是否爲被告之董事或清算人，涉及兩造間有無委任關係存在，

2　最高法院52年台上字第1922號、96年度台上字第1521號民事判決。

其攸關原告之法律上權利義務至鉅。在原告實際上未依該次股東會選舉，經被告委任擔任董事或清算人之情形，被告擅以不實之會議紀錄爲據，向經濟部登記原告爲被告之董事，被告此項行爲，使原告成爲被告董事或清算人，依公司法第12條規定，具有對抗第三人之公示效力，造成兩造間之委任關係存否不明確，暨原告之法律上地位有受侵害之危險，是原告自有以被告爲對造，提起本件確認之訴之利益。簡言之，原告是否爲被告之董事，涉及原告基於董事地位所產生之相關法律責任，而此風險確實得藉由確認委任關係不存在之訴訟加以除去，是原告具有提起本件消極確認之訴之確認利益[3]。

參、結論

被告雖經主管機關廢止其公司之營業登記，然未經解散清算終結，其法人格仍然存在，因此原告是否仍爲被告公司之董事，即兩造間關於董事之委任關係是否存在，對於原告私法之地位，有不確定而受有侵害之危險。原告提起本件確認之訴，藉以排除此項危險，即與民事訴訟法第247條第1項規定相符，具有提起確認判決之法律上利益，即依法有據。準此，被告未召開股東會選任原告爲董事，原告即無擔任被告公司董事之資格，形式之登記自不使原告與被告發生董事委任之法律關係。原告起訴確認原告與被告間之董事委任關係不存在，洵屬有據。

肆、相關案例

董事會爲股份有限公司之權力中樞，爲充分確認權力之合法、合理運作，暨其決定之內容最符合所有董事及股東之權益，原應嚴格要求董事會之召集程序、決議方法須符合公司法第203條至第207條規定，倘有違反，雖應認爲當然無效。惟公司法第204條關於董事會之召集應載明事由於7日前通知各董事及監察人之規定，其目的在於董事會由董事所組成，董事會之召集通知，自應對各董事爲之，俾確保各董事均得出席董事會，參與議決公司業務執行之事項。職是，董事會之召集違反上開規定，而全體董監事均已應召集而出席或列席董事會，對召集程序之瑕疵並無異議而參與決議，董事會之召集雖違反法令，然其決議爲有效[4]。

3　最高法院102年度台上字第1304號、第2457號。
4　最高法院104年度台上字第823號民事判決。

第二節　票據事件

案例40 給付本票票款

　　原告主張被告之被繼承人陸續向原告借款計新臺幣（下同）2,000萬元，被繼承人為求繼續向原告借款，有簽發面額2,000萬元之系爭本票交予原告，作為向原告借款之憑證與給付方法。原告嗣後提示本票未獲付款，而被繼承人已死亡，被告為繼承人繼承遺產。職是，原告依消費借貸返還請求權、不當得利返還請求權、票款給付請求權及繼承等法律關係，請求被告給付2,000萬元與其利息予原告等語。被告抗辯稱原告僅匯款600萬元至被繼承人帳戶內或直接將票據交由被繼承人提示兌現。其餘1,400萬元並非匯款至被繼承人之帳戶。被繼承人未簽發本票，縱使印章為真正，本票為被繼承人之同居人於被繼承人死亡後，盜用印章所偽造。退步言，倘認本票為真正，亦屬原告以不相當之對價取得，原告不得向被告請求給付2,000萬元。況被告僅於其繼承財產之限度內，負償還600萬元借款之責任。被告於公示催告期限屆滿前，並不負遲延責任等語。

關鍵詞　消費借貸、權利主體、發票人責任、變態事實、有限責任

壹、探討議題

　　原告主張被告之被繼承人陸續向原告借款計2,000萬元，並簽發同額本票交予原告。原告嗣後提示本票未獲付款，而被繼承人已死亡，被告為繼承人繼承遺產。原告依消費借貸返還請求權、不當得利返還請求權、票款給付請求權及繼承等法律關係，請求被告給付2,000萬元與其利息予原告。職是，本實例探討之重點，在於消費借貸之成立要件、本票發票人責任及限定繼承之有限責任。

貳、理由分析

一、消費借貸之成立要件

　　當事人主張有利於己之事實者，就其事實有舉證之責任。消費借貸者，謂當事人一方移轉金錢或其他代替物之所有權於他方，而約定他方以種類、品質、數量相同之物返還之契約（民事訴訟法第277條本文；民法第474條第1項）。職是，消費借貸為要物契約，須以金錢或其他代替物之交付為構成要件。當事人主張有金錢借貸關係存在，須就其發生所須具備之特別要件，即金

錢之交付及借貸意思表示互相一致負舉證之責任。僅證明有金錢之交付，未證明借貸意思表示互相一致者，無法認為有金錢借貸關係存在[5]。因兩造有爭執原告與被繼承人間是否有效成立2,000萬元之借款關係？借款關係之有效成立，為有利於原告之事實，是原告應就2,000萬元之交付及借貸意思合致等事實，負舉證責任。

（一）金錢之交付

消費借貸因金錢或其他代替物之交付而生效力，所謂交付者，原不以現實交付為限，倘貸與人已依轉帳方式，將貸款撥入借用人之銀行帳戶內以代交付者，自仍發生與現實交付同等之效力[6]。原告主張其簽發面額200萬元支票交付被繼承人提示兌現，暨分別自其銀行匯款計400萬元至被繼承人之銀行帳戶，被繼承人已死亡，被告為之繼承人等事實。業據原告提出支票、支票簽收單、銀行匯款單、無摺存款單、除戶謄本、繼承系統表及戶籍謄本等件為證，被告就其係為繼承人，而原告有交付借款600萬元予被繼承人之事實，復不爭執。準此，原告主張被告之被繼承人向其借款600萬元之事實，堪信為真實。

（二）消費借貸關係之合意

經由銀行以匯款與他人，依銀行實務之作業程序，匯款單據不必載明匯款之原因，自無從自匯款之事實，證明匯款之原因。再者，支票為無因證券，簽發支票之原因實有多端，非必係因借貸關係所簽發，故簽發支票交付他人兌現，不足以證明與他人訂立借貸契約，貸款與他人而成立消費借貸關係[7]。職是，支票為無因證券，交付票據之原因不一，其有贈與、買賣、確保當事人間已存在之法律關係或為消滅已存在之法律關係等諸多事由，非僅限於金錢借貸一端而已，故除別有證據外，僅為支票之簽發、授受或轉讓，自不足以證明有借款之原因事實。同理，匯款原因亦有多端，不得僅憑有匯款之事實，遽行認定有借款關係。準此，本院自應探究被繼承人簽發票據與原告匯款至被繼承人以外之第三人銀行帳戶，兩者間是否可證明原告與被繼承人間有1,400萬元之消費借貸關係。

5　最高法院81年度台上字第2372號、89年度台上字第1082號、96年度台上字第1528號民事判決。
6　最高法院90年度台上字第2037號民事判決。
7　最高法院82年度台上字第1830號、86年度台上字第2031號民事判決。

1. 原告匯款與簽發支票予A公司

　　原告主張其另交付1,400萬元款項與被繼承人之方式有二：(1)原告交付面額1,000萬元之支票交予A公司，而由其董事長即被繼承人收受，並提出支票與公司基本資料查詢明細等件為憑。(2)原告匯款400萬元至A公司之銀行帳戶，並提出匯出匯款申請書為憑。A公司有簽發面額1,400萬元之支票，此有卷附支票為憑。

2. 公司與其負責人為不同主體

　　法院審視原告交付所簽發面額1,000萬元等支票，可認定被繼承人係以A公司董事長之名義代表公司收受該等支票，並非以本人名義收取。參諸交付支票之原因甚多，自不得僅憑支票之收受，遽行認定原告與被繼承人存有1,000萬元之消費借貸關係存在。同理，原告將400萬元匯至A公司之銀行帳戶，收款人為A公司，而非被繼承人，因公司與其負責人係不同主體，交付公司之款項，無法等同係負責人所收受，是原告與A公司間之400萬元匯款，無法視為原告與被繼承人間有400萬元之消費借貸關係存在。準此，原告就1,400萬元部分，無法證明其與被繼承人間就金錢之交付及借貸意思有合致等事實。

二、本票發票人責任

　　在票據簽名者，依票據所載之文義負責。本票發票人所負責任，其與匯票承兌人同。發票人得記載對於票據金額支付利息及其利率。利率未經載明時，定為年息6%。利息自發票日起算（票據法第5條第1項、第28條、第121條、第124條）。原告主張被繼承人簽發本票，原告得依據票據與繼承關係請求被告給付2,000萬元票款等語。被告抗辯稱被繼承人未簽發本票，縱使印文為真正，亦為其同居人盜用被繼承人之印章所偽造。並以不相當之對價所取得云云。職是，法院首應審究本票之印文是否為被繼承人所有？此為原告向被告請求票款之有利事實，原告應舉證證明。倘原告證明本票之印文為真正，被告欲減免票據責任，自應證明印章為第三人盜蓋或原告以不相當之對價所取得。

（一）票據簽名之責任

　　票據債務人應依票據文義負責者，以該債務人在票據上簽名或蓋章為前提[8]。被告否認本票上之蓋章非被繼承人所為，依舉證責任分配之法則，自應由原告就蓋章之真正負舉證之責。原告主張被繼承人簽發本票之事實，業具提出

8　最高法院65年度台上字第2030號、109年度台上字第1779號民事判決。

本票為證。經法院函請被繼承人轄區之派出所檢送法院寄存文書管制簿，經被繼承人領取之文件，蓋有被繼承人之印文。法院依肉眼辨識結果，認為寄存文書管制簿與本票印文相符，係相同之印章所為。況管制簿之具領人簽章欄。有被繼承人之簽名，經法院核對結果，認為與被繼承人以A公司董事長之名義，收受原告交付簽發面額1,000萬元之支票，簽收筆跡與具領人簽章欄筆跡，均屬同一人所為。職是，本票印文確為被繼承人所有。

（二）盜用印章之舉證責任

票據之發票人欄之印章為真正，即應推定該支票為發票人所簽發，倘當事人否認係其本人所蓋或其有授權他人代蓋時，應由其負舉證責任。蓋私人之印章，由自己使用為常態，以蓋章代票據之簽名，其蓋章通常必出於本人之意思，被他人盜用為變態，主張變態事實之當事人，自應就此印章被盜用之事實負舉證之責任。盜用他人印章為發票行為，即屬票據之偽造。被盜用印章者，因非其在票據上簽名為發票行為，自不負發票人之責任，該絕對抗辯事由，得以對抗一切執票人[9]。本票上之發票欄印文為被繼承人所有，是本票得據以判斷為被繼承人作成。衡諸常理，因本票之印文，應由本人或有權使用之人蓋用為常態，遭他人盜用印章而偽造系爭本票，為絕對抗辯事由，得以對抗執票人。準此，被盜用印章之事實，依據舉證責任分配之原則，應由被告舉證以實其說。因被告未提出事證供本院斟酌本票遭他人偽造或盜蓋被繼承人印章所致。是被告抗辯他人盜用被繼承人印章偽造本票云云，顯非事實。

（三）非以正當方法取得票據之效果

無對價或以不相當之對價取得票據者，不得享有優於其前手之權利（票據法第14條第2項）。支票為無因證券，在支票上簽名者，依票據所載文義負責，票據上簽名，得以蓋章代之。而執票人行使票據上權利，就支票之取得，有無正當原因或有無對價關係，自不負證明之責。所謂以不相當之對價取得票據者，係指無對價或以不相當之對價自無票據權利人之手取得其票據者[10]。職是，本票為文義證券與無因證券，權利義務均依本票上所載文句而決定其效力，故本票上之權利，依其文義而發生，並其與基礎之原因關係各自獨立，本

9　最高法院51年台上字第3309號、69年台上字第1300號、70年度台上字第4339號、86年度台上字第717號、88年度台上字第2087號、90年度台上字第2308號民事判決。

10　最高法院49年台上字第334號、69年度台上字第3428號、70年度台上字第2463號、70年度台上字第4339號、85年度台上字第286號、88年度台上字第113號、107年度台上字第1647號民事判決。

票權利之行使不以其原因關係存在爲前提，縱使原因關係不存在或無效時，原告仍得依票據文義行使其權利。票據行爲爲不要因行爲，原告不負證明關於給付原因之責任。被告主張原告取得本票爲無對價或以不相當對價取得，被告自應負舉證責任。被告均未提出事證供法院斟酌，其抗辯稱原告以不相當之對價取得本票云云，洵非正當。

三、限定繼承之有限責任

（一）保留支付之判決

繼承人自繼承開始時，除本法另有規定外，承受被繼承人財產上之一切權利、義務。但權利、義務專屬於被繼承人本身者，不在此限。繼承人對於被繼承人之債務，以因繼承所得遺產爲限，負清償責任。承人開具遺產清冊陳報法院時，法院應依公示催告程序公告，命被繼承人之債權人於一定期限內報明其債權。公示催告期限，不得在3個月以下。繼承人在前條所定之一定期限內，不得對於被繼承人之任何債權人償還債務（民法第1148條、第1157條、第1158條）。故繼承人就被繼承人之債務，僅負以繼承遺產爲限度之有限責任，倘繼承人提出限定繼承有限責任之抗辯，法院僅能爲保留之給付判決，不得命爲逾繼承所得遺產之給付[11]。換言之，繼承人就被繼承人之債務，僅負以遺產爲限定之物之有限責任，故債權人起訴請求時，繼承人提出限定繼承有限責任之抗辯者，法院應爲保留支付之判決，即於繼承財產限度內爲支付債務之判決，至於繼承財產之多寡、有無隱匿遺產或在遺產清冊爲虛僞之記載等，則非法院判決斟酌之範圍。職是，被繼承人簽發本票，被告無法證明本票遭他人僞造，或者原告係以不相當之對價取得本票，原告爲本票之執票人，固得依據票據與繼承等法律關係，請求被告給付原告2,000萬元票款，然被告抗辯其僅於繼承之財產範圍負給付責任。故法院應審究被告提出限定責任之抗辯，是否有理由。

（二）催告期間內清償之限制

被繼承人於2010年1月1日死亡，繼承人於2010年2月1日開具遺產清冊陳報法院，並經法院裁定爲公示催告在案，業具被告提出法院民事裁定與公示催告公告登報等件爲證。原告對公示催告程序，復不爭執。故被告就被繼承人之債務，僅負以遺產爲限定之物的有限責任。因限定繼承人在法院依公示催告程序公告，命被繼承人之債權人於一定期限內，報明其債權時，不得對於被繼承人

11　最高法院95年度台上字第1992號民事判決。

之任何債權人償還債務。參諸被告前於2010年3月1日登報，裁定報明債權之期限爲6個月，是於法院限定繼承公示催告期限屆滿之2010年9月1日前，被告不得對原告清償債務，是於該日前不負遲延責任。準此，原告請求被告逾2010年9月2日起至清償日止，按年息6%計算之利息部分，屬於法不合，應予駁回。

參、結論

原告與被繼承人間有600萬元之借款關係與2,000萬元之票款關係，被告爲限定繼承人僅負以遺產爲限定之物的有限責任，並自報明債權之期限屆滿後，始負給付之義務。準此，原告起訴聲明雖請求給付2,000萬元，然法院應爲保留支付之判決，應命被告於繼承遺產限度內，給付原告2,000萬元，並自2010年9月2日起至清償日止，按年息6%計算之利息。本件原告請求金額與利息起算日，係因被告僅負以遺產爲限定之物之有限責任，並自報明債權之期限屆滿後，始負給付之義務，導致被告僅負物之有限責任，暨起訴請求報明債權期限屆滿前之利息部分，爲無理由，此不可歸責於原告之事由，是本件訴訟費用均應由被告負擔，始稱合理（民事訴訟法第79條）。再者，兩造均陳明願供擔保聲請宣告假執行及免爲假執行，就原告勝訴部分，經核無不合，爰分別酌定相當擔保金額准許之；至原告敗訴部分，假執行之聲請失所附麗，應予併駁回。

肆、相關案例

票據爲文義證券及無因證券，票據上之權利義務，悉依票上所載文義定之，與其基礎之原因關係各自獨立。票據爲無因證券，發票人得以自己與執票人間所存之抗辯事由抗執票人（票據法第13條）。倘發票人提出其基礎原因關係不存在之對人抗辯，執票人自應就該基礎原因關係存在之積極事實，負舉證責任。申言之，票據債務人依票據法第13條前段規定之反面解釋，對票據執票人主張兩造間存有直接抗辯之事由，而提起確認票據債權不存在之訴者，因票據係文義證券及無因證券，屬不要因行爲，票據行爲一經成立後，即與其基礎之原因關係各自獨立，而完全不沾染原因關係之色彩，是票據原因應自票據行爲中抽離，而不影響票據之效力。此項票據之無因性，爲促進票據之流通，應絕對予以維護，初不問其是否爲票據直接前、後手間而有不同。故執票人於上開訴訟中，祇須就該票據作成之眞實負證明之責，關於票據給付之原因，並不負證明之責任。職是，票據債務人仍應就其抗辯之原因事由，先負舉證責任，俾貫徹票據無因性之本質，以維票據之流通性。而執票人在該確認票據債權不

存在之訴訟類型，僅須依民事訴訟法第195條及第266條第3項規定，負真實完全及具體化之陳述義務，不生舉證責任倒置或舉證責任轉換之效果[12]。

第三節　保險事件

案例41 給付意外身故保險金

　　原告主張其配偶發生火車事故死亡，生前以自己為被保險人向被告保險公司投保保險契約，並指定原告為受益人，因被保險人係火車事故死亡，顯非由疾病所引起之死亡結果，符合意外身故之要件，應認保險契約之保險事故業已發生，雖被保險人有憂鬱症，然該死亡與自殺並無關聯，被告亦無法證明被保險人有自殺行為。是被告應依據保險契約給付意外身故之保險金額云云。被告抗辯稱依據檢察官之相驗報告，被保險人死亡原因為自殺，其屬於保險契約之除外責任條款之行為，被告自不負意外身故保險金之給付義務等語。

關鍵詞 保險契約、內在原因、外在事故、意外保險、舉證責任

壹、探討議題

　　原告為保險契約之受益人，被保險人遭火車撞擊身亡，原告向被告保險公司請求意外身故保險金。因被告認為被保險人係自殺致死，非屬外在事故，而自殺亦屬除外責任之範圍，故拒絕給付意外身故保險金。準此，本實例探討重點，在於保險契約之性質、保險人之責任、意外事故之定義、除外責任條款及保險人之舉證責任。

貳、理由分析

一、整理與協議簡化爭點

（一）不爭執事項

　　受命法官為闡明訴訟關係，得整理並協議簡化爭點（民事訴訟法第270條之1第1項第3款）。法院於言詞辯論期日，依據兩造主張之事實與證據，經簡化爭點協議，作為本件訴訟中攻擊與防禦之範圍。兩造不爭執之事實有四：1.被保

12　最高法院103年度台簡上字第19號民事判決。

險人向被告投保保險契約，並指定原告爲保險受益人；2.被保險人遭火車撞擊而死亡，被告已給付壽險身故保險金；3.被保險人罹患憂鬱症與躁鬱症等精神病症，其有就醫之病歷資料；4.倘認定被保險人之死亡原因爲意外，被告應依據保險契約給付意外身故保險金。此等不爭執之事實，將成爲判決之基礎。

（二）爭執事項

兩造爭執事實有二：1.被保險人是否爲意外死亡？此涉及被告應否依據保險契約給付意外身故保險金。原告主張被保險人是遭火車撞擊而意外死亡，倘被告抗辯其非意外死亡，自應負舉證責任云云。被告抗辯稱被保險人死亡之原因，係因自己行爲所致，屬於保險契約之除外責任條款之行爲，被告自不負意外身故保險金之給付義務；2.憂鬱症與自殺間是否有關聯性？此關乎判定被保險人是否遭遇意外死亡。原告主張被保險人有服用藥物，故病情獲得控制，而憂鬱症與自殺間並無必然關聯性云云。被告抗辯稱依據醫學文獻之記載，可說明憂鬱症與自殺有相當關聯性等語。

二、保險契約

保險法所稱保險，謂當事人約定，一方交付保險費於他方，他方對於因不可預料，或不可抗力之事故所致之損害，負擔賠償財物之行爲。依據前開所訂之契約，稱爲保險契約。本法所稱受益人，指被保險人或要保人約定享有賠償請求權之人，要保人或被保險人均得爲受益人（保險法第1條、第5條）。原告主張其配偶與被告簽訂保險契約，並以本人爲被保險人，並指定原告爲保險受益人，被保險人遭火車撞擊而死亡，被告已給付壽險身故保險金等事實。業據原告提出保險契約爲證，復爲被告所不爭執，經法院調閱地方檢察署（下稱地檢署）聲請死亡證明書偵查卷宗、相驗卷宗，查明屬實。準此，原告配偶與被告簽訂保險契約，原告爲受益人之事實，堪信爲眞實。

三、保險人之責任

保險人對於由不可預料或不可抗力之事故所致之損害，負賠償責任。但保險契約內有明文限制者，不在此限。保險人對於由要保人或被保險人之過失所致之損害，負賠償責任。但出於要保人或被保險人之故意者，不在此限。傷害保險人於被保險人遭受意外傷害及其所致殘廢或死亡時，負給付保險金額之責。前開意外傷害，指非由疾病引起之外來突發事故所致者（保險法第29條、第131條）。保險事故以具有偶發性爲要件，保險人所承擔之危險以非因故意

而偶發之危險爲限。故危險直接因被保險人之故意行爲所致者，保險人可不負賠償責任。準此，有保險契約規定之除外責任事由發生，或者保險事故出自要保人或被保險人之故意行爲者，保險人無須給付保險金，前者爲契約責任之免責，後者爲法律責任之免除。兩造爭執之主要重點，在於被保險人遭火車撞擊而死亡，其死亡原因係出於意外，抑是自殺行爲所致？倘死亡原因爲意外所造成，被告自應給付意外身故保險金；反之，係被保險人之故意行爲而導致其死亡，原告不得請求意外身故保險金。

（一）意外保險承保範圍

意外保險在於承保意外傷害或死亡所致之損失。人之傷害或死亡之原因有內在原因與外在事故。內在原因所致之傷害或死亡，係指被保險人因罹患疾病、細菌感染、器官老化衰竭等身體內部因素所致之傷害或死亡。而外來事故或意外事故，則指內在原因以外之一切事故而言，其事故之發生爲外來性、偶然性，而不可預見，除保險契約另有特約不保之事項外，意外事故均屬意外保險所承保之範圍。法院應參酌內在原因與外在事故之概念，以認定被保險人遭火車撞擊而死亡，是否屬意外死亡。準此，身體遭火車撞擊而死亡者，其並非因罹患疾病、細菌感染或器官老化衰竭等情形而自然死亡，其非屬內在原因至明。反之，利用火車撞擊之強大力量以達自殺目的，故意行爲所致死亡之結果，係行爲人可事先預期者，雖火車撞擊事故之發生，其爲外來性因素，然並無突發性或偶然性可言，是被保險人故意自殺行爲，顯非意外事件。退步言，縱使將火車撞擊事故歸類爲意外事件，倘保險契約將被保險人之故意自殺行爲，列爲責任除外之特約項目，則非意外保險所承保之範圍，保險人亦不負給付意外身故保險金之義務。

（二）意外事故之範圍

依據保險契約之綜合意外保險附約第3條規定，被保險人於本附約有效期間，因遭受意外傷害事故而致殘廢、死亡或附約賠償項目約定之損失時，依照附約約定，給付保險金。保險契約之個人人身意外平安保險單基本條款第2條亦規定，被保險人於本契約有效期間，因遭遇外來突發之意外事故，致有傷害、殘廢或死亡，依照本契約約定，給付保險金。此爲被告提出之綜合意外保險附約樣本與個人人身意外平安保險單基本條款樣本等件可證。職是，遭受意外事故而致死亡者，爲被告應給付意外身故保險金之保險範圍。

（三）保險契約之除外責任

因保險契約當事人得約定除外責任條款，故系爭保險契約之綜合意外保險附約第14條第3款及個人人身意外平安保險單基本條款第9條第3款均約定，被保險人故意致其死亡之行為，被告不負給付保險金責任。準此，被保險人故意自殺身亡者，為保險契約之除外責任事由，被告保險公司不負給付意外身故保險金。

（四）保險人之舉證責任

主張法律關係存在之當事人，僅需就該法律關係發生所需具備之特別要件，負舉證責任。至於他造主張有利於己之事實，應由他造舉證證明[13]。準此，在保險契約之糾紛事件，倘原告已就保險契約之存在與被保險人死亡等事實，盡相當之舉證，而保險人抗辯被保險人係自殺死亡，其不負賠償責任等情，自屬主張有利於己之事實，即應由保險人負舉證責任[14]。因原告已舉證證明保險契約之存在與被保險人死亡等事實。故被告抗辯稱被保險人係自殺死亡，屬除外責任之事由等語，其應盡舉證之責任。

1. 相驗報告書

被保險人死亡原因，經地方法院地檢署相驗結果，認為被保險人遭電聯車撞擊，其死亡原因為自殺，並無他殺嫌疑等情，此有被告提出之地檢署檢察官相驗報告書與檢察署函等件，附卷可稽。經法院調閱地檢署相驗卷宗，核屬相符。準此，自地檢署檢察官就被保險人死亡原因相驗結果以觀，相驗報告書記載被保險人係自殺身亡，是其死亡原因並非外來或突發之意外所致，係因自身故意行為所造成。

2. 法醫師之驗斷書

法院審酌地檢署法醫師所出具之驗斷書內容可知，法醫師有就被保險人進行一般勘驗與局部勘驗，局部勘驗有分為頭部、頸部、胸腹部、背腰臀部、四肢部及泌尿生殖部等12項勘驗。並據勘驗結果判斷被保險人之死亡原因為自殺等情，此有相驗卷宗可憑。參諸法醫師為相驗屍體之專家，其就被保險人之死亡相驗有進行詳盡之勘驗項目，故其所為判斷，足堪採為認定被保險人自殺之佐證。

13　最高法院48年台上字第887號、最高法院103年度台上字第2568號民事判決。
14　最高法院91年度台上字第2187號、第1272號民事判決。

3. 被保險人遭火車撞擊致死

火車事故有諸多原因，並非僅限於意外事由，其亦包含利用火車之強大撞擊力量，以達死亡之故意自殺行為，該人為因素顯非意外因素。蓋經火車撞擊致死，為行為人所明知與所預期，並無突發性或偶然性可言。況該相驗屍體證明書並未明確記載被保險人係意外身亡。準此，法院不得僅憑該相驗屍體證明書所記載之先行原因與直接原因，可認定被保險人遭火車撞擊致死。

4. 被保險人罹患憂鬱症與躁鬱症

被告抗辯稱被保險人生前因精神疾病長期就醫，曾因情感性精神病住院治療，並向被告申請保險金，其屬醫療險之除外責任，而未獲給付等事實。業據其提出醫院診斷書與理賠審核書等件為證，此為原告所不爭執。法院函查被保險人之醫院相關病歷資料與病情說明。經醫院函覆與其檢附病歷資料，準此，被保險人於生前罹患憂鬱症與躁鬱症等疾病，長期受身心疾病所苦。

5. 罹患身心疾病者易有自殺之傾向

原告之調查筆錄陳述：其為被保險人配偶，前至殯儀館指認死者為被保險人，被保險人生前罹犯躁鬱症，經常表示自殺之意思等語。此有被告提出之調查筆錄為證。經法院調閱地檢署相驗卷宗，查明屬實。原告為被保險人之至親，對被保險人之本人狀況，應知悉甚詳，故其陳述被保險人因罹患身心疾病，經常有自殺之意念等情，即屬可採。法院參諸被告提出之自殺的流行病學資料與精神疾病與自殺防治手冊等醫學文獻，其記載自殺死亡者之心理剖析研究顯示，其有95%之自殺死亡者合併有精神疾病，在相對於單次企圖自殺個案，反覆企圖自殺者，有較多比例有精神科疾病。而本國十大死因中自殺占第九位，自殺者生前有70%以上有憂鬱症等事實。可知罹患憂鬱症或躁鬱症之患者，其發生自殺之機率遠逾於一般人，是被保險人因罹患憂鬱症與躁鬱症而導致有自殺之行為，其有合理正當之依據。

6. 死亡原因為自殺

依據警員之偵查報告記載，被保險人雖有進入火車站，然未搭乘火車等情。是被保險人僅進入火車站而未搭車，自可排除被保險人因搭乘火車，而跌落於車外而發生意外之可能性。參酌地檢署屍體相驗證明書記載被保險人之死亡時間，可知進入火車站至死亡期間約1小時，適為傍晚時分，其視線不佳。從而，被保險人有充分之時間攀爬下車站之月台，而走至火車行駛之鐵軌中或鐵軌外，利用天色已暗而視線受限之際，較不易受火車駕駛之注意，以利進行其自殺行為。

參、結論

　　被保險人遭火車撞擊身亡，原告基於保險契約之受益人身分，固請求被告給付壽險身故與意外身故保險金，而被告已依據保險契約之約定給付壽險身故金予原告。惟被保險人為自殺身亡，並非出自意外而致死，其符合保險契約之綜合意外保險附約第14條第3款及個人人身意外平安保險單基本條款第9條第3款約定之除外責任，被告就被保險人故意致本人死亡之行為，自不負給付意外身故保險金之義務。

肆、相關案例

　　意外傷害保險，對被保險人或受益人而言，因涉有證據遙遠或舉證困難之問題，得依民事訴訟法第277條但書規定，主張用證明度減低之方式，減輕其舉證責任，並以被保險人或受益人，倘證明該事故確已發生，且依經驗法則，其發生通常係外來、偶然而不可預見者，應認其已盡舉證之責。申言之，意外傷害保險以被保險人遭受意外傷害及其所致殘廢或死亡時，負給付保險金額之責，其保險費之給付多較一般死亡保險為低，倘被保險人或受益人就權利發生之要件，即被保險人非由疾病引起之外來突發事故所致傷殘或死亡之事實，未善盡證明度減低之舉證責任者，保險人仍無給付保險金之義務[15]。反之，意外傷害保險之受益人請求保險給付時，經證明該事故確已發生，且依經驗法則，其發生通常係外來、偶然而不可預見者，被保險人非因老化、疾病及細菌感染而生保險事故，係屬意外事件，應認其已盡證明之責。倘保險人抗辯非屬意外，自應就其抗辯之事實，如老化、疾病及細菌感染負證明之責，使符舉證責任之原則[16]。

15　最高法院98年度台上字第2096號民事判決。
16　最高法院102年度台上字第1023號民事判決。

第四節　海商事件

案例42 海運承攬契約之再審

再審原告主張再審被告所承保之貨物為整裝整交運送，貨物於交付受貨人提領時，運送已終結，其關於運送或承攬運送之損害賠償請求權應於1年內行使，再審被告向法院提起訴訟，已罹於1年之短期時效，是原審確定判決適用民法第623條與第666條規定，顯有錯誤。原審確定民事判決雖認為貨物之毀損原因，係運送貨櫃之破損所致，然其與再審原告無關，故適用民法第661條但書規定之承攬運送人免責事由，顯有錯誤。再審被告起訴主張運送之法律關係，嗣後主張承攬運送之法律關係，再審被告將運送契約變更為承攬運送法律關係，原審未察有訴之變更情事，原審判決適用民事訴訟法第255條規定之訴之變更限制，顯有錯誤。原審確定民事判決認定損害賠償之範圍，係依據再審被告與受貨人之協商結果，非貨物之實際損害，是原審確定民事判決適用民法第638條規定之運送人損害賠償範圍，顯有錯誤。況再審原告非承攬運送人，未收受運費或承攬運送報酬，故未開立運費之統一發票，海運承攬公會函亦證明再審原告非承攬運送人，足證原審就影響判決之重要證物漏未斟酌云云。再審被告抗辯稱再審原告主張再審被告應於1年內前，行使損害賠償請求權之陳述，涉及事實認定，其與法院適用法規是否錯誤無涉。況期日之末日為休假日，消滅時效期間應延至再審被告起訴日，故再審被告對於再審原告之損害賠償請求權，未罹於時效。再審原告於前訴訟程序未舉證證明有民法第661條但書規定之承攬運送人責任抗辯事由，是原審確定民事判決不適用民法第661條但書規定。再審被告依據公證報告與保險契約，賠償受貨人新臺幣（下同）20萬元與公證費用1萬元，再扣除出賣馬達之價金，即再審被告實際賠償之金額，屬民法第638條之損害賠償範圍。而海運承攬公會函非前訴訟程序已存在之證據，非足以影響判決之重要證物漏未斟酌之情事等語。

關鍵詞 訴訟標的、再審事由、客觀訴之合併、適用法規顯有錯誤、更正法律上之陳述

壹、探討議題

再審原告主張原審確定判決有民事訴訟法第496條第1項第1款、第13款之再

審事由，爲此向原法院提起再審之訴。準此，本實例探討重點，在於再審管轄法院、再審之訴審理程序、提起再審之期間、再審事由、舊訴訟標的理論、新訴訟標的理論、適用法規顯有錯誤之定義、何謂發見未經斟酌之有利證物。

貳、理由分析

一、程序方面

（一）再審之訴審理程序

再審之訴審理程序，可分再審之訴合法要件、再審之訴有效要件及本案有無理由等三階段。是法院首應審查再審之訴是否合法，其爲再審之訴合法要件是否具備，倘再審之訴不合法者，依民事訴訟法第502條第1項規定，法院應以裁定駁回之。再審之訴具備合法要件後，繼而探討其有無民事訴訟法第496條至第497條規定之再審理由，有無法定再審事由，涉及再審之訴是否具備有效要件，不具備有效要件者，依民事訴訟法第502條第2項規定，再審之訴顯無再審理由，得不經言詞辯論，逕以判決駁回之。再審之訴具備合法與有效要件者，再審程序始行開始，此爲前訴訟之再開與續行，關於本案之辯論及裁判範圍，依民事訴訟法第503條規定，應以聲明不服之部分爲限。當事人按審級之程度，重新爲一切訴訟行爲。換言之，再審之訴雖有再審理由，然本案有無理由，應再行審判，不因有再審理由，而認爲本案判決當然對於再審原告有利[17]。

（二）提起再審之期間

再審之訴，應於30日之不變期間內提起。前項期間，自判決確定時起算，判決於送達前確定者，自送達時起算；其再審之理由發生或知悉在後者，均自知悉時起算。但自判決確定已逾5年者，不得提起（民事訴訟法第500條第1項、第2項）。再審原告對法院確定民事判決提起再審之訴，法院自應審查再審原告有無在法定不變期間內提起本件再審之訴。查法院確定民事判決，前於2008年5月9日送達再審原告，此有附於該民事卷宗之送達證書可稽。再審原告係於2008年5月15日提起本件再審之訴，此有再審起訴狀在卷足憑。準此，本件再審之訴未逾30日之不變期間。

17　林洲富，民事訴訟法理論與案例，元照出版有限公司，2024年2月，7版1刷，頁378至379。

（三）再審事由

　　依據傳統訴訟標的理論，對於確定民事判決得提起再審之訴之法定再審事由（民事訴訟法第496條、第497條）。各再審事由在法律上應為分別獨立之形成權，再審原告對同一確定判決提起再審之訴，主張有數項法定再審原因，其為形成權競合，屬客觀訴之合併，並非僅為數種獨立攻擊方法[18]。反之，在訴訟標的新理論，認形成之訴之訴訟標的，為求得形成判決之法律上地位或資格，此地位或資格為訴訟標的，並非以實體法或訴訟法之形成權為訴訟標的。職是，再審之訴本身之訴訟標的，應為除去確定判決效力之資格或地位，各別法定再審之訴之事由，僅為多數之獨立攻擊方法，並非訴訟標的，是再審原告以一訴主張數項法定再審事由，顯非客觀訴之合併。法院參諸傳統訴訟標的理論與訴訟標的新理論，探討再審原告追加之再審事由之性質，作為判斷追加主張再審事由，是否具備再審合法要件之基準。

（四）追加再審事由

　　再審之訴，專屬為判決之原法院管轄。除本編別有規定外，再審之訴訟程序，準用關於各該審級訴訟程序之規定。第二審程序訴之變更或追加，非經他造同意，不得為之。被告於訴之變更或追加無異議，而為本案之言詞辯論者，視為同意變更或追加（民事訴訟法第499條第1項、第505條、第446條第1項、第255條第1項、第2項）。再者，經他造當事人同意者，一造當事人得於第二審為訴之變更。而準備程序為言詞辯論之準備，倘他造當事人於準備程序中已就一造當事人依追加之訴所主張訴訟標的之法律關係為本案陳述者，即屬民事訴訟法第255條第2項所謂無異議而為本案之言詞辯論相當，應視為其已同意追加[19]。再審被告抗辯稱：再審原告民事再審狀僅主張原判決適用民法第131條、第666條及民事訴訟法第255條之規定有違誤，屬民事訴訟法第496條第1項第1款之再審事由。嗣後陸續追加主張原確定判決適用民法第623條、第638條及第661條規定顯有錯誤，暨原審漏未斟酌第一審提出之統一發票使用辦法第4條第27項規定、海運承攬公會函為由，追加民事訴訟法第496條第1項第1款、第13款之再審事由，已逾法定不變期間等語。準此，法院各以傳統訴訟標的理論、訴訟標的新理論，審究再審原告於提起再審之訴後，陸續追加之再審事由，是否具備合法要件？

18　最高法院77年度台上字第4號民事判決。
19　最高法院85年度台抗字第272號、85年度台抗字第307號民事裁定。

1. 傳統訴訟標之理論

　　依據傳統訴訟標的理論，各再審事由在法律上應為分別獨立之形成權，再審原告主張有數項法定再審事由，屬客觀訴之合併。是再審原告追加再審事由，屬訴之追加，合併於原有再審之訴。因訴之追加亦為新訴之提起，是再審原告對於同一確定判決，有數個再審事由，再審期間追加起訴，必須同時符合提起再審之訴期間之法定期間，並經再審被告同意，其追加起訴始為合法。查再審原告提起再審之訴後，嗣後追加原確定判決適用民法第623條、第638條及第661條規定顯有錯誤；並主張原審漏未斟酌第一審提出之統一發票使用辦法第4條第27項規定、海運承攬公會函為由，追加民事訴訟法第496條第1項第1款、第13款之再審事由。再審被告於法院準備程序，就再審原告追加之再審事由所主張訴訟標的之法律關係為本案陳述，其屬無異議而為本案之言詞辯論相當，依據傳統訴訟標的理論，雖視為已同意再審原告之追加起訴。然訴之追加係提起新訴，其追加亦應符合30日之法定不變期間，其追加之訴始稱合法。準此，依據傳統訴訟標的理論，再審原告追加起訴部分，均逾30日之法定不變期間甚明，追加起訴不合法。

2. 訴訟標的新理論

　　在訴訟標的新理論，認形成之訴之訴訟標的，再審之訴本身之訴訟標的，應為除去確定判決效力之資格或地位，各別法定再審之訴之原因，僅為多數之獨立攻擊方法，再審原告以一訴主張數項法定再審原因，顯非客觀訴之合併。準此，再審原告於本件再審之訴程序，追加主張法定再審原因，非屬訴之追加，除無須經再審被告同意外，亦不適用30日之法定不變期間。法院認為原告所主張之再審理由與本件再審之訴請求基礎事實同一，均本於再審原告承攬運送系爭貨物而毀損之同一基礎事實為請求，主要爭點在於再審原告就貨物毀損是否應負損害賠償責任。是再審原告所主張之再審事由，就訴訟及證據資料而言，其主要爭點具有共同性，於審理中具有同一性或一體性，得於本件再審之訴審理中予以利用。法院為求紛爭解決一回性，達訴訟經濟之目的，其於本件再審之訴採訴訟標的新理論，認為再審原告於本件再審之訴中，追加法定再審事由，為攻擊方法之主張，使再審原告先後主張之法定再審事由在同一程序得加以解決，避免重複審理，進而為統一解決紛爭。

二、實體方面

(一) 再審原告之再審事由

　　法院依據兩造之主張與陳述，整理再審原告之再審事由，係指原審確定判決有：1.適用民法第623條第1項與第666條之短期消滅時效顯有錯誤；2.適用民法第661條但書顯有錯誤；3.適用民事訴訟法第255條之訴之變更限制顯有錯誤；4.適用民法第638條之損害賠償範圍顯有錯誤；5.原審確定判決影響判決之重要證物漏未斟酌。前4項事由為民事訴訟法第496條第1項第1款之再審事由；第5項事由為民事訴訟法第496條第1項第13款之再審事由。職是，法院依序探討本件再審之訴有無再審理由。

(二) 適用法規顯有錯誤

　　確定終局判決有適用法規顯有錯誤者，當事人得提起再審之訴。判決不適用法規或適用不當者，為違背法令（民事訴訟法第496條第1項1款、第468條）。所謂適用法規顯有錯誤，係指確定判決就事實審法院所確定之事實而為法律上判斷，有適用法規顯有錯誤之情形而言[20]。適用法規顯有錯誤之內容，應包括確定判決顯有消極的不適用法規及積極的適用法規不當兩種情形[21]。準此，事實審法院認定事實錯誤、就當事人提出之事實及聲明之證據疏於調查或就上訴理由漏未斟酌，僅生認定事實錯誤、調查證據欠周或判決不備理由之問題，當事人雖得於判決確定前，據為上訴之理由，究與適用法規顯有錯誤之情形有間，不得據以提起再審之訴[22]。

1. 民法第623條第1項與第666條

　　關於物品之運送，因喪失、毀損或遲到而生之賠償請求權，自運送終了，或應終了之時起，1年間不行使而消滅。對於承攬運送人因運送物之喪失、毀損或遲到所生之損害賠償請求權，自運送物交付或應交付之時起，1年間不行使而消滅[23]。消滅時效，自請求權可行使時起算。應於一定期日或期間內，為意思表示或給付者，其期日或其期間之末日，為星期日、紀念日或其他休息日時，以其休息日之次日代之（民法第623條第1項、第666條、第128條前項、第122條）。職是，法院茲審究原審確定判決適用民法第623條第1項與第666條規定短期消滅時效，是否顯有錯誤。

20　最高法院71年台再字第30號、100年度台簡再字第1號民事判決。
21　大法官會議釋字第177號解釋。
22　最高法院80年度台再字第64號民事判決。
23　最高法院71年度台上字第3200號、87年度台再字第65號民事判決。

(1) 短期消滅時效

　　系爭載貨證券記載系爭貨物為整裝整交運送（CY/CY），運送人或承攬運送人均無拆櫃之權義，是運送人或承攬運送人交付貨櫃至載貨證券指定之地點時，即屬運送終了或交付貨物時。準此，裝載貨物之貨櫃已送至載貨證券所指定之貨櫃場，即以當日作為運送終了日或交付系爭貨物日，再審被告行使物品運送或承攬運送損害賠償請求權之消滅時效，自當日起算1年，關於運送或承攬運送之損害賠償請求權固應於1年內前行使。然該1年期間之末日適逢週六與週日，是期間末日延長至再審起訴日。

(2) 未罹於時效

　　再審被告向法院提起損害賠償事件之民事訴訟，未罹於1年之時效期間甚明，此有民事起訴狀與裁判費收據附卷可稽。職是，再審原告主張原審確定民事判決認定運送或承攬運送損害賠償請求權，於適用民法第623條第1項與第666條規定之1年短期消滅時效顯有錯誤，而有民事訴訟法第496條第1項第1款規定之適用法規顯有錯誤之再審事由云云，其於法無據。

2. 民法第661條但書

　　承攬運送人，對於託運物品之喪失、毀損或遲到，應負責任。但能證明其於物品之接收保管、運送人之選定、在目的地之交付，及其他與承攬運送有關之事項，未怠於注意者，不在此限。當事人主張有利於己之事實，就其事實有舉證之責任。當事人已依上訴主張其事由，不得提起再審（民法第661條；民事訴訟法第277條本文、第496條第1項但書）。職是，法院茲審究原審確定判決適用民法第661條但書規定承攬運送人免責事由，是否顯有錯誤。

(1) 免責事由

　　再審被告於前訴訟程序已舉證證明，再審原告為貨物承攬運送人及貨物有毀損等事實，原審據此認定再審原告為承攬運送人，對於貨物之毀損應負損害賠償責任。倘再審原告主張有免責事由，自應舉證證明有民法第661條但書規定之承攬運送人免責事由。此免責事由為有利於再審原告之事實，再審原告自得於前訴訟程序主張之。

(2) 再審原告於前訴訟程序中有免責事由

　　法院參諸原審確定民事判決，知悉再審原告已於前訴訟程序中主張上開免責事由，經原審認定再審原告未舉證以實其說，再審原告於本件再審之訴再執前詞，亦未舉證證明之。準此，再審原告此指摘原確定民事判決適用民法第661條但書規定有顯有錯誤，其有民事訴訟法第496條第1項第1款規定之再審事由云

云，洵非正當。

3. 民事訴訟法第255條

　　審判長應向當事人發問或曉諭，令其爲事實上及法律上陳述、聲明證據或爲其他必要之聲明及陳述；其所聲明或陳述有不明瞭或不完足者，應令其敘明或補充之。不變更訴訟標的，而補充或更正事實上或法律上之陳述者，非爲訴之變更或追加（民事訴訟法第256條、第199條第2項）。訴之同一與否，以當事人、訴訟標的及訴之聲明三者是否同一爲斷，僅補充或更正事實上或法律上之陳述者，而未變更訴訟標的者，顯非訴之變更。職是，法院茲審究原審確定判決適用民事訴訟法第255條規定訴之變更，是否顯有錯誤。

(1) 審判長命原告敘明或補充

　　法院就原告所主張起訴原因之事實，判斷其法律上之效果，不受原告所述法律上見解之拘束。是審判長認爲原告之聲明或陳述有不明瞭或不完足者，應令其敘明或補充之。原審第一審審判長前命再審被告敘明其請求權，經再審被告主張其係依據民法第661條規定，請求再審原告負承攬運送人損害賠償責任。再審被告就不明瞭處加以敘明，自不生訴之變更之問題。況再審原告就再審被告主張民法第661條規定之請求權，其於前訴訟程序均未抗辯有訴之變更之情事。

(2) 更正法律之陳述

　　再審被告以貨物有毀損，而請求再審原告負債務不履行之損害賠償責任之法律關係，爲其訴訟標的，其對於損害賠償之請求權，先主張再審原告應依民法第634條規定負運送人之賠償責任。嗣經原審第一審審判長行使闡明權後，繼而主張再審原告應依民法第661條規定負承攬運送人之賠償責任，此爲更正法律上之陳述，並無變更訴之要素，自與訴訟標的之變更有別，其不適用民事訴訟法第255條規定之訴之變更。職是，再審原告主張原審確定民事判決適用民事訴訟法第255條之訴之變更限制，顯有錯誤云云，顯無理由。

4. 民法第638條

　　運送物有喪失、毀損或遲到者，其損害賠償額，應依其應交付時目的地之價值計算之。運費及其他費用，因運送物之喪失、毀損，無須支付者，應由前項賠償額中扣除之（民法第638條第1項、第2項）。準此，法院茲審究原審確定判決適用民法第638條規定損害賠償之範圍，認定貨物所受損害金額，是否顯有錯誤。

(1) 貨物之損害

貨物之損害經公證公司鑑定結果，現場共有100箱貨物之外包裝有水濕現象，經拆箱後發現有1,000顆馬達濕損較嚴重，另外2,000顆馬達濕損較輕微，受貨人同意就2,000顆濕損較輕微的部分回收10%，合計損害額為貨損20萬元及公證費用1萬元，計21萬元。再審被告嗣後將受潮馬達其中1,000顆賣給第三人，另2,000顆賣給受貨人，均以每公斤10元之廢鐵價格賣出，每顆馬達重1公斤，受潮馬達計賣得2萬元，扣除此金額後，再審被告實際賠償受貨人之金額為19萬元等事實，此有載貨證券、商業發票、理算與撥款通知書、公證報告、代位賠償收據、統一發票與收據、交貨驗收單、貨損通知、貨物收受簽單、公司報價單、現場公證照片及和解協議書等件為證。

(2) 損害賠償之認定

再審被告依據公證報告之鑑定結果與保險契約之關係，賠償受貨人20萬元與公證費用1萬元，再扣除出賣馬達之價金，為再審被告實際賠償之金額。該損失貨物價值與理賠金額均經公證公司與受貨人A公司核算與協議，符合民法第638條規定之計算損害賠償範圍。因損害賠償之認定屬事實認定問題，並非法律適用之爭議。準此，原審確定民事判決並無民事訴訟法第496條第1項第1款規定之再審事由。

二、實體方面

（一）再審原告之再審事由

法院依據兩造之主張與陳述，整理再審原告之再審事由，係指原審確定判決有：1.適用民法第623條第1項與第666條之短期消滅時效顯有錯誤；2.適用民法第661條但書顯有錯誤；3.適用民事訴訟法第255條之訴之變更限制顯有錯誤；4.適用民法第638條之損害賠償範圍顯有錯誤；5.原審確定判決影響判決之重要證物漏未斟酌。前4項事由為民事訴訟法第496條第1項第1款之再審事由；第5項事由為民事訴訟法第496條第1項第13款之再審事由。職是，法院依序探討本件再審之訴有無再審理由。

（二）適用法規顯有錯誤

確定終局判決有適用法規顯有錯誤者，當事人得提起再審之訴。判決不適用法規或適用不當者，為違背法令（民事訴訟法第496條第1項第1款、第468條）。所謂適用法規顯有錯誤，係指確定判決就事實審法院所確定之事實而為

法律上判斷，有適用法規顯有錯誤之情形而言[24]。適用法規顯有錯誤之內容，應包括確定判決顯有消極的不適用法規及積極的適用法規不當兩種情形[25]。準此，事實審法院認定事實錯誤、就當事人提出之事實及聲明之證據疏於調查或就上訴理由漏未斟酌，僅生認定事實錯誤、調查證據欠周或判決不備理由之問題，當事人雖得於判決確定前，據為上訴之理由，究與適用法規顯有錯誤之情形有間，不得據以提起再審之訴[26]。

（三）民法第623條第1項與第666條

　　關於物品之運送，因喪失、毀損或遲到而生之賠償請求權，自運送終了，或應終了之時起，1年間不行使而消滅。對於承攬運送人因運送物之喪失、毀損或遲到所生之損害賠償請求權，自運送物交付或應交付之時起，1年間不行使而消滅。消滅時效，自請求權可行使時起算。應於一定期日或期間內，為意思表示或給付者，其期日或其期間之末日，為星期日、紀念日或其他休息日時，以其休息日之次日代之（民法第623條第1項、第666條、第128條前項、第122條）。職是，法院茲審究原審確定判決適用民法第623條第1項與第666條規定短期消滅時效，是否顯有錯誤。

1. 非屬發現未經斟酌之證物

　　法院於本件再審之訴，發函詢問海運承攬公會有關載貨證券所記載承攬運送人為何人？雖經海運承攬公會函復稱再審原告非載貨證券之承攬運送人等情。並有海運承攬公會號函為憑。然海運承攬公會函顯非前訴訟程序事實審言詞辯論終結前即已存在之證據職是，海運承攬公會函非屬發現未經斟酌之證物。

2. 已斟酌之證物

　　統一發票使用辦法第4條第27項規定，係前訴訟程序中已存在之法規，再審原告為相關運送業者，應知悉甚詳，其未於前訴訟程序主張之，自不得據此主張有再審事由。而再審原告有開立文件費、運費及吊櫃費等統一發票與收據等事實，原審亦已斟酌，並憑以認定再審原告為承攬運送人。準此，再審原告此指摘原審確定民事判決有民事訴訟法第496條第1項第13款規定之再審事由云云，洵非正當。

24　最高法院71年台再字第30號、100年度台簡再字第1號民事判決。
25　大法官會議釋字第177號解釋。
26　最高法院80年度台再字第64號民事判決。

參、結論

　　再審原告雖指摘原審確定判決有適用民法第623條第1項與第666條之短期消滅時效、民法第661條但書、民事訴訟法第255條之訴之變更限制及民法第638條之損害賠償範圍等顯有錯誤，暨原審確定判決影響判決之重要證物漏未斟酌。然均不符合民事訴訟法第496條第1項第1款、第13款之再審事由，法院自無庸審究本案有無理由。準此，再審原告提起本件再審之訴求爲廢棄改判，爲無理由。

肆、相關案例

　　民事訴訟法第32條第7款關於法官應自行迴避之規定，乃在使法官不得於其曾參與之裁判之救濟程序執行職務，以維審級之利益及裁判之公平。準此，法官曾參與訴訟事件之前審裁判或更審前之裁判者，固應自行迴避。例如，法官曾參與該訴訟事件前審裁判者之迴避，係用以保障當事人審級之利益，倘參與一審判決之法官復參與二審判決，或參與二審判決之法官復參與三審判決，則當事人對於審級之利益即有欠缺。職是，對於確定終局判決提起再審之訴者，其參與該確定終局判決之法官，於再審程序，亦應自行迴避[27]。

27　大法官釋字第256號解釋，最高法院112年度台聲字第1307號民事裁定。

第七章

強制執行事件

第一節　保全事件

案例43 撤銷假扣押之損害賠償

　　原告主張被告杜撰其與攝影著作人簽訂著作權讓與契約書，以原告侵害其著作權為由，向法院聲請假扣押與執行假扣押。導致原告所有財產遭查封，使原告事業無法運轉，並在外散布不利原告之流言，造成原告客戶於扣押期間不願與原告交易，除造成原告財產之損害外，亦損害原告之商譽、信用、名譽及隱私權，嗣後被告聲請之假扣押裁定，遭法院撤銷。故原告因被告之假扣押行為而受有損害，依民事訴訟法第531條及民法第184條第1項前段、第195條規定，請求被告賠償財產與非財產之損害云云。被告抗辯稱其為攝影著作之著作財產權人，因發現原告所製作之產品型錄，擅自重製攝影著作在其產品之型錄，其告知原告侵害被告之著作權，原告均置之不理，被告遂向法院聲請對原告財產為假扣押執行，被告並無故意或過失之侵權行為，自無須對原告負損害賠償責任等語。

關鍵詞 假扣押、無過失、損害賠償責任、著作財產權、相當因果關係

壹、探討議題

　　被告以攝影著作之著作財產權人身分，主張原告所製作之產品型錄，有侵害攝影著作之重製權，被告為此向法院聲請對原告財產為假扣押執行。原告認為被告以侵害其著作權為由，向法院聲請假扣押執行，導致原告所有財產遭查封，並在外散布不利原告之流言，嗣後假扣押裁定遭法院撤銷，原告向被告請求財產與財產之損害。職是，本實例探討重點，在於撤銷假扣押之損害賠償要件、著作權取得要件、著作財產權之讓與方式、著作權之範圍、判斷著作權侵害之基準、警告函之性質及侵害人格權之要件。

貳、理由分析

一、整理與協議簡化爭點

　　法院爲充實言詞辯論內容，保障當事人程序權，防止發生突襲性裁判，應依民事訴訟法第199條第2項及第296條之1第1項規定，法院於調查證據前，運用訴訟指揮權，將未經或已經整理及協議簡化之事實爭點、法律爭點、證據爭點、暨其他攻擊或防禦方法之爭點，分別曉諭當事人，且將其中關於證據爭點之曉諭，依具體案情狀況之需要，擴及於將法院對當事人聲明證據與待證事實關連所爲證據評價之認識、判斷即心證或法律觀點，作適時或適度之公開，繼而就訴訟關係及相關之各該爭點，向當事人發問或曉諭，使兩造知悉事件之爭點及聲明證據與待證事實關連後，促使其爲必要之聲明、陳述或提出證據，以進行證據之調查，並令當事人就訴訟關係之事實及法律爲適當而完全之辯論，其踐行之訴訟程序始得謂爲無瑕疵[1]。

二、損害賠償責任之成立

　　著作人於著作完成時享有著作權。但本法另有規定者，從其規定。出資聘請他人完成之著作，以該受聘人爲著作人。但契約約定以出資人爲著作人者，從其約定。依前項規定，以受聘人爲著作人者，著作財產權依契約約定歸受聘人或出資人享有。未約定著作財產權之歸屬者，其著作財產權歸受聘人享有。著作財產權得全部或部分讓與他人或與他人共有。著作財產權之受讓人，在其受讓範圍內，取得著作財產權（著作權法第5條第1項第5款、第10條、第12條第1項、第2項、第36條第1項、第2項）。本件損害賠償事件，係因被告以原告侵害攝影著作爲由，而向法院聲請對原告財產爲假扣押執行，原告則以遭假扣押而受有損害，請求被告賠償財產與非財產之損害。職是，法院首應審究被告是否爲攝影著作之著作財產權人，以認定被告聲請假扣押執行是否具有正當性；繼而判斷原告得否依據民事訴訟法第531條及民法第184第1項、第195條之規定，請求被告負損害賠償責任。

（一）著作權法採創造保護主義

　　著作人就其著作分別享有著作人格權與著作財產權。著作人格權專屬於著作人本身，其係不得讓與或繼承之權利（著作權法第3條第1項第3款、第21

1　最高法院99年度台上字第2032號民事判決。

條）。職是，我國著作權之本質採二元說，著作權分為著作人格權與著作財產權。著作人格權，係指著作人基於其著作人之資格，為保護其名譽、聲望及其人格利益，在法律上享有之權利。係著作人就其著作所享有而以人格之利益，作為保護標的之權利。其為人格權之一種，其與權利主體之人格有不可分離之關係，具有專屬性及不可讓渡性。故當事人間僅得約定著作人格權不得行使，而無法依據契約自由之方式，讓與或授權著作人格權與他人。我國著作權法採創造保護主義，著作人於著作完成後，得享有著作權而受著作權法之保護，無庸履行登記或註冊之手續。而因出資關係所完成之著作，原則上以受聘人為著作人，除非契約另有約定以出資人為著作人。受聘人為著作人時，得將著作財產權移轉予出資人（著作權法第12條第1項、第2項）[2]。

（二）被告為攝影著作之著作財產權人

所謂攝影著作者，係指以思想、感情表現一定影像之著作，其包含照片、幻燈片及其他以攝影之製作方法所創作之著作。法院參諸被告提出之被告與原告產品型錄。該等型錄之照片係表現兩造之商品形狀，其屬攝影著作之性質。職是，被告型錄之商品照片具備著作權之保護要件者，自應受著作權法之保護。攝影著作人結證稱：被告委任其攝影製作產品目錄，要求將著作財產權移轉予被告等語。故被告基於委任與承攬關係，出資聘請攝影著作人完成攝影著作，渠等未約定被告為著作人，僅約定攝影著作人應將著作財產權移轉予被告。攝影著作之著作人於攝影著作完成時享有著作權，嗣後依據其與被告之約定，將攝影著作之著作財產權移轉予被告，被告為攝影著作之著作財產權人。

（三）著作財產權轉屬非要式行為

著作財產權轉讓契約非要式契約，不以簽訂書面為必要，是攝影著作之著作財產權前經著作人與被告口頭約定讓與被告時，已生讓與效力，不因其未作成讓與書面，而影響其效力。被告雖事後與著作人簽訂著作權讓與契約書，其目的係確認被告為攝影著作之著作財產權人，而非另行締結著作權讓與契約書。職是，原告主張被告與著作人杜撰著作權讓與契約書云云，顯與事實不符。

（四）著作財產權之範圍

所謂著作財產權，係指著作人或依法取得著作上財產權利之人對於屬於文

2　林洲富，著作權法案例式，五南圖書出版股份有限公司，2023年8月，6版1刷，頁63。

學、科學、藝術或其他學術範圍之創作，享有獨占利用與處分之類似物權的權利，具有經濟價值與排他性之權利。著作財產權屬無體財產權，其性質屬準物權，其內容依據我國著作權法第22條至第29條之1所規定者。重製權為著作財產權之一環，著作財產權人專有重製其著作之權利。而重製之行為者，係指以印刷、複印、錄音、錄影、攝影、筆錄或其他方法直接、間接、永久或暫時之重複製作。於劇本、音樂著作或其他類似著作演出或播送時予以錄音或錄影；或依建築設計圖或建築模型建造建築物者，亦屬之（著作權法第22條第1項、第3條第1項第5款）。職是，第三人未經著作財產權人之同意或授權，自不得重製著作物。著作財產權人發現第三人非法重製著作物，侵害其著作財產權自得對侵權行為人主張民事救濟。準此，被告自得以未經其同意或複製攝影著作者，行使侵害著作財產權之法律救濟。

（五）侵害著作財產權之民事救濟

著作權人對於侵害其權利者，得請求排除之；有侵害之虞者，得請求防止之。因故意或過失不法侵害他人之著作財產權者，負損害賠償責任。依著作權法第84條或第88條第1項請求時，對於侵害行為作成之物或主要供侵害所用之物，得請求銷燬或為其他必要之處置。而被害人得請求由侵害人負擔費用，將判決書內容全部或一部登載新聞紙、雜誌（著作權法第88條第1項、第84條、第89條、第88條之1）。職是，著作財產權人之重製權遭侵害時，著作財產權人得對侵害其權利者，主張禁止侵害請求權、損害賠償請求權、回復名譽請求權及銷燬請求權等民事救濟。足認被告基於攝影著作遭原告侵害為由，聲請法院對原告實施假扣押，其為保全權利之合法正當行為，顯與濫用權利有間。

（六）原告有侵害攝影著作之著作財產權

法院審視被告與原告之產品目錄，認為兩者有60組商品照片相同，此結果與被告提出之兩造公司之產品型錄比對表相符。依據社會之通念，可認定原告有合理之可能性接觸被告之攝影著作，而兩造型錄之商品照片所表達思想，在質與量之考量，均構成實質相似。形式以觀，原告型錄之商品照片符合著作抄襲之接觸與實質相似等要件。況原告迄今未提出照片之底片，或說明型錄之照片之出處，證明原告型錄之商品照片具有原創性，或自第三人處繼受攝影著作之著作權，以供法院斟酌。是被告認定原告之產品型錄所顯示之商品照片，重製被告所有之系爭攝影著作，客觀足認原告有侵害攝影著作之著作財產權。準此，被告以著作財產權受害為由，其聲請假扣押執行原告之財產，屬正當之

行使權利，自與侵權行為有間。

三、撤銷假扣押之損害賠償

假扣押裁定因自始不當而撤銷，或因第529條第4項及第530條第3項之規定而撤銷者，債權人應賠償債務人因假扣押或供擔保所受之損害。本案尚未繫屬者，命假扣押之法院應依債務人聲請，命債權人於一定期間內起訴，債權人不於法院所定期間內起訴，債務人得聲請命假扣押之法院撤銷假扣押裁定。債權人亦得聲請撤銷假扣押裁定（民事訴訟法第531條第1項、第529條第1項、第4項、第530條第3項）。依據民事訴訟法第531條第1項規定撤銷假扣押者，債權人應賠償債務人因假扣押或供擔保所受之損害，債權人所負此項賠償損害責任，係本於假扣押裁定撤銷之法定事由而生，債務人賠償請求權之成立，不以債權人之故意或過失為要件，其與侵權行為應以故意或過失侵害他人之權利為成立要件，兩者不同[3]。職是，假扣押債權人不於法院所定期間內起訴，經債務人聲請法院撤銷假扣押裁定，或債權人聲請撤銷假扣押裁定，債權人對債務人因假扣押所受之損害，均應負無過失之損害賠償責任。兩造之爭執，在於原告是否因被告聲請假扣押執行，致原告受有損害？原告是否得依據民事訴訟法第531條規定請求被告賠償原告因假扣押所受之損害。

（一）損害賠償成立要件

假扣押之裁定，因債權人未遵期起訴而撤銷假扣押裁定，或債權人聲請撤銷假扣押裁定，依民事訴訟法第531條第1項規定，債權人固應賠償債務人因假扣押所受之損害，惟所生之損害必須與實施假扣押有相當因果關係，始得命負賠償責任[4]。職是，債權人雖依據民事訴訟法第531條第1項撤銷假扣押之事由，對債務人因假扣押所受之損害，負無過失之損害賠償責任。惟債權人聲請假扣押，致債務人受有損害，本質上屬侵權行為之法律關係，其損害賠償成立要件有：1.須有加害行為；2.行為須不法；3.侵害他人之權利或利益；4.須致生損害；5.加害行為與損害間有相當因果關係存在；6.須有責任能力。

（二）合法正當行使權利

被告前因其認為原告之型錄侵害攝影著作財產權，向法院聲請對原告財

---

3 最高法院58年台上字第1421號、75年台上字第2723號、106年度台上字第1738號民事判決。
4 最高法院76年度台上字第220號、109年度台上字第3134號民事判決。

產假扣押，經法院裁定准許被告供擔保得為執行假扣押，並聲請假扣押執行，而查封原告財產。因被告未限期起訴，原告向法院聲請撤銷假扣押裁定確定在案。被告向法院聲請假扣押執行原告之財產，對於原告雖屬加害行為。然被告以原告抄襲其攝影著作，致被告系爭攝影著作之著作財產權之複製權受侵害為由，聲請假扣押執行原告之財產，其屬合法正當之行使權利之行為。職是，被告聲請假扣押執行原告財產行為，依法有據。

（三）相當因果關係之認定

原告雖主張其於被告聲請假扣押期間，其營業銷售金額減少計新臺幣（下同）800萬元，依據財政部頒布「98年度營利事業各業所得額暨同業利潤標準」之規定，原告為金屬廚具製造業，該行業98年度之同業利潤標準為淨利10%，原告營業800萬元，利潤損失達80萬元云云。然於市場機制之運作，造成營業利益之差額因素，不僅限於實施假扣押，其有諸多原因。例如，加害人行為、成本變動、行銷技巧、市場競爭、產品之生命週期、政治情事、天災事變及整體經濟變動等因素。是僅比較實施假扣押前、後之獲利差異，不僅計算不精準外，亦忽視損害賠償責任成立及範圍之因果關係。故除有明確之證據足以證明係因被告之假扣押行為所致。僅單憑營業額之變動，未盡因果關係之證明。準此，原告就其營業損失與實施假扣押行為間，是否具有相當因果關係，未舉證以實其說。

（四）固定資產折舊

營利事業固定資產採用平均法折舊時，各該項資產，事實上經查明有殘價可預計者，應依法先自成本中減除殘價後，以其餘額為計算基礎。且固定資產提列折舊採用平均法或定率遞減法者，以1年為計算單位；其使用期間未滿1年者，按實際使用之月數相當於全年之比例計算之（營利事業所得稅查核準則第95條第7項、第95條第6項）。原告雖主張其受有1萬個之餐盤折舊損失，以遭查封時之市售價格計算，依據財政部之固定資產耐用年數表及固定資產折舊率表，請求依第19項其他機械及設備之細目模具，耐用年數2年，以平均法計算折舊50%，即該批餐盤折舊為50萬元云云。惟依據財政部固定資產耐用年數表，是針對固定資產提列折舊而訂。所謂固定資產者，主要係指提供公司營運所需的各項辦公或生產場地之土地與建築物、辦公設備、機器、儀器及交通運輸車輛等，其有折舊之情形。而流動資產者，包含有現金、銀行存款、短期投資、應收帳款、應收票據、存貨及預付費用等。因流動資產變現性快，並無所謂折

舊之問題。原告生產之餐盤為不銹鋼餐盤，其為流動資產而變現性快，其與一般充作固定資產使用之機器設備不同。況遭查封之餐盤為不銹鋼製品，並非一般易腐壞變質之物品，查封期間未逾1年，均由原告保管，餐盤不致於成為舊品而有無法出售之情事。職是，原告主張其因查封而受有餐盤折舊損失云云，即與事實不符。

（五）原告未因假扣押而受有損害

被告以原告抄襲其攝影著作，致被告攝影著作之著作財產權之複製權受侵害為由，向法院聲請假扣押執行原告之財產，其屬合法正當之行使權利之行為。縱使原告於查封期間，其營業金額有減少，然其與實施假扣押間，並無相當因果關係。而原告之餐盤，亦不因遭查封而成為舊品，而有折舊或無法出售之情事。準此，原告依據民事訴訟法第531條第1項請求被告賠償原告因假扣押所受之損害云云，其於法未合。

四、非財產之損害

當事人主張有利於己之事實者，就其事實有舉證之責任。因故意或過失，不法侵害他人之權利者，負損害賠償責任。不法侵害他人之名譽、信用或隱私，被害人雖非財產上之損害，亦得請求賠償相當之金額。其名譽被侵害者，並得請求回復名譽之適當處分（民事訴訟法第277條本文、民法第184條第1項前段、第195條第1項）。原告主張被告侵害原告之商譽、名譽、信用及隱私等權利，請求被告賠償非財產之損害，自應舉證證明被告確有成立侵權行為。

（一）人格權之侵害

所謂名譽，係個人在社會上享有一般人對其品德、聲望或信譽等所加之評價，屬於個人在社會上所受之價值判斷。而商譽者，係對自然人或法人之經濟評價，其為信用之人格權，屬廣義之名譽。隱私在於保護個人之私生活為其內容，其屬秘密之範疇，其常伴隨名譽併受侵害。名譽或商譽有無受損害，應以社會上對其評價是否貶損為斷，而隱私有無受侵害，則視私生活不欲人知之秘密，是否非法遭揭露。查封財產之強制執行行為，具有公示性，個人之財產勢必遭揭露，在客觀亦足使被查封人被指為債信不良，其原所建立之聲望必有減損，名譽或信譽勢將致低落，形式以觀，對債務人固屬加害行為。然債權人基於正當權利之行使，依法實施假扣押保全執行，並非侵害他人之權利。被告以原告抄襲攝影著作，致被告攝影著作之複製權受侵害為由，聲請假扣押執行原

告之財產，其屬合法正當之行使權利之行為，是被告聲請假扣押執行原告之財產，依法有據。

（二）寄發警告函

著作權侵權訴訟係達成防制第三人侵權之有利手段，是善用著作權侵權訴訟，得以適時保護著作權人制止不法之競爭者。當著作權受侵害時，尤其係提起著作權侵權訴訟前，即應迅速採取行動，寄發警告函予被控侵權行為人。倘確有著作權侵權情事，或著作權人確信其著作權遭受侵害，對涉及著作權侵權之對象寄發警告信函，係著作權人為保護其權利，其屬行使正當著作權之行為。兩造之產品目錄，兩者有60組商品照片相同，形式以觀，符合著作抄襲之接觸與實質相似等要件，客觀足認原告確實有侵害攝影著作之著作財產權。職是，被告發函原告禁止原告侵害攝影著作之著作財產權，屬正當之行使權利之行為。警告函於策略運用得當，有事半功倍之效果，除有告知被控侵權行為人之法律效果外，亦得寄發警告函與侵權行為人之所有往來客戶，告知侵權之事實，使與侵權行為交易之對象，有所怯步或存有疑慮。是警告函為制止侵權之鋒利武器，其雖可對付侵權行為人，惟使用不慎者，則適得其反而傷及著作權人，造成被控侵權人反指摘著作權人有權利濫用之情事。致相關消費者或被控侵權行為人之交易對象，有被控侵權物品有著作侵權之疑慮，造成不敢購買或經銷該物品，造成不公平競爭之情事。

（三）警告函類型

事業發警告函行為，係指事業對其自身或他事業之交易相對人或潛在交易相對人，散發他事業侵害其所有著作權、商標權或專利權消息之下列行為：1.警告函；2.敬告函；3.律師函；4.公開信；5.廣告啟事；6.其他足以使其自身或他事業之交易相對人或潛在交易相對人知悉之方式（審理事業發侵害著作權、商標權或專利權警告函寄件處理原則第2條）。被告僅發函原告禁止原告侵害攝影著作之著作財產權，其未藉實施假扣押之情事，不當限制原告之市場競爭力。職是，被告為藉查封原告財產之際，對外散布不利原告之流言，是原告雖主張被告侵害原告之商譽、名譽、信用及隱私云云，顯屬無據。

（四）過失責任主義

因侵權行為所發生之損害賠償請求權，以有故意或過失不法侵害於他人權利，加損害於他人為成立要件（民法第184條第1項前段）。所謂故意係指行為

人對於構成侵權行為之事實，明知並有意使其發生或預見其發生，而其發生並不違背其本意而言。準此，故意以聲請法院實施假扣押之手段，侵害他人權利之情形，必須行為人對於其聲請假扣押係屬侵權行為之事實，明知並有意使其發生，或預見其發生，其發生並不違背其本意，始足當之[5]。侵權行為之責任成立，採取過失責任主義。因被告未濫發警告函，被告自故意或過失侵害原告之人格權。準此，原告依據民法第184條第1項前段與第195條規定請求被告賠償非財產之損害云云，洵非正當。

參、結論

被告以原告抄襲其攝影著作，致被告攝影著作之著作財產權之複製權受侵害為由，聲請法院假扣押執行原告之財產，其屬合法正當之行使權利之行為，而被告亦未藉查封事件，趁機對外濫發警告函，以損害原告人格權。準此，原告依民事訴訟法第531條及民法第184條第1項前段、第195條之規定，請求被告賠償財產與非財產之損害云云，顯無理由，應予駁回。原告之訴既經駁回，其假執行之聲請亦失所附麗，併予駁回。

肆、相關案例

債務人依民事訴訟法第531條第1項規定，請求債權人賠償因假扣押或供擔保所受之損害者，必以假扣押裁定因自始不當而撤銷，或因第529條第4項及第530條第3項規定而撤銷者為限。所謂假扣押裁定因自始不當而撤銷，係指對於假扣押裁定抗告，經抗告法院依命假扣押時客觀存在之情形，認為不應為此裁定而撤銷之情形而言，倘因本案訴訟敗訴確定而撤銷該裁定，僅屬因命假扣押以後之情事變更而撤銷，並因自始不當而撤銷。而民事訴訟法第529條第4項，係規定債權人不於同條第1項期間內起訴或未遵守前項規定者，債務人得聲請命假扣押之法院撤銷假扣押裁定[6]。

5　最高法院76年度台上字第2724號、90年度台上字第1814號民事判決。
6　最高法院101年度台上字第1061號民事判決。

第二節　異議之訴事件

案例44 債務人異議之訴——債權抵銷

原告區分所有權人主張被告管理委員會以法院給付管理費事件之民事確定判決爲執行名義，聲請扣押原告在銀行之存款債權，經法院強制執行事件受理，並核發執行命令在案，依據社區規約之規定，被告有溢收管理費，原告依據民法第334條規定，主張兩造間之管理費債務應互爲抵銷，經抵銷後，被告對於原告僅有債務新臺幣（下同）1萬元，逾此部分之金額，原告不許爲強制執行，是原告依強制執行法第14條第1項規定，提起債務人異議之訴，請求撤銷對原告強制執行程序，而給付管理費事之民事確定判決不得執行云云。被告抗辯稱法院給付管理費事件之民事確定判決內容，可證明被告計算原告積欠管理費5萬元，係以每月每坪50元計算，非原告人主張之每月每坪60元。被告管理委員會就收取每坪管理費之標準，係經本社區區分所有權人會議決議成立，是被告前對於原告訴求積欠管理費之計算標準，係以每月每坪50元，自無逾越收費標準，即無可供抵銷之債權存在等語。

關鍵詞 抵銷、管理費、執行名義、執行命令、社區規約

壹、探討議題

被告管理委員會前以原告區分所有權人積欠社區管理費爲由，訴請原告給付管理費，經法院民事判決勝訴確定，被告持該執行名義向法院聲請執行原告之存款。原告嗣後依據社區規約之內容，確有溢繳管理費，其以溢繳管理費之債權主張抵銷，提起本件債務人異議之訴，請求撤銷對原告強制執行程序，而給付管理費事之民事確定判決不得執行。準此，本實例探討重點，在於提起債務人異議之訴之要件、社區規約之解釋與效力及抵銷之要件、方法、效力。

貳、理由分析

一、本件主要爭點

原告雖主張被告持執行名義，向法院聲請執行原告於銀行之存款債權，經法院核發執行命令在案。因被告向原告逾收4萬元管理費，原告主張溢收款項與其積欠被告之管理費，互爲抵銷，故被告不得聲請執行原告之財產云云。準

此,兩造之爭執,在於被告對於原告是否有溢收管理費之事實?倘原告有溢繳管理費之情事,其始得向被告主張抵銷積欠之管理費,此為執行名義之請求權及執行力消滅之原因事實,事涉原告提起本件債務人異議之訴,是否有理由?是法院首應審究原告是否有溢繳管理費?倘確有溢繳管理費,繼而探討原告是否得對積欠之管理費,對被告主張互相抵銷?最後判斷系爭執行名義之請求權及執行力之消滅原因事實,是否已成立?

二、被告持執行名義執行原告之財產

原告主張被告以法院給付管理費事件之民事確定判決為執行名義,聲請扣押原告在銀行之存款債權,經法院強制執行受理,並核發執行命令在案等事實。業具原告提出民事判決書與執行命令等件為證。復為被告所不爭執者,經法院調閱執行卷宗,查明屬實。職是,原告主張被告持民事確定判決,聲請法院執行原告所積欠之5萬元管理費與其法定遲延利息等事實,堪信為真實。

三、提起債務人異議之訴之要件

執行名義成立後,如有消滅或妨礙債權人請求之事由發生,債務人得於強制執行程序終結前,向執行法院對債權人提起異議之訴;如以裁判為執行名義時,其為異議原因之事實發生在前訴訟言詞辯論終結後者,亦得主張之(強制執行法第14條第1項)。所謂有消滅債權人請求之事由,係指足以使執行名義之請求權及執行力消滅之原因事實[7]。例如,清償、提存、抵銷、免除、混同、債權讓與、債務承擔、解除條件成就及和解契約成立等情形[8]。抵銷固使雙方債務溯及最初得為抵銷時消滅,惟雙方互負得為抵銷之債務,並非當然發生抵銷之效力,必一方對於他方為抵銷之意思表示而後雙方之債務乃歸消滅,此觀民法第335條第1項規定自明。故給付之訴之被告對於原告有得為抵銷之債權,而在言詞辯論終結前未主張抵銷,迨其敗訴判決確定後表示抵銷之意思者,其消滅債權人請求之事由,即屬發生在該訴訟言詞辯論終結之後,依強制執行法第14條規定,自得提起債務人異議之訴[9]。職是,債務人雖未於前訴訟言詞辯論終結前主張抵銷,其仍得於敗訴判決確定後,表示抵銷之意思者,作為消滅債權人請求之事由,據此提起債務人異議之訴。

---

7 林洲富,實用強制執行法精義,五南圖書出版股份有限公司,2024年6月,18版1刷,頁122至123。
8 最高法院94年度臺上字第671號判決。
9 最高法院99年台上字第90號判決。

四、社區規約之效力

當事人主張有利於己之事實者，就其事實有舉證之責任（民事訴訟法第277條本文）。原告雖主張依據被告2009年10月11日訂定之規約，該規約有溯及既往，故被告自2001年間起至2008年底止，向原告逾收5萬元管理費，原告主張該溢收款項與其積欠被告之管理費，互為抵銷云云。惟被告抗辯稱該規約僅對於積欠之管理費有溯及既往之效力，是其未溢收管理費等語。準此，法院自應探究系爭規約所溯及既往之效力範圍，是否僅限於積欠管理費部分，有無包含溢收管理費之退還。

（一）區分所有權人應遵守社區規約

區分所有權人負有繳交管理費之義務。區分所有權人應依照區分所有權人會議決議之規定繳交公共基金與管理費（公寓大廈管理條例第10條）。原告為社區之區分所有權人，其有依據系爭規約之約定繳交管理費之義務。社區規約規定，倘因積欠、尚未繳清或未依規約繳交及收費標準者，必須追繳至完全繳清止，以示公平，修訂時亦同。

（二）社區規約之解釋

參諸社區規約規定，管理委員會對2009年10月11日以前積欠、尚未繳清或未依收費標準繳交管理費之住戶，有追繳之權限，是規約之溯及效力，僅限於積欠管理費部分，未包含溢繳管理費之退還。社區規約文字內容已表示區分所有權人會議決議之真意，自不得任由區分所有權人曲解規約之內容。社區規約係原告所屬社區經區分所有權人會議以多數決方式通過實施，倘社區之住戶對該規約內容有不同看法，在依相同之決議程序修正通過前，仍應受系爭規約內容之拘束。倘社區規約之溯及效力，有包含溢繳管理費之退還，自應明定之。

五、抵銷之效力

所謂抵銷者，係二人互負債務而給付之種類相同，並已屆清償期，使相互間所負對等額之債務，溯及最初得為抵銷時，同歸消滅之一方之意思表示（民法第334條第1項、第335條第1項）。原告雖主張其自2001年間起至2008年底止，每月每坪繳交60元之管理費等語，被告亦不爭執。然社區規約未規定，住戶於2009年10月11日以前所繳交之管理費，逾每坪每月50元者，應予退還。是原告對於被告自無請求溯及退還每月每坪10元債權之權利可言。故原告主張被告自2001年間起至2008年底止，每月每坪向原告逾收10元，被告有溢繳4萬元之

管理費云云，顯與事實不符。

參、結論

被告持法院給付管理費事件之民事確定判決為執行名義，聲請扣押原告在銀行之存款債權，經法院強制執行在案，原告雖對強制執行事件提起債務人異議之訴，然原告並無溢繳管理費之情事，故原告對於被告並無債權存在，自無從主張抵銷其所積欠之系爭管理費，是依原告主張之事由，並無法消滅債權人即被告請求權之行使，依強制執行法第14條第1項規定，原告提起本件債務人異議之訴，為無理由，應予駁回。

肆、相關案例

執行名義無確定判決同一之效力者，於執行名義成立前，倘有債權不成立或消滅或妨礙債權人請求之事由發生，債務人固得依強制執行第14條第2項規定，其於強制執行程序終結前提起異議之訴。惟債務人異議之訴之目的在於排除執行名義之執行力，而抵押權人於其抵押債權未受全部清償前，依民法第873條規定，應得就抵押物之全部行使權利，倘抵押權所擔保之債權經一部清償而一部消滅，抵押權仍為擔保其餘之債權而存在。準此，其為執行名義之拍賣抵押物裁定之執行力並未因而喪失，抵押人縱使爭執抵押債權金額已部分清償，然亦無從以異議之訴排除該拍賣抵押物之部分執行程序[10]。

案例45 債務人異議之訴——罹於時效

原告主張被告執法院債權憑證聲請強制執行，法院為此核發扣押命令禁止原告收取對第三人之存款債權或為其他處分，第三人亦不得對原告清償，並執行原告有價證券、存款債權及薪資債權。因被告所持之執行名義業已罹於時效，原告得拒絕給付，並依強制執行法第14條第1項規定提起債務人異議之訴等語。被告抗辯稱其已撤回強制執行，強制執行程序已終結云云。

關鍵詞　異議權、形成訴訟、罹於時效、執行終結、補充法律之陳述

10　最高法院102年度台上字第543號民事判決。

壹、探討議題

　　被告持罹於時效之執行名義，向法院聲請執行原告之財產，原告以有消滅被告請求之事由發生，於強制執行終結前，向法院提起債務人異議之訴。職是，本實例探討之重點，在於訴之追加、補充法律陳述之範圍、債務人異議之訴之性質、提起債務人異議之訴之要件、強制執行終結之認定及提起債務人異議之訴之管轄法院。

貳、理由分析

一、程序事項

（一）債務人異議之訴為形成訴訟

　　不變更訴訟標的，而補充或更正事實上或法律上之陳述者，非為訴之變更或追加（民事訴訟法第256條）。職是，債務人異議之訴為形成訴訟，債務人對於執行名義所示之請求權，倘具有實體法上之異議事由時，即發生屬於訴訟法上形成權性質之異議權，基於此種異議權，得排除執行名義之執行力。準此，債務人異議之訴，係以程序法上之異議權為訴訟標的，請求宣告不許基於執行名義為強制執行，以排除執行名義執行力之形成訴訟。其既判力僅及於異議權存否之爭執，對於發生異議事由之原因法律關係之存否，並不及之。是債務人即使於異議之訴敗訴確定後，仍得以同一事由提起返還不當得利之訴訟。原告於本件訴訟繫屬中追加訴之聲明，法院自應審究該追加之訴是否合法。

（二）補充法律之陳述

　　原告之訴之聲明請求法院給付票款強制執行事件，所為之強制執行程序應予撤銷。原告嗣於言詞辯論期日，提出民事準備書狀追加聲明請求被告不得以法院給付票款民事裁定及法院債權憑證對原告聲請強制執行。法院參諸原告民事起訴狀與民事準備書狀所載之請求權基礎、法律陳述及事實陳述，認為原告乃對系爭執行名義所示之請求權，主張有罹於時效之抗辯權，故有實體法之異議事由存在，自應排除執行名義之執行力。原告所謂前後之聲明均基於系爭執行名義所示請求權已罹於時效，其屬同一事實，其目的均在排除執行名義之執行力，係同一形成訴訟之訴訟標的，自無訴之追加可言，其性質僅屬補充法律之陳述。後追加聲明係禁止被告不得持執行名義對原告執行，其範圍涵蓋起訴聲明之撤銷執行程序。職是，原告追加聲明為補充法律之陳述，應予准許。倘

被告係將前聲明擴張為後聲明，其應屬擴張應受判決事項之聲明（民事訴訟法第255條第1項第3款），其無庸被告同意。

二、實體事項

執行名義成立後，如有消滅或妨礙債權人請求之事由發生，債務人得於強制執行程序終結前，向執行法院對債權人提起異議之訴（強制執行法第14條第1項前段）。所謂消滅債權人請求之事由，係指足以使執行名義之請求權及執行力消滅之原因事實。例如，清償、提存、抵銷、免除、混合、債權之讓與、債務之承擔、解除條件之成就、和解契約之成立及消滅時效。所謂妨礙債權人請求之事由，係指依執行名義所命之給付，罹於不能行使之障礙而言[11]。債務人提起債務人異議之訴之要件有二：（一）執行名義成立後，有消滅或妨礙債權人請求之事由發生；（二）債務人應於強制執行程序終結前提起本訴。職是，法院自應探討原告提起債務人異議之訴，是否符合要件。

（一）核發債權憑證

債務人無財產可供強制執行，或雖有財產經強制執行後所得之數額仍不足清償債務時，執行法院應命債權人於1個月內查報債務人財產。債權人到期不為報告或查報無財產者，應發給憑證，交債權人收執，載明俟發見有財產時，再予強制執行（強制執行法第27條第1項）。原告主張被告持原告簽發之本票，向法院聲請本票裁定准予強制執行，經法院本票裁定准予強制執行與核發確定證明書在案，經強制執行後，因尚有債權未完全清償，法院為此核發債權憑證等事實。被告並不爭執，經法院調閱給付票款事件卷宗，查明屬實。準此，被告持本票裁定向法院聲請執行原告之財產，因不足清償，法院為此核發債權憑證。

（二）有消滅被告請求之事由發生

票據之權利，對本票發票人，自到期日起算3年間不行使，因時效而消滅。時效中斷者，自中斷之事由終止時，重行起算。時效消滅後，債務人得拒絕給付（票據法第22條第1項；民法第137條第1項、第144條第1項）。是時效完成後，倘債權人依原執行名義或債權憑證聲請法院再行強制執行時，自不生中斷時效或中斷事由終止重行起算時效之問題，債務人得對之提起債務人異議之

11　最高法院69年度台上字第654號、94年度台上字第671號民事判決。

訴，以排除該執行名義之執行[12]。原告主張被告前持本票裁定向法院聲請強制執行，經法院核發債權憑證後，被告逾3年後始持執行名義向本院聲請再行強制執行原告之財產等事實。經法院調閱給付票款事件卷宗，審核為眞正。準此，被告前持本票裁定向法院聲請強制執行，經法院核發債權憑證後，該債權請求權之時效中斷，重新起算3年，被告逾3年後，始持執行名義向法院聲請再行強制執行原告之財產，顯然系爭執行名義之債權請求權已罹於時效，原告得拒絕給付。因執行名義所載債權請求權已罹於時效，其屬執行名義成立後，有消滅被告請求之事由發生，原告得據此異議原因事實，對被告提起債務人異議之訴，以排除系爭執行名義之執行。

（三）強制執行終結前

　　債務人提起債務人異議之訴，僅於強制執行終結前起訴即符合訴訟要件，縱使債權人於起訴後撤回強制執行，亦不影響提起債務人異議之訴之訴訟要件。否則債權人持有消滅債權人請求事由之執行名義，迭經聲請法院對債務人執行，嗣債務人提起債務人異議之訴後，債權人再行撤回強制執行之程序，倘將其視爲強制執行程序終結，逕行駁回原告之訴，除滋生無益之訴訟程序外，對債務人之保護亦有未周全處，故基於紛爭解決一回性之目的，債權人於起訴後撤回強制執行，不影響債務人異議之訴之合法要件。被告前持系爭執行名義向法院聲請強制執行原告之財產，原告爲此提起債務人異議之訴，被告嗣後撤回強制執行之聲請。準此，原告提起本件訴訟時，強制執行程序尚未終結，原告起訴符合訴訟要件，縱使債權人於起訴後撤回強制執行聲請，亦無礙原告提起本訴之合法要件。

參、結論

　　強制執行法第14條所定債務人異議之訴，係以排除執行名義之執行力為目的，故提起此訴訟之原告，得請求判決宣告不許就執行名義爲強制執行，以排除該執行名義之執行力，使債權人無從依執行名義聲請爲強制執行。是債權人已就債務人之財產聲請強制執行，則債務人請求撤銷該強制執行程序，以排除其強制執行。因原告僅請求撤銷該強制執行程序，而未請求他造就執行名義不得爲強制執行，其訴之聲明或有不明瞭或不完足之處，法院應依法行使闡明

12　最高法院89年度台上字第1623號民事判決。

權，命其敘明或補充之，以資明確[13]。準此，債務人提起債務人異議之訴，除請求本院判決宣告不許就執行名義為強制執行外，亦請求撤銷強制執行程序，前者訴之聲明包含後者之訴之聲明。因執行名義所載債權請求權已罹於時效，其有消滅被告請求之事由發生，原告以時效消滅抗辯為由，其於強制執行終結前提起本訴，請求判決被告不得持執行名義對原告聲請強制執行，為有理由。

肆、相關案例

一、債務人異議之訴之管轄法院

甲以智慧財產及商業法院和解筆錄作為強制執行之執行名義，向福建省金門地方法院聲請執行債務人乙之責任財產，嗣經福建金門地方法院函金門縣地政局，對乙所有之不動產為查封登記，乙以其未違反和解筆錄情事，執行法院不能僅憑甲單方主張，逕認乙違反和解筆錄，故提起債務人異議之訴，起訴請求撤銷福建金門地方法院強制執行程序，試問應由何法院管轄？

（一）專屬管轄

得提起債務人異議之訴之原告，係執行名義效力所及之債務人，並以執行名義所載之執行債權人或其繼受人為被告。申言之，強制執行法第14條第1項前段明文規定提起債務人異議之訴，應向執行法院為之，明定此類事件應由執行法院管轄。雖未以法文明定專屬管轄，亦屬專屬管轄之性質轄。

（二）執行法院

執行名義成立後，倘有消或妨礙債權人請求之事由發生，債務人得於強制執行程序終結前，向執行法院對債權人提起異議之訴（強制執行法第14條第1項前段）。甲以和解筆錄作為執行名義，向福建金門地方法院聲請強制執行，嗣經福建金門地方法院函金門縣地政局，對債務人乙所有之不動產為查封登記，乙為此提起債務人異議之訴，依強制執行法第14條第1項規定提起債務人異議之訴，應專屬於執行法院即福建金門地方法院管轄本件訴訟[14]。

二、智慧財產及商業法院之專屬管轄

其他依法律規定或經司法院指定由智慧財產及商業法院管轄之案件，屬

13　最高法院87年度台上字第1578號民事判決。
14　林洲富，實用強制執行法精義，五南圖書出版股份有限公司，2024年6月，18版1刷，頁119。

智慧財產及商業法院管轄之第一審案件（智慧財產及商業法院組織法第3條第4款；智慧財產案件審理第9條第1項本文）。故司法院，指定由智慧財產及商業法院管轄不當行使智慧財產權所生損害賠償爭議之民事事件[15]。原告起訴主張被告不當行使專利權致生損害賠償爭議，智慧財產及商業法院有管轄權。而關於智慧財產及商業法院組織法第3條規定管轄之民事事件，採列舉方式，係由智慧財產及商業法院專屬管轄之規範[16]。

第三節　分配表異議之訴

案例46　執行債權人提起分配表異議之訴

　　原告主張被告甲將不動產出賣予原告，前經法院確定民事判決認定被告甲應將不動產移轉登記予原告，法院判決後，甲所有不動產與車輛均遭債權人聲請拍賣，並經拍定在案，原告於拍定前聲請假扣押執行。被告乙及丙參與分配，被告乙為第二順位最高限額抵押權新臺幣（下同）500萬元，其擔保金額僅20萬元。而被告甲與丙間並無本票債權存在，原告依法聲明異議，經被告為反對之表示，法院亦未將拍賣車輛所得款項分配予原告。原告為此提起分配表異議之訴云云。被告甲抗辯稱其向被告乙借款2,000萬元，並提供不動產設定抵押權作為擔保，第三人有代被告甲清償500萬元，被告甲尚積欠被告乙借款逾500萬元。被告甲與丙間有債權債務關係等語。被告乙抗辯稱第三人雖代被告甲清償500萬元，惟被告甲積欠被告乙之款項，仍逾500萬元，因雙方就不動產設定最高限額抵押權500萬元，故不動產拍賣所得價金在500萬元內有優先受償權等語。被告丙抗辯稱其向預售方式向被告甲購買不動產，並交付面額500萬元之支票作為定金，因被告甲雙重買賣，導致發生違損害，故被告甲簽發本票作為返還定金之用途，是被告丙之本票票款500萬元，自得列入分配等語。

關鍵詞　分配、異議、反對之陳述、起訴之要件、當事人進行主義

15　司法院2008年4月24日院臺廳行一字第0970009021號令。
16　智慧財產案件審理法第9條、第47條。

壹、探討議題

　　甲將不動產出賣予原告，因甲所有不動產與車輛遭法院拍定在案，原告聲請假扣押不動產，抵押權人乙及本票執票人丙參與分配，原告主張乙優先擔保金額僅餘20萬元，而甲與丙間並無本票債權存在，法院亦未將拍賣車輛所得款項分配予原告，原告為此提起分配表異議之訴。職是，本實例探討之重點，在於提起參與分配之要件與時期、分配表異議之訴之要件、最高限額抵押權擔保之範圍及執行之標的物。

貳、理由分析

一、分配表異議之訴要件

　　債權人或債務人對於分配表所載各債權人之債權或分配金額有不同意者，應於分配期日1日前，向執行法院提出書狀聲明異議，其應記載異議人所認原分配表之不當及應如何變更之聲明。異議未終結者，為異議之債權人或債務人，得向執行法院對為反對陳述之債權人或債務人提起分配表異議之訴。聲明異議人應於分配期日起10日內向執行法院為起訴之證明者，經證明者，該債權應受分配之金額，應行提存（強制執行法第39條、第41條第1項前段、第3項）。兩造主要爭執如後：（一）兩造是否為本件清償債務執行事件之當事人？（二）原告、被告乙及丙參與分配之時期為何？（三）原告提起分配表異議之訴是否符合強制執行法規定之程序？（四）被告乙優先受償之債權範圍為何？（五）被告甲與丙間是否有本票債權存在？（六）原告之債權是否可分配拍賣車輛之款項。

（一）兩造為強制執行事件之當事人

　　有執行名義之債權人聲明參與分配時，應提出該執行名義之證明文件。依法對於執行標的物有擔保物權或優先受償權之債權人，不問其債權已否屆清償期，應提出其權利證明文件，聲明參與分配（強制執行法第34條第1項、第2項）。職是，有執行名義或依法對於執行標的物有擔保物權之債權人，始具備參與分配之資格。

1. 清償債務執行事件

　　原告主張被告甲將不動產出售予原告，經法院判決被告甲應將不動產移轉登記予原告。而不動產遭債權人聲請執行，經法院清償債務執行事件拍定在案，原告於拍定前聲請假扣押執行，被告乙、丙聲明參與分配等事實。業具法

院調閱清償債務執行事件卷宗、給付票款事件執行卷宗及假扣押保全程序卷宗，查明屬實。

2. 被告甲為執行債務人

　　被告甲為強制執行事件執行債務人而原告為假扣押債權人，其假扣押債權為500萬元，並聲請執行假扣押與參與分配，係有執行名義之債權人；被告乙為第二順位抵押權人，其聲明參與分配之抵押債權為500萬元，其對不動產有擔保物權；被告丙持法院准許本票強制執行事件裁定聲明參與分配，其聲明參與分配之債權為500萬元本票票款，屬有執行名義之債權人。準此，原告、被告乙及丙有聲明參與分配被告甲所有不動產拍賣所得價金之資格。

（二）原告、被告乙及丙參與分配之時期

　　他債權人參與分配者，應於標的物拍賣、變賣終結或依法交債權人承受之日1日前，其不經拍賣或變賣者，應於當次分配表作成之日1日前，以書狀聲明之（強制執行法第32條第1項）。被告乙為不動產抵押權人，依據強制執行法第34條第2項規定，係採強制分配主義，不受參與分配基準時之限制。不動產經法院拍定在案。原告、被告丙均於不動產拍賣前1日以書狀聲明分配。準此，被告乙為擔保物權人較普通債權人具有優先受償之權利，原告與被告丙為普通債權人，應按債權比例，平均受償。

（三）原告提起分配異議之訴

　　債權人或債務人對於分配表所載各債權人之債權或分配金額有不同意者，應於分配期日1日前，向執行法院提出書狀聲明異議，其應記載異議人所認原分配表之不當及應如何變更之聲明。執行法院就有反對更正分配表陳述者，應通知聲明異議人。異議未終結者，為異議之債權人或債務人，得於法定期間內向法院對為反對陳述之債權人或債務人提起分配表異議之訴。聲明異議人應於分配期日起10日內向執行法院證明，已提起分配表異議之訴，經證明提起分配表異議之訴者，該債權應受分配之金額，應行提存（強制執行法第39條、第40條之1第2項、第41條第1項本文、第3項）。職是，原告提起分配表異議之訴，應符合提起異議期間與方式、異議之通知、反對之陳述、起訴之期間等規定。

1. 原告聲明異議與起訴

　　本件強制執行事件定期實行分配，原告為此提起民事聲明異議狀，就分配表記載之被告乙、丙之債權，原告所分配金額均不同意，法院將原告之異議各通知被告乙與丙，被告乙與丙分別具狀為反對之陳述，經法院發函通知原告，

原告向法院提起本件分配表異議之訴等事實。業具法院調閱清償債務事件執行卷宗，查明屬實。

2. 符合起訴之要件

因原告提起本件分配表異議之訴，符合強制執行法第39條、第40條之1第2項、第41條第1項本文及第3項規定之提起異議期間與方式、異議之通知、其他債權人反對之陳述、起訴之期間等要件。法院繼而依序審究被告乙優先受償之債權範圍為何？被告丙之本票債權是否得列入分配？原告聲明分配債權是否及於分配表之拍賣標的物？

（四）被告乙優先受償之債權範圍為500萬元

原告雖主張第三人為被告甲清償500萬元予被告乙，故剩餘之擔保金額僅有20萬元云云。惟被告乙抗辯稱被告甲向其借款2,000萬元，第三人雖代被告甲清償500萬元，然其債務尚逾500萬元，故不動產設定最高限額500萬元為抵押權擔保效力所及等語。職是，法院自應探究共同抵押權之性質與最高限額抵押權擔保之效力，以判斷被告乙得主張優先受償之範圍。

1. 被告乙為第二順位最高限額抵押權人

被告乙主張被告甲向其借款2,000萬元，被告乙以匯款方式匯入被告甲之銀行帳戶，被告甲有簽發支票為憑，並以不動產設定最高設額押權500萬元，擔保被告甲之債務等事實。此有土地登記第二類謄本、匯款單據、支票暨退票理由單及土地建築改良物抵押權設定契約書，附卷可證。職是，被告甲提供不動產為被告乙設定第二順位最高限額抵押權500萬元，以擔保被告甲向被告乙借款2,000萬元。

2. 最高限額抵押權擔保之範圍

最高限額抵押權者，係指債務人或第三人提供其不動產為擔保，就債權人對債務人一定範圍內之不特定債權，在最高限額內設定之抵押權（民法第881條之1第1項）。最高限額抵押物之標的物，經第三人之聲請強制執行而查封者，自最高限額抵押權人知悉該事實後，最高限額抵押權所擔保之債權即告確定。最高限額抵押權係對於債權人一定範圍內之不特定債權，預定一最高限額，由債務人或第三人提供抵押物予以擔保之特殊抵押權。而最高限額抵押權所擔保之債權，除訂約時已發生之債權外，將來發生之債權，在約定限額之範圍內，均為抵押權效力所及[17]。被告甲向被告乙借款2,000萬元，扣除第三人清償500萬

17　最高法院87年度台上字第440號、86年度台上第3114號、91年度台上第814號民事判決。

元部分，其積欠債務尚逾500萬元。

3. 抵押權之效力

抵押權之效力，及於抵押物之從物與從權利。第三人於抵押權設定前，就從物取得之權利，不受前項規定之影響。以建築物為抵押者，其附加於該建築物而不具獨立性之部分，亦為抵押權效力所及（民法第862條第1項、第2項、第3項本文）。是所有人於原有建築物之外另行增建者，倘增建部分與原有建築物無任何可資區別之標識存在，而與之作為一體使用者，因不具構造及使用之獨立性，自不得獨立為物權之客體，原有建築物所有權範圍因而擴張，以原有建築物為擔保之抵押權範圍亦因而擴張。法院分配表所載未保存登記之增建物，為不動產設定抵押權後，抵押人於主建物再行擴建或增建之建物，其不具獨立性，應為原抵押權效力所及，抵押權人有優先受償之權利。

4. 被告乙有優先受償權

被告甲積欠被告乙之債務，雖有部分清償，然其債務仍逾500萬元，故不動產為被告乙所設定第二順位最高限額抵押權500萬元，被告乙就被告甲之債權於此擔保範圍，就不動產拍賣所得價金，自有優先受償權，其次序優先於僅有普通債權之原告。準此，法院製作分配表，有關第二順位抵押權人乙所分配之金額，自無更正之必要，原告請求更正被告乙應分配之金額云云，為無理由。

（五）被告丙之本票債權應列入分配

原告雖主張被告甲與丙間並無本票債權存在云云。惟被告丙抗辯稱其向被告甲以預售方式買受不動產，並交付面額500萬元之支票作為定金之用，因未移轉所有權，故被告甲簽發本票作為返還定金之用途等語。職是，法院自應審究被告丙對於被告甲有無500萬元之本票債權存在，以判斷被告丙之本票債權應否列入分配之基準。

1. 被告甲簽發本票退還定金

被告丙抗辯稱其向被告甲以預售方式買受不動產，有交付面額500萬元之支票作為訂金之用，支票經被告甲提示兌現，因無法移轉所有權，故被告甲簽發本票作為返還定金之用等事實。業具被告丙提出土地預定買賣契約書、房屋預定買賣契約書及支票等件為證。此與被告甲之抗辯相符。法院函銀行查詢被告丙所簽發支票之提示人為何人？經銀行函覆可知，被告丙所簽發支票，業經被告甲提示兌現。而法院審視被告丙簽發支票之發票日，其與被告丙抗辯所稱其買賣不動產之日期相近。準此，被告丙以交付支票作為買賣系爭不動產之定金

給付,足堪為憑。

2. 被告甲與丙有買賣關係

被告丙前因不動產之買賣,對被告甲提出詐欺告訴,經檢察官為不起訴處分,認定被告甲與丙間係單純民事債務履行糾紛,並經達成和解,故作成不起訴處分。被告甲與丙就民事賠償部分,經法院損害賠償事件調解成立等事實。業經法院調閱檢察署詐欺案件偵查卷宗、法院損害賠償事件卷宗、民事紀錄科查詢表、全國一般前案記錄查詢表,查明屬實。足見被告丙前因不動產之買賣關係,進而與被告甲發生民事爭紛與刑事告訴,自無臨訟再行製作買賣契約之情事。

3. 被告丙為普通債權人

被告丙以預售之方式向被告甲買受系爭不動產,並交付面額500萬元之支票作為訂金之用,經提示兌現,因被告甲無法履行買賣契約,故渠等簽發同面額之本票作為返還定金之用途,是本票之原因事實為買賣契約之定金返還。被告丙持本票向法院聲請准許本票強制執行事件裁定,並持該執行名義聲明參與分配,其聲明參與分配之債權為500萬元本票票款,經法院製作分配表,故法院分配予債權人丙之金額,應屬正確。

二、原告聲明分配債權不及拍賣車輛所得金額

強制執行法係採當事人進行主義,強制執行應依聲請而開始(強制執行法第5條第2項)。債權人聲請強制執行之書狀有記載執行之標的物,僅能就有記載之執行標的物參與分配,對於未記載之執行標的物,自不能同受分配[18]。原告雖主張其於書狀載明參與分配與執行事件,因債務人之財產為債權之總擔保,本件執行事件所載之全部執行標的均屬債權人參與分配之範圍云云。

(一)執行之標的物

經審理法官向執行處調閱假扣押保全程序卷宗,依據卷附之民事假扣押執行與參與分配狀記載可知,原告明確表示其執行標的為不動產,並無車輛部分,亦未泛稱就被告甲所有財產加以執行。況原告於嗣後執行程序,未曾追加執行車輛。是原告僅得就拍賣不動產所得價金參與分配,其參與分配之執行標的不及債務人所有車輛。

---

18 臺灣高等法院暨所屬法院94年法律座談會民事執行類提案第8號之研討結果。

（二）當事人進行主義

原告僅聲明其就不動產為執行標的，基於當事人進行主義之涵義，法院自不得任意擴張原告聲請執行之標的，否則將損及其他債權人之權益，是法院執行處未將原告聲明分配債權，列入車輛拍賣所得金額之分配表，洵屬正當。原告遲至提起本件分配表異議之訴，始主張其執行標的應及於車輛或債務人之其他財產云云，為無理由。

參、結論

兩造為清償債務執行事件之當事人，被告乙優先受償之債權範圍為500萬元，被告丙之本票債權確實存在，應列入分配，原告參與分配狀僅記載就不動產為執行標的，其參與分配之執行標的不及分配表所載之債務人其他財產。準此，原告依據強制執行法第41條規定提起本件分配表異議之訴，聲明分配表其中有關債權人乙之債權500萬元，其於逾20萬元部分；債權人丙之債權500萬元，金額均應予剔除，不列入分配，並將債權人乙與丙分配數額，改分配與原告云云。即無理由，應予駁回。

肆、相關案例

異議未終結者，為異議之債權人或債務人，得向執行法院對為反對陳述之債權人或債務人提起分配表異議之訴。聲明異議人未於分配期日起10日內向執行法院為前2項起訴之證明者，視為撤回其異議之聲明（強制執行法第41條第1項前段、第3項）。職是，避免執行及訴訟程序之拖延，聲明異議人應於10日內為起訴之證明，注重在向執行法院為證明，是異議人未於10日內提起者，而10日為法定不變期間，經遲誤即發生失權之效果，自無補正之問題，異議復不存在，執行法院應依原定分配表實行分配，受訴法院應以其訴為不合法，裁定駁回之[19]。

---

19 最高法院100年度台抗字第867號民事判決。

第八章

特別民事事件

第一節　勞資爭議事件

案例47 調職命令

　　原告主張被告公司與A公司為同一事業單位，是服務年資須合併計算。被告未經原告同意，以市場緊縮與業務需要為由，擅自公告將原告調往大陸地區上班，對原告有重大不利之影響，嚴重違反兩造間之勞動契約，原告依勞動基準法第14條第1項第6款向被告為終止勞動契約之意思表示，兩造間勞動契約業經合法終止，原告自得依勞動基準法第14條第4項準用第17條規定，請求被告給付資遣費。而被告於2005年7月1日勞工退休新制施行後，迄勞動契約終止時，均自原告工資扣留雇主應提撥之6%退休金而短發工資，且未給原告特別休假，亦未給付特別休假未休之工資，原告有權請求短付工資與未休之工資等語。被告抗辯稱其與A公司不屬同一事業，減薪6%經全體員工同意，非規避勞工退休金條例關於雇主強制提撥之規定。而被告每年舉辦員工國外旅遊作為特別休假替代方案。被告調動原告工作地點確因業務需要，未違反勞動契約或勞工法令，亦未損害原告權益，原告不得請求資遣費云云。

關鍵詞 工資、退休金、資遣費、同一雇主、勞動契約

壹、探討議題

　　被告未經原告同意，逕行發布調職命令，將原告調動至大陸地區任職，原告以被告違反兩造間之勞動契約，向被告為終止契約之意思表示，並請求被告給付資遣費與短付之工資。職是，本實例探討重點，在於勞工年資之計算、合法調職之要件、勞工不經預告終止勞動契約之事由、勞工退休金提繳率、平均工資之計算及資遣費之計算。

貳、理由分析

一、整理與協議簡化爭點

（一）不爭執事項

　　受命法官爲闡明訴訟關係，得整理並協議簡化爭點（民事訴訟法第270條之1第1項第3款）。法院於言詞辯論期日，依據兩造主張之事實與證據，經簡化爭點協議，作爲本件訴訟中攻擊與防禦之範圍。而兩造不爭執之事實，將成爲判決之基礎。兩造不爭執之事項如後：1.被告與A公司之營業處所爲同一處，負責人均相同，所營事業均爲鞋類批發及國際貿易；2.原告於2001年5月3日受僱於A公司擔任備料工作，2006年9月1日改由被告僱用，原告之工作處所、工作內容、薪資等條件均無變更；3.被告於2007年7月9日公告自2007年8月15日起將原告調往大陸地區；4.原告於2007年8月14日以郵局存證信函向被告爲終止勞動契約之意思表示，並於2007年8月16日送達被告；5.被告未發離職證明書予原告；6.原告有簽訂提撥工資6%之退休金之同意書。

（二）爭執事項

　　兩造爭執之事項如後：1.原告主張原告任職於A公司及被告之年資應併計，依勞動基準法第57條規定，自應併計年資。被告抗辯A公司與被告形式上係兩家公司，非屬同一事業，不得併計年資；2.原告主張被告將原告調動至大陸地區上班違反勞動契約及勞工法令，原告依勞動基準法第14條第1項第6款終止契約，並請求給付資遣費。縱認被告得將原告調職，亦不得有權利濫用或違反誠信原則之情形。被告抗辯依據內政部函釋見解認定，其調動原告至大陸地區並無違反勞動契約，原告不得因此終止勞動契約請求給付資遣費；3.原告主張被告爲因應2005年7月1日施行之勞工退休金條例，強制雇主應爲勞工提撥工資6%之退休金，故被告要求簽訂同意書，原告簽訂同意書並非同意減薪，被告爲規避其提撥退休金之強制義務要求原告簽署，此同意書違反勞工退休金條例之強制規定，應屬無效，被告每月自原告工資扣留6%作爲其負擔提撥之退休金，自屬違法而有短發工資之情形，原告自得依勞動基準法第14條第1項第5款終止契約並請求資遣費。被告抗辯原告簽署同意書係同意減薪，並非被告規避強制提撥之規定，其並無短發薪資；4.原告主張被告未給予特別休假之事實，國外旅遊不屬於特別休假之範圍。被告抗辯其公司國外旅遊替代特別休假；5.原告主張原告平均工資爲新臺幣（下同）30,423元。被告抗辯稱原告之平均工資不應包含減薪、加班費及誤餐費。

二、同一雇主之工作年資併計

　　所謂雇主者，係僱用勞工之事業主、事業經營之負責人或代表事業主處理有關勞工事務之人。勞工工作年資以服務同一事業者爲限。但受同一雇主調動之工作年資，應依第20條規定，由新雇主繼續予以承認之年資，應予併計（勞動基準法第2條第2款、第57條）。當事人之爭執，在於A公司與被告是否爲同一事業，其涉及原告年資是否應合併計算。

（一）勞動基準法第57條本文

　　原告主張被告登記之經營事業爲布疋、衣著、鞋、帽、傘、服飾品批發業及國際貿易業，核准設立日期1991年1月18日。A公司登記經營事業爲一般進出口貿易業務及代理國內外廠商產品之報價投標，核准設立日期1996年3月18日。兩公司之代表人與營業處所登記均爲相同等事實。有原告提出之經濟部公司基本查詢單爲證。並爲被告所不爭執，堪信爲眞實。形式以觀，兩公司之設立日期與登記經營事業項目，均不相同，係屬兩公司，具有不同法人格，自不屬同一事業，不符合勞動基準法第57條本文，有關年資合併計算之規定。

（二）勞動基準法第57條但書

　　事業經營之負責人爲勞動基準法第2條第2款所規範之雇主，其爲執行雇主功能之自然人。是勞動基準法第57條但書規定，受同一雇主調動之情形，除同一事業或同一法人之調動外，解釋應包含同一負責人之不同公司內之調動。蓋勞工進入同一負責人之某公司工作時，而被調至同一負責人之其他公司工作時，通常係原公司發命令所致，故得認定受同一雇主調動，勞工之前後年資應予以合併計算。原告主張被告與A公司之營業處所與負責人均爲相同，兩公司所經營之事業均屬鞋類批發及國際貿易。原告自2001年5月3日受僱於A公司擔任備料工作，2006年9月1日改由被告僱用，其工作處所、工作內容及薪資等條件均無變更等事實。此有原告提出之勞工保險被保險人投保資料表可證，復爲兩造所不爭執，堪信爲眞實。準此，原告前後受僱於A公司與被告，兩公司之負責人均爲同一人，且工作處所、工作內容及薪資等條件其勞動條件均屬相同，足見原告爲受同一雇主調動之情形，依據勞動基準法第57條但書前段規定，原告年資應予合併計算。

三、工作場所及事項

　　勞動契約應約定工作場所及應從事之工作有關事項（勞動基準法施行細則

第7條第1款）。簽訂勞動契約後，倘資方因業務需要而變動勞方之工作場所及工作有關事項時，除勞動契約已有約定，從其約定外，資方應遵守誠信原則，否則應由勞資雙方商議決定，即經勞方同意為之[1]。兩造之爭執，在於被告將原告調動至大陸地區上班，是否違反勞動契約或勞工法令？被告有無權利濫用或違反誠信原則？因資方違法將勞方調職，勞方得不經預告終止勞動契約，並請求發給資遣費，是法院應審究調職命令是否合法。

（一）調職原則

　　所謂企業內調，係指同一企業內，長期地變更勞工之職務內容、職務種類或工作地點而言。所謂出差者，係基於業務之需要，臨時性、短期性地指派勞工至同一企業內之其他部門支援，或者指派至企業外工作，其勞工之身分、職種未發生改變。足見企業內調與出差不同。企業內調之發生之原因，除勞工主動請調外，通常有基於調昇者，或者利用調職手段來懲罰、報復及打擊勞工，甚至藉此逼迫勞工自行辭職。因勞動契約關係有繼續性，在契約存續期間，企業基於經營之需要，可調職之必要性。雇主調動勞工工作，不得違反勞動契約之約定，並應符合下列原則：1.基於企業經營上所必須，且不得有不當動機及目的。但法律另有規定者，從其規定；2.對勞工之工資及其他勞動條件，未作不利之變更；3.調動後工作為勞工體能及技術可勝任；4.調動工作地點過遠，雇主應予以必要之協助；5.考量勞工及其家庭之生活（勞動基準法第10條之1）。

（二）調職命令

　　原告主張被告於2007年7月9日未經原告同意，逕行公告自2007年8月15日起將原告調往大陸地區辦公室等事實。業具原告提出被告公告可證。復為被告所不爭執，是原告主張被告所為之調職命令未經原告同意，堪信為真實。準此，被告將原告遠調至大陸地區，係長期變更原告之工作地點，應屬企業內之調動。兩造間之勞動契約，未明定勞動給付之地點，亦未徵得原告之同意，法院自應依據勞動基準法第10條之1規定，作為判斷調職命令之合法性。

1. 基於企業經營之必需

(1) 鞋廠家數及外移家數

　　因雇主調動勞工工作，常伴諸多原因，適用本原則應具體化，以防止雇主假調職之名，行逼迫勞工離職之實。被告抗辯稱臺灣鞋廠屬夕陽工業，被告

1　最高法院77年度台上字第1868號、86年度台上字第2354號、91年度台上字第511號民事判決。

基於市場緊縮與業務需要，必須將鞋廠移至大陸地區云云。並提出經濟日報與臺灣商會聯合資訊網等件為憑。職是，法院自應審究遷廠是否為被告經營企業必然手段。法院為此向經濟部函查臺灣地區自2002年起至2007年止，鞋廠家數及外移家數等相關資料。依據經濟部函覆可知，臺灣鞋廠自2002年起至2007年間之外移家數，2002、2003、2004、2006年度各有3家、7家、34家及5家，計49家，調職命令所為之年度，即2007年度並無鞋廠商外移之紀錄，臺灣地區於2007年度仍有1,120家鞋廠等事實，有經濟部函與其附件，在卷可稽。衡諸常理，經濟部為掌管我國經濟之主管機關，其函覆法院有關臺灣地區之鞋廠家數與其外移家數，係正式之政府公文，其資料來源來自財團法人鞋類暨運動休閒科技研發中心與臺灣區製鞋同業公會等鞋業相關機構，自有相當之可信度。職是，在臺灣地區尚有上千家鞋廠從事鞋業製造，是遷廠至大陸地區，雖有降低製造成本之利基，然非鞋業經營者之必然選項。

(2) 被告於臺灣地區經營狀況正常

　　參諸被告提出之員工薪資報表，可知原告於受僱期間，除每月均領取數千元不等之加班費外，亦有領有紅利正常薪資外，可多獲加班費與紅利等收入。足見被告於臺灣地區經營狀況正常或良好。況被告並未向經濟部申請停業，以結束原告之原工作場所，此有經濟部公司基本查詢單為證。既然原工作場所尚在營運，益徵被告調動原告至大陸地區工作，非企業經營所必需之因素。至於被告抗辯稱其至大陸設廠，倘原告未至新廠任職，將導致被告另行支出訓練與設備之成本等情況，並提出原告之平均工資表、租賃合同、開發部與樣品室人員名冊、工資表、國外客戶明細表、名片、結算申報書與損益表等件為憑。然縱使被告所陳非虛，惟原告為企業經營者，其經營鞋業項目已逾10年，應深知企業經營有一定之風險與成本，其欲至大陸設廠，自應計算成本與效益，並自負風險，不得令非股東之原告承擔另行設廠之成本。

2. 有無違反勞動契約

　　雇主因勞動契約之締結，取得對勞工勞動力之概括處分權，雇主基於概括處分權得以決定勞工之工作場所及工作內容，而調職命令係雇主之決定，其法之性質為形成行為。勞資雙方對工作場所與工作內容，有明示或默示之合意，成為勞動契約之具體內容，調職命令應得到勞工之同意，否則調職命令對勞工無拘束力。兩造間之勞動契約，雖未明定勞動給付之地點，然原告受僱之工作地點，均在臺灣地區，足認兩造間就工作場所已有默示合意存在，自不許被告單方將原告調職。質言之，工作場所及變更應由勞資雙方協議，被告僅能在不

違反勞資雙方協議之工作地點，始能將被告調職，因兩造就工作場所已有合意，自不許被告無視勞動契約之合意而將原告調職至大陸地區。

3. 勞工薪資及其他勞動條件是否不利

原告遭調職後，參諸被告所提出調往大陸地區之樣品室方案，其中薪資提高30%，免費提供伙食與住宿，每年至少2次返臺，往返機票費用由被告全額負擔，此有被告公告可證，原告就此並不爭執。職是，被告於調動原告之際，在薪資、日常住宿、伙食及返臺機票等方面，均有考量原告之利益，其對原告之原有工作條件，顯無影響或不利變更。

4. 體能及技術所是否勝任

原告在臺灣地區從事備料與針車之工作，因大陸地區缺少相關技術人員，故被告將原告調職至大陸地區工作，原告除從事備料與針車之工作外，亦教導當地員工學習備料與針車之相關技術，此有被告公告與被告遷至大陸地區說明可證。準此，調動原告至大陸地區工作，其工作內容大致相同，原告之體能及技術自所可勝任之。

5. 工作地點是否過遠

被告於調動原告之際，雖在薪資及日常住宿及伙食方面，均有考量原告之利益。然臺灣地區至大陸地區，須搭機往返。對原告而言，其工作地點遠逾原工作地點。原告為有家庭之中年婦女，且定居臺灣地區，此為原告提出之戶籍謄本為證。倘原告長期在大陸工作，勢必影響其家庭生活，縱使被告在經濟有多項補助，亦無法有效消除調職而嚴重破壞原告家庭生活與人際關係之衝擊，顯非原告至被告處工作所能預期或接受者。準此，調動原告至大陸地區工作，無法期待原告接受調動命令。

（三）權利濫用

所謂僱傭者，謂當事人約定，一方於一定或不定之期限內為他方服勞務，他方給付報酬之契約（民法第482條）。勞動契約之基本型態屬民法之僱傭契約，此為民法有關勞務給付關係之性質。勞動契約固具有從屬性、繼續性，勞方負有工作之義務，然勞動契約乃民法僱傭契約之社會化，雇主基於權利濫用禁止原則或誠信原則之制約，不得恣意地任意調動勞工。法院在具體事件審查雇主之調動命令，自得依據權利濫用禁止原則或誠信原則，以認定雇主之調職命令合法與否。被告將原告調動至遠離家庭所在地之臺灣地區，使原告與家人相隔兩地，其調動之工作地遠逾一般人所能忍受之範圍，每年雖有2次往返機票費用之補助，畢竟與家人聚少離多，以原告所得薪資待遇未逾4萬元，顯然難以

弭補天倫之樂。是縱使原告有多項之經濟協助，然被告之協助，實無法消除調動工作地點之影響或無甚大幫助。被告基於經濟上強者與事業經營者之身分，認為至大陸地區設廠，具有減少經營成本之利基，其未經原告同意之情況下，單方公告難以期待原告可接受之調職命令，被告仍堅持調動原告，形同強迫原告離職，導致相對弱勢之原告必須承擔重大不利益之結果，職是，被告所為之調職命令，為權利濫用或違反誠實信用原則。

（四）調職命令無效

　　兩造間之勞動契約，未明定勞動給付之地點，被告所為之調職命令未徵得原告之同意，經法院斟酌勞動基準法第10條之規定，調職命令雖符合對勞工薪資及其他勞動條件，未作不利之變更，且調動後工作與原有工作性質為其體能及技術所可勝任。然不符合企業經營所必需之原則、違反勞動契約、調動工作地點過遠與被告之協助不足。況調職命令亦有權利濫用或違反誠實信用原則之情事。準此，被告所為之調職命令應屬無效，原告自不受無效調職之拘束。

四、勞工不經預告終止勞動契約

　　雇主違反勞動契約或勞工法令，致有損害勞工權益之虞者，勞工得不經預告終止契約。勞工依據前開規定終止契約者，應自知悉其情形之日起，30日內為之（勞動基準法第14條第1項第6款、第2項）。原告主張被告未經原告同意，擅自變更工作地點，對原告有重大不利影響，顯然已違反兩造間之勞動契約及勞工法令，致有損害原告權益，原告依勞動基準法第14條第1項第6款向被告為終止勞動契約之意思表示等語。職是，法院自應審究原告是否有權終止系爭勞動契約。

（一）視同自認

　　當事人對於他造主張之事實，於言詞辯論時不爭執者，視同自認。但因他項陳述可認為爭執者，不在此限（民事訴訟法第280條第1項）。被告違反勞動契約與勞工法令發布調動命令，調職命令無效，導致損害原告就勞動契約之權利，原告自得於知悉被告發布調職命令後30日內，不經預告而終止勞動契約，此30日為除斥期間，期限經過，即喪失終止權，不得再行終止勞動契約。因被告發布調職命令，係以公告方式為之，倘未再另行各別通知受調動之原告，原告未必知悉該調動命令，是被告抗辯原告已知悉公告起30日內未終止勞動契約，喪失終止契約權，自應舉證以實其說。反之，原告雖於公告起30日後，始終止勞動契約，惟被告未抗辯原告已逾30日期間，自得認為被告不爭執勞動契

約已終止之事實，應視同自認。

（二）原告合法終止勞動契約

　　原告於2007年8月14日以郵局存證信函，向被告為終止勞動契約之意思表示，並於2007年8月16日送達被告。有原告提出之公告、存證信函及其回執為證。復為被告所不爭執，堪信為真實。原告終止勞動契約之存證信函係2007年8月16日送達被告，自2007年7月9日公告調動命令日起，雖已逾30日，然被告未爭執原告知悉調動命令已逾30日，始終止勞動契約。故被告就原告已合法終止勞動契約之事實，應視同自認。準此，原告已合法終止勞動契約。

五、勞工退休金提繳率

　　為增進勞工退休生活保障，加強勞雇關係，促進社會及經濟發展，特制定本條例。雇主每月負擔之勞工退休金提繳率，不得低於勞工每月工資6%。工資應全額直接給付勞工。但法令另有規定或勞雇雙方另有約定者，不在此限。雇主不依勞動契約給付工作報酬，勞工得不經預告終止契約（勞工退休金條例第1條第1項、第14條第1項；勞動基準法第22條第2項、第14條第1項第5款）。原告主張被告未將原告應領之工資全額給付，而違法扣留提撥部分作為雇主應負擔提繳之退休金。原告自得請求被告給付違法扣留提撥之工資等語。被告抗辯稱因鞋業環境不佳，全體員工經同意減薪云云。兩造之爭執，在於原告每月減少工資6%之性質為何？係原告同意減薪或被告將提繳退休金，內含於原告之工資。

（一）迴避提繳作退休金之強制規定

　　被告雖抗辯稱原告為共體時艱，同意每月減少工資6%，並有簽署同意書云云，並提出同意書為憑。然法院參諸原告提出之勞工保險被保險人投保資料表，可知原告簽署同意書前在A公司之投保薪資為27,600元，簽署後之投保薪資反而增為31,800元。既然被告抗辯稱其營運不佳，原告必須減薪協助被告共度困境云云。何以原告簽署同意書後，原告反而有增加投保薪資情事。顯然被告要求原告簽署同意書，其目的在於迴避自2005年7月1日起施行之勞工退休金條例，被告應提繳原告每月6%之工資充作退休金之強制規定。

（二）原告未同意減薪

　　參諸原告減薪部分與時間，均與勞工退休新制實行之時間、金額比率相同，均為自2005年7月1日起施行，而薪資比例均為6%。法院審酌原告提出之薪

資明細單可知，薪資明細表之應支金額欄有記載提撥退休金。衡諸常理，倘被告同意減薪，該等款項係原告應扣除之薪資，自應列入薪資明細表之應扣金額欄，不應明列於應支金額欄，作為應支付原告薪資之部分。職是，被告要求原告簽署之同意書，其目的係將勞工退休新制雇主應提撥6%退休金，改由原告負擔，顯非約定同意減薪。

（三）勞工退休金提繳率之強制規定

依據勞工退休金條例第1條第1項、第14條第1項及勞動基準法第22條第2項、第14條第1項第5款等規定，雇主每月負擔之勞工退休金提繳率，不得低於勞工每月工資6%。此規定係要求雇主須於勞雇雙方原議定發給之工資以外，另行為勞工提繳不低於每月工資6%之個人專戶退休金，不得將雇主應提繳之數額，內含於勞雇雙方原本已議定之工資。倘雇主如將提繳之退休金，內含於原議定之工資，屬違反工資應全額直接給付給勞工之規定，除將造成工資不完全給付勞工之情事，勞得不經預告終止契約外，亦違反雇主應負擔勞工退休金提繳率之強制規定，導致減薪或內含於薪資之約定當然無效，是勞方自不受該無效約定。準此，被告要求原告簽署之同意書，其目的係將勞工退休新制雇主應提撥6%退休金，改由原告負擔，縱使兩造達成減薪協議，然減薪約定違反被告應提撥退休金之強制規範，應屬無效，原告自不受拘束，自得請求被告給付短付之薪資。法院參諸原告提出之薪資明細單，可知被告每月自原告工資中扣留提撥1,656元，期間達1年，被告短付原告之工資計19,872元。

六、平均工資之計算

所謂工資者，係指勞工因工作而獲得之報酬；包括工資、薪金及按計時、計日、計月、計件以現金或實物等方式給付之獎金、津貼及其他任何名義之經常性給與均屬之。平均工資者，係指計算事由發生之當日前6個月內所得工資總額，除以期間之總日數所得之金額。工作未滿6個月者，以工作期間所得工資總額，除以工作期間之總日數所得之金額。工資按工作日數、時數或論件計算者，其依上述方式計算之平均工資，倘少於該期內工資總額除以實際工作日數所得金額60%，以60%計算平均工資。雇主延長勞工工作時間者，其延長工作時間之工資依下列標準加給之：（一）延長工作時間在2小時以內者，按平日每小時工資額加給1/3以上；（二）再延長工作時間在2小時以內者，按平日每小時工資額加給2/3以上；（三）依第32條第3項規定，延長工作時間者，按平日每小時工資額加倍發給之（勞動基準法第2條第3款、第4款、第24條）。當事人之

爭執，在於誤餐費與加班費是否列入工資之計算？因工資範圍涉及平均工資之數額，平均工資為計算資遣費、退休金或特別休假未休之工資等基準，職是，法院應審究誤餐費與加班費，是否得列入工資之範圍。

（一）工資之類型

工資分為四種類型：1.工資；2.薪金；3.按計時、計日、計月、計件以現金或實物等方式給付之獎金、津貼；4.其他任何名義之經常性給與。職是，並非全部工資之類型，均應具備經常性給付之要件始可。加班費者，係指雇主延長勞工工作時間時，依其延長之工時給付工資。係勞工於正常工作期間以外，延長工作時間而自雇主獲得之對價，其計算標準以平日每小時工資額為基準，其性質為工資。基於勞動或僱傭契約之性質。工資係勞工或受僱人因工作所得之報酬，乃勞動之對價。準此，勞工或受僱人係受雇主之僱用而從事工作獲致工資者，僅要勞工或受僱人因提供勞務而由雇主所獲得之對價，均得視為工資之一部。縱使非經常性給付，倘為勞工因工作而獲得之報酬，即屬勞動基準法所稱之工資。原告所領取之加班費，係超時工作所領取之報酬，其與提供勞動有對價關係，自屬工資之一部。而被告發給原告之加班費為每小時100元，倘加班超過2小時，則再加發100元之誤餐費，其逾2小時之加班費，仍按每小時100元計算。準此，被告發給之誤餐費，實際屬加班費補貼之性質，其為原告工作而獲得之對價，自應列入工資計算。簡言之，原告受雇於被告，其提供勞務而自被告處取得誤餐費與加班費，具有提供勞務之對價關係，自應列入工資之範圍。

（二）非經常性給與項目

勞動基準法雖未細列工資之項目，惟其施行細則第10條有列舉排除經常性給與之項目。依據勞動基準法施行細則第10條規定，非屬經常性給與項目如後：1.紅利；2.獎金，其指年終獎金、競賽獎金、研究發明獎金、特殊功績獎金、久任獎金、節約燃料物料獎金及其他非經常性獎金；3.春節、端午節、中秋節給與之節金；4.醫療補助費、勞工及其子女教育補助費；5.勞工直接受自顧客之服務費；6.婚喪喜慶由雇主致送之賀禮、慰問金或奠儀等；7.職業災害補償費；8.勞工保險及雇主以勞工為被保險人加入商業保險支付之保險費；9.差旅費、差旅津貼及交際費；10.工作服、作業用品及其代金；11.其他經中央主管機關會同中央目的事業主管機關指定者。退步言，縱使工資必須具備經常性給與之要件。然勞動基準法施行細則第10條有明文規範非經常性給與項目，是解釋

經常性給與項目應採嚴格限縮解釋，不得任意作擴張解釋。誤餐費與加班費，均未明定於非經常性給與項目內，故不應採擴張解釋見解，而將誤餐費與加班費排除於工資範圍以外。

（三）月平均工資

勞動基準法第2條第4款規定，係指計算事由發生之當日前6個月內所得工資總額，除以該期間之總日數所得之金額。作為日平均工資之定義，而非月平均工資之定義。月平均工資，係指得出日平均工資後，以之乘以30，其所得為月平均工資。資遣費以月平均工資為計算單位，而特別休假未休之工資，則以日平均工資為計算單位。兩造同意之月平均工資，以2007年2月工資之2分之1，加計2007年3月至7月工資及8月1日起至15日之工資，其總和除以6。工資數額以被告提出之員工薪資報表記載為標準。因原告應得工資，除員工薪資報表所列之本薪部分外，應加列被告應負擔之6%工資之勞工退休金、加班費及誤餐費。查原告之2007年2月本薪加誤餐費及加班費之1/2為16,547元，3月至7月之本薪加誤餐費及加班費分別為28,194元、30,694元、32,294元、32,644元、25,444元，8月1日至15日之本薪加誤餐費及加班費為11,243元，計17萬7,060元，月平均工資為29,510元。因被告薪資表所列之本薪，係違法扣除依勞工退休金條例雇主應負擔之6%退休金即1,656元，該數額應列入工資計算。職是，月平均工資應為31,166元（計算式：29,510元＋1,656元），原告同意僅以30,423元計算。

七、特別休假

勞工在同一雇主或事業單位，繼續工作滿一定期間者，每年應依下列規定給予特別休假：（一）6個月以上1年未滿者，3日；（二）1年以上2年未滿者，7日；（三）2年以上3年未滿者10日；（四）3年以上5年未滿者14日；（五）5年以上10年未滿者15日；（六）10年以上者，每1年加給1日，加至30日為止。特別休假，工資應由雇主照給。特別休假因年度終結或終止契約而未休者，其應休未休之日數，雇主應發給工資（勞動基準法第38條、第39條；勞動基準法施行細則第24條第3款）。兩造之爭執，在於被告舉辦之國外旅遊是否等同特別休假。

（一）特別休假日期之排定

特別休假日期應由勞雇雙方協商排定之（勞動基準法施行細則第24條第2項）。特別休假者，係指雇主或事業對於工作達一定年限之勞工所給予之特別

恩惠，俾於勞工得以1年中有額外之休息，其係保障勞工身心與再生產勞動力之人性化制度。是如何排定特別休假，原則應由勞資雙方協定之。是雇主不得僅憑單方之需求，任意變更勞工之選擇，否則有失特別休假之目的。證人雖有證述被告全額補助原告國外旅遊經費，故國外旅遊有取代特別休假云云。然證人之證詞，僅能說明被告有提供原告國外旅遊之福利，實無法證明原告有同意以國外旅遊有取代特別休假之事實。職是，被告縱使有為原告舉辦國外旅遊，僅得認為該旅遊係屬恩惠性、勉勵性之員工福利，並非特別休假。準此，被告未依據勞動基準法第38條與勞動基準法施行細則第24條第3款規定，給予原告特別休假之權利，故原告有權依據勞動基準法第39條與其施行細則第24條第3項規定，請求被告以日平均工資計算給付未給付之特別休假工資。

（二）依日平均工資給付特別休假工資

原告自2001年5月3日受僱於A公司，自2006年9月1日改由被告僱用，兩者年資併計。被告於2006年、2007年度各應給予15日之特別休假而未給予，其自得請求特別休假未休之工資。其月平均工資為30,423元，折算日平均工資為1,014元（計算式：30,423元÷30日）。職是，原告得請求被告給付30,420元（計算式：1,014元×30日）特別休假之工資。

八、給付資遣費

雇主依前條終止勞動契約者，應依下列規定發給勞工資遣費：（一）在同一雇主之事業單位繼續工作，每滿1年發給相當於1個月平均工資之資遣費；（二）依前款計算之剩餘月數，或工作未滿1年者，以比例計給之。未滿1個月者以1個月計。同法第17條雇主發給資遣費之規定，於勞工終止勞動契約時準用之（勞動基準法第17條、第14條第4項）。再者，勞工適用本條例之退休金制度者，適用本條例後之工作年資，其於勞動契約依勞動基準法第11條、第13條但書、第14條及第20條或職業災害勞工保護法第23條、第24條規定終止時，其資遣費由雇主按其工作年資，每滿1年發給1/2個月之平均工資，未滿1年者，以比例計給；最高以發給6個月平均工資為限，不適用勞動基準法第17條規定（勞工退休金條例第12條第1項）。職是，勞動基準法第17條與勞工退休金條例第12條規定之資遣費計算標準，兩者不同，是法院計算資遣費時，自應探討當事人應適用何種規範計算資遣費。原告依據勞動基準法第14條第1項第6款規定，合法終止勞動契約在案，並請求資遣費，法院自應審究原告之請求權基礎與其請求數額，是否有理由。

（一）給付資遣費之法律適用

　　為增進勞工退休生活保障，加強勞雇關係，促進社會及經濟發展，特制定本條例。勞工退休金事項，優先適用本條例。本條例未規定者，適用其他法律之規定。本條例施行前已適用勞動基準法之勞工，其於本條例施行後仍服務於同一事業單位者，得選擇繼續適用勞動基準法之退休金規定（勞工退休金條例第1條、第8條第1項本文）。勞工退休金條例新制自2005年7月1日正式實施，就資遣費之計算標準，勞工退休金條例第12條為勞動基準法第17條之特別規定，就相同之事項者，應自優先適用，無規定者，始適用勞動基準法第17條規範。再者，於勞工退休金條例施行前已適用勞動基準法之勞工，其於同一事業者於本條例施行後，有權選擇繼續適用勞動基準法之退休金規定或適用勞工退休金條例之退休金規定。職是，2005年6月30日之前，應依據勞動基準法第17條規定計算資遣費，2005年7月1日之後，應視勞工之選擇，適用退休金條例第12條或勞動基準法第17條規定計算資遣費。

（二）勞工之選擇權

　　原告自2001年5月3日受僱於A公司擔任備料工作，嗣於2006年9月1日由被告僱用，兩者年資應併計，迄2007年8月16日終止勞動契約。原告自2005年7月1日起選擇適用勞工退休新制。故其適用勞工退休新制前之年資為4年1月又27日，應以4年2個月計算，而適用勞工退休新制後之年資為2年1月又15日，應以2年2個月計算。職是，原告得請求之資遣費為5又1/4個月之平均工資（計算方式：舊制4又2/12＋新制2又2/12×1/2＝5又1/4）。原告之月平均工資以30,423元計算，原告得請求之資遣費計15萬9,720元（計算方式：30,423元×5又1/4＝15萬9,720元）。

九、服務證明書

　　勞動契約終止時，勞工請求發給服務證明書，雇主或其代理人不得拒絕。雇主不核發服務證明書，應處2,000元以上2萬元以下罰鍰（勞動基準法第19條、第79條第1項第1款）。職是，勞動契約終止後，勞工有請求發給服務證明書之權利，雇主有核發服務證明書之義務，雇主違反此義務而拒不發給，應負債務不履行之責任，勞工得請求損害賠償，並訴請強制執行。再者，雇主核發服務證明書之義務，係屬強制規定，違反者可處以罰鍰。被告所為之調職命令，違反勞動契約或勞工法令，致有損害原告權益之虞者，原告基於勞動基準法第14條第1項第6款終止勞動契約。是原告顯非自願離職，原告請求被告發給

基於勞動基準法第14條第1項第6款之離職原因之服務證明書，為有理由。至於服務證明書之內容為何，勞動基準法無明文規定，參酌工廠法第35條第2項規定之工作證明書之內容，認為其內容應記載：（一）原告之姓名、性別、年齡、籍貫及住址；（二）工作種類與性質；（三）工作年資；（四）工資數額；（五）工作成績；（六）原告在被告處擔任之職務。

參、結論

原告終止勞動契約後，被告負有給付未付工資與核發服務證明書等義務。原告請求被告給付210,012元（計算式：短付工資19,872元＋特別休假工資30,420元＋資遣費15萬9,720元）及自起訴狀繕本送達之翌日起至清償日止，按年息5%計算之利息。被告應出具載明離職原因為勞動基準法第14條第1項第6款之服務證明書與原告，為有理由，應予准許。因原告請求被告給付之金額，未逾50萬元，法院得依職權宣告假執行。

肆、相關案例

一、雇主提繳退休金之義務

雇主應為適用勞工退休金條例之勞工，按月提繳退休金，儲存於保險局設立之勞工退休金個人專戶。雇主每月負擔之勞工退休金提繳率，不得低於勞工每月工資6%（勞工退休金條例第6條第1項、第14條第1項）。依同條例第31條第1項規定，雇主未依該條例之規定按月提繳或足額提繳勞工退休金，致勞工受有損害者，勞工得向雇主請求損害賠償。該專戶內之本金及累積收益屬勞工所有，僅於未符合同條例第24條第1項所定請領退休金規定之前，不得領取。是雇主未依該條例之規定，按月提繳或足額提繳勞工退休金者，將減損勞工退休金專戶之本金及累積收益，勞工之財產受有損害，自得依該條例第31條第1項規定請求損害賠償；而於勞工尚不得請領退休金之情形，亦得請求雇主將未提繳或未足額提繳之金額繳納至其退休金專戶，以回復原狀[2]。

二、派遣事業與派遣勞工為不定期勞動契約

勞動基準法第9條所稱之不定期勞動契約所需具備之繼續性工作，係指勞工所擔任之工作，就該事業單位之業務性質與營運而言，具有持續性之需要者，

---

2 最高法院101年度台上字第1602號民事判決。

並非僅有臨時性、短期性、季節性之一時性需要或基於特定目的始有需要。換言之，工作是否具有**繼續**性，應以勞工實際從事工作之內容及性質，對於雇主事業單位是否具有持續性之需要而定，亦與雇主過去持續不間斷進行之業務有關，且此人力需求非屬突發或暫時者，工作具有**繼續**性。所謂勞動派遣，係指派遣事業單位指派所僱用之勞工至要派單位，接受要派單位指揮監督管理，提供勞務之行為。職是，派遣事業單位與派遣勞工間，應為不定期勞動契約[3]。

案例 48 給付工資與資遣費

　　原告主張其自2006年7月1日起受僱於被告擔任麵包、蛋糕等食品之製作工作職務，2006年7月至10月之月資均為新臺幣（下同）5萬元。被告於2006年11月間要求原告及其他員工簽訂無底薪制度，並停止支付2006年11月份工資。原告於無法獲得應有工資之情事，乃於同年12月16日起非自願性離職，並寄發存證信函為終止勞動契約之意思表示。被告之無底薪制度違反勞動基準法第21條第1項之強制規定，依法無效，被告拒不給付2006年11月1日起至同年12月15日之薪資，違反勞動基準法第14條第1項第6款規定，導致原告於2006年12月16日起非自願性離職。是原告自得請求被告給付上開期間薪資及資遣費等語。被告抗辯稱原告認為被告違反勞動基準法第14條第1項第6款所定事由，其終止契約，依同條第2項規定，應自知悉時起30日內為之。原告自2006年12月16日起自行離開工作場所，並無書面或口頭申請，迄被告於2007年1月下旬收受本件訴訟之通知書，已逾2個月期間，是原告終止勞動契約之時期逾法定30日之除斥期間。況被告在原告無故離職3日後，即於2006年12月19日以曠職為由，而記兩大過予以免職，是原告未合法終止勞動契約，自不得請求資遣費。被告曾於2006年11月2日邀集所有員工召開管理會議，會中協議將來公司由所有員工共同經營，且自負損益，資方完全退出，原告有簽訂無底薪制度，兩造自應受拘束。被告未依勞動基準法第11條或第13條規定解僱原告，原告係自願離職，自不符勞動基準法第16條所定請求預告期間工資之要件云云。

關鍵詞 年資、資遣費、基本工資、終止契約、自願性離職

3　最高法院104年度台上字第420號民事判決。

壹、探討議題

原告受僱於被告，被告以無底薪制度為由，拒絕給付薪資予原告，原告以被告違反勞動契約，致有損害其權益，終止勞動契約者，並依據勞動基準法與勞工退休金條例之相關規定，請求被告給付積欠之工資與資遣費。職是，本實例探討之重點，在於基本工資之保障、勞工預告終止勞動契約之事由及資遣費之計算標準。

貳、理由分析

一、整理與協議簡化爭點

受命法官為闡明訴訟關係，得整理並協議簡化爭點（民事訴訟法第270條之1第1項第3款）。法院於言詞辯論期日，依據兩造主張之事實與證據，經簡化爭點協議，作為本件訴訟中攻擊與防禦之範圍。法院於言詞辯論期日，依據兩造主張之事實與證據，經簡化爭點協議，作為本件訴訟中攻擊與防禦之範圍。兩造不爭執之事實有三：（一）原告自2006年7月1日起至2006年12月15日止，受僱於被告而擔任麵包、蛋糕等食品之製作工作職務；（二）原告2006年7月至10月之月資均為5萬元；（三）被告於2006年11月間要求原告及其他員工簽訂無底薪制度契約，並於同年月2日召開管理會議，被告並停止支付2006年11月份工資予原告。此不爭執之事實，將成為判決之基礎。再者，兩造爭執之事項有二：（一）兩造簽訂之無底薪制度契約，有無違反勞動基準法第21條第1項之強制規定，此涉及被告是否有給付薪資之義務；（二）原告依據勞動基準法第14條第1項第6款規定，終止兩造間之勞動契約有無逾30日之除斥期間，此關乎原告有無請求資遣費之權利。

二、基本工資之保障

勞動基準法規定勞動條件最低標準之目的，係為保障勞工權益，加強勞雇關係，促進社會與經濟發展，雇主與勞工所訂勞動條件，不得低於本法所定之最低標準。工資由勞雇雙方議定之，但不得低於基本工資。而工資額度之議定、調整、計算及給付之日期與方法，原則須由勞雇雙方合意定之（勞動基準法第1條、第21條第1項；勞動基準法施行細則第7條第3款）。職是，除勞動條件必須經勞雇雙方合意為之，始得合法成立外，勞雇雙方於勞動契約存續期間，所合意調整後之勞工每月薪資所得不得低於基本工資，否則勢必違反不得

低於基本工資之強制規範，導致該約定當然無效，是勞方自不受該無效約定之拘束。職是，法院應審究兩造間簽訂之無底薪契約，有無違反勞動基準法第21條第1項之強制規定。

（一）無底薪制度無效

　　所謂無底薪制度者，係指被告之員工每月得領薪資額之數額，應視被告營運狀況而定之。倘被告之營運績效良好，經扣除必要成本及人事等費用之支出後，仍有盈餘者，即依盈餘多寡及分配比例，發給薪資予員工。反之，如營運績效不佳而未有獲利，員工則無任何薪資可資領取。職是，兩造間之無底薪制度契約，就工資調整之約定，顯然違反勞動基準法第21條第1項強制規定，自屬當然無效，原告自得依據原勞動契約向被告請求薪資。

（二）會議記錄非勞資間協議

　　被告於2006年11月2日召集所有員工召開管理會議之記錄報告事項內容，係被告要將公司交由員工經營，使員工成為股東，2006年11月份起之員工薪資，由員工自行努力，預計以6個月之期間實施，倘呈現虧損之狀況，再考慮結束營業等情。是本次開會目的，在於報告營業現況及日後之營運方向。自不得僅憑被告之單方報告，而推論在場出席之原告及其他員工，均同意自2006年11月份起成為股東，並自負盈虧之協議。準此，被告不得以管理會議記錄作為拒絕給付薪資予原告之論據。

三、勞工預告終止契約

　　雇主違反勞動契約或勞工法令，致有損害勞工權益之虞者，勞工終止契約者，應自知悉其情形之日起，30日內為之（勞動基準法第14條第1項第6款、第2項）。原告主張其於無法獲得應有工資之情事，乃於2006年12月16日起非自願離職，並寄發存證信函為終止勞動契約之意思表示等語。被告抗辯稱原告自2006年12月16日起自行離開工作場所，迄被告於2007年1月下旬收受本件訴訟之通知書，已逾終止勞動契約之30日除斥期間云云。職是，法院首應審究被告有無違反勞動契約或勞工法令，致損害原告權益之事由。倘確有損害原告權益之事由發生，繼而探討原告終止兩造間之勞動契約，有無逾30日之除斥期間。

（一）被告未依約給付薪資予原告

　　兩造間之無底薪制度契約，違反勞動基準法第21條第1項強制規定，自始當然無效。被告亦不得以管理會議記錄作為拒絕給付薪資之依據。準此，被告有

依據原勞動契約給付原告薪資之義務，被告應給付而未給付薪資予原告，其違反勞動契約之約定，導致有損害原告權益之事由發生，原告得終止兩造間之勞動契約。

（二）原告非自願性離職

被告應按月給付薪資，而其遲至2006年12月10日後，尚未發放11月份之薪資等事實，此為兩造所不爭執。原告於無薪資可領取之情況，故於同年12月20日發函要求上訴人依約給付2006年11月及12月之薪資，並通知其將另行至他處就業之意圖等情，此有存證信函附卷可稽。參諸存證信函之內容可知，原告係因被告不發放薪資，致原告必須另謀工作，否則將有斷炊之虞。故可推論原告於2006年12月16日離職，其屬非自願性離職，其嗣後於同年月20日發函通知終止兩造間之勞動契約，終止勞動契約之意思表示，期間未逾30日之法定除斥期間，是原告終止勞動契約，自屬合法。

四、雇主應依勞動契約給付薪資

依據勞動基準法第22條與23條規定意旨，雇主應依勞雇雙方所簽訂之勞動契約內容，依約給付薪資予勞工。被告對原告負有依原勞動契約關係給付薪資之義務。原告於2006年7月至10月之各月份所領得之薪資額，均為5萬元之事實，此為兩造所不爭執。是原告主張以每月薪資5萬元，作為被告每月應給付薪資之計算標準，堪稱合理。因原告自2006年11月1日起至被上訴人離職日即同年12月15日止之薪資，均未依約給付予被上訴人。準此，原告請求被告給付該期間之薪資，合計74,194元（計算式：5萬元×1月＋5萬元×15日/31日，元以下四捨五入）。

五、資遣費之計算

雇主違反勞動基準法第14條第1項第6款規定，即勞動契約或勞工法令，致有損害勞工權益之虞，勞工終止契約者，準用勞動基準法第17條規定計算資遣費。再者，勞工適用本條例之退休金制度者，適用本條例後之工作年資，其於勞動契約依勞動基準法第11條、第13條但書、第14條及第20條或職業災害勞工保護法第23條、第24條規定終止時，其資遣費由雇主按其工作年資，每滿1年發給1/2月之平均工資，未滿1年者，以比例計給；最高以發給6個月平均工資為限，不適用勞動基準法第17條規定（勞工退休金條例第12條）。因勞工退休金條例第12條與勞動基準法第17條規定之資遣費計算標準不同。職是，法院自應

討論原告應適用何種規範計算資遣費。

（一）勞工退休金條例第12條

勞工退休金條例新制係自2005年7月1日正式實施，而原告於2006年7月1日後，任職於被告處，就資遣費之計算標準，勞工退休金條例第12條為勞動基準法第17條之特別規定，就相同之事項者，應自優先適用，無規定者，始適用勞動基準法第17條之規範。準此，原告應適用勞工退休金條例第12條規定之資遣費計算基準，向被告請求資遣費。

（二）被告應按應給付資遣費

原告受僱於被告之工作期間，自2006年7月1日起至同年12月15日止，原告請求被告給付資遣費，其核給標準應適用勞工退休金條例第12條。原告任職於被告處，自2006年7月1日起至同年12月15日止，則其工作年資計為6個月（計算式：5月又15日，因未滿1個月，以1個月計算之規定，勞工退休金條例第12條未規定，得適用勞動基準法第17條第2款規定，故以6個月計算）。原告於離職前月平均工資為5萬元，故被告應按原告之工作年資，每滿1年發給1/2月之平均工資，原告於被告處工作未滿1年，即以比例計給。準此，原告得請求被告給付之資遣費為12,500元（計算式：5萬元×1/2×1/2＝12,500元）。

參、結論

原告主張被告拒絕給付工資，違反勞動契約致有損害其權益，並據以終止兩造間之勞動契約，其依據勞動契約、勞動基準法第14條第4項、第17條第2款及勞工退休金條例第12條規定，請求被告給付尚欠之薪資74,194元及資遣費12,500元，合計86,694元。被告雖抗辯原告無故離職3日後，被告以其曠職記兩大過予以免職，故原告無權請求資遣費云云。惟被告就有利於己之事實，未舉證以實其說（民事訴訟法第277條本文）。

肆、相關案例

工資由勞雇雙方議定之，其不得低於基本工資（勞動基準法第21條第1項）。而勞雇雙方於勞動契約成立之時，係基於平等之地位，勞工雖得依雇主所提出之勞動條件決定是否成立契約，然為顧及勞雇雙方整體利益及契約自由原則，勞工自始對於勞動條件表示同意而受僱，勞雇雙方於勞動契約成立時，即約定例假、國定假日及延長工時之工資給付方式，且所約定工資未低於基本

工資加計假日、延長工時工資之總額時，勞僱雙方自應受其拘束，勞方事後不得任意翻異，更行請求例、休假日之加班工資。故關於勞工應獲得之工資總額，原則上得依工作性質之不同，任由勞、僱雙方予以議定，僅所議定之工資數額不得低於行政院勞工部所核定之基本工資，此工資協議方式並不違背勞動基準法保障勞工權益之意旨，且符合公平合理待遇結構，雙方約定應依所議定之工資給付收受，不得於事後反於契約成立時之合意，主張更高之勞動條件，是勞動條件既未違反基本工資之規定，勞工自不得再行請求[4]。

案例49 確認私校聘任關係存在

　　原告主張其擔任被告學校專任講師，因原告遭人檢舉有性騷擾之情事，經被告性別平等教育委員會（下稱性平會）組成調查小組調查，認定原告有性騷擾行為。性平會除未向原告提示證物外，亦未賦予原告答辯機會，不符合程序之合法性，調查報告逕採非被害人與非直接目擊證人之證詞，作為認定原告有性騷擾之事實之依據，顯有明顯違法，被告以原告行為不檢而有損師道之事由，作為解聘之依據，自屬非法解聘，原告為此提起確認原告與被告間之聘任關係存在之訴云云。被告抗辯稱解聘事件為公法性質，原告不得向普通法院提起本訴，解聘事件具有行政處分之效力，並已確定，依其行政過程所確定之事實，原告不得再行爭執。而被告調查小組有告知原告權利，並賦予原告充分答辯說明之機會，被告教師評審委員會（下稱教評會）決議解聘原告，經送教育部核准解聘在案等語。

關鍵詞　性騷擾、屬人性、確認之訴、性別平等教育委員會、教師評審委員會

壹、探討議題

　　原告擔任被告學校專任講師，經被告性平會組成調查小組調查認定原告有性騷擾行為，進而據此解聘原告。原告主張被告非法解聘，為此提起確認聘任關係存在之訴。本實例探討之重點，在於提起確認之訴之要件、私立學校與其教師間之關係、性別平等教育委員會之調查程序、性騷擾之定義及性別平等教育委員會之屬性。

4　臺灣高等法院暨所屬法院99年法律座談會民事類提案第15號。

貳、理由分析

一、整理與協議簡化爭點

（一）不爭執事項

　　受命法官為闡明訴訟關係，得整理並協議簡化爭點（民事訴訟法第270條之1第1項第3款）。法院於言詞辯論期日，依據兩造主張之事實與證據，經簡化爭點協議，作為本件訴訟中攻擊與防禦之範圍。該等不爭執事實，將成為本院判決之基礎。兩造不爭執之事實有三：1.原告擔任被告專任講師；2.被告性平會所屬之調查小組負責調查本件性騷擾事件，調查小組之組織合法；3.因原告遭人檢舉有性騷擾之情事，經被告性平委員會調查與教評會決議，被告以教師法第14條第1項第6款之事由解聘原告，被告並函知教育部，教育部核准解聘案，被告有告知原告。

（二）爭執事項

　　兩造爭執之事項有四：1.被告依據教師法第14條第1項第6款將原告解聘，其法律關係為何？私法關係或公法關係；2.被告性平會調查小組調查程序是否合法？3.被告對學生是否有性騷擾之行為？4.原告未依性別平等教育法提起申覆或向教育部提起訴願等行政救濟，法院就本件性騷擾之事件，有無再為實質調查與審理之必要。

二、提起確認之訴之要件

　　確認法律關係之訴，非原告有即受確認判決之法律上利益者，不得提起之（民事訴訟法第247條第1項前段）。所謂即受確認判決之法律上利益，係指因法律關係之存否不明確，致原告在私法上之地位有受侵害之危險，而此項危險得以對於被告之確認判決除去之者而言，故確認法律關係成立或不成立之訴，具備前開要件，即得謂有即受確認判決之法律上利益[5]。準此，原告於普通法院提起確認權利存在或不存在之民事訴訟，其訴訟標的須為私法之法律關係，倘為公法上之法律關係，則必有特別規定，始得於普通法院提起確認之訴。兩造之爭執，在於被告依據教師法第14條第1項第6款之規定將原告解聘，其屬何法律關係。

5　最高法院42年度台上字第1031號、93年度台上字第467號民事判決。

（一）學校有權懲處教師之性騷擾行為

　　主管機關應督導考核所主管學校、社教機構或下級機關辦理性別平等教育相關工作，並提供必要之協助；其績效優良者，應給予獎勵，績效不良者，應予糾正並輔導改進。學校或主管機關處理校園性侵害或性騷擾事件，除依相關法律或法規規定通報外，並應將該事件交由所設之性平會調查處理。學校或主管機關於調查處理校園性侵害或性騷擾事件期間，得採取必要之處置，以保障當事人之受教權或工作權。校園性侵害或性騷擾事件經學校或主管機關調查屬實後，應依相關法律或法規規定自行或將加害人移送其他權責機關懲處。性平會調查完成後，應將調查報告及處理建議，以書面向其所屬學校或主管機關提出報告（性別平等教育法第11條、第21條、第23條、第25條第1項、第31條第2項）。準此，被告學校依據性別平等教育法所成立性平會，有權調查原告遭人檢舉之性騷擾事件，倘性平會調查校園性騷擾事件屬實者，性平會應將調查之書面報告交付予被告，被告據此依法懲處性騷擾之加害人，是被告有權懲處原告所為之性騷擾行為。

（二）私立學校聘任教師屬私法關係

　　本法於公立及已立案之私立學校編制內，按月支給待遇，並依法取得教師資格之專任教師適用之。教師聘任後，有行為不檢有損師道，經有關機關查證屬實者，應經教師評審委員會委員2/3以上出席及出席委員半數以上之決議解聘。學校應將解聘情形報請主管教育行政機關核准後，予以解聘（教師法第3條、第14條第1項第6款、第2項、第3項）。職是，私立學校性平會調查教師行為不檢有損師道屬實者，其經教師評審委員會委員2/3以上出席及出席委員半數以上之決議，得依據教師法第14條第1項第6款之規定解聘教師。因私立學校聘任教師之行為，其性質為私法關係，並非受委託行使公權力之範圍，不得視為行政機關所為之行政處分。

（三）私立學校解聘教師屬私法關係

　　私立學校解聘教師之行為，屬終止原私法契約之意思表示，其導致學校與教師間聘僱之私法關係終止，顯非公法上之法律關係。私立學校依據教師法第14條第1項第6款規定解聘教師，其屬解聘事由之一，當不至於使原私法關係驟變成性質迥異之公法關係。換言之，兩造間基於聘用關係所形成之法律關係為私法關係，被告之解聘行為，為私法上終止聘任契約之意思表示，並非行政處分，故被告解聘合法與否之爭議，屬於私法爭議，其與私立學校就性騷擾案件

進行調查與處理是否為受託行使公權力，兩者無涉。

（四）受確認判決之法律上利益

原告主張其遭申訴有性騷擾行為，經被告性平會調查小組調查後，由委員會會議裁決原告有構成校園性騷擾之行為，建議予以懲處，並經被告教評會據以作成解聘之決議，被告所為之解聘原告之決定，其基礎事實係依據被告性平會調查結果，認定原告有性騷擾行為，其行為不檢，顯有損師道等事實，業據原告提出被告函為證，復為兩造所不爭執，堪信為真實。被告為私立學校，其解聘原告之行為，屬終止私法契約性質。原告主張被告解聘行為，將使其擔任教師之法律上地位有不安狀態存在，兩造間之聘任關係屬私法關係，故原告有提起確認聘任關係存在之訴，以除去該不安狀態之法律利益存在，是原告提起本件確認聘任關係存在之訴，符合訴訟之合法要件。

（五）普通法院有權審理私立學校解聘教師事件

教師不願申訴或不服申訴、再申訴決定者，得按其性質依法提起訴訟或依訴願法或行政訴訟法或其他保障法律等有關規定，請求救濟（教師法第33條）。教師與學校間基於聘用契約所形成之法律關係為契約關係，倘學校為公立學校者，契約關係為公法關係；反之，學校係私立學校，契約則為私法關係。縱使法令賦予主管教育行政機關對學校與教師之契約關係發生、變更或消滅等行為，具有監督權限，主管教育行政機關依權限所作為之行政行為雖為行政處分，惟不影響學校與教師間之契約關係[6]。原告主張其因性騷擾事件，經被告以教師法第14條第1項第6款之事由解聘原告，被告函知教育部，教育部核准解聘案，被告告知原告核准解聘函等事實，業據原告提出被告函為證。被告解聘原告之私法行為，涉及教師法第14條第3項規定，主管教育行政機關就被告報請對原告之解聘之核准，其有使被告得對原告為解聘行為之效果，性質上為形成私法效果之行政處分，受解聘之原告固可對該核准處分提起行政爭訟。然原告對於被告解聘行為是否合法或有效與否，存有爭議時，仍應視被告為公立或私立學校而定其為公法爭議或私法爭議，分別循行政訴訟或民事訴訟途徑尋求救濟。被告為私立學校，原告對被告之解聘行為是否合法有所爭議，其屬於私法爭議，自應循民事訴訟途徑尋求救濟。

6　最高行政法院96年度裁字第1816號裁定。

三、性平會之調查程序

學校或主管機關調查處理校園性侵害或性騷擾事件時，應秉持客觀、公正、專業之原則，給予雙方當事人充分陳述意見及答辯之機會。但應避免重複詢問。當事人及檢舉人之姓名或其他足以辨識身分之資料，除有調查之必要或基於公共安全之考量者外，應予保密。性平會或調查小組依本法規定進行調查時，行為人、申請人及受邀協助調查之人或單位，應予配合，並提供相關資料（性別平等教育法第22條、第30條第4項）。原告主張其擔任被告應用外語系專任講師之事實，此有原告提出外僑居留證與聘書等件為證。復為被告不爭執，堪信為真實。兩造之爭執，在於被告性平會調查小組調查程序是否合法？因被告性平會調查小組之調查程序是否合法，涉及被告教評會依據調查小組調查報告，決議通過原告解聘是否合法。

（一）調查小組成員

學校接獲校園性騷擾之檢舉後，應交由所設之性平員會調查處理。學校性平會處理校園性騷擾事件時，得成立調查小組調查之（性別平等教育法第30條第1項、第2項）。被告性平會所屬之調查小組，負責調查本件性騷擾事件，調查小組之組織合法等事實，有被告提出性平會受理性騷擾申訴案件成立調查小組之成員名單、教育部校園性侵害或性騷擾事件調查專業素養人才庫及教育部性平會推薦名單等件，兩造均未爭執。職是，被告性平會調查小組合法組成，法院得參酌調查小組成員甲、乙及丙等證詞，作為該調查小組之調查程序，是否合法之依據。

1. 律師為調查小組人員

證人甲到庭結證稱：其為教育部校園性侵害與性騷擾事件之專業人士，職業為律師。證人確實有接受被告學校之聘任，從事本件性騷擾與性侵害事件之調查，性騷擾事件之調查小組成員，均為教育部校園性侵害與性騷擾調查專業人員資料庫之人員。調查小組進行性騷擾事件調查，分別詢問相關人員，包括原告、檢舉人及被害人等，均有全程錄音，並製作筆錄附卷。因性騷擾事件無直接目擊證人，所以必須交叉比被害人、檢舉人及原告等供述，始形成有無性騷擾事實成立之心證。調查小組有告知原告在調查程序終結前，隨時可書面補充意見，並提出有利證據，供本調查小組調查。調查結論係由全部調查小組開會表決決定，性騷擾事件由全體無異議通過等語。準此，調查小組進行性騷擾事件調查，有分別詢問相關人員，並有全程錄音與製作筆錄附卷。調查小組有

告知原告在調查程序終結前，隨時可以書面補充意見，並可提出有利證據，調查結論由全部調查小組開會表決通過。

2. 人事室組長為調查小組人員

證人乙到庭證稱：證人擔任被告人事室組長，其為教育部校園性侵害與性騷擾事件之專業人士，有參與本件校園性騷擾事件之調查，被告依校園性別平等教育法之規定組織調查小組，調查小組有個別詢問與約談相關證人，並作成筆錄，經當事人簽名。調查小組有詢問原告，並賦予原告答辯機會而有作成筆錄。調查小組有對證人與當事人之證詞、陳述作交叉比對。先分別對被訊問人作筆錄後，再比對筆錄作相關詢問。本件性騷擾事件，有訊問學生、老師、被害人及其他證人。調查小組有提示證物給原告看，並將檢舉事實及筆錄告知原告等語。職是，調查小組除有分別詢問當事人與證人，並作成筆錄外，調查小組亦對證人與當事人之證詞、陳述作交叉比對與詢問。調查小組有提示證物予原告，並將檢舉事實與筆錄告知原告，賦予原告答辯機會。

3. 社工系副教授為調查小組人員

證人丙到庭證稱：證人擔任被告社工系副教授，其為教育部校園性侵害與性騷擾事件之專業人士，並有參與本件校園性騷擾事件之調查，被告召開性平會會議，由性平會委員共同推舉3位委員調查。調查小組有詢問被害人及相關證人。因有不同個案，故被害人不只1人，調查過程有作成筆錄。調查小組有賦予原告充分時間陳述，自接獲檢舉信函起至原告出國期間，即不斷與原告聯繫。調查小組有約詢原告、被害人及證人，調查小組亦多次主動約詢原告，予原告答辯機會，並作成筆錄。

（二）符合法定調查程序

參酌證人證言可知，調查小組多次主動約詢原告，並有分別詢問原告、被害人及檢舉人調查性騷擾事件之緣由，而調查小組進行性騷擾事件調查，除均有全程錄音與製作筆錄為憑外，並對被詢問人之證詞、陳述作交叉比對，以判定性騷擾事件是否成立。性騷擾事件調查小組詢問原告期間，有提示證物予原告，並將檢舉事實與筆錄告知原告，賦予原告答辯機會。依據性別平等教育法第22條與第30條第4項之規定，被告性平會調查小組，就性騷擾事件已賦予原告充分陳述意見及答辯之機會，其符合法定調查程序。

四、性騷擾之定義

性騷擾者，係指符合下列情形之一，且未達性侵害之程度者：（一）以明

示或暗示之方式，從事不受歡迎，且具有性意味或性別歧視之言詞或行為，致影響他人之人格尊嚴、學習或工作之機會或表現者；（二）以性或性別有關之行為，作為自己或他人獲得、喪失或減損其學習或工作有關權益之條件者。而性騷擾之認定，應就個案審酌事件發生之背景、環境、當事人之關係、行為人之言詞、行為及相對人之認知等具體事實為之（性別平等教育法第2條第4款；性騷擾防治法施行細則第2條）。兩造之爭執，在於原告之行為是否成立性騷擾，此為被告解聘原告之要件。

（一）調查報告

被告主張原告除利用班級聚餐活動，對女學生有戳腰之故意行為外，原告並以教授中英文為由，作為接近女學生之方法，而有邀約外出或至家中進餐等追求行為，倘遭女學生拒絕後，原告除至學生打工處外，並有傳送不當簡訊內容之行為等事實。此有被告提出之性平會調查報告摘錄加強版資料為證。依據該調查報告內容可知，原告以師生聚餐之機會或假藉教授英文為由，對女學生有諸多之不當追求行為或不受歡迎之肢體接觸，甚至接觸女學生腰部，此舉令人感受有嚴重之侵害。

（二）原告有性騷擾行為

教師於執行教學、指導、訓練、評鑑、管理、輔導或提供學生工作機會時，在與性或性別有關之人際互動，不得發展有違專業倫理之關係。教師發現其與學生間之關係有違反專業倫理之虞時，應主動迴避教學、指導、訓練、評鑑、管理、輔導或提供學生工作機會（校園性侵害或性騷擾防治準則第7條）。法院審究性平會調查報告摘錄加強版資料內容與調查小組之證詞，認為原告身為教師，其違反教學之專業倫理規範，連續對其授課女學生有不當追求之行為，甚至以明示之方式，從事不受歡迎，且具性意味之言詞或行為騷擾女學生，是原告之行為符合性騷擾之要件。

五、性平會之獨立性

性別平等教育委員會或調查小組，依本法規定進行調查時，行為人、申請人及受邀協助調查之人或單位，應予配合，並提供相關資料。行政程序法有關管轄、移送、迴避、送達、補正等相關規定，於本法適用或準用之。性別平等教育委員會之調查處理，不受該事件司法程序進行之影響。學校及主管機關對於與本法事件有關之事實認定，應依據其所設性別平等教育委員會之調查報告

（性別平等教育法第30條第4項、第5項、第6項、第35條）。兩造之爭執，在於法院就性騷擾之事件，有無再爲實質調查與審理之必要。

（一）司法應尊重調查結果

性別平等教育法賦予性平會調查小組，進行調查性騷擾事件，得行使公權力，有權要求行爲人、申請人及受邀協助調查之人或單位予以配合，並提供相關資料，以利調查事實。並將性平會調查小組行使調查權時，適用或準用行政行爲有關管轄、移送、迴避、送達、補正等相關規定。法院對於性騷擾事實之認定，除應審酌各級性別平等委員會之調查報告外，性平會之調查處理，不受該司法程序進行之影響，是司法應尊重性平會調查小組之調查結果。

（二）專業性與屬人性

性平會之調查報告結果有拘束學校及主管機關之效力，學校及主管機關對性騷擾事實認定，不得作與性平會相反之主張[7]。因性平會爲專業之委員會，由專業人士所組成，其就性騷擾事實認定具有高度專業性與屬人性，是性平會之調查報告結果除得拘束行政機關外，法院亦應尊重性平會之調查報告結果，以性平會認定之事實，作爲是否成立性騷擾之要件。參諸被告性平會就性騷擾事件，所組織之調查小組與調查程序均屬合法，是法院自無再進行實質調查之必要性。

參、結論

被告性平會之組織與調查性騷擾程序均合法，被告依據性平會調查結果，認定原告對女學生有性騷擾行爲，經被告教評會決議解聘，並經教育部核准在案。因私立學校解聘教師之行爲，爲終止原私法契約之意思表示，原告起訴確認兩造間之聘任關係存在之訴，應由普通法院審理。職是，被告合法解聘原告在案，原告之訴，爲無理由。

肆、相關案例

一、證人之資格

除法律別有規定外，不問何人，於他人之訴訟，有爲證人之義務（民事訴

7　最高行政法院107年度判字第310號行政判決。

訟法第302條）。故證人對於待證事實，縱無所知，亦有遵傳到場之義務[8]。所謂證人，係指依法院之命，於訴訟程序，陳述自己觀察事實結果之第三人，故證人就其證言不負舉證責任。法院自不得僅以證人就其供證之事實不能舉證，即認其證言不實，而予摒棄[9]。職是，證人陳述所知事實，除符合民事訴訟法第305條第2項、第3項之規定得以書狀陳述外，應以言詞陳述，且須命其具結，法院始能就其所爲證言斟酌能否採用；倘證人未經法院訊問，或未依法提出陳述書狀，自非屬於合法之人證[10]。而證人須係訴訟關係以外之第三人，當事人及當事人同視之法定代理人均無證人資格，不得就該訴訟爲證人[11]。

二、鑑定證人

　　訊問依特別知識得知已往事實之人者，適用關於人證之規定（民事訴訟法第339條）。例如，甲有參予專利技術之研發、創作及申請專利之過程，暨系爭專利之美國相對案修正專利申請範圍等事實，甲就上開既往事實已親身參與之部分，自得依證人之身分陳述其所經歷之事實。再者，因技術之研發及專利化過程係自構想逐步經過先前技術分析、迴避設計、反覆測試，並進行可專利性分析後，始開始撰寫專利說明書、界定申請專利範圍，並確認其揭露是否符合可實施性要件，上開過程均涉及相關技術領域之專門知識，則甲就上述專利技術研發及專利化之過程，就其確有親身參與之部分，倘陳述專利說明書所揭示之特定名詞的定義、系爭專利與先前技術間手段及結果之異同及功效上之差異、專利說明書之揭露何以得使所屬技術領域中具有通常知識者能瞭解其內容、專利申請過程是否曾因迴避先前技術而修正放棄之權利範圍，應爲依特別知識陳述鑑定意見之鑑定人，是以甲爲鑑定證人，而爲不可代替之證據方法，自應適用關於人證之規定，而無拒卻鑑定人規定之適用（民事訴訟法第331條第1項）[12]。

8　最高法院30年抗字第520號民事判例。
9　最高法院74年度台上字第2180號民事判決。
10　最高法院95年度台上字第2547號民事判決。
11　最高法院73年度台上字第4537號民事判決。
12　智慧財產及商業法院97年度民聲字第1號民事裁定。

案例 50 確認僱傭關係存在

　　原告主張被告銀行以A公司案、B公司案及C消費貸款案，藉故對原告予以懲戒，並以原告於年度內記滿3大過為由，不待原告申覆之結果，逕予解僱原告。因原告無失職情事，被告無不經預告為終止僱傭契約之事由，故兩造之僱傭關係仍存在，原告有請求確認兩造間僱傭關係存在之法律上利益。況被告對原告終止僱傭契約，依勞動基準法第12條第1項第4款規定，已逾越知悉其情形之日起30日之除斥期間，顯屬違法。原告請求被告給付積欠之薪資，並至回復原告職務前1日止，按月給付原告薪資等語。被告抗辯稱原告處理A公司案、B公司案及C消費貸款案，均有職務疏失，是原告違反被告之人事管理規則之規定，經人事評議委員會決議懲處，原告於年度內累積記滿3大過之情事，依據勞動基準法第12條第1項第4款及人事管理規則之規定，終止與原告間之勞動契約，予以解僱原告，且未逾越勞動基準法第12條所訂之30日之除斥期間云云。

關鍵詞 解僱、確認之訴、情節重大、懲處手段、報酬請求權

壹、探討議題

　　被告為精簡營運成本，藉故於年度內對原告記滿3大過，並逕予解僱原告。原告認為其無失職情事，被告不得不經預告為終止僱傭契約，主張兩造間僱傭關係存在，並請求被告給付積欠之薪資。職是，本實例探討重點，在於提起確認之訴之要件、雇主得不經預告終止契約之事由、何謂違反工作規則之情節符合重大情事、受領遲延報酬之要件。

貳、理由分析

一、提起確認之訴之要件

　　確認法律關係之訴，非原告有即受確認判決之法律上利益者，不得提起之（民事訴訟法第247條第1項前段）。所謂即受確認判決之法律上利益，係指法律關係之存否不明確，原告主觀認其在法律上之地位有不安之狀態存在，致原告在私法上之地位有受侵害之危險，該不安與危險之狀態，能以確認判決將之除去者而言[13]。原告主張其任職被告處，職別自臨時雇員、助理員、辦事員、

13　最高法院52年台上字第1240號、102年度台上字第630號民事判決。

業務員、初級專員、中級專員、高級專員、研究員、代理經理至經理，被告以原告年度內記滿3大過為由，將原告逕予解僱等事實。業據提出原告個人基本資料與被告函為證，被告並未爭執，自堪信為真實。原告另主張其無失職情事，是被告違法解僱原告，兩造之僱傭關係仍存在等語。被告抗辯稱原告違反被告之人事管理規則，被告以情節重大為由終止與原告間之勞動契約云云。職是，法院自應審酌原告有無提起確認利益之要件。

（一）僱傭關係不明確

被告雖以原告違反被告之人事管理規則，其情節重大為由，依據勞動基準法第12條第1項第4款之規定終止兩造間之勞動契約云云。然原告否認其有失職之情事，認為被告終止僱傭契約不合法，兩造間僱傭關係尚存在等語。準此，兩造就渠等間之僱傭關係是否存在，顯有重大之爭執，導致原告是否得基於僱傭之法律關係，以受僱人之地位向被告主張其應有之權利，有發生不安之狀態與受侵害之危險至明。

（二）確認利益之要件

兩造所爭執之終止僱傭契約事由，其是否屬違反工作規則而情節重大者，構成本件法律關係之重要內容與原告起訴有無理由之依據。倘原告不訴請確認兩造間之僱傭關係存在，則原告無從依據僱傭契約向被告主張薪資，甚至有關資遣或退休等權利，均難以行使。因被告否認原告之權利，致原告主張之權利是否存在，有無法明確之情事。職是，原告基於受僱人之私法上地位，向被告主張權利，其有不安之狀態與受侵害之危險。原告提起本件確認之訴以排除該不安與危險之情事，符合提起確認利益之要件。

二、雇主得不經預告終止契約

勞工有違反勞動契約或工作規則，情節重大者，雇主得不經預告終止契約，雇主終止契約者，應自知悉其情形之日起，30日內為之（勞動基準法第12條第1項第4款、第2項）。所謂情節重大者，屬不確定之法律概念，不得僅就雇主所訂工作規則之名目條列是否列為重大事項作為決定之標準，須勞工違反工作規則之具體事項，客觀已難期待雇主採用解僱以外之懲處手段而繼續其僱傭關係，且雇主所為之懲戒性解僱與勞工之違規行為在程度上須屬相當，始符合情節重大之要件。準此，勞工之違規行為態樣、初次或累次、故意或過失違規、對雇主及所營事業所生之危險或損失、勞僱間關係之緊密程度、勞工到職

時間之久暫等，均為是否達到懲戒性解僱之衡量標準[14]。本件主要爭執事項有三：（一）原告有無違反工作規則？此為被告依據工作規則，合法對原告行使懲戒權之依據；（二）原告有無違反工作規則？情節是否符合重大之要件？此為被告解僱原告之合法事由；（三）被告終止兩造僱傭契約之期間，其有無逾法定之30日除斥期間。

（一）原告違反員工工作規則

雇主為提高人事行政管理之效率，節省成本有效從事市場競爭，就工作場所、內容、方式等應注意事項，暨受僱人之差勤、退休、撫恤及資遣等各種工作條件，通常訂有共通適用之規範，俾受僱人一體遵循，此規範即為工作規則。勞工與雇主間之勞動條件依工作規則之內容而定，有拘束勞工與雇主雙方之效力，而不論勞工是否知悉工作規則之存在及其內容，或是否予以同意，除工作規則違反法律強制規定或團體協商，依據勞動基準法第71條規定，係無效者外，當然成為僱傭契約內容之一部[15]。被告為明確規定勞資雙方權利義務，健全經營管理，本協調合作精神，共謀事業發展，自有訂定工作規則之必要。職是，工作規則為僱傭契約之一部，兩造均應受工作規則之拘束，因被告之工作規則第九章有獎懲之規定，是原告違反工作規則時，被告始得據以對原告行使懲罰。職是，法院依序就A公司案、B公司案及C消費貸款案，審究原告有無違反被告員工工作規則，以判斷被告是否合法行使懲戒權。

1. A公司案記警告1次

被告員工工作規則規定：員工未依規定處理業務，或推諉責任，致延誤公務，情節輕微者，記警告、申誡1次；所犯情節嚴重時，記警告、申誡2次。員工有辦事疏忽或處理錯誤，致被告遭受損失者，應記過1次。倘受懲戒員工對於已發表之懲戒案件有不服者，其本人得申敘理由，檢附證據提起申覆。職是，被告員工有怠忽職責之情事，被告得視其情節之輕重，對員工為申誡、警告及記過之懲處。為確實查明事實，被告有賦予被懲處之員工辯白之機會。參諸原告於A公司案期間擔任被告分行副理，其自有督導義務。被告認原告未依規定處理業務而情節輕微，依據工作規則懲戒原告。相較其餘相關人員之懲處結果，被告對原告記警告1次，其應屬於合理與相當範圍內之懲戒。況原告就該懲處案未提出申訴，以謀求救濟途徑，致懲處結果業經確定，原告自不得事後再

14　最高法院95年度台上字第2465號民事判決。
15　最高法院88年度台上字第1696號民事判決。

爲爭執,指摘被告對其有不當之懲處。

2. B公司案記大過2次

　　被告員工工作規則規定:被告員工執行公務偏差錯誤,致嚴重後果者,應記大過1次。倘情節嚴重者,將酌記大過2次。查B公司之支存帳遭公告拒絕往來,明知授信戶信用惡化,竟讓B公司自其支存帳戶提領新臺幣(下同)40萬元,未確保債權抵銷授信戶支票存款餘額,原告處理顯有不當,被告依據員工工作規則規定,對原告懲處2大過等情,此有被告函、票據交換所公告拒絕往來戶即本行往來客戶明細表、借款約定書、存摺存款取款憑條、逾期列管通知單附卷可稽。原告於B公司案期間擔任被告分行經理,明知B公司之支票存款已拒絕往來,其未確保債權抵銷授信戶支票存款餘額,而讓B公司自其支存帳戶提領現款。職是,原告未善盡執行職務之責,致被告貸款債權發生損害,被告爲金融機構,依據其事業特性與需要,實有維持被告業務規範與管理秩序之必要性,故被告懲處原告大過2次,並非無因。縱使被告所受害僅40萬元,然原告漠視有利於被告之抵銷約款,以原告長期任職被告處與擔任經理之職務,其至少重大過失之責任,被告依據員工工作規則之規定,懲處原告大過2次,難謂有不相當處。

3. C消費貸款案記大過1次與小過1次

　　懲戒之輕重,應視違反工作規則之情狀、程度及受僱人職位等因素,以決定之。倘爲累犯者,自屬判斷違反工作規則情節嚴重者之重要判斷基準。查被告依據員工工作規則之規定,對原告記大過1次、小過1次,其懲戒事由爲轉銷呆帳及逾期催收戶准駁過程,就C消費性貸款案,未盡審慎辦理專案查核,被告時任分行經理,未依規定審慎核貸等情,此有被告函爲證。準此,原告擔任被告分行經理期間,因C消費貸款案,未盡審慎辦理專案查核,致有未償還貸款案轉銷呆帳戶之情事發生。準此,被告未盡審查之責,致借款人未償還,而轉銷呆帳帳戶或逾期催收戶,原告行爲造成被告受計600萬元之損失,損失比例逾80%,足見在授信之審查程序具有瑕疵。故除原告受懲處外,被告有關人員均因C消費貸款案各受懲處在案。職是,原告於C消費貸款案期間,擔任分行經理與貸款案授信主管,其未善盡授信審查之責,迭經發生被告貸款對象轉銷呆帳帳戶或逾期催收戶,其顯非偶發事件,足認原告違反工作規則情節嚴重,被告依據工作規則之規定,對原告記大過1次、小過1次之懲處,即屬正當。

（二）原告違反工作規則之情節不符合重大要件

1. 勞動基準法第12條第1項第4款

　　勞工非有勞動基準法第12條第1項所定各款事由，雇主不得不經預告即終止勞動契約。故工作規則雖得就勞工違反勞動契約或其工作規則之情形爲懲處規定，惟雇主因勞工違反勞動契約或工作規則，不經預告而終止勞動契約者，仍應受勞動基準法第12條第1項第4款規定之限制，即以其情節重大爲必要，不得僅以懲處結果爲終止契約之依據。所謂情節重大者，係指因該事由導致勞動關係進行受到干擾，而有賦予雇主立即終止勞動契約關係權利之必要，且受僱人亦無法期待雇主於解僱後給付其資遣費而言，必以勞工違反勞動契約或工作規則之具體事項，客觀上已難期待雇主採用解僱以外之懲處手段而繼續其僱傭關係，且雇主所爲之懲戒性解僱與勞工之違規行爲在程度上核屬相當者，始足稱之[16]。原告因A公司案、C公司案及C消費貸款案，而違反被告員工工作規則，被告依據工作規則之規定，被告對原告懲處，依法有據。原告主張被告以其年度內記滿3大過爲由，逕予解僱原告之事實，業據原告提出被告函爲證，被告並不爭執。職是，法院自應審究原告違反工作規則，被告是否有立即終止勞動契約關係權利之必要性？被告於客觀上是否難以期待採用解僱以外之懲處手段？被告之解僱行爲與原告之違規行爲在程度上是否相當者。

2. 情節重大之要件

　　判斷是否符合情節重大之要件，應就勞工之違規行爲態樣、初次或累次、故意或過失違規、對雇主及所營事業致生之危險或損失，即該行爲有損害事業主之社會形象評價、商業競爭力、內部秩序紀律之維護，勞雇間關係之緊密程度、勞工到職時間久暫等因素，作爲是否達到懲戒性解僱之衡量標準[17]。

3. 被告無終止兩造間僱傭契約之必要性

　　原告自任職被告處，職別自臨時雇員升爲助理員、辦事員、業務員、初級專員、中級專員、高級專員及研究員止，原告之考績均爲優等，原告於解僱前擔任被告分行之經理等事實，有被告個人基本資料附卷可稽。並爲被告所不爭執。自原告擔任之工作、職務及其考績觀之，原告熟悉被告之業務範圍，其歷年考績優良，可知原告能勝任被告歷年所指派之工作，且績效優異，故原告任職期間，被告逐年給予加薪與升等，而在被告長期評估後，委以分行經理之主管重任，足見原告工作績效深受被告高度肯定。相較原告所受懲處事由，認爲

16　最高法院91年度台上字第1006號、97年度台上字第825號民事判決。
17　最高法院104年度台上字第218號、第1227號、第2185號民事判決。

原告對被告之貢獻程度遠逾其所犯之缺失。況被告因原告有懲處事由，已將原告調派至區域中心擔任業務組經理工作之事實，此有被告函為證。參諸原告之職掌為業務擴展，其無須職掌授信與徵信之工作，當不至再有授信與徵信之缺失。況原告熟悉被告之業務範圍，其歷年績效優異，衡諸常理，原告應足堪主管業務工作。準此，原告已調離原職，並可勝任新職，被告自無立即終止兩造間僱傭契約之必要性。

4. 被告於客觀得採用解僱以外之懲處手段

勞動契約為一繼續性及專屬性契約，勞雇雙方間除存有提供勞務與給付報酬之權利義務存在關係外，雇主之照顧義務、受雇人之忠誠義務，亦存在於契約間，是故勞動契約不應只有契約自由原則之適用，其他之正當信賴原則、誠實信用原則、手段正當性及社會性等因素，亦應顧慮之。準此，雇主終止僱傭契約，將使勞工喪失既有工作而影響其生存權，當屬勞工工作權與生存權應予保障核心範圍。故雇主對終止契約之採用，係為對勞工之最後手段，處於最後之方式，倘尚有其他方式可為，不應採取終止契約方式為之。申言之，我國勞動法制，採法定解僱原則，此由勞動基準法第11條及第12條第1項立法體例，係將終止勞動契約之事由以列舉方式立法即明。前者，規定不可歸責於勞工之終止勞動契約事由，學說上稱資遣；後者，規定可歸責於勞工之終止勞動契約事由，學說上稱懲戒解僱。被告因業務緊縮而有調整人事，控制成本以維持企業生存之必要；或因業務性質丕變，有減少勞工之必要，亦無適當工作可供安置，為兼顧勞資雙方之權益，自應採資遣方式終止僱傭契約，不得以解僱方式，作為企業節省人事成本之捷徑。被告以原告違反工作規則為由，以懲戒之方式解僱原告，強迫原告離職，嚴重影響原告之工作權與生存權。準此，被告於客觀上得以解僱以外之方法，作為懲處原告之手段，始稱正當與合理。

5. 解僱行為與違規行為間不相當

原告之失職行為，雖有致被告有640萬元之損害（計算式：B公司案40萬元＋C消費貸款案600萬元），然參諸社會通念，原告之違規行為，被告依據工作規則與個案具體狀況，已為警告、記過及調職等處分，其即可達到維護工作場所之紀律，防止類似事件再度發生。職是，被告採解僱方式，顯使原告受與違規行為不相當之懲處。查原告任職於被告之年資將屆滿25年，原告得自請退休而向被告請領退休金。被告依據工作規則第48條第2項第8款之規定，以原告於年度內累積滿3大過為由，僅憑形式懲處之結果，不待原告提起合法之申訴救濟，以解僱作為懲戒之手段，致原告工作權與生存權未受合理之保障，其解僱

懲戒不符相當性原則，殊非保障勞工之道及勞資關係和諧之法。

三、受領遲延之報酬請求

（一）被告非法解僱

僱用人受領勞務遲延者，受僱人無補服勞務之義務，仍得請求報酬（民法第487條本文）。是雇主不法解僱勞工，應認其拒絕受領勞工提供勞務之受領勞務遲延。勞工無補遭不法解僱期間之服勞務義務，並得依原定勞動契約請求該期間之報酬[18]。因兩造間之僱傭契約仍有效存在，原告可請求被告給付遭不法解僱期間之薪資。申言之，原告遭被告非法解僱而離職，被告拒絕原告服勞務，原告在被告違法解僱前，主觀並無任意去職之意，客觀亦願意繼續提供勞務。原告就本件勞資爭議事件，前向主管機關申請勞資爭議調解，足認被告拒絕受領原告勞務，是被告應負受領遲延之責。準此，原告無須催告被告受領勞務，且被告於受領遲延後，須再表示受領之意，或為受領給付作必要之協力，催告原告給付時，其受領遲延之狀態始得認為終了。在此期間之前，原告無須補服勞務，自得請求被告給付報酬。

（二）被告應給付薪資

原告主張其經被告調至地區區域中心任職後，其月薪為8萬元，並於每月第2個營業日給付薪資等事實，業據原告提出往來收入傳票為證，並為被告所不爭執。準此，兩造之僱傭關係仍然存在，原告依據民法第487條規定，請求被告給付起訴前之薪資與其法定遲延利息，並請求被告應自起訴狀繕本送達翌日起至回復原告職務前1日止，按月於每月之第2個營業日給付原告8萬元薪資及其法定遲延利息，均有理由。

參、結論

雇主對於勞工所為懲戒，應符合程序、目的及手段等正當性原則。原告雖有違反工作規則，然其違規情節不符合重大要件，被告無權依據勞動基準法第12條第1項第4款之規定解僱原告，原告請求確認兩造間之僱傭關係存在，為有理由。兩造間之僱傭關係合法存在，法院自無須審究被告終止兩造僱傭契約之期間，是否有無逾法定之30日除斥期間。職是，被告非法解僱原告，原告有受領遲延之報酬請求權。

18　最高法院89年度台上字第1405號、113年度台上字第263號民事判決。

肆、相關案例

勞動基準法第12條第1項規定，勞工有該條項所列情形之一者，雇主得不經預告終止契約。故雇主非有該項各款之事由，不得任意不經預告終止契約，此為民法第71條所稱之禁止規定，倘有違反者，自不生終止之效力。準此，雇主故意濫用其經濟之優勢地位，藉合意終止之手段，使勞工位處於締約「完全自由」情境，影響其決定即選擇之可能，而與勞工締結對勞工造成重大不利益之契約內容，導致勞工顯失公平，並損及誠信與正義者，即屬以間接之方法違反或以迂迴方式規避上開條項之禁止規定。是勞工自得比照直接違反禁止規定，主張該合意終止契約為無效，以落實勞基法依據憲法第15條、第152條及第153條規定而制定之本旨（勞動基準法第1條）[19]。

案例51 營業秘密與競業禁止

原告主張被告依據營業保密條款契約之規定，被告負有離職後2年內不得任職相關產業之義務。被告於離職後1個月內成立公司，登記之營業項目與原告相同，並有對外營業，是被告違反競業禁止條款，原告據此請求禁止被告於2年期間從事相關之競業行為等語。被告抗辯稱契約有關規範競業禁止之期間、區域、限制之工作範圍，均未明定，缺乏公平性與合理性，故契約無效。況被告公司之業務與原告不同云云。

關鍵詞 工資、資遣費、退休金、同一雇主、勞動契約

壹、探討議題

被告前受雇於原告公司，被告離職後另設立公司，因兩造間有簽訂保密與競業禁止約款，原告據此請求被告不得使用原告客戶之資料，並禁止被告於一定期間從事相關之競業行為。被告則否認有違反保密與競業禁止約款之行為。準此，本實例探討之重點，在於智慧財產之民事事件管轄權、應訴管轄之要件、營業秘密保護之要件、營業秘密之保護及競業禁止約定之有效成立要件。

19　最高法院103年度台上字第2700號民事判決。

貳、理由分析

一、程序事項

　　我國爲保障智慧財產權，妥適處理智慧財產案件，促進國家科技與經濟發展，特設置智慧財產及商業法院。智慧財產及商業法院依法掌理關於智慧財產之民事訴訟、刑事訴訟及行政訴訟之審判事務。依專利法、商標法、著作權法、光碟管理條例、營業秘密法、積體電路電路布局保護法、植物品種及種苗法或公平交易法所保護之智慧財產權益所生之第一審及第二審民事訴訟事件，由智慧財產及商業法院專屬管轄。智慧財產及商業法院審判案件，民事第一審訴訟程序以法官一人獨任行之（智慧財產及商業法院組織法第1條、第2條、第3條第1款、第6條第1項前段；智慧財產案件審理法第9條、第47條）。職是，營業秘密法所保護之智慧財產權益所生之第一審、第二審民事訴訟事件，由智慧財產及商業法院專屬管轄。原告起訴主張被告依據契約之規定，負有營業保密與競業禁止之義務，因被告違約應負民事責任等語。審酌原告起訴主張之訴訟標的之法律關係，涉及被告是否侵害原告所有營業秘密，此爲營業秘密法所規範，職是，普通法院對於本件民事訴訟是否有管轄權，關乎民事訴訟法第249條第1項第1款規定之合法訴訟要件，自應依職權調查之。

（一）專屬管轄權

　　智慧財產及商業法院組織法第3條第1款、第4款所定之第一審民事事件，專屬智慧財產法院管轄，且不因訴之追加或其他變更而受影響（智慧財產案件審理法第9條第1項本文）。例外情形，係有民事訴訟法第24條、第25條所定情形時，該法院亦有管轄權（但書）。準此，智慧財產及商業法院雖爲智慧財產民事事件之專屬管轄法院，然當事人得合意第一審管轄法院，或者有應訴管轄之適用。

（二）應訴管轄

　　被告不抗辯法院無管轄權，而爲本案之言詞辯論者，以其法院爲有管轄權之法院；專屬管轄之訴訟不適用應訴管轄（民事訴訟法第25條、第26條）。本件係營業秘密法所保護之智慧財產權益所生之民事訴訟事件，雖由智慧財產及商業法院優先管轄。然原告未向智慧財產及商業法院起訴，被告不抗辯法院無管轄權而爲本案之言詞辯論，故有擬制合意管轄之事由（智慧財產案件審理第9條第1款但書）。

二、實體事項

（一）整理與協議簡化爭點

　　受命法官爲闡明訴訟關係，得整理並協議簡化爭點（民事訴訟法第270條之1第1項第3款）。法院於言詞辯論期日，依據兩造主張之事實與證據，經簡化爭點協議，作爲本件訴訟中攻擊與防禦之範圍。兩造不爭執有二：1.原告所營事業營業項目，詳如公司變更登記表與原告公司型錄、廣告DM；2.被告前擔任原告之業務經理，兩造有簽訂營業保密條款契約。此等不爭執之事實，將成爲法院判決之基礎。再者，兩造之主要爭執在於兩造有無簽訂競業禁止之條款？倘有簽訂競業禁止條款，其是否有效成立？如競業禁止條款有效成立，被告有無違反競業禁止條款之事實？因原告主張被告有競業禁止之義務與有違反競業之行爲等事實，依據民事訴訟法第277條本文規定，均爲有利原告之事實，原告應舉證證明之。

（二）營業秘密之保護

　　我國爲保障營業秘密，維護產業倫理、競爭秩序及調和社會公共利益，特制定營業秘密法，以作爲保護營業秘密之規範。營業秘密之保護客體，係指方法、技術、製程、配方、程式、設計或其他可用於生產、銷售或經營之資訊。受雇人於職務研究或開發之營業秘密，原則上歸雇用人所有（營業秘密法第1條、第2條、第3條第1項本文）。保護營業秘密之目的，在於使從事發明或創作之人，其投入之時間、勞力及金錢，所獲得之心血結晶，不受他人剽竊而付諸東流。故爲鼓勵發明或創作，維護競爭秩序，法律應有明確之保護，避免產業間以不正當之方式，相互間挖取營業秘密，其屬於維護交易秩序之法律[20]。原告主張其爲生產、製造及銷售有關電器、電子、消防等儀器之國際貿易公司，客戶資料爲原告之重要資產，其屬營業秘密之範圍等語。法院自應判斷原告之客戶資料是否符合營業秘密之保護要件：秘密性、價值性及保密措施[21]。

1. 秘密性

　　所謂秘密性，係指該類資訊非屬相關行業之人士所知悉者，倘屬產業間可輕易取得之資訊，則非營業秘密之標的[22]。原告主張其爲生產、製造及銷售有關電器、電子、消防等儀器之國際貿易公司，主要營業項目有攝影、錄影、監

20　林洲富，營業秘密與競業禁止案例式，五南圖書出版股份有限公司，2023年11月，5版1刷，頁2至3。
21　最高法院99年度台上字第2425號民事判決。
22　智慧財產及商業法院103年度民營訴字第3號民事判決。

視、保全監控、防盜產品之設計、生產及銷售，原告並自行開發品牌，銷售錄影機器等事實。業具其提出公司變更登記表、型錄及廣告DM等件為證，復為被告所不爭執，堪信為真實。準此，原告為推廣業務與增加其商業之競爭力，勢必對客戶進行產品報價，並將蒐集之廠商與客戶資訊加以建檔，是原告往來客戶資料，通常不欲使競爭之同業知悉，故其具有秘密性要件。

2. 價值性

所謂價值性，係指技術或資訊有秘密性，且具備實際或潛在之經濟價值者，始有保護之必要性。是尚在研發而未能量產之技術或相關資訊，其具有潛在之經濟價值，亦受營業秘密法之保護，故不論是否得以獲利。所謂經濟價值，係指持有該營業秘密之企業較未持有該營業秘密之競爭者，具有競爭優勢或利基。就競爭者而言，取得其他競爭者之營業秘密，得節省學習時間或減少錯誤，提昇生產效率，故具有財產價值，縱使試驗失敗之資訊，亦具有潛在之經濟價值。準此，原告之競爭同業取得原告之客戶資料，將縮短開發市場之期間或減少錯誤之投資成本，其有提昇商業效率之功能，故原告之客戶資料，具有財產價值[23]。

3. 保密措施

所謂保密措施者，係指營業秘密所有人應盡合理之保密措施，不得使第三人得輕易取得，否則自無保護其權利之必要性。蓋營業秘密涵蓋範圍甚廣，取得法律保護之方式，並非難事，營業秘密所有人未採保密措施，自不得苛責他人不得合法取得。再者，資訊為該產業之相關從業人員所普遍知悉之知識，縱使企業主將其視為秘密，並採取相當措施加以保護，其不得因而取得營業秘密權。至於資料蒐集是否困難或複雜與否，並非營業秘密之要件。是否已達合理之程度，應視該營業秘密之種類、事業實際經營及社會通念而定之[24]。原告主張被告前擔任原告業務經理，有簽訂契約，約定被告自原告處離職後2年內不擔任與原告有關產業之相關工作，並不得與原告營業相關之人員、客戶或廠商接觸等事實。業具其提出營業保密條款契約為證，並為被告所不爭執，堪信為真實。參諸契約之內容，足認其性質為營業保密與競業禁止之約款。準此，原告就客戶資料已盡合理之保密措施。

23　林洲富，營業秘密與競業禁止案例式，五南圖書出版股份有限公司，2023年11月，5版1刷，頁20。
24　最高法院102年度台上字第235號民事裁定；最高法院106年度台上字第350號民事判決。

（三）不正當方法侵害營業秘密

　　因法律行為取得營業秘密，而以不正當方法使用或洩漏者，為侵害營業秘密。所謂不正當方法，係指竊盜、詐欺、脅迫、賄賂、擅自重製、違反保密義務、引誘他人違反其保密義務或其他類似方法（營業秘密法第10條第1項第4款、第2項）。原告主張被告於離職後成立公司登記之營業項目與原告相同，並經由電子郵件方式銷售與原告相同產品予原告之客戶等事實。被告否認其有向原告之客戶為商品之報價云云。職是，兩造之爭執在於被告是否有使用原告之客戶資料？此涉及被告是否違反保密義務。

1. 被告於2年期間應負保密義務

　　原告為生產、製造及銷售有關電器、電子、消防等儀器之國際貿易公司，其所持有之商業往來客戶資訊，符合秘密性、價值性及保密措施等營業秘密保護要件，兩造有簽訂契約，被告自應受營業保密約款之拘束，被告受雇於原告處擔任業務經理，具有委任與僱傭之雙重關係，其因職務所取得之客戶資訊，歸原告所有。職是，被告自原告處離職後2年內，不得利用或洩漏其因擔任原告業務經理所知悉之原告客戶資訊，以保護原告之營業秘密，其保密期間僅限2年，應屬合理之範圍內，被告於2年期間應負保密之義務。

2. 被告使用原告客戶資料

　　被告於原告公司離職後，有成立公司，其登記之營業項目有關國際貿易業、電信器材批發業與原告相同等事實，此有原告提出之股份有限公司變更登記表與公司登記資料查詢等件，附卷可稽，均為被告所不爭執。職是，被告於離職2年期間內，成立與原告有關產業之公司。再者，證人到庭證稱：其受雇於原告公司，擔任技術經理，原告之往來廠商向原告表示被告有與其接觸，有廠商表示該公司之英文名字與被告成立之公司相同，原告之供應商亦表示被告有與其接洽與報價等語。自證人之證詞可知，被告使用原告之客戶資料，作為與原告客戶進行營業範圍之接洽。證人擔任原告之技術經理，原告之往來客戶告知證人有關被告與其接洽商品報價情事，符合商業交易之慣例，是證人甲之證詞，足堪採信。

3. 被告違反營業保密條款與競業禁止約定

　　依據契約之營業保密條款，被告離職起2年內，不得使用原告所有之客戶資料，從事與原告相關工作之義務。被告前於原告處擔任業務經理，雖因委任與僱傭關係使用原告客戶資料，惟該營業秘密歸屬於原告，被告離職後成立公司，其未經原告同意，而以不正當方法使用原告具有營業秘密之客戶資料，進

行與原告營業相關商品之經營行為，職是，被告除違反營業保密條款與違約從事競業禁止之行為。

（四）競業禁止約定之有效成立

　　人民之生存權、工作權及財產權應予保障（憲法第15條）。其係國家對人民應盡之保護義務，並非私人間之義務。而人民之工作權並非絕對之權利，此觀諸憲法第23條之規定而自明。是雇主顧慮其員工離職後，洩漏其業務之秘密或相關資訊，通常於員工任職公司之初，要求員工簽定競業禁止之約款，約定於離職日起若干期間不得從事與雇主同類之工作或提供相關資訊，倘離職員工違反約定者，則應負損害賠償責任。該項競業禁止之約定，雖附有一定期間內不得從事工作種類之限制，既然為員工本人之同意，自與憲法保障人民工作權之意旨，不相違背，其亦未違反其他強制規定，並與公序或良俗無關。準此，競業禁止之約定，應屬有效成立[25]。原告主張其為保障營業秘密，兩造乃簽訂契約，被告於離職後2年內，負有競業禁止之義務等語。被告抗辯稱系爭契約有關規範競業禁止之期間、區域、限制之工作範圍，均未明定，故契約無效云云。是兩造之爭執，在於被告是否負有競業禁止之義務。

1. 競業禁止義務類型

　　競業禁止義務分為約定義務與法定義務。約定義務者，係指競業禁止條款，乃雇主與其受僱人約定，受僱人於雙方契約關係存續期間內，或者於契約關係消滅後之一定期間內，不得從事與其原來在雇主所負責之相同或類似之業務。法定義務者，係指我國現行法有關競業禁止之規定，主要為民法及公司法有關代辦商、經理人、無限責任股東及董事於任職期間之競業禁止規定。就法條規定以觀，民法第562條及第563條規定，經理人或代辦商，非得商號允許，不得為自己或第三人經營同類業務或為同類事業公司無限責任股東。違反者，其商號得行使介入權，請求因其行為所得之利益，作為損害賠償。

2. 無效之附合契約

　　未符合下列規定者，雇主不得與勞工為離職後競業禁止之約定：(1)雇主有應受保護之正當營業利益；(2)勞工擔任之職位或職務，能接觸或使用雇主之營業秘密；(3)競業禁止之期間、區域、職業活動之範圍及就業對象，未逾合理範疇；(4)雇主對勞工因不從事競業行為所受損失有合理補償（勞動基準法第9條之

25　最高法院75年度台上字第2446號、89年度台上字第1906號、94年度台上字第1688號民事判決。

1第1項）。前項第4款所定合理補償，不包括勞工於工作期間所受領之給付（第2項）。違反第1項各款規定之一者，其約定無效（第3項）。離職後競業禁止之期間，最長不得逾2年。逾2年者，縮短為2年。競業禁止通常為雇主預定用於同類僱傭契約之條款而訂定之契約，論其性質應為定型化契約，倘該競業禁止約款所約定之內容，有如後情形之一者，而顯失公平者，該部分約定無效：(1)免除或減輕僱用人之責任；(2)加重受僱人之責任者；(3)使受僱人拋棄權利或限制其行使權利者；(4)對於受僱人有重大不利益者等情事（民法第247條之1第1款至第4款）。職是，當事人合意之定型化競業禁止條款，有無效事由存在時，受僱人自不受競業禁止約款之拘束。

3. 雇主法律利益之保護必要

競業禁止為與時具進之觀念，是判斷有無競業之必要，應就個案事實加以認定。因離職後之競業禁止條款，係前雇主在勞動契約下與受僱人約定，受僱人有不使用或揭露其在前勞動契約中獲得之營業秘密或隱密性資訊之附屬義務，其目的在使前雇主免於受僱人之競爭行為。雇主為維護其隱密之資訊，防止員工於離職後，在一定期間內跳槽至競爭業者，並利用過去於原雇主服務期間所知悉之技術或業務資訊而為競爭之同業服務，造成不公平競爭。為減免原雇主受不法之損害，或者防止競爭同業之惡性挖角，雇主與員工為離職禁止競爭約定，自有其必要性。參諸原告為生產、製造及銷售有關電器、電子、消防等儀器之國際貿易公司，主要營業項目有攝影、錄影、監視、保全監控、防盜產品之設計、生產及銷售，原告開發自有之錄影機器品牌。其為推廣公司業務，需有人力與資金之付出，始得建立其銷售市場，故原告往來之廠商與客戶資訊，即成為原告營業不可或缺之重要資訊。準此，原告有依競業禁止特約保護其客戶資料之利益存在，被告應受競業禁止約款之拘束。

4. 受僱人擔任之職務

受僱人在前雇主之職務及地位，是否有機會接觸雇主所有之營業秘密或相關之技術資訊，關乎有無洩漏營業秘密之能力。準此，受僱人並無特別技能、技術層級較低或非主要營業幹部，而處於較弱勢之受僱人，縱使離職後再從事相同或類似之職務，則無妨害原雇主營業能力或洩漏營業秘密之可能，是競業禁止約款拘束該受僱人之轉業或工作之自由，對受僱人有重大不利益，其顯失公平，依據勞動基準法第9條之1第1項第2款規定，即屬無效。法院審酌被告前擔任原告業務經理工作，其負責與外國客戶接洽、商談，暨產品參展業務，依被告之工作性質，兩造間有僱傭與委任關係。被告擔任原告之業務經理掌握原

告產業銷售、市場分布、市場競爭及客戶資料等重要營業秘密，被告有機會接觸原告客戶資料與產品報價資料等營業秘密資料。倘被告離職後再從事相同或類似之職務，將有妨害原告營業能力或洩漏營業秘密之可能，是競業禁止約款拘束被告工作之自由，對被告並無顯失公平處，是競業禁止約款即屬有效成立。

5. 競業之限制內容

競業禁止條款之主要內容有：(1)競業禁止期間，該期間有在職期間及離職期間；(2)競業禁止地區，倘未特別約定，即以全國各地均爲競業禁止之地區；(3)競業禁止業務有具體約定、概括約定或例式加概括約定；(4)違反競業禁止責任之損害賠償責任。就本件之競業禁止約款以觀，被告於離職後2年內不擔任與原告有關產業之相關工作，並不得與原告營業相關之人員、客戶或廠商接觸。原告所營事業範圍包含國際貿易，是全國各地均爲競業禁止之區域。本件競業禁止義務屬概括性之約定，並未約定被告違反競業禁止義務時，應具體負責之損害賠償數額。法院斟酌被告擔任之職務、社會經濟狀況及兩造利益等情事，認爲本件競業禁止之約定2年期間及禁止工作內容，均屬於合理範圍，應屬有效成立。

6. 被告應競業禁止約款之拘束

營業秘密係市場競爭下之產物，係產業倫理、商業道德所衍生之智慧財產權。有鑑於產業蓬勃發展及商業市場競爭激烈，各行業透過惡意挖角之方式，不當獲取營業秘密，時有所聞。職是，雇主爲避免受僱人離職後，將營業秘密外洩，甚至將產業之研發技術成果，讓他人坐享其成，雇主除與受僱人在職或離職期間，簽訂保密條款外，受僱人於離職後，其於一定期間不得爲自己或他人從事或經營與前雇主競爭之相關工作，以保護雇主之權益及避免不公平競爭之發生。兩造所簽訂之競業禁止約款，雖屬定型化約款，然就原告營業秘密之保護必要、被告前擔任原告業務經理及競業之限制內容等因素以觀，對被告並無顯失公平，亦無不合理加重之情事存在。準此，本件競業禁止之約定2年期間及禁止工作範圍，均屬於合理範圍內，被告自應受該競業禁止約款之拘束。

（五）禁止侵害請求權

營業秘密受侵害時，被害人得請求排除之；對於有意圖侵害他人之營業秘密之行爲，而有侵害營業秘密之虞者，得請求防止行爲之發生（營業秘密法第11條第1項）。是營業秘密所有人有排除侵害與防止侵害營業秘密請求權，該

排除侵害及防止侵害請求權，其性質上屬禁止妨害之請求，乃物上請求權之性質，故不考慮行為人主觀之可歸責要素，即不以故意或過失為要件。原告主張被告於2年期間不得從事任何與原告有關產業之工作，其包含生產及銷售攝影、錄影、監視、保全監控、防盜產品等語。準此，法院自應審究兩造間競業禁止約款與營業秘密法第11條第1項之規定，認定被告競業禁止之範圍與期間。

1. 禁止使用客戶資料

被告離職後成立公司，其未經原告同意，而以不正當方法使用原告具有營業秘密之客戶資料，進行與原告營業相關商品之報價行為，被告有違反競業禁止約款。被告前有侵害原告營業秘密與違反競業禁止約款之行為，被告自有可能持續侵害原告營業秘密與違反競業禁止之虞。職是，原告基於營業秘密之止請求權與競業禁止約款，得請求離職之被告不得再使用符合營業秘密之客戶資料，暨不得違反競業禁止約款之規定。

2. 競業禁止期間

原告公司變更登記表所記載之營業項目，均原告所營事業項目，依據兩造間競業禁止約款之內容，均為被告競業禁止之範圍。是原告主張被告不得從事與原告營業項目之生產及銷售攝影、錄影、監視、保全監控、防盜產品等語，於法有據。本件競業禁止之期間起算，係自被告離職後起算2年，是原告請求被告於2年期間，禁止從事與原告營業相關之競業行為，為有理由。

參、結論

被告前於原告公司擔任業務經理，兩造有簽訂營業保密與競業禁止條款，被告不得使用具有營業秘密之原告客戶資訊，本件競業禁止條款之約定2年期間及禁止工作範圍，均屬於合理範圍內，被告自應受該競業禁止約款之拘束。準此，原告請求被告於2年期間內，禁止從事與原告營業相關之競業行為，為有理由。

肆、相關案例

競業禁止條款訂定目的，在於限制受僱人離職後轉業之自由，防止其離職後於一定期間內至僱用人競爭對手任職或自行經營與僱用人相同或近似之行業。而當事人之勞動契約書為民法第247條之1規範之附合契約，其中競業禁止之約定，對離職之受僱人而言，係屬拋棄權利或限制其行使權利。而競業禁止之約定，係僱主為免受僱人於任職期間所獲得其營業上之秘密或與其商業利益

有關之隱密資訊，遭受受僱人以不當方式揭露在外，造成雇主利益受損，而與受僱人約定在任職期間及離職一定期間內，不得利用於原雇主服務期間所知悉之技術或業務資訊為競業之行為。故關於離職後競業禁止之約定，其限制之時間、地區、範圍及方式，在社會一般觀念及商業習慣上，認為合理適當，且不危及受限制當事人之經濟生存能力，其約定有效[26]。質言之，競業禁止約款，係事業單位為保護其商業機密、營業利益或維持其競爭優勢，要求特定人與其約定於在職期間或離職後之一定期間、區域內，不得受僱或經營與其相同或類似之業務工作。基於契約自由原則，此項約款倘具必要性，且所限制之範圍未逾越合理程度而非過當，當事人即應受該約定之拘束[27]。

第二節　消費者保護法事件

案例52　保險人代位行使損害賠償請求權

　　原告保險公司起訴主張甲男駕駛投保車輛，前往被告所經營之休閒農場用餐。被告附設之停車空地為草皮地面，被告未在停車空地裝設圍欄，亦未於坡邊設置警示標誌，適逢近日大雨，草地濕滑，導致投保車輛不慎自停車場滑落至數公尺下之道路，車輛因此遭毀損。被告應提供可合理期待之安全商品或服務予消費者，依消費者保護法第7條第3項之規定負損害賠償責任。車輛之所有人乙女向原告投保乙式車體損失險，原告經其書面通知，並查證屬實後，已依保險契約賠付必要修復費用，故依據保險法第53條主張代位求償權云云。被告抗辯稱停車空地非屬被告提供之商品或服務，係由地主無償提供予前往本地登山步道登山之不特定人放置車輛，被告經營之農場有停車場可供其入內停放車輛，被告之企業經營者義務，並不因其消費者選擇在農場範圍外之公眾停車空間停放車輛，而使被告之企業經營者義務擴張至公眾停車空地。本件毀損事故之發生，係因於甲男於選擇駛入護土緣石旁之停車位之際，疏未從事停車過程所需之踩踏煞車行為，反而高速衝倒山櫻花樹，而越過高起之護土緣石，致毀損之結果發生等語。

關鍵詞　代位請求權、消費關係、服務、無過失責任、相當因果關係

26　最高法院103年度台上字第793號民事判決。
27　最高法院103年度台上字第1984號民事判決。

壹、探討議題

　　駕駛人駕駛被保險車輛前往被告經營之休閒農場用餐，期間發生車輛跌落至停車場下之道路，原告保險公司依據保險契約給負被保險車輛之損失後，主張被告應負經營者責任，依據消費者保護法與保險法之法律關係，代位行使被保險人對於被告之損害賠償請求權。職是，本實例探討之重點，在於保險人行使代位請求權之要件、消費關係之成立、服務之定義及消費者保護法之適用。

貳、理由分析

一、整理與並協議簡化爭點

（一）不爭執事項

　　受命法官為闡明訴訟關係，得整理並協議簡化爭點（民事訴訟法第270條之1第1項第3款）定有明文。法院於言詞辯論期日，依據兩造主張之事實與證據，經簡化爭點協議，作為本件訴訟中攻擊與防禦之範圍。兩造不爭執之事實有二：1.被告經營休閒農場；2.甲男駕駛之車輛因停放於停車空地時，發生車輛滑落至數公尺下之產業道路，導致車輛發生損害。此等不爭執之事實，將成為判決之基礎。

（二）爭執事項

　　兩造爭執事項有五：1.車輛所有人乙女有無向原告投保乙式車體損失險，此為原告行使保險法第53條第1項代位權之要件；2.停車空地是否屬被告提供之商品或服務，此為被告應否負經營者責任之前提；3.車輛發生損害，被告應否負消費者保護法第7條之損害賠償責任；4.原告主張之車輛修理費用是否為修復之必要費用，有無扣除零件折舊之必要性；5.甲男停車有無過失，此涉及與有過失之責任分擔。

二、保險人之代位請求權

　　被保險人因保險人應負保險責任之損失發生，而對於第三人有損失賠償請求權者，保險人得於給付賠償金額後，代位行使被保險人對於第三人之請求權（保險法第53條第1項）。是保險人必須已依保險契約給付賠償金額後，保險人始得向第三人行使代位權。因原告行使保險人之代位權之前提要件，在於合法有效之保險契約存在，法院自應審究原告主張之保險關係是否有效成立。

（一）原告提出保險契約

原告主張保險契約存在之事實，業具車險任意保險查詢表與汽車保險要保書等件爲證，附卷可稽。被告就原告提出之該等文書之眞正，並未爭執，法院自得以該等文書，作爲判斷保險契約是否合法有效成立。倘認定保險契約有效成立後，繼而判斷是否有成立消費者保護法第7條之損害賠償之責任要件。反之，保險契約不存在，則無須探討該損害賠償之責任要件。

（二）保險契約有效成立

法院參諸車險任意保險查詢表與要保書之記載可知，甲男以乙女所有之車輛向原告投保乙式車體損失險，保險契約有記載當事人、保險標的、保險事故、保險期間、保險金額及保險費等事項，均符合保險法第55條規定之保險契約之要件。準此，原告主張本件車輛有向其投保乙式車體損失險之事實，堪信爲眞實。

三、消費關係之成立

所謂消費者，係指以消費爲目的而爲交易、使用商品或接受服務者。而企業經營者，係指以設計、生產、製造、輸入、經銷商品或提供服務爲營業者。準此，消費者與企業經營者間就商品或服務所發生之法律關係，屬消費關係（消費者保護法第2條第1款、第2款及第3款）。被告經營休閒農場，提供消費者與休閒有關設施，其爲企業經營者。

（一）服務之範圍

我國消費者保護法及其施行細則均未對服務設有定義性之文字，顯然有意對服務之概念不預設界限，俾於法院或學說依本法之立法意旨，於個案中加以論斷或建構其理論。就服務之概念而言，服務不以物之提供爲目的，而由特定人對於特定人所爲之直接或間接給付，其給付標的包含作爲行爲或不作爲行爲。換言之，行爲人基於給付之目的而提供服務，則不論其提供之服務係屬積極作爲，或者消極不作爲，抑是直接、間接之作爲或不作爲，均可納爲服務之範疇。

（二）被告為提供服務之企業經營者

任何商業活動或公共服務之領域，倘以獨立之方式所提供之有償或無償給付，而非直接或專門以製造商品、讓與物權或智慧財產權爲客體，均屬提供服務之範圍。諸如旅遊契約、保全契約及大眾運送契約等，均屬消費者保護法之

服務之明例。被告經營休閒農場，其有提供餐飲、住宿或休閒等相關服務，非僅限於從事製造或讓與食品之商業活動。故足以認定被告為提供服務之企業經營者。

四、無過失責任

從事設計、生產、製造商品或提供服務之企業經營者，於提供商品流通進入市場，或提供服務時，應確保該商品或服務，符合當時科技或專業水準可合理期待之安全性。商品或服務具有危害消費者生命、身體、健康、財產之可能者，應於明顯處為警告標示及緊急處理危險之方法。企業經營者違反前開規定，致生損害於消費者或第三人時，應負連帶賠償責任。但企業經營者能證明其無過失者，法院得減輕其賠償責任（消費者保護法第7條）。職是，被告應對甲男負無過失責任之損害賠償，須符合如後要件：（一）被告為提供服務之企業經營者；（二）被告與甲男間有消費關係存在；（三）被告所提供之服務具有安全之危險；（四）被告之服務行為造成車輛受有損害者；（五）車輛之損害與被告提供之服務間具有相當因果關係。

（一）被告與駕駛人間有消費關係

被告經營休閒農場，提供至該農場之消費者，有關餐飲、住宿及休閒等相關服務與設施，此為兩造所不爭執者。被告為提供服務之企業經營者，為消費者保護法規範之責任主體，就其提供之服務，應確保該服務，符合當時科技或專業水準可合理期待之安全性。再者，被告證人甲男到庭證稱：其出資購買車輛，並登記在配偶乙女名下，事發當日中午有決定至被告經營之農場用餐，車輛因停車空地濕滑，導致車輛無法有效煞車，滑落至底下之道路，在吊車到現場拖吊前，其有至被告經營之農場用餐等語。職是，甲男於事發當日確有前往被告經營之餐廳用餐，故被告與甲男間有消費關係存在。

（二）停車空間非被告提供服務之項目

原告固主張車輛所停放之停車空地，為被告所提供，其未具備通常可合理期待之安全性云云。惟被告抗辯稱系爭停車空地並非被告提供之停車場等語。準此，法院首應探討被告是否提供系爭停車空地，作為消費者至其所經營農場消費之停車場。倘為被告所提供者，始有必要探討停車空地，是否未具備通常可合理期待之安全性。

1. 停車空地為被告之配偶無償提供政府使用

本件停車土地經政府自被告之配偶處，取得無償使用同意書，並納入遊憩區登山步道及指標系統整建工程，以進行整體規劃設計，無條件開放公共使用等情。此有政府函、土地無償使用同意書、監造契約書、採購契約書與位置圖為證。準此，停車空地為被告之配偶無償提供政府使用，並由政府在其上興建公共設施，並非被告所提供，故停車空地非屬被告經營農場所提供消費者之停車空間。

2. 停車空地無償提供不特定人使用

法院協同兩造至停車空地勘驗，得認定停車空地係由地主無償提供予前往當地登山步道登山之不特定人放置車輛，在進入空地之通道，未設有任何柵欄、門禁或其他管制設施，並無任何停放車輛之限制、禁止或收取任何費用，被告並非停車空地之管理人等事實，此有法院勘驗筆錄在卷可憑（民事訴訟法第364條至第367條）。準此，被告之消費者或非至被告處消費之人，均得自由使用停車空地，自不得認為停車空地為被告提供服務之項目。

3. 設置監視器未必等同提供服務

停車空地無任何門圍設施，而進入被告所經營之休閒農場入口通道處，設有伸縮鐵門以為防護，並作區隔，被告設置提供之停車場，位於進入伸縮門後之園區內等事實，此有被告提出之照片為證，經法院履勘該休閒農場與停車空地查明屬實，此有法院勘驗筆錄附卷可稽。足見被告提供之停車空間，均位於農場內。是甲男選擇在農場外之停車空間停車，自非被告所提供之服務設施。被告雖在停車空間設置監視器，惟其目的在維護農場安全，因停車空間正位於農場下方，故設置監視器以監視行人與車輛之往來，此與一般住家為維護安全，通常會在住家附近裝置監視器，以擴大監視範圍之目的相同。

（三）車輛之損害與被告提供之服務間無相當因果關係

法院至停車空地履勘，得知停車空地之邊緣有高於地面之護土緣石，緣石內種植有山櫻花樹，護土緣石內之空地地勢平坦，視線無礙，有足夠之停車空間，每個停車格之盡頭前，均有山櫻花樹為界等事實，有法院勘驗筆錄與原告提出之照片，附卷可參。職是，停車空間之設施，有於停車格盡頭設立明顯之警告標示。參諸事故發生日正值中午，其天氣晴朗，能見度良好，並無其他車輛停放期間，故停車範圍可輕易辨識無礙。證人丙到庭證稱：其為休閒農場之工作人員，車輛將山櫻花樹撞倒後，其有將山櫻花樹扶正，事後車輛經拖車拖

走等語。足見車輛欲停放之位置前,有豎立櫻花樹為標誌,依據當時之氣候與能見度,不難發現櫻花樹之所在處。職是,甲男於駛入停車空地之際,因能注意而疏於注意,而衝倒山櫻花,其有過失甚明。

五、物之毀損賠償方法

不法毀損他人之物者,被害人得請求賠償其物因毀損所減少之價額(民法第196條)。而物被毀損時,被害人得依民法第196條請求賠償外,亦可適用民法第213條至第215條規定,其而其修復費用以必要者為限,倘係以新品換舊品,應予折舊[28]。因物之所有人對於加害人,依據物之毀損之賠償方法請求損害賠償,前提必須有侵權行為之成立。參諸車輛係之毀損,肇因於甲男駕駛車輛有過失,被告並無過失可言,是原告無權向被告請求車輛之損害賠償。準此,系爭車輛修復之所需零件部分,是否應扣除折舊費用,即無探討之必要性。

六、與有過失

損害之發生或擴大,被害人與有過失者,法院得減輕賠償金額,或免除之(民法第217條第1項)。與有過失之規定,在謀求加害人與被害人間之公平,故法院在裁判上得以職權減輕或免除之[29]。因被告就車輛之損害,無須負損害賠償之責任,原告對被告自無損害賠償請求權存在。既然被告提供之服務就車輛之損害,並未與車輛駕駛人甲男之過失行為構成損害之共同原因,本院自無須討論甲男之過失行為,是否有促成車輛損害之發生或擴大之必要性。

參、結論

被告依據消費者保護法之規定,無須對車輛之毀損負損害賠償責任,是原告縱使依據保險契約給付賠償金額予被保險人,因被保險人對於被告並無損害賠償請求權,故原告自無從代位被保險人對被告行使請求權。準此,原告依據消費者保護法第7條第3項與保險法第53條等規定,向被告主張保險人之代位權云云,顯無理由,應予駁回。

肆、相關案例

所謂依消費者保護法所提之訴訟,係指係消費者與企業經營者間,就商品

---

28 最高法院82年度台上字第892號、107年度台上字第1618號民事判決。
29 最高法院85年台上字第1756號、105年度台上字第2115號民事判決。

或服務所生爭議之法律關係，而依消費者保護法之規定起訴者。而從事提供服務之企業經營者，倘違反消費者保護法第7條第1項或第2項規定，致生損害於消費者或第三人時，應負連帶賠償責任，此觀同法條第3項規定自明。準此，消費者保護法第7條具備構成要件及法律效果，得作為給付之訴在實體法上之請求權基礎[30]。

第三節　三七五減租條例事件

案例⑤⑶ 履行終止租賃關係之約定

　　原告主張被告欲出售耕地，故兩造簽訂協議書，合意終止耕地之三七五耕地租約，並辦理耕地之放棄耕作權登記，業經臺中市政府備查在案。原告依約履行完畢，耕地已移轉予甲所有，被告拒絕依據協議書約定給付補償費予原告。原告未將耕地轉租予乙，是被告並無陷於錯誤，致與原告簽訂協議書之情事。被告片面撤銷意思表示，解除兩造間之補償協議，並無效力等語。被告抗辯稱原告隱瞞未自任耕作與違法轉租耕地之事實，令被告陷於錯誤，進而與原告簽訂協議書，是兩造間之耕地租約，自原告未自任耕作之時起，即歸於無效。被告基於無效之租賃法律關係所作成之意思表示，自得撤銷之，是原告依據協議書請求被告給付補償費，實無理由云云。

關鍵詞 錯誤、補償費、耕地租約、自任耕作、誠信原則

壹、探討議題

　　兩造原有耕地之三七五耕地租約，嗣後合意終止租約，兩造為此簽訂協議書，被告依據協議書之約定應給付原告補償金。嗣被告與第三人完成耕地之買賣行為後，原告依據協議書請求被告給付補償金，被告以原告有不自任耕作之事由，故兩造間之租約已失效，拒絕給付補償金。準此，本實例探討重點，在於耕地租約無效之事由、不自任耕作之定義、誠實信用原則之適用及撤銷錯誤意思表示之要件。

30　最高法院101年度台上字第744號民事判決。

貳、理由分析

一、整理與協議簡化爭點

（一）不爭執事項

受命法官為闡明訴訟關係，得整理並協議簡化爭點（民事訴訟法第270條之1第1項第3款）。法院於言詞辯論期日，依據兩造主張之事實與證據，經簡化爭點協議，作為本件訴訟中攻擊與防禦之範圍。兩造不爭執事項有三：1.被原告前為耕地之所有人，兩造間就耕地訂有耕地三七五租約；2.兩造至市公所辦理終止三七五租約在案；3.兩造簽訂協議書，其內容為兩造合意終止耕地之租賃關係，被告應給付新臺幣（下同）600萬元補償金予原告。該等不爭執之事實，將成為判決之基礎。

（二）爭執事項

兩造主要之爭點，在於原告是否有不自任耕作之情事。其涉及原告是否有隱匿不自任耕作之事實，致被告陷於錯誤，並基於無效之耕地租賃法律關係，進而與原告間作成給付補償費之意思表示。職是，倘原告有不自任耕作之情事，則耕地租賃契約無效，被告可撤銷錯誤之意思表示，自無給付補償費之義務。反之，原告並無不自任耕作，被告應依協議書之約定給付補償費予原告。

二、耕地租約無效之事由

行使權利，履行義務，應依誠實及信用方法。承租人應自任耕作，並不得將耕地全部或一部轉租於他人。承租人違反前項規定時，原訂租約無效，得由出租人收回自行耕種或另行出租（耕地三七五減租條例第16條第1項、第2項；民法第148條第2項）。原告主張兩造前就耕地訂有耕地三七五租約，嗣後協議合意終止租約，被告同意給付原告600萬元，兩造為此辦理終止三七五租約在案等事實，業具提出協議書、區公所里函、財政部中區國稅局臺中分局函暨終止三七五租約補償費調查表等件為證。復為被告所不爭執，是原告主張之事實，堪信為真實。原告主張其在耕地上從事耕作，原告有權依據協議書之約定，請求被告給付之等語。被告抗辯稱原告未自任耕作耕地，故耕地租約，自原告未自任耕作之時起，即歸於無效，被告無給付補償費之義務云云。職是，法院應審究原告是否有自任耕作，以判斷耕地契約是否有失效之事由。被告就此有利己之事實，應負舉證責任。

（一）不自任耕作

耕地三七五減租條例第16條第1項所稱不自任耕作者，包含轉租、將耕地借與他人使用、交換耕作等情事。而同條例第16條第2項所謂原訂租約無效，係指承租人有不自任耕作或轉租之限制，原訂租約無待於終止，當然向後失其效力，租賃關係因而歸於消滅而言。所謂誠實信用之原則，係依正義公平之方法，確定並實現權利之內容，避免當事人間犧牲他方利益以圖利自己，自應以權利人及義務人雙方利益為衡量依據，並應考察權利義務之社會作用，而於具體事實妥善運用之方法。是債權人在相當期間內未行使權利，倘有特別情事足以引起債務人之正當信任，以為其已不欲行使權利，債權人久未行使權利，嗣後行使權利，則有違誠信原則[31]。參諸耕地三七五減租條例之立法意旨，在於保護耕地之承租人，避免耕地出租人任意終止租賃契約。是原告倘將土地轉租或將耕地借與他人使用、交換耕作，原則上將使兩造間之租賃關係歸於消滅。例外情形，係被告主張系爭耕地之租約失效，有違反誠信原則，則不得行使之。

（二）交換耕作

原告為使其承租之耕地連接而較易進行耕作之故，而與乙交換部分耕地進行耕作，事實上即有從事耕作，並未使耕地任其荒蕪，被告亦知悉長期交換部分耕地之事實，其長期均不行使收回耕地之權利，足令原告有正當信任，認為土地之三七五租約有效存在，否則原告自無須與被告協議終止租約，並辦理租約終止登記。詎被告俟兩造協議合意終止租約，完成終止三七五租約登記程序後，始爭執原告有未自任耕作之情事，拒絕依據協議書履行給付補償金之義務，實有違誠信原則。再者，未自任耕作之範圍擴及交換耕作，然本件應限縮解釋。蓋就本件交換土地而言，原告與乙為求自任耕作之便利，而互相交換向被告承租之耕地，均有實際從事耕作，其顯與不自任耕作有間。

（三）誠實信用原則

兩造合意簽訂協議書，原告同意部分土地可供第三人耕作至水稻收割時，被告知悉原告與乙有交換部分耕作土地，被告並未以原告與乙有交換耕作土地之情事，而主張其與原告、乙間之耕地租賃失效，仍與乙協議終止耕地租賃契約，並給付終止租約之補償費予乙，被告係於兩造辦理耕地租佃解約登記完畢

31　最高法院63年度台上字第599號、80年度台再字第15號、86年度台再字第64號、86年度台上字第3751號民事判決。

與出售耕地後，原告請求被告給付補償費，被告始執原告有未自任耕作之事由，拒絕給付補償費予原告。被告於簽訂協議書與辦理租佃解約登記前，已知悉原告與乙間有交換耕地耕作之事實，被告亦未對乙主張耕地租約向後失效，俟於原告依據協議書之約定請求被告給付600萬元補償費，被告始以原告有未自任耕作之事由，拒絕給付補償費，顯然被告有意於完成辦理耕地租佃解約登記，並將耕地出賣予第三人後，再行主張事前已知悉之租約失效事由。職是，被告為使耕地以無租約之狀況出賣，以取得較佳之買賣條件，其與原告協議終止租約期間，故意不提及交換耕地之事實，令原告信任被告有協議終止租約之誠意，以謀求順利簽訂協議書，俟完成土地買賣程序後，再拒絕承認協議書之有效性，圖求免除給付補償費之義務甚明。準此，衡諸誠信原則，斟酌原告因同意終止耕地三七五租約而喪失租賃權、被告已順利取得耕地之買賣價金等情事，並兼顧兩造之利益，認兩造應遵守協議書所生之法律關係。

三、撤銷錯誤意思表示

意思表示之內容有錯誤，或表意人若知其事情即不為意思表示者，表意人得將其意思表示撤銷之。但以其錯誤或不知事情，非由表意人自己之過失者為限。表意人之撤銷權，自意思表示後，經過1年而消滅（民法第88條第1項、第90條）。依舉證責任分配原則，被告應證明其有錯誤意思表示。法院參諸證人甲、乙及丙等證詞，認為兩造簽訂協議書前，被告已知悉耕地有交換耕作之事實，故被告簽訂協議書，並無誤認而陷於錯誤。是被告對於協議內容應無錯誤可言，被告並無撤銷其為協議意思表示之權利。退步言，縱使確有錯誤情事，參照證人乙之證言，可知原告與乙交換耕地之情形已逾數十載，被告身為耕地之所有人，豈能推為不知，故其難卸過失之責。依民法第88條第1項但書規定，被告亦不得主張撤銷其為協議之意思表示。

參、結論

耕地租約並無失效之事由，故被告簽訂協議書，並無誤認而陷於錯誤可言，是原告依據兩造間協議書之法律關係，請求被告給付補償600萬元及自起訴狀繕本送達之翌日起至清償日止，按年息5%計算之利息，即屬正當，應予准許。兩造均陳明願供擔保聲請宣告假執行及免為假執行，經核無不合，法院分別酌定相當擔保金額准許之。

肆、相關案例

　　承租人應自任耕作，承租人違反此項規定時，原訂租約無效（耕地三七五減租條例第16條第1項、第2項前段）。所謂承租人應自任工作，係指承租人應以承租之土地供自己從事耕作之用而言。倘承租人以承租之土地種植果樹，並未變更承租土地使用之目的及原貌，單純於採收期開放採果，獲取栽果收益，或許未悖於自任耕作之範疇；反之，未招徠採果客人，應採果客人之需求，於承租農地另增建房屋或設置工作物，提供大眾遊憩功能之設施，即已變更承租土地之農用目的，自非自任耕作之範圍[32]。

案例54　給付補償金

　　原告主張被告與土地之原所有人前簽訂土地之耕地租約，被告雖簽訂三七五耕作租賃契約，惟實際由兩造共同耕作，原地主亦知悉有二房耕作之事實。是兩造間有約定土地之利用，其權利義務各有1/2。兩造固未簽訂書面契約，然原告負有給付租金之義務，故對於土地之權利及義務各1/2。原地主以新臺幣（下同）2,000萬元之價格將土地出售予第三人，被告自買受人處收受600萬元，該金額係被告放棄耕作權與優先承買權所取得，被告領取之代價有類似補償費之性質，兩造應各取得1/2。原告依據債務不履行請求被告給付300萬元云云。被告抗辯稱依據耕地三七五減租條例第16條第1項及第2項規定，承租人應自任耕作，不得將耕地全部或一部轉租給他人，倘原告主張為眞正，則土地之租約依法失其效力，原告不得基於無效之耕地租約，請求被告給付耕地三七五租約之補償費。本件土地未依法編定或變更為非耕地使用或經依法編為建築用地，故土地之原所有人無依耕地三七五減租條例第17條第2項第3款之規定，有給予佃農補償費之義務，是原告無法依耕地三七五租約之法律關係請求被告給付補償費。原告雖有分耕土地，惟兩造未約定各分配1/2補償費。因被告不行使土地之承租人優先購買權，土地買受人始同意給付被告600萬元，是被告取得該款項之原因，係放棄耕作權之代價，其與耕地三七五減租條例第17條第2項第3款規定無涉等語。

關鍵詞　補償費、耕地租賃、契約成立、租約無效、優先承買權

32　最高法院100年度台上字第1526號民事判決。

壹、探討議題

　　被告與耕地所有人簽訂耕地租約，被告並將部分耕地交由原告耕作，由原告負擔1/2之租金，嗣後耕地所有人將耕地出賣予第三人，被告與買受人約定，被告放棄優先承買權與工作權，買受人應給付補償金予被告。原告主張兩造間有約定土地之利用，其權利義務各有1/2。被告否認有此約定。職是，本實例探討之重點，在於耕地租賃關係之成立要件、契約之成立要件、耕地租約無效之原因、耕地出租人給付承租人補償金之要件。

貳、理由分析

一、耕地租賃關係之成立要件

　　耕地租約應一律以書面為之；租約之訂立、變更、終止或換訂，應由出租人會同承租人申請登記（耕地三七五減租條例第6條第1項）。耕地三七五減租條例第6條有關耕地租約須作成書面及申請登記之規定，係為保護佃農及謀舉證便利而設，非謂租賃關係之成立，必須書面簽訂與經登記，始能生效[33]。是耕地租約之出租人與承租人，自應探求當事人間真意以定之。原告主張被告與土地原所有人簽訂系爭土地之耕地租約，地主知悉兩造共同耕作之事實云云。惟被告抗辯稱原告非土地之承租人等語。職是，法院應審究何人為系爭土地之承租人？

（一）土地承租人不知土地有分耕

　　法院為調查何人為土地之承租人，通知土地出租人為證，經證人即出租人到庭結證稱：證人統一收取土地之租金，並非個別收取，租約之承租人依據租約所載。租約之承租人係以三七五租約所記載之承租人為準，證人不清楚兩造有約定土地之耕作範圍等語。證人並提出租約書為憑。自證人之證詞與租約書可知，被告與證人簽訂耕地租約書，證人未知悉土地之分耕情形。

（二）被告為土地之承租人

　　法院參諸土地承租人之證詞與租約書之內容，認為土地承租人與兩造間，倘就系爭土地達成租賃合意，自應將兩造共列為土地之承租人，並以書面進行登記，始符合出租人與承租人簽訂租約之模式。既然土地承租人僅列被告，土地之承租人為被告甚明。況土地出租人並非個別向兩造收取租金，係出租人統

33　最高法院51年台上字第2629號、103年度台上字第2724號民事判決。

一收取。職是，土地承租人僅爲被告，原告顯非承租人，原告無法對出租人或所有人主張租賃關係之權利。

二、契約之成立

當事人互相表示意思一致者，無論其爲明示或默示，契約即爲成立（民法第153條第1項）。原告主張土地由兩造共同耕作，各負擔租金1/2等事實。業據原告提出租金收據證明與二房耕作比例圖等件爲證，復爲被告所不爭執，堪信爲眞正。法院應探討兩造就系爭土地之法律關係，有無約定其權利義務各1/2。查證人即原告配偶雖到庭證稱：其爲原告之配偶，土地由二房耕作，家族分家時，有約定土地之權利義務各1/2，租金亦各給付1/2，兩造均無異議云云。惟法院認爲證人係原告之配偶，其利害關係與原告相同，其證詞顯有偏頗原告之虞。其證詞僅能說明兩造在土地上耕作，渠等各負擔租金1/2，其無法證明有約定土地之權利義務各1/2之事實。再者，原告曾與土地原所有人簽訂另筆土地之租約，倘原告與有意承租本件土地，自應援上例與本件土地原所有人簽約。職是，原告非土地之承租人，兩造自無約定渠等對土地之權利義務之必要性。

三、被告放棄優先承買權與耕作權之代價

原告主張土地原所有人將土地出售予第三人，出售價格爲2,000萬元，被告自買受人處收受600萬元等事實，此有地政事務所網路申領異動索引、土地登記第二類謄本及不動產買賣契約書等件爲證。並爲被告所不爭執，堪信爲眞實。原告主張被告自買受人處收受600萬元，被告應按比例給付補償費予原告云云。被告抗辯稱其取得600萬元之原因，係放棄優先承買權與耕作權之代價等語。職是，法院自應審究原告有無權利請求被告給付1/2補償金。

（一）給付耕地承租人補償金之要件

耕地租約在租佃期限未屆滿前，非有經依法編定或變更爲非耕地使用時，不得終止。終止租約時，除法律另有規定外，出租人應給予承租人終止租約當期之公告土地現值，減除土地增值稅後餘額1/3之補償。而出租耕地經依法編爲建築用地者，出租人爲收回自行建築或出售作爲建築使用時，得終止租約；耕地出租人依前條規定終止租約收回耕地時，除應補償承租人爲改良土地所支付之費用及尚未收穫之農作改良物外，應就申請終止租約當期之公告土地現值，預計土地增值稅，並按該公告土地現值減除預計土地增值稅後餘額1/3給予補償（耕地三七五減租條例第17條第1項第5款、第2項第3款；平均地權條例第76條

第1項、第77條第1項）。職是，耕地租約在租賃期限未屆滿前，經依法編定或變更爲非耕地使用時，出租人得予以終止租約，並應給予承租人補償，倘非前開終止原因終止租約者，承租人不得請求出租人補償。土地雖由原所有人出賣予第三人，並取得所有權，惟地目仍爲田地，並未依法編定或變更爲非耕地使用。準此，原告雖主張其依據三七五減租條例第17條第1項第5款與第2項第3款規定，得請求被告給付1/2補償金云云，洵非正當。

（二）承租人之優先承買權

耕地出賣時，承租人有優先承受之權，出租人應將出賣條件以書面通知承租人，承租人在15日內未以書面表示承受者，視爲放棄。在耕地租期屆滿前，出租人縱將其所有權讓與第三人，其租佃契約對於受讓人仍繼續有效，受讓人應會同原承租人申請爲租約變更之登記（耕地三七五減租條例第15條第1項、第25條）。職是，耕地承租人於耕地出賣時，得向出租人主張優先承買權與向受讓人主張耕作權。原告雖主張被告自買受人處收受之補償金，應交付1/2款項予原告云云。惟被告抗辯稱買受人交付之款項，係被告放棄優先承買權與耕作權之代價等語。職是，法院自應審究被告自買受人處取得600萬元之原因爲何。

1. 被告不行使優先承買權

被告主張土地之買方、賣方及被告達成協議，共同簽訂不動產買賣契約書，其中買賣契約書第12條第6項及第7項約定，被告不行使土地之承租人優先承買權與耕作權等事實，業據被告提出不動產買賣契約書爲證。是自買賣契約書之內容以觀，可知被告自買受人處取得600萬元之原因，係被告放棄土地之承租人優先承買權與耕作權所致。

2. 土地買受人補償被告之款項

證人即出租人到庭結證稱：其雖爲土地之出賣人，惟600萬元係買受人給付予被告，作爲補償用途，並以登記之三七五租約所記載之承租人爲對象等語。自證人之證詞可知，買受人要求被告放棄三七五減租條例之優先承買權與耕作權，並交付600萬元作爲代價。原告非土地之承租人，自無所謂優先承買權與耕作權，其並無權利請求被告應交付1/3補償金予原告至明。

參、結論

原告雖於部分土地從事耕作，並有負擔部分租金，然原告非土地之承租人，而兩造間並未約定土地之權利義務各1/2。被告自買受人處取得600萬元之

原因，係被告放棄承租人耕作權與優先承買權，此與原告無涉。準此，原告依據債務不履行請求被告給付300萬元及其法定遲延利息云云，顯無理由，應予駁回。原告之訴既經駁回，其假執行之聲請亦失所附麗，併予駁回。

肆、相關案例

家長指定家屬代表全家訂約承租耕地後，因分家關係而將耕地分與原共同耕作之兄弟即現耕人，顯為共同耕作權亦即財產權之分配問題，自與一般租賃權之轉讓或轉租之性質有間，且應認為受分現耕人與出租人間，亦已發生租賃關係，無耕地三七五減租條例第16條第1項、第2項規定之不自任耕作，而原訂租約無效之適用[34]。

34　最高法院98年度台上字第1326號民事判決。

參考書目

林洲富，民法案例式，五南圖書出版股份有限公司，2020年9月，8版。

林洲富，商事法實例解析，五南圖書出版股份有限公司，2024年4月，14版。

林洲富，實用強制執行法精義，五南圖書出版股份有限公司，2024年6月，18版。

林洲富，實用非訟事件法，五南圖書出版股份有限公司，2023年5月，14版。

林洲富，營業秘密法與競業禁止案例式，五南圖書出版股份有限公司，2023年11月，5版。

林洲富，著作權法案例式，五南圖書出版股份有限公司，2023年8月，6版。

林洲富，行政法案例式，五南圖書出版股份有限公司，2022年5月，6版。

邱聰智，新訂債法各論（上），2002年10月。

邱聰智，新訂債法各論（中），2002年10月。

邱聰智，新訂債法各論（下），2003年7月。

謝在全，民法物權上冊，修訂4版，2009年6月。

謝在全，民法物權中冊，修訂4版，2009年6月。

謝在全，民法物權下冊，修訂4版，2007年6月。

謝哲勝，民法物權，增訂2版，2009年8月。

載炎輝、戴東雄，中國親屬法，2001年5月新版修訂2刷。

載炎輝、戴東雄，中國親屬法，2001年7月16版。

姚瑞光，民事訴訟法論，2004年2月。

楊建華，民事訴訟法問題研析（一），1991年8月。

楊建華，民事訴訟法問題研析（二），1991年8月。

楊建華，民事訴訟法問題研析（三），1992年4月。

楊建華，民事訴訟法問題研析（四），1991年10月。

楊建華，民事訴訟法問題研析（五），2000年10月。

索引

國家圖書館出版品預行編目資料

民事法案例研究：實體法與程序法之交錯運用
／林洲富著. -- 四版. -- 臺北市：五南圖
書出版股份有限公司，2024.09
面；　公分
ISBN 978-626-393-713-0(平裝)

1.CST: 民事法　2.CST: 個案研究

584　　　　　　　　　　　113012661

1QF1

民事法案例研究
——實體法與程序法之交錯運用

作　　　者 ― 林洲富（134.2）

企劃主編 ― 劉靜芬

責任編輯 ― 林佳瑩

封面設計 ― 姚孝慈

出 版 者 ― 五南圖書出版股份有限公司

發 行 人 ― 楊榮川

總 經 理 ― 楊士清

總 編 輯 ― 楊秀麗

地　　　址：106台北市大安區和平東路二段339號4樓

電　　　話：(02)2705-5066

網　　　址：https://www.wunan.com.tw

電子郵件：wunan@wunan.com.tw

劃撥帳號：01068953

戶　　　名：五南圖書出版股份有限公司

法律顧問　林勝安律師

出版日期　2010年7月初版一刷
　　　　　2012年3月二版一刷
　　　　　2015年9月三版一刷
　　　　　2024年9月四版一刷

定　　　價　新臺幣450元

經典永恆·名著常在

五十週年的獻禮——經典名著文庫

五南，五十年了，半個世紀，人生旅程的一大半，走過來了。

思索著，邁向百年的未來歷程，能為知識界、文化學術界作些什麼？

在速食文化的生態下，有什麼值得讓人雋永品味的？

歷代經典·當今名著，經過時間的洗禮，千錘百鍊，流傳至今，光芒耀人；

不僅使我們能領悟前人的智慧，同時也增深加廣我們思考的深度與視野。

我們決心投入巨資，有計畫的系統梳選，成立「經典名著文庫」，

希望收入古今中外思想性的、充滿睿智與獨見的經典、名著。

這是一項理想性的、永續性的巨大出版工程。

不在意讀者的眾寡，只考慮它的學術價值，力求完整展現先哲思想的軌跡；

為知識界開啟一片智慧之窗，營造一座百花綻放的世界文明公園，

任君遨遊、取菁吸蜜、嘉惠學子！